# 関西地区生コン支部 労働運動50年 ――その闘いの軌跡

共生・協同を求めて 1965～2015

「関西地区生コン支部50年誌」編纂委員会 編

発行
全日本建設運輸連帯労働組合 関西地区生コン支部
発売
社会評論社

## 組合設立までの前史

佃工場

1953年、関西初の大阪生コンクリート佃工場操業。
60年代、生コン労働者は大阪自動車運輸労組に
約800の員数で加盟との記録が。

当時のミキサー車

## 1965年10月17日 関生支部結成さる
### ──闘いの中で、闘いの必要から生まれた「統一司令部」

**旧西淀川労働会館**
ここで記念すべき第１回支部結成定期大会を開催。（現在、地域福祉拠点となっている）

69年、3名の解雇撤回闘争裁判に勝利。仲間の釈放を喜ぶ

## 「関生魂と闘争路線」の原型を形成
### 関扇、東海運、三生の三大闘争の結果

関西での万博終了後の不況、73年オイルショックなど中小企業倒産ラッシュの中、顧用保障を求めて闘争に次ぐ闘争の時代に入る

三生佃闘争を勝利

スト決行中の看板

## 結成10周年そして集交始まる

73春闘での14社を相手とした初の集団交渉を実現。関生支部主導型での春闘方式が定着していった。

勝利報告 特集号

関西地区生コン支部 全自運 大豊分会闘争ニュース

1973年5月8日

闘いぬいた1312日

全面勝利 企業再

親会社 三菱の責任

新工場建設し全

## 闘争に次ぐ闘争、怒涛の進撃の時代
### 関生支部産業政策の確立と飛躍的発展

80年代は、マンモス集団交渉と初の無期限ストライキ勝利などを背景に支部勢力拡大の時代に入り、歴史的「32項目」協定獲得に進む

## 「関生支部に箱根の山は越えさせるな」
### セメント資本総がかりの弾圧シフト

小野田闘争全面勝利集会

関生運動は資本主義の根幹を突き崩すと敵意を見せた(故)大槻文平日経連会長

野村雅昭組合員殺害で大抗議集会

度重なる支部事務所への不当捜査。時にはシャッターを切断しようと電動カッターまで持ち込むという異常さ。(写真右)

## セメント独占・国家権力・日本共産党が一体となった大弾圧との闘い

◀赤旗「声明」発表後、運輸一般地本幹部と党員グループは生コン支部の分裂策動を強行。写真は分裂組織づくりのため、門前で監視の目を光らせる運輸一般地本幹部

## 拡がる「前衛・日本共産党」への不信と離反、「運輸一般」との訣別
## 84年3月、「連帯」の闘いの決意を込め新たな出発

総評に加盟、組合名称も「総評・全日本建設運輸連帯労働組合」として新組織に

84年11月に総評全日本建設運輸連帯労組を結成。故土井たか子先生始め社会党国会議員による特別対策委を構成

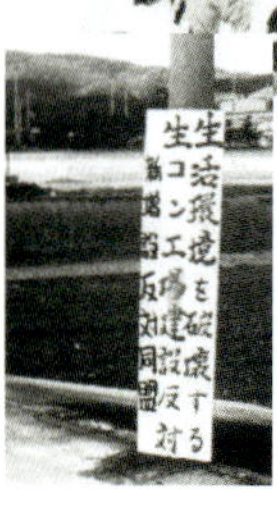

◀奈良では労使が共通課題に基づいて運動を展開。写真は労使と住民が一体となって新増設阻止を実現（香芝）

阪神淡路大震災が関西に与えた深刻な被害の中、生コン品質不良の根源にゼネコン買い叩きありと訴え、世論を大きく動かす活動へ進展する

## 反転攻勢、第二次高揚期へ
### 近畿一円に政策闘争の成果が花開く90–2000年代

大阪広域協が94年、遂に誕生

シンポジウム 公共建造物はなぜ壊れたのか

アルカリ骨材反応が原因

高速道の橋脚損壊

業界の体質批判も

小林・千葉工大教授が指摘

関生支部主導による、生コン品質の安全と信頼性確保のためのシンポジウムや現地勉強会など、企画が集中した

90春闘から、灰孝闘争の勝利へ

セメント資本への追求は止まない（太平洋セメント前で）

2009年、関西の生コン業界の悲願であった協同会館アソシエが中小企業連携で竣工した

## 新たな第三次大高揚期に向かって
### 建設独占を揺がした139日ゼネスト ―2010年

2010年 6・27危機突破総決起集会での大行進

## 共生・協同の未来 ―次なる100年へ

▲旧・生コン会館を前に

◀「学働館・関生」2015年12月竣工

【発刊にあたって】

# これからの生コン支部一〇〇年に向けて

全日本建設運輸連帯労働組合
関西地区生コン支部執行委員長
武　建一

この度、関西地区生コン支部の50年誌の発刊にあたり、ご協力・ご支援を賜りました先輩諸氏と関係諸団体の皆様に心より御礼申し上げます。

この「50年誌」で、関生労働運動50年の闘いの足跡を今一度振り返ることを通じて、その成果とわれわれの路線の核心、私どもの労働組合の性格、社会的任務を明らかにしてきました。今後もこの路線を継承し、不断の見直し・改革を断行し、発展させていくことが重要だと考えております。同時に、この歴史編纂の作業を通じて、われわれにとっての次の時代への飛躍の課題も見えています。

ここに、関西地区生コン支部、これからの一〇〇年に向けた「提言」をもって、私からの刊行の挨拶といたします。

## 企業内労働組合から脱却し産業別労働組合へ

日本の多くの労働組合は企業別、本工主義です。下請労働者を踏み台にして本工労働者の賃上げを行っている現状を脱却しなければ、労働組合の社会的存在感は減少します。

そうしなければ、結果的には本工労働者の賃金闘争も有効に発展しません。

企業別労働組合は、資本には都合がいいですが、労働者には良くないのです。それは、労働者の団結体が企業内だけに限定され、多くの労働者と共通課題で団結・連帯できにくいからです。例えば、多くの企業内労働組合は、「能力給、成果配分」など労働者同士が競争し合う賃金制度を導入しており、これでは労働者の力を結集し、発揮することはできないのです。

しからばどうすれば良いでしょうか。

それは、世界の労働者が長い歴史の中で培ってきた組織形態である企業の枠を超えた産業別労働組合に、発展・転化させることです。そのことにより、労働者間の競争をなくし、団結強化のもと公平性、平等性を確保する賃金・雇用制度や福祉政策を実現することです。

一つは、同じ業種、産業で働いている労働者の賃金はすべて同一に適用できる最低賃金制度の確保を実現する。賃金は同一労働・同一賃金制度とし一切の差別を認めない。

二つは、産業別的雇用制度を実現する。一企業が倒産してもその産業は無くなるわけではないので、その産業（トラック協会とか自動車とか各種業者団体）との間において連帯雇用制度を協定化し、雇用安定を確実なものにする。

三つは、産業別福祉政策として、退職金の労働組合管理、年間の福祉予算を労働組合の団結強化に使えるシステムを作る。会社、団体の保養所、グランド等、労働者の使用権を確保し、多くの労働者・市民に解放する。

これら三つは、関生支部では既に実行しています。

## 経済・産業構造の民主化闘争の発展を

そして、経済構造、産業構造の民主化闘争を発展させることです。日本の経済・社会構造は、重層的下請構造です。つまり少数の金融、産業資本が多くの中小企業を分断・分裂支配し、一握りの者が大多数を収奪する構造です。

これを打破するには、「中小企業事業協同組合法」などを有効活用し、全国に各業種・産業の下請企業が無数にある中小零細企業を事業協同組合に組織し、大企業との対等取引を実現することです。今日の協同組合は、親会社や行政の天下り先としての雇用受け皿的存在となり、従属支配されています。これを改革することは、中小企業同士が対立、競争しない仕組みを作ることです。それには関生支部が実践しているように、共同受注・共同販売・シェア運営（個社共生思想）を各業種、全産業に広める運動を、全国各地域で展開できるようにすることです。

そのために労働組合が果たす役割は、企業の枠を超えた集団交渉を実現することです。日本の企業は個社型で各企業間競争に労働組合を引き込んでいるのが現状ですが、これでは、産業別的規制力を持った諸制度の確立は不可能です。社会的団結体を作り、企業と業者団体との対等な労使関係の確立が必要条件です。集団交渉は統一要求、統一行動、統一妥結を実践することです。このことが、組合員の労働組合への結集力強化にもなります。そして未組織労働者にも労働条件の適用規範を拡大することにもなります。

これが関生支部が追求している運動です。

## 戦術は多様に、時に電撃的反撃を

闘争戦術は、多様で効果的なものにすることです。

労働組合でストライキができなければ「名ばかり労働組合で、歌を忘れたカナリア」です。統一ストライキあり、部分、指名、抜き打ちなどあらゆるストライキ権行使を構えておくことです。製品の不買、ボイコットなど相手の嫌がる戦術なくして要求は前進しないとの原点を貫くことです。また不当労働行為、人権侵害には電撃的反撃をすることです。「一発やられたら三発返す」ことを基本に行動する。経済的損失については、原状回復は当然であるがペナルティを課し、不当労働行為の抑止効果を実現することです。

これは関生支部で実行してきたことです。

## 全国民的課題に取り組み
## 東アジアの非戦・平和の構築を

労働者の社会的地位向上運動は、企業内とか産別的要求実現運動に限定することなく、全国民的課題である「沖縄の米軍基地撤去、原発廃炉、ＴＰＰを認めない、消費税廃止、労働法改悪を認めない、戦争政策阻止、日米安保破棄」などを市民、労働組合と共に闘うことです。またグローバル化した今日の社会では、これまで以上に国際連帯活動を強化することが求められています。

今年八月一三日、ソウルで「東アジア平和国際会議」が開催されました。そこでは「日本の平和憲法が東アジアの平和の根幹である」「東アジアの非戦国家宣言の必要」などが合意されました。この実現に向かう運動こそ、戦争への道を急ぐ安倍政権の化けの皮を暴露し、真に東アジアの平和を作る上で重要です。

われわれは、東アジアの平和構築に向かうこの運動を実践します。

## 時代認識―資本主義は終焉に向かっている

今日の時代状況をどう認識するかにおいて、未来の時代に対する運動の確信が生まれるのです。

結論を言いますと、アメリカ一極の世界支配体制はリーマンブラザーズの倒産、中東での侵略戦争の敗退などにより終わりを告げ、現在のヨーロッパ諸国のソブリン危機、中国のバブル崩壊と、資本主義制度は限界にきており終焉の方向に向かっています。

今や、資本主義の本質である競争社会の対極にある「共生・協同型社会」への動きが、中南米で、韓国・ソウルで、イタリア・ミラノ、スペインなどで、協同組合運動が主流となって、大きな流れとなっています。

日本では一〇〇〇兆円以上の借金、少子高齢化、自殺者増大、新国立競技場での税金の無駄使いと談合に象徴されるように、政治、経済、行政の腐敗が進行しています。

安倍政権は「我が国を取り巻く安全保障環境の変化」を理由に、戦争法案、辺野古新基地建設を強行しています。崩れつつある体制の延命のため、アメリカの尻馬に乗り、戦争の道にのめり込んでいるのです。

また消費税増税による大衆収奪、大企業への減税、労働法制度改悪による労働者への搾取強化も著しく、すでに年収二〇〇万円以下の「ワーキングプア」と言われる人は一〇〇〇万人を超え、非正規労働者は二〇〇〇万人となり、貧富の格差拡大となっています。これが社会不安の元凶になり、想像を絶する事件が続出し、治安悪化の源になっています。安倍政権は、このような根本を正そうとせず、民意を聴く耳持たず、人民抑圧政策「特定秘密保護法、共謀罪、マイナンバー制」などで切り抜けようとしています。

しかし、こうした情勢は、人民との対立矛盾を激化させ、客観的には「敵は自らの行う政策によって自分で自分の首を絞める」方向に向かっており、われわれに団結条件を与えています。つまり、アメリカと日本の資本主義は体制的危機を脱却することはできず、そう遠くない時期に命運尽き、体制の崩壊は避けられないのであります。

この情勢が未来を切り拓く運動の確信となります。

## 共生・協同型社会をめざして主体的力量の強化こそ、未来を拓く

さて、生コン産業の未来において、これまでの労働者支配策は関西では通用しなくなっていますが、権力とグルになり、闘う労働組合対策を強化しているのがセメントメーカーであり、ゼネコンです。かれらは歴史的敗北を覚悟する必要があります。

中小企業の自立、自尊、協同の運動と労働組合とが連携することにより、大企業の収奪政策と闘い、対等取引条件を確保することになることは、この間の歴史と現実が証明しています。現在、関西で行われている中小企業と労働組合の連携運動は、その価値観において共生・協同型であり、今後も協同組合と

労働組合が連携し、このような政策闘争を前進させることです。

最後に、未来の労働組合運動を推進する上で重要なことは、主体的力量の強化です。

既に関生支部は幹部活動家の資質向上一四項目を発表し実践していますが、さらに自己規律を高め、幹部活動家の資質を高めることなく、組織強化・拡大は不可能です。

そして、産別共闘組織と地域的共闘組織を作ること。感情豊かに、感受性をより豊かにするため、今後は文化部を作り、スポーツ、芸術・音楽など幅広い活動に着手します。

## 50周年事業は未来を担う仲間への贈り物

新会館「学働館・関生」建設、「大阪労働学校・アソシエ」開校、「生コン碑」建立、そしてこの「50年誌」刊行などの関生支部50周年記念事業は、未来を担う仲間達への贈り物であります。とりわけ、今年末に竣工する「学働館・関生」は、総面積三二〇坪（四階建）を擁し、全国の闘う労働者、全国の中小企業団体、国際諸団体、地域住民との交流の拠り所であり、未来の希望に向かって時代を拓く闘いの砦とならなければならないのです。

この50周年事業の成功をもとに、向こう二年間で一万余名の組織拡大に全力を尽くすことを社会的使命として取り組み、これからの一〇〇年への「提言」の実践課題とします。

二〇一五年八月

目次

**【第二期】――一九七三年―一九八二年**

## 闘争に次ぐ闘争、怒涛の進撃の時代
### ――関生支部産業政策の確立と飛躍的発展

連帯労組に見る「協同労働の発見」……京都大学名誉教授　本山美彦　291
「社会的労働運動」としての連帯労組・関西地区生コン支部……甲南大学名誉教授　熊沢　誠　299
21世紀型の先駆的な労働組合と協同組合への提案……参加型システム研究所・客員研究員　丸山茂樹　307
建設人材の育成と「大阪労働学校」再生の今日的意義……東北大学名誉教授　大内秀明　320

## 第Ⅲ部　連帯のメッセージ

全日本建設運輸連帯労働組合顧問／元労働大臣　永井孝信　334
和歌山県生コンクリート協同組合連合会代表理事　中西正人　334　／大阪兵庫生コン経営者会会長　小田　要　335
部落解放同盟中央本部中央執行委員長　組坂繁之　336　／前参議院議員　山内徳信　336
辺野古・ヘリ基地反対協議会共同代表　安次富浩　337　／パルシステム生活協同組合連合会初代理事長　下山　保　337
元国立市長　上原公子　338　／部落解放人権研究所・名誉理事　大賀正行　339
全国中小企業団体連合会会長／元・日本社会党衆議院議員　和田貞夫　340　／人材育成コンサルタント　辛　淑玉　341
弁護士　里見和夫　341　／参議院議員　おだち源幸　342　／元衆議院議員　服部良一　342
元衆議院議員／弁護士　辻　恵　343　／全日本建設運輸連帯労働組合会長　長谷川武久　343
連合・交通労連関西地方総支部生コン産業労働組合書記長　岡本幹郎　344
全日本港湾労働組合関西地方大阪支部執行委員長　山元一英　345
近畿コンクリート圧送労働組合執行委員長　桑田秀義　345
全日本建設運輸連帯労働組合近畿地方本部執行委員長　垣沼陽輔　346　／関生支部ＯＢ会会長　吉田　伸　347

# 第Ⅰ部

# 関生支部50年の闘いの歴史

300台もの圧倒的規模で毎年春闘の幕開けを告げる
自動車パレード

1961年4月、ひとりの青年が神戸の港に降り立った。

青年は、琉球弧の島々のひとつである徳之島の大地を裸足で駆け回り、
家族のために毎朝水汲みをし、妹を背負って学校に通い、

今また、母や家族のために働くべく、
大阪に出てきた19歳の武 建一青年である。

後に、資本の総本山・日経連大槻文平をして
「関生労働者の闘いは、資本主義の根幹に触れる闘いだ。
箱根の山を越えさせてはならぬ。」と畏怖せしめ、

「他人の痛みを己の痛み」とする50年の闘いの中で、
今や「共生・協同」型の世界に通じる道を開きつつある「関生支部」の創成は、
ここから始まった。

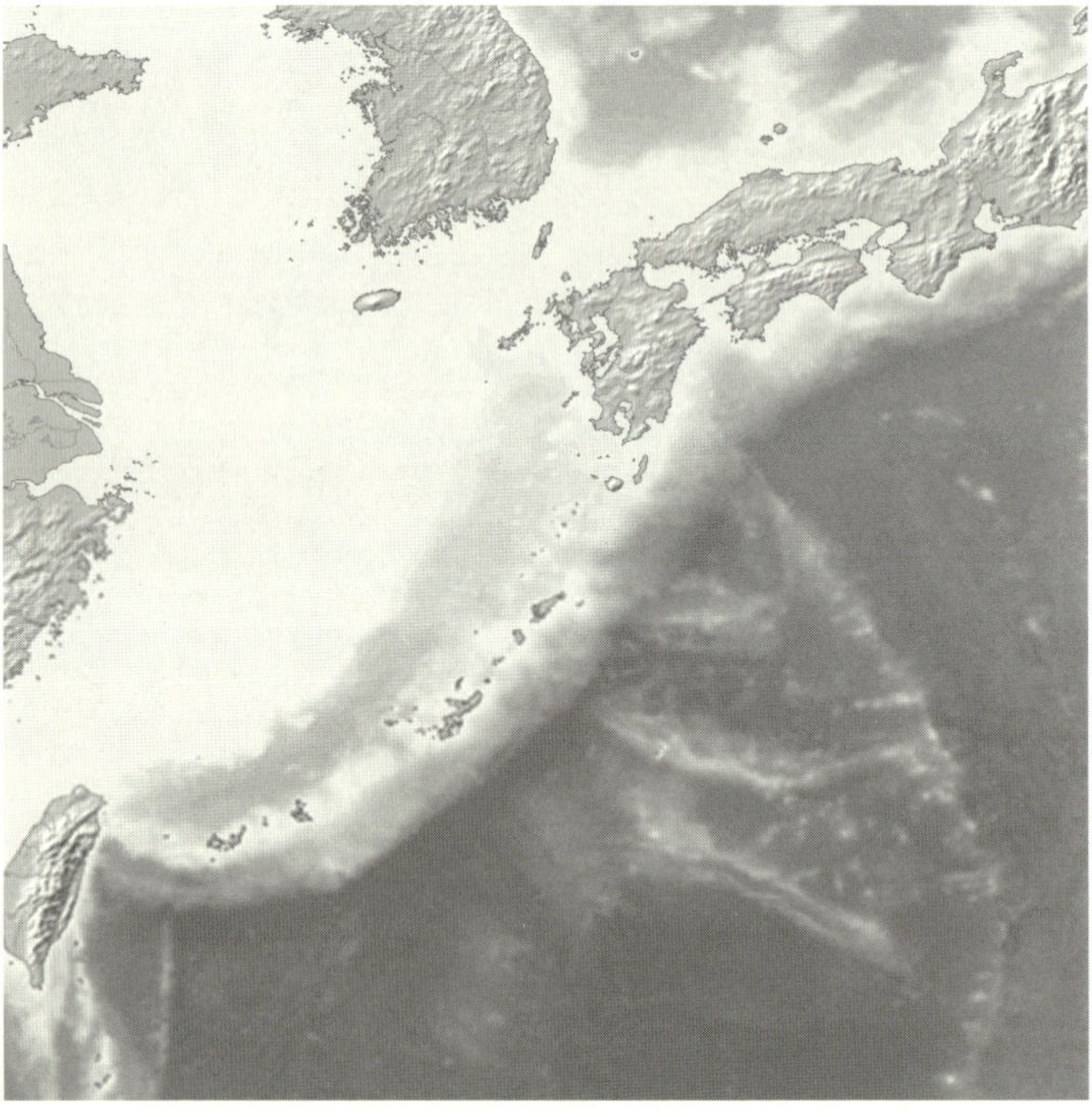

【プロローグ】――一九六五年以前

# 関生支部　結成への道――なぜ、どのように関生支部は生まれたのか

インタビュー　関生支部執行委員長　**武　建一**

［聞き手］　**50年誌編纂委員会**

解題――「関生支部50年の歩み」を紐解くにあたって、武建一という琉球弧の徳之島に生を受けた一人の男の話から始める。なぜか。後に苦闘の中に花開いていく「関生型労働運動」の「闘魂」。その光源は武という琉球弧の小さな貧しい島に育ち、その島の「反骨の闘いの遺伝子」が、本土の生コン産業の奴隷労働の中で、師と仲間との出会いと学習を通じて、「粉屋」「練り屋」とさげすまれた生コン労働者の受苦とそれゆえに内にある戦闘性の中に根を下ろし、それら人々一人ひとりの涙と汗のにじんだ闘いの土性骨とも相まって、今日、「関生魂」と言われる特徴となっているからである。関生労働者が築いてきたこの運動のスケール、根源性、戦闘性は、このリーダー抜きには、語れないからである。

## 1　お袋や家族の生活のため徳之島から大阪へ

――武委員長は、奄美・徳之島の出身ですが、なぜ、大阪に出てこられたのですか。

**武**　私がこの生コン業に携わるようになって、今年（二〇一五年）で、五五年なります。

その頃は全国で七〇前後しか工場がないという時代ですが、今日では三四〇〇以上の生コン工場があるというまでに成長しています。いま思えば、隔世の感があります。　私は一九四二（昭和一七）年に奄美の徳之島という小さな島で生まれ、中学を出るとすぐに、家計を支えるために仕事に出ました。三年間の丁稚奉公です。朝は六時前から起きて仕事をして、夜は一二時頃まで仕事をしていましたよ。　その頃は日本全体が高度成長の波にのった時分で、一九六〇年の後半でしょうか、運転手がどうしても必要だということで徳之島にも募集に来たのです。当時はどこの企業でも地元出身の社員を使って、北は北海道から南は九州の果てまで人探しに来ていました。大阪に働きに行っている人たちが帰省してくるわけですが、みんなあか抜けて、恰好いい感じで帰ってくるんです。背広を着て、革靴を履いて。私らは、ようやく裸足からズックを履くようになったばかり。さぞ生活もいいだろうな、と思っていました。そこに大阪で働いていた先輩が募集に来たわけです。しかし親が手元を放したがらないので、ポン友と二人で夜逃げ、家出ですね。最後には納得してくれました。一生懸命働いて《故郷に錦を飾ってやろう》と意気に燃えたわけですが、何よりもお袋や妹たち家族の生活の支えが何とかできるのではと思ったわけです。こうして、大阪に出てきたのは、一九六一（昭和三六）年の四月です。

――当時の徳之島の状況は、どうだったでしょうか。

**武**　私が三歳の時に敗戦を迎えるのですが、その時私は親父の仕事の関係で種子島にいたのですが、一九四六（昭和二一）年に種子島から鹿児島経由で徳之島に帰ってきたのです。当時、徳之島は、サンフランシスコ講和条約が結ばれるまで、アメリカの信託統治下つまり米軍の支配下で、お金も「軍票」でしたね。私の親父は、「ドン百姓」の出身で、最初は運転手などしていたのですが、敗戦直後は徳之島でとれた黒糖を鹿児島に売りに行き、そこから材木を不足していた奄美に持って帰っていました。当時、鹿児島に行くのは、「密航」になるわけで、すぐ捕まったりしますから長続きしない。ですから親父は沖縄本島に行ったりしており、一九五一年から五六年頃まで、家にはいなかった。お袋はこの六年間、行商で女手一つで私たちの生活を支えて来たわけです。こういう中で私は、小学校四年生の後半から親父が帰ってくる中学校二年生まで、親父の弟の家で、生活していました。母親の朝早くから夜遅くまでの行商は大変な仕事ですが、そういう姿を見て育ったので、小さいながら生活の厳しさ、大変さを感じており、母親への強い思いが残っています。

徳之島は、サンフランシスコ講和条約が成立して日本に復帰し、それ以降は国の離島復興予算で復興していくのですが、それは公共工事を中心とした仕事で、それ以外は黒糖の工場があるぐらいで産業らしい産業はないんです。その土木工事も建設関係の仕事は鹿児島本土から建設資本が来て、地元は下請けです。ですから、田舎の中学校を卒業しても、そこで生活できる状態ではない。ですから、中学校出たら関西方面に集団就職する人がほとんどでしたね。

## 徳之島島民の反骨・反権力の伝統・遺伝子を感じる

——武さんの人間形成、人格形成に、徳之島で生まれ育った生活が大きな影響を与えているということですね。

**武**　徳之島は、サトウキビで成り立っている島です。島津藩の支配下では、それはひどい苦境にあったようです。島民は、サトウキビの茎、根っこを食べるところまで追い込まれたんです。取り立てが厳しくて。ですから、権力に反抗する運動が残っており、島民の反骨精神というか反権力というのが、しっかりあるんです。今、この年になって思うと、この島の闘いの伝統・遺伝子を自分の中に感じていますね。もう一つは、親、姉妹、みんな貧乏だったということがバネになっていると思いますね。私の子供のころは、今のアジアの子供たちのように、裸足で生活し、学校に行く前に、水汲み、マキ取り、草刈りして家畜に餌をあたえて、帰ったらまた水汲み、草刈りをして、当時は学校給食がなく、姉が学校の昼時になると「雑炊」を持ってきてくれて、それを学校の裏のサトウキビ畑で食べました。だから、大阪に出たのも、自分の生活より家を助けるということでした。お袋の後姿を見て育ったものですから、早く家族を助けたいというのがありました。先ほども話しましたが、中学校卒業後に、住込みの丁稚奉公に出た時も、当時のお金で給料の月五〇〇〇円は、すべて母親に渡していたですね。労働運動に入るきっかけも、あとで話しますが、勝又十九二さん解雇事件を目のあたりに見て、闘い始めたんです。

## 2　大阪の生コン会社に就職

### 「キミはミキサーは無理だ」

――さて、いよいよ、武さんは徳之島を出られ、大阪にこられたわけですが、当時の船はどこに着いたのですか。

**武**　当時の徳之島からの船は、関西汽船で神戸着です。徳之島から神戸間では七〇数時間、約三日間、あの独特の臭いのする船底で、船酔いでげーげーはきながら、自立していく生活への不安と希望でいっぱいだったですね。神戸についてびっくりしたのは、ものすごい人や車の多さ、尼崎あたりに来ると煙ボウボウで、すごいなあと思いました。出てきたころは、ずーと方言で生活しているものですから、言葉はわかるのですが、言葉を発せられなく、話せなかったですね。

――それで大阪の生コン会社に就職するんですね。

**武**　そうです。大阪の西梅田に共同組という会社で、当時五階建てのビルで、今なら小さいですが、すごいビルだなあと思いましたね。そこで面接を受け、あの当時の私は一六〇センチあるかないかだったので、ミキサーを希望したのですが、人事部の人が「キミは、ミキサーの運転手はまだ無理だな」と、しばらく平ボテ車による袋セメント運搬の助手として働きなさいということになったのです。なぜ、ミキサー車を希望したかと言いますと、ミキサーは荷物の上げ降ろしがないんですよ。他のトラックは当時はすべて人力です。今はリフトがありますが。

それで、そこで四〇日間ほどいた。ところが、今でもそうですが、セメントが造られて袋セメントになるのですが、これが焼きたての熱いセメント。すごく熱いんです。この熱い一袋六〇キロのセメントを一度に三つぐらい担ぐ、防空ズキンみたいなものを被って担ぐんですが、顔を火傷する。その下し方を間違えたら、バーンとその熱いのが破裂して、大変。それをね、二メートルの高さまで積んでいく。そういう仕事を四〇日やりましたが、これは参ったなあーと思いましたね。熱くて、耐えられない。

四月に入り、五月になって気候も暑くなってきて、いくら元気な一九歳でも、これでは持たんなーと思い、「これは募集の条件とは違うよ」と強く希望して、五月になって今は新淀生コンと言っていますが、当時の共同組の佃営業所のミキサー運転手に配属になったのです。

## 早朝から深夜まで牛馬のごとく工事にあわせて運ぶ毎日

――当時の生コンの労働現場はどんなだったのですか。

**武**　その頃の生コン職場で働いていた人達は、大きく分けて二つありました。一つは、運転手不足ということで大型免許をもっている人が多いので自衛隊出身者が多かったこと。この人たちは集団教育を身につけ、かつ反階級思想を叩き込まれていたので経営者にとって従順で使いやすいと思われ、大量に雇いいれられていました。

もう一つは、九州、四国、広島を中心にして田舎の青年を集団的に雇いいれていました。この人たちは、保守的な農村の出だから従順で団結するとかという意識の弱い層でした。つまり、会社の言うことに従順で、団結して労働組合を作らない人たち、ということですよ。しかし、皮肉なことに、後でお話しますが、労働組合を一番最初に作ったのは自衛隊出身の勝又十九二という人です。

こんな人たちが多いということから、労働は大変なものでした。

当時のミキサー車というのは、ブレーキも利かない、アクセルもクラッチも石みたいで、ハンドルも固く、冷房も暖房もなく夏は暑くて冬は寒い。身体全体を使って運転しなけりゃいけない。そのうえ、長時間の労働です。今でいえば、三カ月分の仕事を一カ月でやってしまうくらいの長時間労働でした。賃金は、「一回走っていくら」の歩合給。それこそ、休みは正月三日間しかなく、所定の労働時間が一カ月二一〇時間、それにプラス月の残業だけで二五〇時間働いていました。

当時、会社が借りた寮の六帖の部屋に三〜四人、四帖半の部屋に二人ぐらいずつ「タコ部屋」みたいな所に押し込められて、寮長に私生活まで管理されるわけです。そして、仕事はまだ星の出ている真っ暗な早朝五時ごろに寝ている枕もとでバケツをガンガン叩いて起こされる。社長や職制は、「生コンは工事に合わせて運ぶのが仕事よ」と言うセリフをよく使っていました。つまり、現場にコンクリートを流し込む時間に、こちらも車で送り込む。それが早すぎるとミキサー車が遊ぶことになってしまうので、待ち時間をなくすために出荷も時間を調整して行うという訳です。当時は、労働基準法など守られず、工事時間の規制もなく早朝から深夜までのくりかえしで、それに合わせて牛馬のごとく生コンを運び続けました。後でわかったんだけど、共同組の中には、労働組合があったんだが、労働組合の委員長は大運橋の営業所長。企業組合で会社の利益代表人が組合長だから、労働条件の改善とか何にもなく会社の労務政策を実行するためのもので、めちゃくちゃでした。

ですから、後に労働組合の一番最初のスローガンは、「低賃金は長時間労働を生み、長時間労働は低賃金を生む」というものでした。つまり、賃金が低ければ低いほど長時間の残業をせざるを得ない。だから、「残業をできるだけ少なくしようではないか」——これが最大のスローガンだったですね。

## 標準語が話せず困った

**武**　でもね、私らはそんな奴隷労働だったけど、当時はそれほど厳しいと思っていない。田舎で裸足で仕事している延長のようなものだから。だから働くこと自身は苦痛に感じず、二五〇時間、三〇〇時間も残業できたわけですよ。

それで、私たち二人が一番困ったのは、徳之島では方言で生活していたから、標準語に慣れるのがつらかった。とてもじゃないけど簡単に慣れないですよ。ほんなら、無口になる。ものが言えなくなる。人と話す場合でも、コミュニケーションとかのレベルじゃな

ミキサー車に乗る武委員長（当時二〇歳）

輸送費の圧縮こそ利潤の源泉であった

い。自分の意志を表せない。今は、田舎でも全部標準語を使っているが、われわれの時代は会話は全部方言だったので、大阪の言葉は理解できても話せない。だから無口で黙々と働く、従順な青年。労働組合のことなど知る由もない。とにかく車の手入れをしっかりして、さぼらず、よく働くえらい優秀な運転手だったね。

——その時の武さんの賃金は、いくらぐらいだったのですか。

**武**　確か一回走って五〇円ぐらいのシステムでしたから、本給は一万八〇〇〇円から二万一〇〇〇円前後だったと思います。長時間労働（残業）すれば、四万〜五万円になったのです。

——その給料のうち、田舎のお母さんにいくらぐらい仕送りしていたのですか。

**武**　手取りの三分の二ぐらいは送っていたでしょうか。妹は私の仕送りで高校に行き、あとの姉妹も高校に行くことができたのです。

## 3　労働組合運動のリーダーの道へ

——武さんが労働組合に関心を持ち始めたきっかけはなんだったのですか。

**武**　こんな劣悪な状態の毎日だから、入社したら仕事に耐えられず、すぐに退職という人が多かったわけです。そんな中で私は入社して三年間はとにかく仕事に生きがいを持って、一生懸命に働きました。

ところがある日、北海道から出てきた自衛隊出身の仲間が首を切られるという事件がおきました。一九六四年の初出の時に社長や専務が先頭に立ってピケを張り、その人（勝又十九二氏）が会社に入ろうとするのを実力阻止したのです。それまで私は労働組合の「ろ」の字も知らなかったのですが、この光景を目のあたりにして、どうして遠い北海道から出稼ぎに来ている人をクビにするんだ、暴力をふるって職場から追い出すとは何事だという憤りから労働組合に関心を持つようになりました。

解雇された勝又さんは御用組合をもっと労働者の役に立つ組合にしないといけないと決心して、組合役員の改選時に営業所長が座っていた組合長に対抗して立候補したんです。すると、勝又さんに労働者の支持が集まって当選した。

職場の組合長が変るわけですから、会社のほうは大変だとなって、潰しにかかってきました。暴力団・酒梅組が運行管理者という名目で職場に配置されジャックナイフをチラつかせたり、「お前は新労の組合員か」と脅しまわり、一方では分裂攻撃、さらに生コン部門を別会社にしたり、私たちの組合（注―一九六二年七月一日に三生通運の新労組結成）に対しては賃金査定で差をつけてきたりしました。それでも私たちはへこたれず、三生運送・佃支部を持ちこたえてきました。

この新労組はつてもあって、最初に同盟に行って相談したが、結果として全自運（全国自動車運輸労働組合）に加盟することになった。というのは、生野食堂の二階に、同盟の幹部と当時の全自運地本の生コン担当の石井英明さんと両方に来てもらい、両方の話を聞いた。そしたら、同盟のほうは労働者が求めていることにきちんと答えず、挙句の果てに暴言を吐いた。それがきっかけになって、やっぱり、石井さんの言うてるのが正しいと、即座に全自運でいくと決めた。それで、新労組は当時の総評系の全自運に加盟し、全自運でスタートをした。この時も、勝又さんには、会社から「組合辞めろ、委員長辞めろ」の恫喝が続いていたが、彼はそれにも屈しなかったね。

## 「勝又学校」で社会を学ぶ

――武さんはこれ以降、労働運動のリーダーへの道を歩まれていくのですが、その勝又さんとの出会いと影響が大きいのですね。勝又さんがいた寮が「勝又学校」というような形になっていったと……。

**武**　そうです。先ほど言いましたように、御用組合を改革しようということで勝又さんが立ち上がり、これに会社側はヤクザを雇いいれて労働者を脅したり、会社側を中心に第二組合を、第三、第四と五つも組合を作って攻撃してきました。

そうこうしているうちに、彼はマルクスの理論をかなり理解していた人で、凄く信念の強い人でね。会社は「勝又は会社を潰す人間である」とレッテルをはり、最終的には彼のクビを切りよった。ところが、全自運を指導していた日本共産党のほうも「勝又は独善主義、冒険主義で、解雇は無理からぬものがある」と言い出して、彼のクビ切りに賛成する立場をとった。それで、佃支部の中では、解雇反対派と賛成派に別れてしまった。我々はもともと寮に一緒に住んでいたから彼の影響が強かったので、労働者の解雇を認めるとは何や、と解雇反対の側になった。

勝又さんは当時会社の寮のあった佃アパートで寝起きし、〈勝又学校〉の異名を持つほど、その指導力と影響力にはすごいものがあった。この人は、当時、経済闘争だけでなく、政治闘争、思想闘争をやらない限り強い労働組合にはならない、と言っていた。そしてどこから手に入れたのかわかりませんが、労働者の経済学として、ソ連アカデミー発行の『経済教科書』を、私や寮生に「これを読め」と勧め、よく学習会を組織していました。「賃金の本質」「剰余価値説」などなど、頭の痛い話ばかりで、私などまったく理解できないことばかりでしたね。そのようなことですので、私が組合に関わりだした頃は、とても近くに寄れず、〈小僧扱い〉だった記憶があります。

## 生かじりの知識で初めて解雇反対闘争の先頭に立つ

――そういう中で、武さんは労働組合の役員になっていくわけですね。

**武**　はい、この勝又さんの解雇反対の闘いが初めてでした。沖縄出身の又吉さんという先輩がおられて、「お前らだったらちゃんとやれる。俺が文章を書いてやるから、集会のときに読め」といわれて。その文章は、その解雇がいかに不当であるか、この解雇反対闘争の先頭に立って闘わなあかんという趣旨だった。それを読み上げるのですが、もう読み出しからカタカタ手が震え、足も震えるという状態ですな。確か六〇名ぐらいの前でね。もうそれこそ終わった後も、まだカタカタ震えていたね。

その頃は、私もなまかじりの知識で組合の交渉にも出ていたのですが、勝又さんの解雇を巡って大モメにモメている最中の六四年七月だったと思いますが、「お前だったら、もう役員もやれるで」と、全自運三生佃支部の臨時大会で私が教宣部長に選ばれました。まだ〈ひよっ子〉みたいな私でしたが、会社側は私のことを「勝又派の二人のうちの一人」としてマークしていたことが後で会社側の「労務日誌」が見つかってわかりました。

## 労働学校に学ぶ

――教宣部長になってどうされたのですか

**武**　その頃、私は西淀川区にある佃二丁目の堀井アパートの四畳半に同僚と二人で住んでいましたが、野菜炒めとソーメンばかり作る自炊生活で、いつも仕事と組合活動に追われて、慢性的な寝不足でいつも目を赤く腫らしているような生活でした。教宣部帳に選ばれて、「えらいこっちゃ、勉強せにゃならん」と発奮して、あの頃西淀川病院の裏手に開設された「西淀川労働学校」へ通うようになりました。

この労働学校では、主に経済学、哲学、労働運動を学んでいた。私は、週に三回ほど、仕事が終わって、一八時から二一時まで通っていました。最初、テキストで価値とか労働の二重性とか学習してもチンプンカンプン、さっぱりわかりませんでしたね。

しかし、とにかく勉強しなければとても組合の役員はやっていけないと必死で、重労働の仕事の後でしたが「眠たい」ということはありませんでした。そんな中で、哲学が一番面白かった。物の見方、考え方を学び、こんな面白いものはないと思った。世の中がコロッと変わって見えるわけですよ。それこそ砂に水が染み入ってゆく感じで、学ぶ喜びを感じ、社会のしくみとか、労働組合の歴史などを少しずつ知っていくようになりました。

そんな生かじりの知識で団交に臨んで、「低賃金は長時間労働を生み、長時間労働は低賃金を生む」という論法を振り回していましたね。会社のほうは、そんな駆け出しの私なんかは相手にせず、「お前みたいなチンピラに会社を潰されてたまるか」と、あの頃はよく言われました。それでも、私は、労働学校で学んだことを今度は自分がチューターになって、一般の組合員に教えるわけです。こうして学んだことを、人に話していくことで、これらが自分の中で血肉化していきました。半年が一つのコースですが、私は二回ほど行きました。もちろん自腹ですよ。労働学校に行って、生き方がコロット変わりました。この学校で学んだことの影響は非常に大きく、当然、これは今につながっています。

## 関生支部結成にいたる生コン共闘会議

――さて、いよいよ生コン支部結成準備へのお話を伺いたいのですが。その当時、企業閉鎖が起こって解雇された人たちが食えなくなって、行商をやったりしていますね。

**武**　それは一九六四(昭和三八)年のことですね。その当時、大阪生コン共闘会議というのがあった。生コン共闘会議というのは、当時の三生佃支部、三生千島支部、関扇運輸というアサノの下請けの運送会社ですが、これが淀川と津守と京都にあった。また近畿生コンというのが、堺と西宮と梅田にあった。こういうところが中心になって、共闘会議を組織していたんですね。この共闘会議の中心組織が関扇運輸という職場です。

その職場が一番戦闘的で、残業規制をして固定給の引き上げを中心になってするとか、先陣を切っていた。つまり関西の生コン労働運動の最先端の闘いが行われていた。それで、当時資本は、裏でここを潰すことによって大阪の生コン共闘会議そのものを潰そうとしていたのです。

ですから、最初は幹部を解雇する。それと闘う幹部を刑事弾圧する。それでも潰れないので、関扇運輸という会社を丸ごと潰してしまうという行動に出たのです。それから、淀川と津守の両工場を閉鎖してしまう。いわばメーカーの言いなりになって、当時の日本セメント大阪アサノ生コンの下請けの関扇運輸。社長は上田清太郎というのですが、結局、企業丸ごと潰されたのです。

そして、この人は自殺するのです。その人の遺書に、メーカーの言いなりになった結果、こういうことになってしまったが、「残念で、残念でたまらん」ということが書かれていた。つまり、組合を潰すためなら手段は選ばない、というのが関扇運輸闘争なんです。

## 関扇闘争の中に関生の関生魂の原点が

**武**　そういうことで会社がなくなったものですから、結果的に日本セメント大阪アサノのメーカー側を責任追及する以外にないということになった。この闘争を支えるために、当時のお金で、われわれは一カ月五〇〇円を継続的にカンパした。当時の五〇〇円は大した額ですよ。これは、生コン労働者の一時間分の賃金です。もちろん、当該の組合は、この長期の闘争を維持するために、失業保険、アルバイトの完全プール制をとり、生活保護などの財政面の自立を確立して闘いました（注：足かけ六年に及ぶ闘争の結果、一九六九年一〇月に勝利する。第Ⅰ部［第一期］を参照）。

――一カ月五〇〇円のカンパを決めるのは、相当に大変だったと聞いていますが。

**武**　腰かけで出稼ぎにきている人たちが、五〇〇円を継続的に出すのは相当大変だったですね。思想闘争というと大げさですが、相当の意識改革が必要で。しかも、当時は、労働組合が残業規制しますと、「それじゃ、俺たちの稼ぎが少なくなるんじゃないか」という反対意見も結構あるようなときですから。

## 企業の枠を超えた業種別統一司令部の必要

――この関扇闘争ですが、その後の生コン共闘会議から、統一司令部を創ろうということで関生支部ができていきますが、その支部ができるときの魂というか精神は、この関扇運輸闘争を闘う中で闘いとられたある種の団結力にその原点があるように思いますが。

**武**　そうです。関扇運輸は企業内組合だったんです。だから企業別組合の共闘会議をつくる、その共闘会議の支援をする場合も、関心の薄いところはなかなか五〇〇円のカンパに応じてくれない。つまり、生コン共闘会議というのがあったが、企業内でバラバラの対応をするわけで、そうすると自分の支部の事情、各職場の事情からスタートするから、統一要求を創ったり、統一交渉をしたり、統一行動をする場合にも自分の支部の事情からスタートするから、集中する統一司令部ができず、会社のゲリラ攻撃に対応できない。例えば東海運送という会社では、会社派の執行部を送り込んできて労働組合を形骸化する。そして関扇運輸では第二組合を作って、それでも潰れないから工場閉鎖までやる。三黄通運でも第二、第三組合を作ってくる。こういう風に、敵は職場の実情に応じて労働者の力を弱めようと攻撃してくるわけですよ。会社のほうは、すでに「関西生コン輸送協議会」というのを作っていて、統一司令部があったからね。こちらは、企業別組合の連合体の共闘会議でしょう。これに限界を感じたわけですね。もっと企業の枠を超えた、産業別の個人加盟を原則とした労働組合を作ろうということになったわけです。これは、当時の必要から生まれてきたものです。その当時、すでに海員組合などは産業別労働組合として力を発揮していた。

われわれもそういう産別労組をやっと作る段階になった。当時、「会社は倒産しても労働組合は残る」と考えて活動していましてね。

**関生支部結成準備の委員長にかつがれて**

――その中で、いよいよ、支部結成への動きが始まるのですね。

**武**　そうです。当時の生コン共闘会議を指導していた石井英明氏（故人）が中心になり、「生コン業種別の統一司令部を作ろう」という動きが出てきました。三生運送だけでも、四つの営業所に別々の支部があって、会社にそこを付け込まれてどうしても統一対応ができないので、もう一度、個人加盟の原則に立ち返って関生支部を作ろうという機運がもり上がってきました。

このことでは、当時、全自運大阪地本で生コン担当であった石井英明氏の存在を抜きに考えることはできません。この石井さんは、元海員組合出身の船乗りなんで、労働者と話す時、酒を酌み交わしながら実に上手に雰囲気を作る人でしたね。その石井さんが、当時の私らをつかまえて次のように力説したんです。「今日の各支部にかけられている合理化の手口は、皆それぞれ違うんだ。企業や職場の状況を敵もよく分析し巧妙になってきている。だから組合が各支部ごとに分断されて各個撃破されてしまい、それぞれの『お家の事情』で物を見てしまうために敵の攻撃の狙い――一番弱いところ、隙のあるところから叩いていって他のところにも波及させる――という様なことが見抜けない」と。確かに企業の枠を乗りこえた運動が発展しにくいという弱さを持っていました。その弱さを克服するには、どうするのかとなって、私たちは「統一した指導機関や決定機関をもっていない」、それなら作っていこうということになり、生コン支部ができるきっかけとなったのです。

――それで、支部結成準備会となったのですね。

**武**　そうです。一九六五年六月でした。関生支部結成準備会が発足して、その委員長に年も若い私が選ばれました。経験のある先輩の方も沢山いましたが、年も若く元気だけが取りえの私に一度経験を積ませて勉強をさせてみよう、というつもりだったのではないでしょうか。その前の年に、三生佃の役員をやったことすら初めてという私にはとても大それたことでしたね。

こうして、四カ月後の一九六五年一〇月一七日、関西地区生コン支部が結成されました。この時、集まったのは五分会一八三名です。こんな小さい組織が一九八三年の最盛期には三五〇〇名の組織に、そして分裂を経て、今日では二〇〇〇名を越える組織に成長しているのを見ると、組合を初めて作ったころの苦労が思い返されて、隔世の感に堪えません。

実は、結成大会の初めのほうで私が「結成大会挨拶文」を作って読み上げることになっていたのですが、これを作るのにも大変苦労しました。当時、私はキューバのチェ・ゲバラやカストロ首相みたいな生き方に共感を覚え、その人たちの本を愛読し、この「挨拶文」を書くのにこれらの本を何べんもひっくり返して引用したり参考にしました。でもなかなかうまくいかず、三日三晩ロクに寝ずに苦しみました。今となっては懐かしい思い出ですね(注：第Ｉ部[第一期]参照)。

## クビを切られて口惜しい思い出も

――この時期ですか。武さんがクビを切られたのは？

**武**　支部を結成してからも活動は決して順調といえず大変でした。特に、私は委員長といっても、やはり実際はまだ未熟でしたから、失敗もあり、無我夢中でしたね。皆から「佃だけと違うんやで、関生全体の委員長なんやで」とよく言われ、冷や汗をかきどうしの毎日でした。

このころから私は仕事よりも組合活動に力を入れるように変わっていきました。仕事をしに会社に来ているか、組合活動をしに来ているか、さっぱりわからんということで、会社から差別され、嫌がらせを受けましたね。何しろ専従者が一人もいない小さな組合で、職場から急に「団交持つから」と電話が飛び込んで来たら、仕事よりそっちを優先してすぐその職場に入らなければならない。昼も夜も。

そんな活動を始めてすぐの一〇月一九日に、私はクビを切られました。そのちょっと前に食事内容の改善を要求して所長とトラブルを起こした人がいてその人の支援と、アメリカ帝国主義によるベトナム人民への侵略戦争に抗議するという二つの目的で、当時総評が呼びかけた「10・21」国際連帯行動にストライキを打ったというのが首切りの理由でした。この三生解雇撤回闘争は、その後の六九年七月三日に、大阪地裁で「職場復帰」「解雇期間中の賃金支払い」の判決が下り、その後会社を追い込んで、七〇年一月二一日に現職復帰を果たしました。

この時、三人がクビになり、川口貞夫さん、木村文治さんと私の三人はアルバイトや行商をやって生活を支えたのです。この時には、三人で働いて稼いだお金を一つにして、夫婦者と私のような独身者の最低限度の生活基準額を決めて、それを分け合っていましたね。私は盆と正月にはタクシーの運転手もやりました。

そうやって、生活を支え合いながら、川口さんは年間通じて働き、私は大阪地本の労組活動、木村さんは地域の担当と決めて、闘うことと、飯を食うことと、学習することを、三位一体に三人で追及すると。それで生コン支部を強く大きくしようと三人で決めていた。当時は専従は一人もいないから、解雇された人が中心的役割を果たしていく。これが四年近く続いて、前に言いましたように七〇年に解雇撤回して職場復帰した。解雇の期間中、他の職場や支部にオルグに行くでしょ、そうすると理論水準を高めなかったらダメだと自覚し勉強する。いろんな集会と会議があるから。だから、実践的に理論を深めていくことで基礎ができたんじゃあないかと思うね。だから解雇は無収入でつらい思いをしたが、そのつらい思いの中で、労働組合運動の基礎理論が身に付き、そして労働者の階級魂みたいなものが、深まっていったと思うね。そうして、労働者の運動に限りなく確信が高まった。人間は、苦しいことの経験の中で新しい自分の潜在能力を引き出

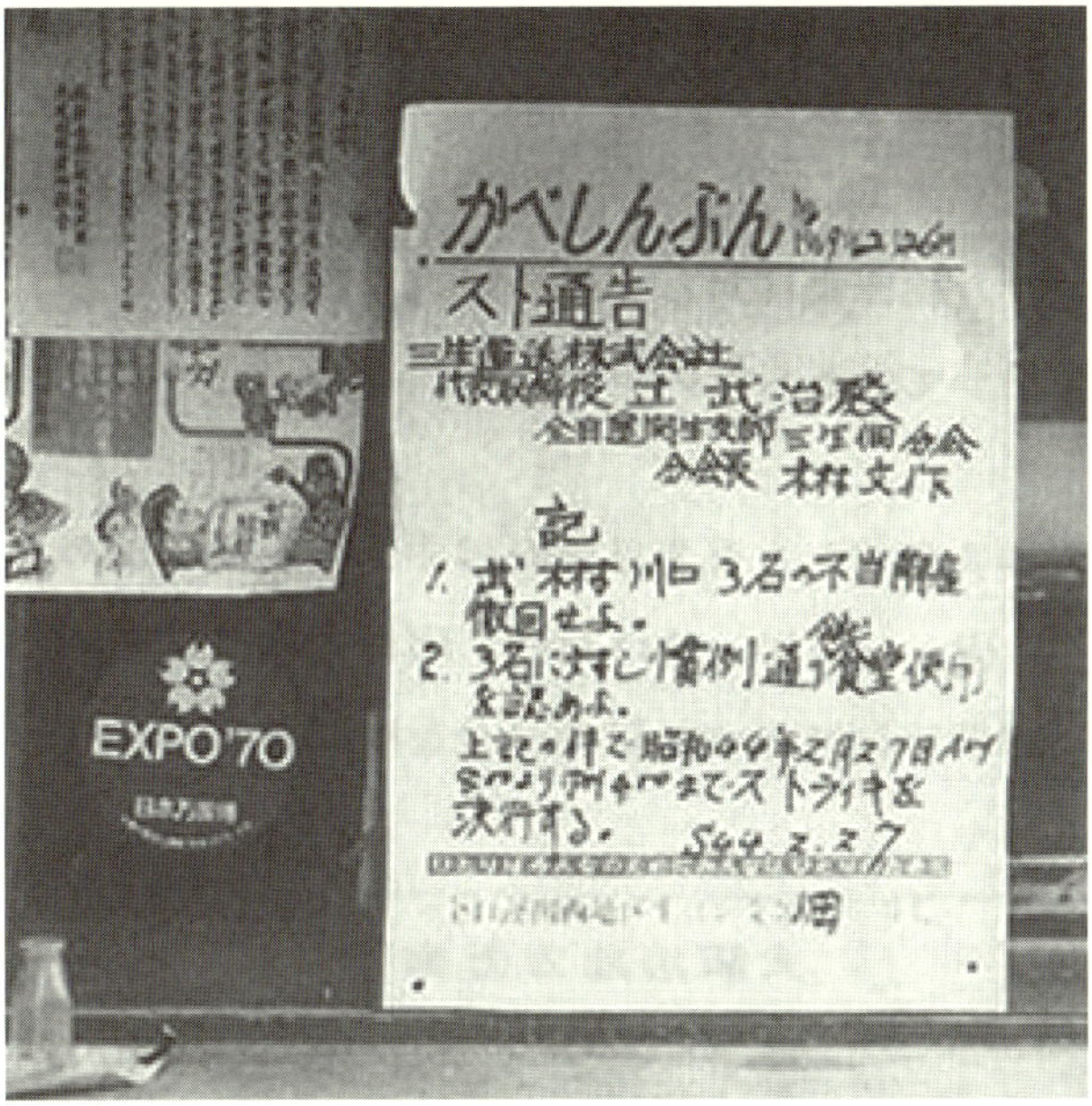

三生佃・三名の仲間の不当解雇撤回を呼びかけるカベ新聞

三生解雇撤回闘争勝利の祝賀パーティー（1970 年 1 月）

すことにつながる。ぬくぬくとした条件ではなく、苦労、苦労、その中でこそ本当に人間は何なのか、人間の生き様はどうあるべきか、ということを考えることにつながる。徳之島の貧乏と、大阪での貧乏と質は違うが、貧乏が結果的に社会運動に目覚めていく原動力になるんでしょうな。そして人との出会いですよ。しかしね、いくら出会いがあっても、自分の中にそういうものをキャッチして、痛みを共有する、人の苦しみを己の苦しみにしていく、そういうものが無ければ、出会いは人の成長にならないね。私はその力を徳之島の厳しい生活が育ててくれたように思いますね。

――関生労働運動の「人の痛みを己の痛みとする」という関生魂、理念がここから生まれたということですね。

**武**　そう、今の関生の「人の痛みを己の痛みとする」労働運動の原点はここからスタートしているわけですね。説明したような支部結成前後の時期の苦しい闘いからきていると思うわね。解雇という苦しい時代の中で、社会を見る目、自分の運動の確信というところにまでなったんじゃあないかと思うんですね。

この解雇撤回闘争で、闘争する場合は、闘うこと、飯を食うこと、そして学習すること、を三位一体的に追求しなければいけない、という思想も、闘いを通じてこの段階で生まれたといえます。これは、それ以降の関生支部の運動の中に活かされていきます。

――この解雇の四年間、徳之島への送金はどうされたんですか。

**武**　つらかったのは私個人の生活のことでなく、田舎の徳之島の家族へ送金できなくなったことですね。クビを切られたことを徳之島の母親に手紙を書いて、「悪いことをしたわけではありません。正しいことをしたから、クビを切られました」と説明したのです。すると母親は私が首を刃物で切り付けられたのかと思ってびっくりしたというんです。その後は、母親は解雇撤回闘争の間中、手紙で応援し続けてくれました。何が口惜しかったかというと、妹に、私と違って出来が良かったので何とか大学まで行ってほしいと思いそれまで仕送りをしていたのですが、それが一円も送れんようになって、妹は大学進学をあきらめたわけです。それで、あの頃は、会社への憎しみでガーッとなっていまして。「金で全部が解決すると思うなよ、一切すべてを元どうりにせえよ」とタンカの一つも切りたい思いでした。

**最後に——組合を作ろうとした初心にかえって**

——今、関生支部50年にあたって、武さんという一人の青年が、労働運動のリーダーになっていく、その出発のいくつかの闘い、出会いをお聞きしました。そこを語ることによって武さんが次の世代にこの前史のところで何が労働者として大事なのか、すでに語られているとは思うんですけど、改めて強調しておくべきことはなんですか。

**武**　今の若者は、厳しい状態に追い込まれている現実はありながら、そのよりどころが作られない。だから関生というのはそのより所にならないといけないと思うのですね。より所になっていくためには、まず幹部活動家が先ほど言ったように、哲学を学ぶ、経済学を学ぶ、労働運動の歴史を学ぶ、関生の歴史を学ぶ、昨年出来上がった60年史の歩み（『関西生コン産業60年の歩み1953～2013』）を学ぶ。そういう形で水準を高めることが特にいま必要です。それにあたって幹部活動家の資質一四項目というのを出しました（注：第Ⅰ部［第六期］を参照）。

関生の運動は、いま権力と資本によって特別な存在にさせられてしまっているが、決してそうではなくて、関生型運動を今の社会が求めているんだと思うんですね。ですからまず、そこをしっかりと確信にしていくということ。これが大事じゃないかと思いますね。

核になる幹部がそういうレベルに達せずにして、組合員の潜在能力なんか引き出すことはできませんからね。

——ということは、今までお聞きしたこの前史で言うと、勝又さんとか石井さんとか、そういう幹部・先輩に武青年が出会って、そこで武青年の持っている素質とかが引き出され、鍛えられ、実践と理論の中で学んで成長しリーダーになっていく。今度は、今の関生の幹部たちが、そういう勝又さんや石井さんのような存在になるように、ということですね。「勝又学校」が、今は、関生支部の「武学校」になってきたように。

**武**　そうです。体験して分かったんだけどね。勝又十九二さん、石井英明さんの、民衆の利益のために身体を張って闘う、そういう思想を継承してきたわけです。今のわれわれは。だから、その「一四項目」にも入っているのですが、自己犠牲をいとわず闘っていく核になる幹部がいたら、関生も結成時は五つの分会一八〇人だったが、今や数からすると二〇〇以上の支部があり、組合員の数は一六〇〇人だが協力会員など入れると大きな数で、支部誕生時代からするとはるかに社会的影響力があるし、成果もいっぱいある。しかし成果がいっぱいあるが、潜在的な関生の力を充分発揮しているとは思えない。だからあえて核になる幹部がしっかりとした資質を身につけていくことが大事で、それさえつければ、あの当時の一〇〇倍近く、それ以上に力を発揮することは可能だと思いますね。今、三二七社と集団交渉をやれるのは日本で関生支部ぐらいなものでしょう。あるいは産業構造、経済、政治の構造を民主化する、そういう観点に立った議論が労使の中でやられていることも、これは企業内組合と根本的に違う発想です。またそういうことによって、交渉そのものが単に具体的な要求を獲得するだけじゃなく、経営者も教育し労働者も教育し、それが大きな集団交渉の役割になっている。そして経営者というのは利害が絡んで引っ張りあったりするから、一つの方針、一つの思想と言っても良いと思うのだけど、そこで団結でき、一つの考え方で共感が深まっていけば、これは経済とか産業を民主化する大きな力に転嫁していく。日本の労働運動をまともにし、日本の閉塞状態にある政治を変えていく原動力になる。現実にそういう方向に、いまこの業界は変わってきている。

そうやって訴えていけば世の中は一気に変わる。なぜかというと、アメリカにしろヨーロッパにしろ、資本主義諸国はもう行き着くところまで行ってしまって、もうこの弱肉強食の競争時代から共生・協同という方向に変わらざるを得なくなっている。そういう世の中の変化への法則に則った運動だから、われわれは現在のところ少数だけど必ず大勢になると。われわれが社会を変えていく中心に座っていくんだという志を持たなきゃいかんと思うのですよね。

――今、語られたことは、戦後革命期の産別会議を中心とした一番戦闘的・階級的な労働運動が社会を揺るがし変革していくその革命的伝統が、そこで生き、闘ってきた勝又さんとか海員組合出身の石井さんから関生支部結成時の武委員長に受け継がれてきて、今度はその闘いの伝統を関生支部の幹部が武さんを通じて受け継いでいこうということですね。この間強く思うのは、武さんの持っている徳之島の琉球弧の群島の闘いのDNAが産別会議などの闘いの革命的伝統をキャッチし共鳴したのではないか。そういう意味では、現在のオール沖縄の日米両政府への自己決定権を求めた闘いの前進に重ねて見ると、もう一つ深い関生支部の闘いの今日的意味がそこへ重なるように思います。

だから、ある意味で関生労働運動の50年は、日本労働運動、とりわけ戦後労働運動の戦後革命期の産別会議の2・1ゼネストに象徴される戦後最大の闘いと敗北・解体の後にGHQ肝いりの総評が誕生し、その総評は「ニワトリからアヒル」になって戦闘性を発揮した。しかしその後は連合に取って代わられていく。この歴史の中に関生労働運動を置いてみると、関生支部の労働運動は、戦後革命期に起ちあがり敗北し解体していった産別労働運動の復権・継承と発展なのだということが、よくわかるのではないでしょうか。今、戦後産別運動の先駆性、戦闘性がこの五〇年、脈々とつながってきている。そしてそれをつなげる指導者がいた、受け継ぐ指導者がいた！　ここに感動を覚えます。

さて、「関生支部の生まれるころ」の主題に戻って、最後にお聞きしたいのですが、武委員長にとって、この時期はどんな時期だったのでしょうか。

**武**　こんな風に生まれたばかりの生コン支部はヨチヨチ歩きを始めました。結成して初めの七年間は一進一退の歴史、というより後退の繰り返しといってよい状態でした。

流れが反転したのは、一九七三年春闘の集団交渉方式を採用し、七五年に中小企業主導の産業政策を発表してから大きな発展をとげるわけです。だから、最後に強調しておきたいことは、組合が一番に苦しいとき、運動がどうしても思うように進まないという時期には、原点に立ち返って考えようということです。原点というのは、一番初めに組合を作ろうと決心したあの頃の気持ちです。会社からいじめられたり、苦しい思いをした時、組合を作らんともうどうにも仕様もないと思った。その時の気持ちに立ち返ろうということです。そうすることで、今の状況の厳しさにたじろいでしまったり、目先の欲に目がくらんでしまうこともなくなるだろうと思います。

関西地区生コン支部の50年の歴史は、初めから淡々とした平坦な道ではなく、多くの先輩の方たち、仲間たちが流した血と汗で、その足で、踏みかみしめてきた道であります。

支部に結集する皆さんも、そのことを肝に銘じ、組合をつくらなくてはと思ったその初心、その原点を大事にして、これからの関生支部の歴史を創っていってほしいと思います。

【第一期】――一九六五年―一九七二年

# 関生支部結成さる――闘いの中で、闘いの必要から生まれた「統一司令部」

**解題**――関生支部50年の闘争の歴史において、関生支部結成以降の七年間のこの時期は、「暗いトンネルから小さな灯りを見つめて進みゆく一進一退を繰り返した」時期である。しかし、この苦多く実り少ないこの時期における粘り強い闘いの中でこそ、関生労働者はそれ以降の苦多くとも実り多く、希望に満ちた今日の関生支部の大前進の礎となる「関生型」闘争路線を発見し、創造し始めていったのである。そしてそれは、戦後革命期の主力となった産別労働運動の敗北と解体、企業別労働運動の台頭という歴史に芽吹いた戦後産別労働運動の革命的伝統を継ぐ若木・関生支部の誕生を意味していた。

## 序章　日本の労働者が忘れてしまった歴史――敗戦・戦後復興期と産別労働運動

関生支部50年の闘いの節目は、丁度、日本の敗戦70年の節目に当たる。

今日、誰も語らず、とりわけ日本の労働者が忘却の彼方に忘れ去ってしまっていることがある。それは、戦後日本の経済・政治・文化・生活・価値観に大きな影響を与え、その性格を決めた敗戦と対日占領、戦後復興期とアメリカへの対米従属構造の成立は、「戦後革命期」と言われた敗戦―占領を契機に武装したアメリカ占領軍・警察の弾圧を物ともせず起ちあがった労働者の一大決起と敗北、とりわけその中軸となった産別労働運動の革命的高揚と挫折・解体の結果であったというまぎれもない歴史である。今日の労働運動の体たらくは、その源流をたどれば、産別労働運動の敗北と解体以降の労働運動における企業別労働運動の台頭と指導権の移動、右傾化にあると言わねばならない。

関生支部50年の闘いの歩みに入る前に、この歴史とその特徴について、その要点に絞って見ておきたい。なぜなら、関生労働者の50年の不屈の闘いは、当の関生労働者が意識してきたかどうかに関わらず、全国の労働者が武装したアメリカ占領軍と警察権力と敢然と闘ったあの「伝説の時代」を思い起こさせるからである。

そして、その時代を振り返ることによって、関生支部結成の背景とその50年の闘いをもって浮かび上がってくる「関生型」産別労働運動が、戦後日本の労働運動史にもつ歴史的位置とその独自の特徴――つまり戦後革命期の産別労働運動の革命的伝統の継承と復権、その再生と新たなる発展への希望――がはっきりとするからである。

## 1　敗戦と戦後復興――対米従属の刻印

一九四五年八月一五日、「大日本帝国」はポツダム宣言を受諾し連合国に無条件降伏した。戦争末期の沖縄における地上戦での夥しい犠牲者、広島・長崎の原爆の犠牲者、東京、大阪大空襲の犠牲者などとともに、軍民三〇〇万以上の死者、アジアにおいての中国を中心に二〇〇〇万に近い命を犠牲にした戦争が終わった。この日本のアジア・太平洋戦争の本質は、一方で米英など列強との帝国主義間戦争であり、他方で中国・東南アジアへの「大東亜共栄圏」を目指す侵略戦争の性質を持つものであった。

天皇制維持のために、沖縄・奄美諸島などを米国に売り渡し、日本「本土」は米軍・連合国軍の単独占領下におかれ、連合国軍最高司令官総司令部（以下GHQと略）の間接統治となった。

米軍の直接統治でなく米軍の指令・勧告によって日本政府が政策を立案・実施する統治形態である。

GHQは、同年九月から、軍人・政治家など戦争犯罪人容疑者の逮捕（翌年に極東国際軍事裁判）、一〇月には政治・思想犯の釈放や天皇に対する批判の自由などの政治的自由の拡大を求める人権指令の発布、東久邇内閣から代わった幣原内閣に「人権確保五大改革」と憲法改正を示唆した。「人権確保五大改革」とは、①選挙権付与による日本婦人の解放、②労働組合の結成奨励、幼年労働の弊害の矯正、③より自由な教育を行う為の諸学校の開設、④秘密警察およびその濫用により国民を不断の恐怖にさらした諸制度の廃止、人民を圧政から保護する司法制度の確立、⑤独占的産業支配が改善されるよう日本の経済機構を民主主義化することなどであった。

特に、GHQは、日本帝国主義・軍国主義の基盤となった経済機構の改革を不可欠として、一つに、財閥解体、独占資本の分割、労働基本権の確立、独占禁止法・過度経済力集中排除法、・中小企業等協同組合法などの産業の民主化施策。もう一つは、農地改革で寄生地主制の解体、小作農から自作農への転換を図った。

こうして、戦勝国GHQは、敗戦国日本帝国主義の経済的支柱である独占資本の解体―財閥解体と農地改革をもって、また先に述べたような政治的民主化を通じて、通称言われるところの「上からの革命」を断行したのである。

## 2　戦後革命期と労働運動の爆発

### 産別会議を軸とする2・1ゼネストとその敗北

社会の生産・労働現場の底辺からたまりにたまったマグマが下から噴出した闘いの爆発は、一九四五年一〇月七日の北海道夕張炭鉱と常磐炭鉱におけるストライキ・蜂起に始まる。それは、強制連行されて〈奴隷労働〉を強要されていた朝鮮・中国人労働者による虐待と飢えからの解放を求めたものであった。連合国最高司令官のマッカーサーが厚木飛行場に降り立った一九四五年八月三〇日から四〇日もたっていなかった。このストライキ・蜂起は、「暴動」としてアメリカ占領軍によって鎮圧され、夥しい犠牲者がでた。

こうした朝鮮・中国人労働者のストライキ・蜂起を烽火に、九州の三池炭鉱で、足尾銅山で、北海道の炭鉱地帯一体で、続々と炭鉱労働者が労働組合の結成に起ちあがり、次々と食糧増配と賃上げを要求してストライキに入っていった。それはまたたく間に、全国・全土に燃え広がっていた。なぜなら、戦争による焦土の中で「死の行進」といわれたように国民生活は破壊され、敗戦と同時に軍需産業の崩壊、陸海軍からの復員とあいまって推定一三二四万ともいわれた失業者が街にあふれ、物価は高騰し、労働者民衆は失業と飢えの恐怖に叩き込まれていたからである。

### 全国で嵐のような労働組合の結成が続く

アメリカ占領軍と日本の支配者は労働者の組合結成・ストライキなどの爆発に恐怖した。その闘いを抑えこむために、旧総同盟の松岡駒吉らが三井、三菱、住友、安田などの独占資本と協力して組合結成に奔走し、戦時中の産業報国会の看板を塗り替えただけのような従業員組合を組織し、総同盟の再建に着手したのはこの時である。

一方、戦前の評議会や全協の流れを組む革新・左派の労働組合も次々と結成されていった。当時は、旗を振るものさえいれば次々と労働組合ができていった。「どんな日とて、組合の結成式の二つ三つ、ない日はなかった。荒畑〈寒村〉も私も馬車馬のように駆け巡っても間に合わなかった。それでも飯をかみかみ出かけた。労働者は奴隷じゃない！　人間だぞオ……と吠えて歩いた」と後に高野実が書いている。

こうして、炭鉱労働者に始まる労働運動の爆発は、東京城南地域の日本電気、沖電気など京浜工業地帯の「南部労働者」と尊称された金属労働者に受け継がれ、闘いは資本家の生産サボタージュに対する〈生産管理闘争〉となってさらに資本の根幹に迫って大きく深く広がっていく。

注——戦前、労働組合に組織された労働者数は四〇数万を超えることはなかった。四五年一〇月には八組合四〇二六名にすぎなかったが、わずか二カ月後の四六年一月には、一万八組合、五二万二〇七四名になり、この後も急速に増えていった。

## 読売争議など生産管理闘争の高揚と後退

そうした中で、四五年一〇月の読売新聞の編集局を占拠しての業務―生産管理闘争が、当時の戦犯・正力松太郎読売社長など首脳陣を退陣に追い込み勝利したことを契機に、朝日新聞社の社長以下幹部の総退陣、京成電鉄の業務管理闘争による賃金体系の変更、採用・解雇などの組合承認必要の要求など全面勝利を契機に、生産管理闘争が全国の労働組合運動の主要な闘争となって燃え広がっていった。三井美唄炭鉱、日本鋼管鶴見製鉄所、日立精機……が次々と生産管理に勝利し、これら勝利の報が全国の労働者に伝わり確信を与え拡がり、支配者いうところの「四月危機」へと発展していった。

注――生産管理とは、労働者が生きるために工場を占拠し、敗戦の危機に瀕した資本家の生産と経営権を奪い、資本家を追い詰めてそれにとって代っていく闘争である。この当時、それが自然発生的であれ、生活防衛的なものであれ、生産管理闘争は労働者に資本家がいなくても生産の主体たる労働者の手で生産が維持できることを自覚させていった。

こうした闘いの発展に、資本家たちはうろたえ、動揺し、恐怖し、生産管理闘争の拡大を恐れて、四六年二月には生産管理を否定する「四相声明」を出させ、労働者の「四月闘争」の爆発をアメリカGHQの軍事介入と武力によって弾圧し、鎮圧した。

この鎮圧を契機に登場した第一次吉田内閣の成立で、労働運動は一旦後退し、生産管理闘争は資本の危機を救う生産復興から産業復興へとその質を骨抜きにされ、すり替えられていく。

## 反撃へ、産別会議の結成と2・1ゼネスト

しかし、このような弾圧にひるまず、後退から「九月闘争」といわれる反転攻勢への口火を切って決起したのが、第二次読売争議、東京都労連の業務管理闘争、国鉄、海員組合の首切り反対ストなどの爆発である。飢餓と低賃金と首切りに対して労働者は戦闘力を回復し始め、「2・1ゼネスト」に向かい始めた。この後退から反撃への転換、四六年秋の九月・一〇月闘争の爆発の中軸となったのが、産別会議の結成である。

注――海員組合は四万三〇〇〇人の首切りに反対しMP・警察・

暴力団の介入をはねのけ四六年九月一〇日ストに突入（大型船二二九隻、機帆船三五〇隻がスト）。国鉄労組は、九月一五日、七万五〇〇〇人の首切りに反対してゼネスト声明を発した。

一九四六年八月一九日から三日間、東京神田の共立講堂にて、「全日本産業別労働組合」（産別会議と略）の結成大会が開かれた。参加組織二一、組織人員一六三万人であった。

産別会議の結成は、「四月危機」による労働運動の後退から、再び資本とGHQの恫喝と干渉の攻撃を一つひとつ打ち砕いていく四六年の「一〇月闘争」へ、そして戦後革命の頂点でもある四七年の「2・1ゼネスト」に向かって前進する労働組合運動の革命的発展への中央司令部が形成されたことを意味している。産別会議の結成には、全逓、全日本機器、全日通、化学、教員、国鉄、全炭鉱、電産、鉄鋼、新聞通信放送など主要産別労組が結集した。

この四六年の「一〇月闘争」に際して、産別会議は国鉄、海員ストに応えて共闘を呼び掛け、同時に①首切り反対、完全雇用、②生産復興は人民の手で、③産業別、統一的団体協約の確保、④スト権の確立、⑤吉田内閣即時打倒などの要求を掲げ、産別傘下の各単産に闘争を指示した。一〇月一日の全電工・東芝四万四〇〇〇名のスト突入を皮切りに、新聞、電産、国鉄、海員、全映連の共闘が組織され、一〇月五日の新聞放送通信ゼネスト突入で産別傘下の全単産が続々とストに突入していった。武装警官隊とGHQのMPが新聞社の前に非常線を張り、労働者にこん棒をふるったことに象徴されたように、全国各地でGHQ・武装警官隊の弾圧が繰り広げられたが、労働者はこれに屈せず、陸続と闘いは燃え広がっていった。一〇月中の争議参加者は延べ二九一万二三二六名と記録され、この規模は、日本労働運動史上最大の規模であった。

## 2・1ゼネスト決行へ――四五〇万の「全闘」発足

四六年一一月、労働組合運動の波は引かず、電産や教員の闘争を経て一一月二六日には、ゼネストに向かって、全逓、全官公労協、全公連、国鉄総連、全教連を軸に官業労働者の共闘機関として「全官公庁共同闘争委員会」が結成され、議長に国鉄の伊井弥四郎が就任、一二月二日には、「共同闘争宣言」が発せられた。

東京下町を中心に生産管理要求の労働者デモがピークに（1946 年４月）

GHQ は争議弾圧へ軍隊・戦車まで出動させる（1948 年の東宝争議）

かくして、四七年「2・1ゼネスト」に向かう態勢がつくり上げられた。明けて一九四七年一月九日、全官公庁共闘は「二月一日午前零時を期してゼネストに突入する」と宣言した。この時すでに全官公庁共闘は、進駐軍要員組合、都市交通、大学高専職組なども参加して二六〇万に膨れ上がり、のみならずゼネスト宣言に呼応して金属などが決起し、総同盟の下からも続々と労働者がこれに連動して松岡ら総同盟幹部もこれを無視できず、ついに産別会議を軸に全官公庁共闘、総同盟、日労会議などの潮流を超えた全ての労働者を結集した「全国労働組合共同闘争委員会」(全闘)が2・1ゼネストに向かって隊伍を整えた。四五〇万の全産業労働者の歴史的ゼネスト突入はもはや必至で、「革命のヒドラ」が動き出した観である。各単産は次々とスト態勢を整え、産別会議は事務局を組織と情報・宣伝部に改組し、裏事務所を設置し、GHQの弾圧に備えて連絡方法などを決め、第二、第三の指導部の準備に入った。

## 涙の2・1ゼネストの中止

アメリカ占領軍は一月二二日、GHQ経済科学局長マーカット大将が、続いて労働課長コーエンが、共闘代表を呼びつけて、指導者を監獄に入れるとか弾圧と武力介入をちらつかせ恫喝し、ゼネスト中止を勧告した。

しかし、共闘と全闘代表は、「われわれはよしんば投獄されてもこのストはやめられない。事態はそこまできているのだ」と答えて、ゼネスト態勢を崩さなかった。一月三〇日午後四時、マーカットは共闘代表に、ゼネスト中止を正式に勧告し、一月三一日午前二時までに回答するように最後通牒を突き付けた。こうしたアメリカGHQの脅迫にも関わらず、労働者は「闘い」を選択した。共闘は三一日午前零時に、拡大委員会を開いてゼネスト決行を再確認し、GHQの中止命令を拒否する旨回答した。スト突入に備えて、組合幹部は配置につき、組織された青年行動隊も配置を完了した。こうして、「2・1ゼネスト」決行に向かって息詰まるような緊迫が日本の全土を覆った。

この時、GHQ最高司令官マッカーサーが動いた。三一日午後二時半、自らの名前でゼネスト禁止命令を発表し、午後四時五〇分には放送局に全国民に向かってその命令を流させた。

GHQはこの放送終了と同時に、伊井議長以下八名の各単産委員長に出頭命令を出し、伊井議長をむりやり放送局に連れて行き、密室に閉じ込めてMPがピストルをちらつかせて、ラジオでスト態勢に入っている労働者にスト中止を呼びかけることを強要した。GHQは共闘と全闘のスト中止指令が出ない限り、現場のストが中止されないことを知っていたからである。

伊井議長らが脅迫され、それでも屈服せず抵抗していた三一日午後六時半、産別会議を指導していた共産党は、労働組合の共闘代表と討議することなくGHQのスト禁止命令を受け入ると発表した。彼ら共産党幹部は党機関を動員し、国鉄、全逓などスト現場に中止を説得して走り回った。三一日午後九時二一分、ついに、伊井議長が涙で声を震わせながら、「私はいまマッカーサー連合国軍最高司令官の命によりラジオをもって親愛なる……皆様に明日のゼネスト中止をお伝えしますが、実に、実に、断腸の思いで組合員諸君に語ることをご諒解願います。私はいま一歩退却、二歩前進という言葉を思い出します。私は声を大にして日本の働く労働者、農民のためにバンザイを唱えて放送を終わることにします」と、全国の労働者にゼネスト中止を呼びかけたのである。

ここに、労働者の革命的高揚の波は一挙に突き崩され、ここが敗走への転機となり、総同盟ら右派の暗躍跋扈《ばっこ》を許し、それでも闘い続けた労働者の最後の闘いとなる一九四九年の大敗北を準備したのである。

注①――この時、放送局に連行されてきた伊井議長の前に徳田共産党代表が現れ「ストを止めると放送しなければダメですよ」と耳打ちして消えた。後に、伊井はスト中止の放送を行うと最後の決断をしたのはこの一瞬だったと書いている（『世界』五四年一月号）。

注②――日本共産党のGHQへの屈服、労働者への裏切りは、共産党が「占領下平和革命論」と「アメリカ占領軍を解放軍」と規定した思想と路線に由来するものである。しかしその犯罪性は占領軍との全面的対決を回避しゼネストを中止させただけでなく、その「歴史的教訓」に学ばず、その総括や教訓も明らかにせず、その後も事実と責任を頬かむりしたことにある。これは、後に関生支部への攻撃にもくり返される。

## 民同の発足、四九年の大敗北
## ――一〇〇万人の首切りと謀略事件

その後、産別会議執行部の中に自己批判が生まれ、これに乗じて産別民主化運動が展開されて、一九四八年二月、細谷松太らが「産別民主化同盟」(民同)を結成していく。これはその名のとおり、2・1ゼネストを頂点とする戦後労働運動の爆発の中軸を担った産別会議を分裂させ、労働運動をGHQの労働政策と資本との協調路線の枠内に引きずり込むものだった。2・1スト禁止後も様々な形で闘い続け再び労働者の闘いが高揚し始めると、次々にその闘争現場に民同が組織されて闘いを掘り崩し、押しとどめていった。それは一九四八年七月の「政令二〇一号」公布による労働者のスト権、団交権をはく奪するGHQ・政府の攻撃と一体で進んだ。この時期、産別会議は「重要産業及び金融機関の国営人民管理」「職場の人民管理闘争」方針を打ち出し闘ったが、「2・1ゼネスト」中止により敗走中の全労働者の闘いとはならなかった。

それでも、GHQの支援のもとに企業整備を行い、活力を取り戻した資本が、一九四九年四月に第二次吉田内閣をして、一方で「団体等規制令」公布を施行させ、他方で官公労働者に対する首切り法案を国会成立させ、労働運動の息の根を止めるべく一〇〇万人の人員整理・大量解雇の攻撃に出てきた時、最後の拠点・国鉄と東芝は首切り反対闘争に起ちあがった。その東交・国電ストライキなどに触発されて、労働者のストライキの波が再び燃え広がり始めた。これに対して、GHQと武装警官隊がいたるところで、工場占拠の現場の労働者に襲い掛かり、たくさんの労働者が逮捕されていった。そして、これら闘いに止めを刺すように在日朝鮮人の闘争に初めて騒乱罪(平事件)を発動し、他方で三鷹・下山・松川事件のようなフレームアップの謀略事件で国鉄の首切り反対闘争を切り崩し、解体していった(運動の背骨となった国鉄労働者が一次・二次合わせ九万三七〇〇人解雇)。

ここに、労働者の2・1ゼネストの挫折、四九年闘争の敗北をもって、GHQと政府は「レッドパージ」による労働運動現場から左派の労働運動活動家を大量に追放し、民同派の指導権の確立と制圧をもって、戦後の革命的労働運動の背骨をたたき折ることに成功したのである。

## 3　朝鮮戦争と対日政策の転換

――対米従属構造の成立

ヨーロッパでの冷戦構造、中国や朝鮮半島が革命化していく中で、四八年一二月、GHQは日本経済の自立政策「経済安定九原則」を指令した。これはインフレの収束を図るため、「ドッジ・ライン」と呼ばれる緊縮財政を実施、単一為替レート（一ドル三六〇円）を設定し財政金融引き締め政策を中心に実施された。この結果が四九年から五〇年のデフレ不況で、企業倒産一万一〇〇〇件、一〇〇万人の首切り解雇であった。

労働者民衆の戦後革命の敗北にもよって、GHQの日本民主化政策は一九五〇年六月の朝鮮戦争を契機に大きく転換していく。

この背景の国際的事情は以下のようである。

戦後、日本の降伏により植民地支配から解放された朝鮮人民の独立をめぐり、南北地域を分断して軍事占領していた米ソの対立と抗争は激化していた。一九四八年には南北を実効支配する大韓民国と朝鮮民主主義人民共和国が成立し、一九四九年には中華人民共和国が成立する。アジア全域で次々と、帝国主義からの侵略と植民地支配からの独立をめざす民族解放革命が勝利していった。日本経済は、朝鮮戦争特需で沸き立ち戦前の水準を超え、日本の「自立化」への機運も高まってきた。

### サンフランシスコ講和条約と日米安保条約

産別会議中軸の2・1ゼネストを武力で中止させ、一九四九年をもって戦後革命を抑え込んで戦後労働運動の背骨を打ち砕くことに成功したGHQは、朝鮮戦争とアジアで高まる民族解放の波を契機に、「極東における全体主義（共産主義）に対する防壁」とするべく対日占領政策を転換した。日本は、一九五一年九月にサンフランシスコ講和条約（五二年発効）に調印し独立を果した。しかし、この独立は、占領軍である米軍がそのまま駐留し、超法規的にふるまうことを許す日米安全保障条約とセットであった。そしてそれは大企業〈独占〉資本が本格的に復活し、経済民主主義が骨抜きにされ、対米従属の戦後政治体制が形成されていくことの政治的表現、政治的節目でもあった。

注――アメリカによる日本の再軍備化は、一九五〇年、朝鮮戦争勃発直後の「警察予備隊」創設から、「保安隊」、さらに海上警備隊を加えて、陸海空の三軍を持つ「自衛隊」(一九五四年七月発足)へと進められた。

ここに、戦後日本の国家・政治は、米国の軍事的支配下にあるだけでなく、その後の戦後資本主義の高度成長期における大企業体制への確立(戦後のアメリカ型独占資本の確立)が、米国主導の自由貿易秩序(IMF・GATT体制)に組み込まれ、米国への依存・従属の構造(米国型の大量生産・大量消費・大量廃棄のシステム)へと、再編されていくことになった。この時期の石油、原発エネルギー政策による、「石炭から石油」政策、原子力・原発政策への転換も、こうした構造化の一環である。

注――日本原子力発電所の設立。広島・長崎に原子爆弾を投下された我が国が、最初に原子力開発への第一歩を踏み出したのはアメリカの意向。一九五三年、当時改進党の代議士・中曽根康弘が原子炉建設予算として二億三五〇〇万円を国会に提出、可決されたことに始まる。一九五五年一二月、原子力基本法が制定され、同時に設置された原子力委員会会長に正力松太郎(読売新聞社主)が就任し、強力に原子力政策を推進し、日本は原子力の時代に入った。五七年一一月に設立された日本原子力発電会社には、三菱、三井、住友などの財閥系企業が参入。その後、田中角栄首相の「日本列島改造論」(一九七二年)の一翼を担うかたちで実施された電源三法「電源開発促進法、電源開発促進対策特別会計法、発電用施設周辺地域整備法」によって、過疎地への原発の誘致が、完全に利権として定着した。アメリカ主導で推進された日本の原子力発電は、今では世界第三位の原発基数を誇る「原発大国」になった。

この対米従属構造の形成は、沖縄の切り捨てと米軍支配、復帰後の現在に続く沖縄への米軍基地の犠牲を強制する「構造的差別」と一対である。

## 4 高度成長、六〇年安保、三井・三池闘争の敗北

朝鮮戦争による特需は、日本経済に敗戦の痛手から立ち直らせ、東京オリンピックをピークに日本経済は、一九五五年には、「神武景気」、一九五六年には経済白書に「もはや戦後ではない」と記述され、一人当りの実質国民総生産(GNP)が、戦前の水準を超え、その後の高度成長期へと目覚ましい経済発展を遂げ、総じて一九七三年の第一次石油ショックに始まる本格的不況に至るまで続いた。

この時期、国民の生活水準は飛躍的に向上し、テレビなどの電化製品や乗用車なども普及したが、その成果を享受したのは独占的大企業だった。一九六〇年代半ばの日本の賃金水準はアメリカの八分の一、EC諸国の二〜三分の一だった。

注――五五年〜六五年を第一次高度成長期―重化学工業への旺盛な設備投資を中心とする内需拡大が成長の牽引車となり、六五年の不況で頓挫。新たに第二次高度成長期〈六五年〜七三年〉が始まる。高度経済成長をもたらした諸要因として、①国際的にはIMF、GATT、OECDなどの国際機構が日本経済に有効に機能。②国内的には、まず年二〇%増というすさまじい設備投資と技術革新の取り組み。政府が社会保障や生活基盤政策を切り詰めながら、他方で道路、港湾、鉄道、空港などの産業基盤の整備を集中的に行い、税収面でも企業を優遇した。

## 高度成長の中の中小企業

高度成長は、中小企業問題の構造を変えた。つまり日本の高度経済成長は、米国の世界支配、とくに第三世界への経済侵略と支配なしにはありえなかった。米国のベトナム侵略戦争特需、また、高度成長を支えた技術革新ももっぱら米国からの技術導入に依存してきた。しかしそれは同時に日本政府にとっては、米国に依存を強めながらも米国をはじめとする世界の巨大独占資本から日本企業を守り、かつ国際競争力強化のために、大企業資本の集中をはかる産業構造政策をはじめ、金融・労働・技術・中小企業などに対する政策を必要とした。その政策化の現れが一九六三年七月の中小企業基本法の施行による、①資本の集中に対応する中小企業構造の高度化、②大企業との競争における事業活動の不利の補正などである。この「基本法」による中小企業構造の高度化とは、中小企業規模の適正化と集約化〈合併、協業化、共同化、集団化〉であり、さらには事業転換を意味していた。

高度成長は、一九七一年八月の「ニクソンショック」〈ドルと金の交換の停止〉により、戦後の世界経済を規定してきたブレトン・ウッズ体制の崩壊とともに終焉した。これによって日本の産業構造政策の変化に連動して、中小企業政策も変化していく。

この時期に「保革五五年体制」と呼ばれた政治構造が成立した。自由民主党それに対抗する日本社会党に加えて議会政党に変質した日本共産党がこれを補完する体制で通称「保革五五年体制」といわれたが、実際は、社会党の勢力は自民党の半分程度だったため、実質的には自民党一党支配の長期政権となった。

一九六〇年、日米安全保障条約の改定が行われ、安保条約に反対する労働者や学生・市民が大規模の反対闘争を繰り広げた。結局、改定安保条約はそのまま締結され、国民の反対運動の中、米アイゼンハワー大統領は来日できず岸内閣は崩壊した。

### 三井・三池闘争の敗北と総評労働運動の後退

また、この年、総資本対総労働の対決といわれた、戦後革命期以来の労働争議「三井・三池闘争」が起こった。石炭から石油へのエネルギー転換により経営危機に陥った会社側が、労働者一二七八名の指名解雇を断行。「ニワトリからアヒルに」転身した総評を軸に労働組合は家族ぐるみ、地域ぐるみで不屈に闘ったが、結局敗北した。これ以降、総評労働運動の影響が衰退していく。

まさに、こうした敗戦から激動の一時代を経て、安保闘争、三井・三池闘争への高揚と敗北、総評労働運動の後退と入れ替わるように、生コン共闘を通じて、関生支部が産別労組としての産声を挙げたのである。

# 第一章　資本の切り崩し攻勢と関扇闘争の真只中で誕生した関生支部

## 1　低賃金・無権利・「タコ部屋」の前近代的な奴隷労働

戦後復興から高度成長へのこうした状況の中で、関西の生コン産業が創業を開始する。関西の生コンクリート産業の発祥の地は、大阪市西淀川区にある佃工場である。

注——兵庫県尼崎市と境を隔てる神崎川支流に囲まれた護岸沿いに、一九五三年五月、旧大阪セメントが全額出資し、大阪生コンクリート(株)佃工場として出発したのがその第一号である。なお、セメント産業に比べ生コン産業は比較的新しく戦後の産業で、日本では一九四九年、東京磐城(イワキ)生コンの創業からである(詳細は『関西生コン産業60年の歩み』を参照)。

すでにその概要はみてきたが、当時の日本経済は朝鮮戦争の特需ブームで敗戦の打撃から立ち直り、重化学工業の本格的確立に向かう「日の出の勢い」であった。この時期、生コンは「作れば売れる」という大口需要に沸き立っていた。需要があればそれに合わせて生コンが練られて現場へ運ばれる。早朝から深夜まで、休日も返上しての操業の毎日だった。セメント・生コン産業の資本家にとっては「輸送費の圧縮こそ儲けの源泉」だった。

プロローグの武委員長の証言にもあるように、「関西地区生コン支部」が結成される以前の生コン輸送労働者の状態は、低賃金・長時間労働であり、労働基準法などカケラもない状態で、一言でいって「タコ部屋」であり、それを維持するための暴力的労務管理であったことが大きな特徴である。残業は月に二〇〇時間をこえ、年間休日は日曜を含め二~五日。名ばかりの「仮眠室」で少しばかりの睡眠・休憩をとって、何日も家に帰らずに、朝星・夜星を仰ぎながらの連続勤務につき、弁当も信号待ちや積み込みの間にミキサー車の運転席でかきこむという毎日だった。こうした劣悪な労働実態を強制してきたのが業界独特の体質ともいうべき暴力的労務支配である。暴力団を導入して一言も物を言えないという状況を続けてきた(『風雲去来人馬』参照)。

注──こうした「タコ部屋」の暴力的労務支配による地獄のような奴隷労働の実態は、戦前・戦中に鹿島組や麻生セメント等が強制連行してきた中国・朝鮮人労働者の状態と同じであった。こういうセメントメーカーの前近代的体質は、明治期の国家主導によるセメント産業の創業の経緯、その後の朝鮮・中国への侵略と多民族への暴力的支配を通じて膨張してきた日本企業─日本資本主義の体質を引き継いだものといえる。

このような中で、労働者の労働条件の向上と地位向上を目指して全国自動車運輸労働組合(全自運)の支部が次々と結成された。

最初に結成されたのは、小野田セメントの下請けの「東海運」。次に日本セメントの生コン部門・大阪アサノ生コンの下請け「関扇運輸」、梅田イワキ(現在の西宮生コン)、大阪セメントの直系工場の輸送部門「三生佃・和歌山・千島」などである。しかしそれらはいずれも企業内の労働組合であった。その後、六〇年安保闘争の最中、全自運傘下の此花・アサノ・東海運の三者共闘会議を母体にして、一九六〇年八月、経営側との「統一要求・統一交渉」を目指して「大阪生コン輸送労組共闘会議（生コン共闘）」が結成された。当時の労組のスローガンは、「残業なしで生活ができる賃金をめざそう」「日曜日ぐらいは休ませてほしい」といった切実なものだった。その中で、一九六二年〜六三年の全国生コン共闘、全自運非加盟も含んだ「関西生コン労働者共闘会議」結成など、横へと闘いが拡がっていた全盛の頃は、「三六協定」（時間外労働や労働時間の決定）、日曜日休暇、固定給志向型の賃金体系への変更等を労働組合として実現した。

## 2　生コン共闘の発展とセメントメーカーの切り崩し攻撃

このような生コン共闘の闘いをセメントメーカー（資本）は、六四年頃から、「関西生コン輸送協議会」を結成し労働組合つぶしの激しい攻撃をかけてきた。その内容は、組織を分裂させ、労組幹部の首を切る、企業を清算する等、生コン労働者にとっては生き死ににかかわる厳しい切り崩し攻撃だった。

注――「セメント年鑑」によると、一九六五年度のセメント資本の合理化実態は次のようである。
・二月一四日　小野田社　経営不振から第一次合理化案を労組に提示
・三月　五日　豊国社　第三次合理化案　希望退職募集で一三四名解雇
・七月三〇日　大阪社大阪工場　一〇〇名希望退職を労組に提示
・一一月二日　小野田社　第二次合理化で八〇〇名（内一五〇名は指名解雇）希望退職を労組に提示
・一二月一七日　日本社　二ヵ年で二一〇〇名の「自然退職」等の人員削減合理化を提示。これらの合理化のなか、小野田セメントは累積赤字八三億円を抱え、すさまじい合理化を断行し、管理職を含め五人に一人・一〇〇〇名を解雇し、三名の自殺者を出している。

こうした生コン共闘の発展に対するセメントメーカーの切り崩し攻撃の真只中で、生コン共闘の限界、弱点を克服し、新たな闘争に挑むべく関生支部が結成されたのである。

## 第二章　関生支部、結成さる！——原則は高く、戦術は柔軟に

一九六五年一〇月一七日、幾多の曲折を経て、ついに関西地区生コン支部（以下、関生支部と略）が三生四支部と豊英支部で構成する五分会一八〇名で産声を挙げた。

時は、六〇年安保闘争の敗北から五年。すでに見てきたように高度経済成長政策の破綻と相まって、日経連を総司令部とする資本側の結束強化で全産業に生産管理・労務管理の空前の一大「合理化」の嵐が吹き荒れ、労働者が辛酸をなめて獲得してきた諸権利を踏みにじる攻撃が顕著となった時期である。それは、生コン産業においても、セメント独占主導の「合理化」の嵐、労働組合分断の動きとなって労働者の生活破壊・権利侵害を一段と強めてきた時期であった。

当時の労働運動は既に述べてきたように、戦後革命期の産別会議を軸とする労働運動が敗北し、産別会議は解体され、企業別組合を中心に結成され一時期戦闘性を発揮した総評労働運動も六〇年安保、三井・三池闘争の敗北をもって急速に失速し、こうした資本の総攻撃に対抗することができずに、労使協調路線の大合唱となって労働運動が右へ右へ切り崩されていった時期である。政治的には米軍による北ベトナム攻撃に端を発したベトナム侵略戦争の開始、日「韓」条約の批准と国交回復による日本のアジアへの再侵略の野望が顕わになった時でもある。

こうした大きな時代転換の中で、六〇年安保の年に出発し後に「生コン共闘会議」になっての五年有余の戦闘的・先進的闘いを引き継ぎ、その弱点を乗り越え、関扇・東海運・三生での熾烈な資本との攻撃の真只中の闘いの中での「生みの苦しみ」の時を経て、議決権・執行権をもつ闘いの「統一司令部」組織として、個人加盟による産別組合「全自運関西地区生コン支部」（当時の正式名称）が発足したのである。

ここに、関西の生コン産業闘争史上、その闘いの機関車の役割を果たし、戦後革命期の産別労働運動の継承・復権と新たな挑戦と発展を意味する関生支部の壮絶な闘いの歴史的一ページが開かれた。

## 1　喜びと緊張の中で　歴史的な関生支部結成大会

一九六五年一〇月一七日の関生支部結成当日の模様は、結成一五年の節目に編纂された『関生闘争史　流転の道をえらばず』にこう書かれている。

「初秋の大阪の空は、期しくもマリアナ近海に発生した台風三〇号の影響で決して良好とは言えなかったが、結成会場に当てられた大阪市西淀川区御幣島《みて》の西淀川労働会館には、定刻時間午前一〇時の一時間半前から、主だった面々が続々と詰め、会場つくりに大わらわであった」。

それまで三生運送内にあった四つの支部を統一しそこに豊英運輸の支部が加わり、関西地方の生コン運輸に働く労働者なら誰でも加入できる小さいと言えども一本の組織体を自分たちの手で結成するという、労働者の喜びと決意のまじりあった緊張と熱気が伝わってくるようだ。

注――西淀川労働会館二階会議室（一五〇名収容）には、招集代議員六三名中五〇名、準備委員総数六名中六名の五六名（他に委任状三）がそろい、結成大会は、新谷成英（三生・佃）の司会、選出された松本春夫（三生・神戸）、岸青一（豊英）の議長の下で、友誼団体から祝辞を受け、武建一関生支部結成準備委員長の「結成大会挨拶文」の読み上げ、石井英明・大阪地本生コン担当オルグの「一九六六年運動方針（案）」の提起と討議・可決、橋本史郎・副準備委員長（三生・千島）の「一九六六年度予算案」の提起と討議・可決、準備委員会の推薦と信任投票で初代役員を選出し、最後に、「がんばろう」と「日『韓』会談粉砕の歌」を斉唱し、歴史的な結成大会の幕を閉じた。

## 2　要求項目（運動方針）と初代役員

当時、若冠二三歳で支部結成の準備委員長を務めた武建一が、愛読していた『チェ・ゲバラ全集』『カストロ演説集』をひっくり返しつつ書き上げ、大会で読み上げた「結成大会挨拶文」は、以下のような一文で結ばれている。

「日経連は今年の春に、夏から秋にかけて大々的な『合理化』の嵐が吹きすさぶだろうと、公言しましたが、秋を待たず『合理化』の嵐は既に全産業に吹きさんでいます。特に下請け的存在のトラック産業では攻撃が集中的に掛けられ、関西においても関扇、阪神、関急に見られるように、不当なロックアウト、警察と一体となった組織破壊、さらには東海運その他に見られる、脅しと〈丸がかえ〉の労使協調など数えればきりがないほどです。

しかし！　不屈に闘う関扇、阪神、関急の闘いは、日を追うごとに多くの労働者から支持されてきています。われわれが今日、個人加盟という企業を乗り越えた組織を結成するに至ったことは、〈現在の情勢〉の中の大きな成果であると評価できます。（中略）一人ひとりの自発性と創意性を発展させるため、今日の大会を成功裏に終わらせることを念願してやみません」と。

結成大会は、石井英明氏による九章からなる「運動方針案」の提起を受けてこれを討議の上で可決し、その後、予算案、関生支部の初代役員を投票で決めた。「運動方針」で注目すべきは、「原則は高く戦術は柔軟に」を基調とした、「①合理化反対、労働者の基本的人権、②長時間労働・強制残業反対、③残業なしで生活できる賃金と全国一律最低賃金制の確立、④重税反対、⑤軍事基地撤去、⑥教育学習強化と組織拡大などを骨子とし、「首切りなど合理化反対スト権」と共に「アカ攻撃反対」「争議支部支援」「ベトナム侵略反対」「日『韓』条約批准阻止」の四項目抱き合わせのスト権を方針化し可決していることである。

注――結成大会で選出された初代役員は、執行委員長（武　建一）、副執行委員長（橋本史郎、谷岡洋）、書記長（石井英明）、財政部長（木村文作）、会計監査（伊与田明好）などで、ほとんどが結成準備会の発起人で寝食忘れて結成に奮闘してきた人達であった。

こうして、若々しい気概いっぱいに、意気軒昂、志高く発足した関生支部はその活動をスタートした。

## 3　関生支部の組織原則とは

結成された関生支部の組織としての原理原則は、当時のほとんどの労働組合が企業内組合として組織されてきたことに比して、実に多くの特徴を持っている。これら原理原則は、この五〇年の闘いの中で磨かれ、定着してきたものもあるが、列挙すれば、左記である。

①個人加盟の産業別労働組合として各職場、分会が

分断支配されないために、支部に交渉権、行動権、妥結権を集中する。すなわち統一司令部は支部機関にあること。

②労働組合の基本的性格とは、大衆性と階級性を統一化し、社会的任務としては、経済闘争、政治闘争、思想闘争を三位一体化して闘うことにある。

③マルクスの剰余価値説などで資本の本質をつかみ、ものの見方・考え方を確たるものにする哲学、社会発展の法則や弁証法的唯物論などを学習し、この観点に立った運動を展開する。

④情勢分析は世界、日本、産業と関連づけて労働者の現在位置、敵・味方の力関係を分析する。

⑤基本戦略を明確にし、「戦術は水の如し」で多様性をもって臨む。

⑥中小企業とは、大企業から収奪される面と労働者から搾取する面の二面性があり、「一面闘争、一面共闘」の姿勢で臨む。

# 第三章　「関生魂と闘争路線」の原型を形成——関扇、東海運、三生の三大闘争の成果

## 1　関生支部組織の存亡をかけた「乗るか反るか」の攻防

産別統一への〈二段ロケット〉方式で出発した関生支部は、結成当時、関扇闘争における日本セメント・アサノ社の不当労働行為との闘いの只中にあり、アサノの組合つぶしを目的とした「自己破産申告」との闘い、これでもつぶせないと見るや会社が大阪府警機動隊を導入するという厳しい攻防戦を闘っていた。また東海運では分裂・差別攻撃との闘い、近畿生コンでは「風呂つけよ」「仮眠室をつくれ」などの要求を掲げ闘っていた。

そして、支部結成後の初の闘いとなった豊英分会の

年末一時金要求実現の闘いは、退職金規定の前進など初めての成果を勝ち取ったが、その裏で会社側からの露骨で激しい「アカ攻撃」にさらされていた。こうして結成直後の苦多く実り少ない厳しい時期を、支部の仲間たちは「単に苦しみに耐えること、時を待つのでなく、苦しみを楽にするには苦しみの根源と能動的に闘うことだ」と自覚し、少数ながら団結して闘った。

この苦闘の中で、それ以降の関生支部の山あり谷ありの五〇年の闘いの中で大きな特徴となる、苦闘のどん底でその汗と血のにじむ体験〈実践〉の中から、前進と勝利のために苦しみの「根源」にある敵やそれとの闘いの方法を一つ一つ発見し、「関生支部の闘争路線」に練り上げ、鍛えあげていくという類まれな力を発揮していった。いわば「関生力」ともいえるこうした闘いの伝統の種は、支部創成期のこの苦闘の時期に育まれたのである。

## 2 「背景資本」「使用者概念の拡大」「闘いなくして成果なし」

その典型が、この時期の特筆すべき歴史的闘争であり、闘う相手が「背景資本」（独占資本・セメントメーカー）であることを体験的につかんだ関扇闘争を頂点に、「使用者概念の拡大」をつかんだ大豊闘争であり、「闘いなくして成果なし」を確認した三生闘争の三大闘争である。

### ①敵はだれか――「背景資本」（アサノ）に勝利した関扇闘争

関扇運輸闘争は、一九六四年、関生支部結成の一年前に始まっている。

闘争のそもそもの出発点での要求は、「せめて日曜日くらいは休ませてほしい」というものだった。会社はこんな当たり前の要求を無視して一方的な指名で日曜稼働を強行していた。親会社の日本セメント・アサノは関扇運輸に対し契約更新をエサに組合つぶしを指示し、以後、警察幹部あがりの労務屋の導入、第二から第五組合までつくっての組合分裂攻撃、さらに一組への時間外労働のカット（日干し）攻撃を掛けてきた。六五年一月に一組の九人に解雇が通告された。

関扇支部は警察ＯＢの労務や「守衛」という形で導入された暴力団の脅しの中で、また同年三月には社屋ビラ貼りを理由に七人が逮捕されるなど、警察と会社一体となった弾圧の中で解雇撤回闘争を続けた。こうした闘争の結果、同年六月、大阪地労委が不当労働行為を認め、残業停止以降の実損一三〇〇万円の支払いを命じ、続く会社との交渉の末、①残業停止の解除、②九人の解雇撤回が確認された。

## 「アサノの言うなりになりこのようなことになった事は残念でたまらない」

ところがその直後、関扇運輸上田社長は国電に投身自殺してしまった。残された遺書には「アサノの言うなりになりこのようなことになった事は残念で、残念でたまらない」と書かれていた。社長を失った関扇社は自己破産手続きをして雲隠れしてしまった。組合は「一三〇〇万円の未払い賃金」についての労働債権を差し押さえ、今後の長期闘争に備え、失業保険、アルバイトのプール制、生活保護と財政面の自立を確保しつつ、関扇運輸の真の黒幕であるアサノコンクリートおよび日本セメントへの抗議と闘争を執拗に続けた。

## 本当の敵はだれか

六九年一〇月二一日、ついにアサノは労働者の軍門に降り、関扇支部との間で協定が交され、足かけ六年、一八五六日に及ぶ闘争は勝利した。

この闘争の本質は、日本セメント株式会社をもって、下請中小企業が独占資本の言いなりになって労働者を苦しめても不用となれば情け容赦なく企業そのものをつぶし、利潤追求のためなら手段を選ばぬ独占資本・セメント資本の本性を露わにしたものであった。そしてこの闘争こそ、〈真の敵はだれか〉つまり〈闘う相手〉が独占資本とセメントメーカーであることを生コン労働者に体験的に教え、後に関生支部の運動の戦略的前進を生む原動力になった闘いである。

この関扇闘争のさなかに誕生した関生支部は、直接雇用主に対する要求だけでなく、下請中小企業の〈背景資本〉への要求を団結の要におき闘いの指針としていく。

注――関扇運輸は日本セメント株式会社の一〇〇%出資会社で、大阪アサノ生コンクリート（株）の専属下請の輸送会社である。この企業にはすでに当時の全自連関扇支部が結成されており、関西の生コン労働運動の先駆的存在で大きな影響力を持っていた。

「めしと団結」（たたかう関扇運輸労働者）から

### ②解雇撤回を勝ち取った三生・佃闘争
### ――家族ぐるみで闘い、勝利！

三生・佃闘争とは、一九六六年一〇月、「九月二日のピケット行動」を「大衆煽動」と決めつけて、武建一支部執行委員長、木村文作支部執行委員、川口久夫佃分

背景資本・親会社の責任を追求した関扇―アサノ闘争

会組合員に解雇処分通告、ほかに三名の分会執行委員に二カ月の出勤停止処分がかけられ、関扇闘争が大詰めを迎えた一九六九年の秋に、大阪地裁で、三名の不当解雇撤回と解雇処分中の未払い賃金支払い命令が出され、関生支部にとって歴史的な勝利を勝ち取った闘争である。

この不当解雇の会社側狙いは、当時の三生労務の組合つぶし「三矢作戦」の総仕上げといわれ、①勝又委員長の解雇、新谷分会長の解雇に続く、②関生支部結成による翌六六春闘の前進など支部の柱である三生・佃を叩き潰す攻撃、③10・21アメリカのベトナム侵略戦争に反対する関生支部の二時間時限ストの弾圧である。

解雇から現職復帰に至る一一八一日、三年三カ月に及ぶ闘争のため、武・木村・川口の三名はタクシーの運転手、行商などアルバイトによるプール制で生活を支えあった。当時の一般運転手の月収が六、七万という時に、一人一、二万の生活費で歯をくいしばって生活し、闘い、オルグ活動を続けた。それは家族にも徹底した討論で理解を求めての家族ぐるみの闘いであった。

注——家族は語っている「隣の家からすき焼きのおいしそうな匂いが流れてくる中で、うちではお肉の入っていない野菜炒めしかたべられなくて」

この解雇撤回闘争は、六九年九月に全面勝利判決を得たが、それでも会社は現職復帰を認めず、そこで関生支部は地域で社会的に孤立させるために、「残コンや排水、粉塵タレ流しを平気で行い、地域環境を破壊する三生」という宣伝で追いつめ、ついに会社は根をあげ、三名は七〇年一月に意気ようよう、職場復帰したのである。こうした、地域への呼びかけ、企業への社会的包囲は、その後の支部の闘いの中でも大きく発展していく。

### ③「使用者概念」確認させ勝利した大豊闘争

当時、大豊には同盟系交通労連が組織されており、六九年一〇月に、「ハツリ（生コン車のドラム内に付着したコンクリートの剥離作業）は会社の責任で行え！洗車時間を認めよ！」という当たり前すぎる要求を掲げ時限ストに入り、これに対して会社がロックアウト

（就労拒否）で対抗し、「仕事欲しけりゃ組合を脱退しろ」の不当労働行為を繰り返していた。しかし同盟は何の支援もせず、たまらず一組の六三名が同盟を脱退して、当時の関生支部に駆け込み加入してきた。その後七〇年には、会社は一組の仕事を干しあげ、企業閉鎖・全員解雇を通告。首を切られた二四名の一組労働者は自動車解体で生活資金をつくり、関扇闘争に学びながら闘い続けた。七一年秋には、関生支部あげて大豊高槻工場泊まり込み闘争を実施し、工場再開を不可能にするための三菱・豊岡セメントの大動員によるプラント打ち壊しを阻止した。翌七二年七月には、大阪地労委で親会社の「使用者責任」を命じた画期的命令を勝ち取った。そして、闘争は中労委での和解交渉において、親会社三菱の責任で企業再開（高槻工場再開）、全員雇用で解決し、一九七三年三月、和解協定に調印し、一三一二日間の長きにわたる闘争が勝利したのである。

この闘争を転機に、支部の「三菱鉱業セメントの使用者責任」追及が社会的に認知され、また一つ、その後の生コン支部の闘いの発展に通じる道を開いたのである。

## 3 「他人の痛みを己の痛みとする」作風の確立

これら闘争の勝利は、目前の敵に目を奪われることなく「背景資本」との闘いを重視して闘うこと、企業内的闘いでなく産業別、業種別、地域的に団結して闘うこと、要求は自らの要求と国民的要求と結合して革新的方向で運動をすることを敵の攻撃によって学び取ることができた成果であった。

「背景資本との闘い」「使用者概念の拡大」も、初めに理論的整理があったわけでなく、個々の企業の社長が姿を消したり、責任を頬かむりする中でどこに責任をもっていくかという実践上の模索から、つまり現実の攻撃を受けて闘うその必死の経験の積み重ねの中から、関生支部の闘争路線、伝統が練り上げられていったものである。

そしてもう一つ、この時期の苦闘を通じて、敵の攻撃は支部組織の弱い隙間をついて突破口を開き、その上で統一司令部である支部組織もろともにつぶしに来る。だから、一つの分会にかけられた権利侵害に対しても支部全体の総力をあげた反撃でしか跳ね返せないことを身をもって学んだ。ここから「他人の痛みを己の痛みとする」関生闘争路線の根底を貫く作風は作りあげられた。

こうして、関生支部の「創世記」ともいうべきこの時期の闘争の勝利を礎に、一九七三年を契機に、「闘わずして成果なし」を合言葉に、大きな前進と息継ぐ暇のない闘いに入っていくのである。

【第二期】——一九七三年〜一九八二年

# 闘争に次ぐ闘争、怒涛の進撃の時代

## ——関生支部産業政策の確立と飛躍的発展

解題——一九七二年の田中角栄内閣による「日本列島改造」によるインフレの加速、そして七三年のオイルショックによる不況期への突入の中で、中小企業の破綻と倒産、経営危機による合理化の嵐が吹き荒れた。この情勢に対して関生支部は、雇用保障を求めて破産・倒産させない闘いの必要から、七三年春闘を契機に、大豊、東海運、神戸宇部、大進、さらに苅藻島、鶴菱などの各闘争へ、闘争に次ぐ闘争に明け暮れ、三菱、宇部、大阪セメント、小野田など関西の大手企業のすべてを相手に闘い、暴力団を使った労組幹部の刺殺・拉致・殺人未遂にも屈せず、怒涛の進撃の時代を拓いていく。こうして闘う関生支部は、この時期、「全自軍」と呼ばれてセメント資本に恐れられ、大きな成果を挙げていく。

同時に、支部はこの怒涛の闘いの経験を一つ一つ積み上げ教訓化し理論化し、七三年春闘から始った集団交渉方式による集団的労使関係を発展させ、一つ一つの企業だけでは経営危機を克服できない中小企業経営者の集団化、さらに中小企業と労働組合が協力してセメントメーカーと大手ゼネコン独占資本の横暴・支配を規制していく産業政策を提起していく。その政策闘争の発展によって「同盟路線」の崩壊を尻目に雇用・賃金などにおいて具体的な成果を実現し、その集大成として、一九八一年には歴史的「三三項目協定」合意に登り詰めていく。この「三三項目協定」は、業種別、産業別横断型統一労働条件として、戦後の日本労働運動史上において画期をなす驚異的成果として注目された。

こうした意味で、この時期は、戦後の産別労働運動を継承する今日にいたる「関生型」産別労働運動、その柱となる産業政策闘争の原型が闘いの中で確立され、その有効性を具体的実践と成果で天下に示し、五〇年の歴史の中でも最初の激動と画期をなす時期である。

## 第四章　反転攻勢へ、怒涛の進撃始まる――不況に強いのが関生支部だ！

第一期の末尾にふれたように、支部結成直後の一時期の関生型労働運動は、経営者による組合分裂・解雇・閉鎖攻撃、警察・暴力団の介入、それと一体の御用組合によって、文字どおり組合を作ってはつぶされ、また作り直しの繰り返しであった。が、一九七〇年代に入って、万博不況と三生解雇事件の全面勝利を契機に流れが一挙に変わり、七三春闘をもって反転攻勢に転じる入口に立った。

そういう意味で一九七三年という年は、関生支部にとって、大豊闘争の画期的勝利をはじめとする権利侵害反対闘争が前進する中、七三年春闘で一四社を相手に本格的な集団交渉（集交）時代の幕を開き、以降、闘争に次ぐ闘争の怒涛の進撃を開始し、産業政策闘争の飛躍的前進をつくりだしていく大きな節目となった。

## 1　七三春闘と集団交渉方式の開始
### ――「関生支部主導型春闘」の幕開け

七三春闘では、一四社を相手に初の集団交渉が実現した。生コン共闘時代にも集団交渉の経験はあったが、これは関生支部結成以来の支部の統一闘争の推進の中で実現したもので、これまでと質と規模を異にしたものである。

それまで生コン経営者の側は何が何んでも関生支部の要求を認めようとはせず、同盟労組や企業内労組を通じた労働者への分断支配のためにそれら労組との間で格差回答を続けてきた。七三春闘で支部は産業別統一闘争を徹底し、「統一要求、統一交渉、統一妥結、統一指導、統一行動」を貫き、闘いの相手を直接の雇用主にのみ向けるのでなくその背景にあるセメントメーカー資本への闘いを組織し、集交への参加をしぶり態度を明確にしない悪質業者へは集中行動を展開した。戦術もステッカー貼りから残業拒否、指名スト、時限スト、波状スト、統一ストへと拡大し、一一波にわたる延べ一一四六名を動員した行動を打ち抜いた。こうして資本を統一闘争で追いつめ、職場ごとの独自闘争によって、資本家間の矛盾を増大させていった。

結果、三生の同盟の要求額一万九八〇〇円を上回る一万九五〇〇円と二万五〇〇〇円の回答、神戸宇部の「個人償却制」の廃止をはじめ、七三春闘の要求の目玉であった大型運転手最低保障一〇万円の確立、週休二日制の見通しの明確化、洗車時間の自由時間化、入浴時間の就労時間扱い、クーラー全車取付など、要求はことごとく実現した。七三春闘の特筆すべき成果は、①大型最低保障一〇万円の協定が低賃金で酷使されてきた大多数の生コン・トラック労働者にとって大きな朗報となり、以降の各企業に対する「大型運転資格者の基準内賃金を一〇万円以上にせよ」という要求を生コン輸送部門の企業で実現していく武器となったこと。②所定労働日の日数計算において組合活動を含むことを承認させたこと。③「賃金抑制」の重しとなってきた「出来高払い」「個人償却制」の廃止、④優先雇用協定書の締結をもって労働者の低賃金化をもたらす仕組みを取り除いたこと、などにある。

こうした集交方式による七三春闘の勝利という大きな成果によって、関生支部の賃金・労働条件は大きく前進し、今日にいたるいわゆる「関生支部主導型春闘」の幕開けを告げたのである。

## 2　資本・同盟・暴力団・警察連合との闘い
——特筆すべき大豊、神戸宇部、大進闘争の勝利と生コン産業への波及

七三年春闘の重要な位置とその成果については概括したが、そうした成果を勝ち取っていく闘争に次ぐ闘争の中で、この時期前半の特筆すべき重要な闘争として左記の闘いがある。

### ①三菱セメントを敵に「使用者概念の拡大」方針で勝利した大豊闘争

一九七三年三月一五日、三年半にわたって、関生支部潰しを目的にした企業閉鎖・全員解雇攻撃と闘いぬいた大豊運輸分会がついに三菱セメントを向こうに回して全面勝利を勝ち取った。この勝利の内容は、地労委段階で生コン輸送部門に対する親会社である豊国生コン（三菱の下請け）の使用者性を明確にした決定を勝ち取っていたが、この中労委和解を背景に、三菱セメントを当事者とする和解協定にこぎつけて勝利したのである。この闘争勝利は、前章でもふれた関扇闘争の勝利以来、関生支部の伝統ともなった「使用者概念の拡大」方針の正しさを決定的に再確認するものであった。

注——「使用者概念の拡大」による背景資本との闘争について、「企業が潰れて相手がいなくなる。だれか相手にしなければとたぐっていけば、日本セメントであり、三菱鉱業セメントであったりする」。だから「理屈っぽい、頭の中から出てきたんじゃなく、走りながら考え」出されたものである事を、後に八八年四月講演で武建一委員長が語っている。

### ②「個人償却制」廃止を勝ち取った神戸宇部の闘争

七三春闘の渦中の闘いでは、東海運分会の「休憩室隔離・賃金差別撤廃」の闘いなどとともに、神戸宇部の「個人償却制」導入との激しい闘争がある。

「個人償却制」というのは、運転手個人に形の上だけで車両を所有させ、車両の代価を毎月の運賃収入から差し引き償却させるシステムで、企業側は「償却制を

やれば一カ月二〜三〇万になる」と宣伝したが、実際は企業への従属・支配関係にある労働者に、本来企業が負担すべき燃料費、修理費、交通事故費、固定経費や税まで負担させ、運賃収入から歩合制で労働者に給与が払われる制度である。この制度は、「鼻先に人参をぶら下げられて走る馬」のごとくこき使う労務政策を象徴するもので、労働者には踏んだり蹴ったりの代物であった。また、この制度導入の狙いには、一つの事業所内に複数の雇用形態をつくり、関生支部の勝ち取ってきた労働条件を掘り崩し、労組の組織化をつぶす狙いもあった。分会は、これらの狙いを見抜き、一〇数波に渡る行動、親会社の宇部興産への行動、地域市民への大宣伝を展開し、この当時の生コン輸送業の労務支配の象徴ともいえる「個人償却制度」の廃止を勝ち取った。この勝利で、関生支部労働組合員は「どんな時に力を一気に発揮すべきか」を学び、この闘争があって支部執行部の言うことを聞いて闘えば、どんな闘争も勝利できるという確信を得ていく。宇部闘争の勝利があってはじめて、支部執行部と組合員が、一体となった本格的な反転攻勢が始まっていった。

### ③日雇いの本採用化めざした大進闘争の勝利

日雇い労働者の本採用化を要求する闘いで、重要なのが大進闘争である。大進運輸は大阪セメントの子会社大阪生コンの下請け輸送部門で、一九七三年一〇月、そこで働いてきた日雇い運転手三名が組合に加入し本採用化を要求し公然化し、企業側は彼らがそれまで所属していた組合・新運転の承認のもとにユニオンショップ協定による除名―解雇を行ったことが、事の発端である。

この時、関生支部は集中動員による関連会社への一〇〇名から二〇〇名の四波に渡る波状的抗議行動をかけた。それは今日は京都向日工場、明日は東神戸工場と神出鬼没に展開し一カ月半続けた(これは今日まで続く関生支部の基本戦術の一つである)。企業側は、同盟・新運転の「企業防衛連合」部隊の前線に右翼・菊水会、その背後に警察権力という配置で挑んできた。今も伝説となって語られる一一月五日の五割動員の二〇〇名の部隊で会社側の本丸である大東工場に乗り込んだ壮絶な闘いのことを、当時の武建一関生支部書記長はこう語っている。

「この時に右翼の大日本菊水会が、拳の裏に鉛を入れて待ちかまえて、工場に立ててある組合旗を全部取り外していた。団結のシンボルに対する重大な行為と怒りをもって抗議すると、右翼が襲い掛かってきて殴る、蹴る、踏むなどむちゃくちゃやってきた。当時の分会長が内蔵破裂の疑いで病院に運ばれるなどたくさんのけが人が出た」(八八年『新生』インタビュー記事)。

――負傷者一四名、いずれも無抵抗。

この直後、即座に支部は、親会社の大阪セメント本社への抗議行動に転じたが、会社はシャッターを下し、警察を動員し待機させていた。それでも関生支部の部隊はこれを突破し、本社工場の総務部長をつかまえて鋭く追及し、ついに暴力ガードマンの排除や負傷者への補償を確認させた。そして大阪セメントとの確認をてこに、大進運輸との交渉では、解雇撤回、本採用化、組合の承認などの要求を呑ませ、全面勝利したのである。

この闘争を、全自運大阪地本は、「冒険主義」「動員主義」として関生支部を攻撃した。しかし関生支部はこれを無視した。

この東へ向かうと見せて西へという縦横無尽の電撃的作戦と右翼・警察といえども一指すら触れさせず闘う関生支部をさして、この頃から関西のセメント資本・経営者の間では、「『全自運』でなく『全自軍』だ」と言われるようになり、その心胆を震えあがらせたのである。

## ④「優先雇用協定」の獲得と日雇い労働者の組合・田中分会発足

セメント資本にとって日雇い労働者の存在は、生コン市況の不調の波に合わせて最小限の本勤と忙しい時の日雇いの増員という形で労働力の調整を可能にする〈安全弁〉である。常時調整可能な〈産業予備軍〉として存在することが、本勤の労働条件を抑え込んでいく重石・手段となっている。不安定な身分ゆえに、彼らは会社の言いなりに長時間労働を強いられ、組合のストへの逆ピケ、スト破りにまで動員されてきた。当時、すでに労働者供給事業という形で日雇い運転手の労働組合は存在はしたが、多くの組合は無策・無力であった。こうした現状を打ち破ったのが、すでに述べてきた、七三年の三生千島、神戸宇部、大進運輸、大阪ライオンなどの勝利とその成果の生コン産業の日雇い運転手全体への波及である。つまり、権利侵害を受けて闘った分会の解決協定の中に、「不足人員は当面、組合〈当時は全自運〉紹介の日雇い運転手を優先雇用する」という一項目が確認された。以降、七四年に企業閉鎖時、人員整理、和解退職の場合でも、必ず「将来、企業再開（又は人員補充）の場合には当該組合員を無条件に雇用する」ことが協定化されて、七五春闘を経て、七六春闘での二七社との集交において、関生支部の分会のある企業では日々雇用の場合でも支部組合員を優先的に雇用する、つまり今日いうところの「優先雇用協定」が統一協定化することとなった。

ここには、当時の他労組が思いも及ばなかった新しい発想で要求が練りあげられ、出され、しかもそれを実現してゆく闘う産別組合・関生支部の力の特色が如何なく発揮されている。この協定成立を受けて、一九七〇年八月一日に発足されたのが田中分会（後の朝日分会）である。以降、日雇い運転手の組合への結集が続き、その労働条件の整備とともに一種の蔑称であった〈日雇い〉という呼称を〈日々雇用〉と呼ぶ関生支部の伝統が生まれ、企業にも定着させていった。

## 3　集団交渉方式の前進と政策闘争の展開

### セメント資本の「大槻体制」の始まり
### 七〇年代後半の闘い

七〇年代前半から後半へのこの時期、七一年のドルショックから変動相場制への移行、七三年のオイルショック、ベトナム人民の解放戦争での勝利とアメリカ帝国主義の敗退など、第三世界における解放闘争の勝利と解放の大きな奔流と、他方でアメリカ基軸の世界資本主義が坂道を転げ落ちるように不況とインフレの結合したスタグフレーションに突入し、日本国内においても空前のインフレが国民生活にずしりとのしかかり、日経連による全面的賃金抑制の下で、労働者は厳しい状況にあった。

生コン業界では、空前の不況下で倒産が相次ぎ、セメント資本はこの不況からの脱出を人減らしと労働強化そして生コン市場支配の強化で乗り切らんとしてその陣容を一新した。七五年四月には三菱鉱業セメント社長の大槻文平（当時経団連副会長）がセメント協会会長に就任した。ここに一九八〇年以降の〈関生支部対策シフト〉が発足している。

他方で、こうした情勢の下で、関生支部は、依然として業界の暴力体質も改まらず支部分会の公然化は困難を極めたが、七四年の小野田闘争、北大阪菱光、阪和開発などの闘争で企業・同盟・やくざの暴力支配を実力反撃ではねのけ大きな成果を挙げていく。そして、集交から各企業を脱退させようとするセメント資本の圧力をはねのけて、支部主導の集団交渉方式が定着していく。一九七五年には、不況下の倒産・失業に有効に対処するため「生コン産業における政策課題」を初めて提起することで、以後、生コン産業におけるセメントメーカーや大手建設資本の横暴の規制、中小企業の経営基盤の安定化と生コン産業の民主化、労働者の雇用確保と労働条件の向上をめざす政策闘争が展開され、組合員数でも同盟系交通労連を追い越し、高い水準で生コン産業全体に影響を与えるような労働条件を実現していく。

## 4 熾烈な暴力支配との闘い
### ——植月副分会長刺殺、武書記長監禁・殺人未遂

七四年秋には、関生支部の前進の一方で、全自運大阪合同支部片岡運輸分会の植月一則副分会長が会社の雇った暴力団に刺殺された事件が起こった。この事件は、生コン産業における資本・権力・暴力団による暴力支配の構造を示すもので、これまでの、そしてこれ以降の野村刺殺事件、武委員長殺害計画などにつながる事件である。

この当時、新しい分会の公然化や闘いは、昭和レミコン、大阪宇部、兵庫宇部、明神運輸などの闘争に見るごとく、企業の雇った山口組系他暴力団を使った暴力支配にも一歩も引かぬ闘いぬきには前へ進まなかった。その中でも際立った闘いがある。

#### ①大城陽生コンの闘い

とりわけ、七六年の京都での大城陽生コンの場合

は、支部の交渉や支援に、放水する、ブルドーザーやダンプを突っ込ませる、鉄パイプを打ち込んでくる、挙句の果てに機動隊が出動し、マスコミも来るという事態になった。ここでも支部は一歩も引かず、四〇〇名の大動員をかけて追い詰め勝利し、職場の暴力支配に終止符を打った。

注――この渦中での西岡、武、坂本の三名の組合幹部に対するデッチ上げ刑事弾圧にも八二年大阪高裁にて完全無罪判決をもって勝利した。

### ②東海運の闘い

七七年には東海運分会が、セメント総資本の意を受けて関生支部潰しを狙って攻撃を続けてきた小野田セメントで、三年八カ月に及ぶ粘り強い闘いの結果、勝利した。

事の発端となった尻無川工場には、分厚い城壁に見立てた鉄格子、バリケード、ＴＶカメラが設置され、警察、裁判所（工場への立ち入り禁止仮処分申請）の権力を動員して全面対決路線を取り続けた小野田資本も、ついに関生支部の軍門に降り、七名の解雇撤回、優先雇用、解決金の支払いなどの要求をすべて呑んだ。これは、支部の七〇年代後半の闘いの典型的勝利の例である。

### ③「鳴海のように殺してやる」
### ――昭和レミコンによる武書記長監禁・殺人未遂事件

一九七九年六月には、山口系暴力団入江組が当時の関生支部書記長武建一を一昼夜に渡り監禁する殺人未遂事件が起こった。関生支部は創設以来、幾多の資本による暴力団支配と闘ってきたが、これは支部の組合幹部個人を狙った初めてのテロ攻撃であって、七四年の植月氏殺害事件の再現であった。拉致した武書記長に「昭和レミコンの支部分会の解散」などを要求し、拒否する書記長に殴る蹴るの暴行を繰り返した挙句、ガムテープで身体をぐるぐる巻きにし、車のトランクに放り込み、「鳴海みたいに殺してやる」と脅した。しかし結局、武書記長は、脅しと暴行に屈せず拒否し続け、翌日、解放された。

この事件の本質は、関生支部つぶしと職場の暴力支配の強化にあるとした支部は、直ちに反撃に出て、会社への追及と同時に各セメントメーカーに昭和レミコンの問題解決まで、セメント納入拒否を、さらに地域から市民と共に社会的に包囲した。結果、昭和レミコンの謝罪、健全な労使関係と協組基盤などを確認して勝利した。

これらの闘いは、「避けて通れぬ暴力団との闘いで、幹部が体を張って不屈に闘う姿勢なしには、仲間に勇気をあたえ、団結を強めることはできない」ことを関生支部の闘いの伝統に深く刻み込んだ。

こうして支部の怒涛の進撃と勝利は、敗退する企業の側に一層の反動と暴力的反撃を強めさせたが、関生支部は熾烈さを極める暴力団を使っての資本との攻防戦の一つ一つを闘いぬき、一九七六年からセメント独占資本の主導で始まった生コン産業の近代化――構造改善事業の名によるプラント廃棄・人員削減合理化の推進――に対して、雇用確保を第一義に労働組合との合意を前提として認めさせる方向に生コン業界を向かわせていく。

## 支部創設15周年事業
## 生コン会館創立、武新執行部の出発

一九七九年は関生支部創設15周年にあたる。支部は15周年記念行事として、映画『喜びは鉄拳を超えて』の作成、イタリア、イギリスなどへのヨーロッパ労働組合訪問旅行の実施、それら行事の総仕上げとして生コン産別労働運動の砦となる「生コン会館」を建設した。

注――現在の大阪市西区川口にある会館で、組合員一人一人が二〜三万円のカンパに取り組んで資金はつくられた。

この15周年事業の推進もあって、関生支部の社会的影響力は広がり、支部への結集も進み、一〇一分会、一一三五名の組織へと発展した。この年の一五回大会においては、人事を一新し、六八年以来の橋本史郎委員長から、創立時の委員長だった武建一書記長にバトンタッチされた。二度目の委員長となった武建一委員長の率いる新執行部体制の出発は、一九八〇年代を迎え集団的労使関係と政策闘争の本格的開始を告げる号砲となった。

「相手の危機の時こそ、チャンスに！　不況に強い関生支部」の原型と「闘いなくして成果なし」の確信が、この時期の闘争に次ぐ闘争の一つ一つの勝利と眼に見える成果の実現をもって、掴み取られていったのである。

関生支部は、この七〇年代後半から八〇年代初めにかけての、怒涛の進撃・闘争を通じて、生コン産業の動向に抜きがたい影響をもち、経営者にも他の労働組合にもその存在を認められる組織に成長していった。

# 第五章　産別闘争の原型の確立と飛躍的前進——産業政策提起の狙いと本質

## 1　集団的労使関係の構築と政策闘争

関生支部のいう集団的労使関係とは、生コン産業における個別企業との個別的労使関係の枠・限界を取り払った産業別視野に立つグローバルな労使関係をさしている。

関生支部が集団的労使関係の構築を方針としているのは、一方で中小企業の多い生コン産業における労働条件の向上や雇用保障などの要求の実現が個別企業を相手にすることだけでは容易ではないこと、他方で支部が産別組合として最初から企業の枠を超えた組織体であったこと、などがその背景にある。

このような集団的労使関係を展開したのは、関生支部が発足直後の苦闘の中で、中小企業が、一方で労働者を搾取している側面と、他方で大企業に収奪されている側面との二面性を見抜き、中小企業たる生コン企業がセメント独占資本や大手ゼネコン大企業に収奪・支配されている側面において、労働者・労働組合と共通の課題で協力・共闘できることを掴んだからである。

その共通課題とは、具体的に言えば、セメント独占資本との対抗関係においては、生コン価格に大きな影響を持ち、それゆえに生コン企業の経営を破綻に導きかねないセメント価格の引き上げに反対し、過当競争を繰り返えし弱小工場の破産・倒産につながるセメントメーカーによる生コン工場の新増設に反対するなど、セメント資本の横暴を規制し、生コンの適正価格・適性エリアを確保して、産業基盤の安定化とセメント資本に対する自立・自主性を確立することにある。こうして、関生支部主導型の闘いは、中小企業の利益を擁護しつつ、雇用・労働条件については賃金・労働条件を統一し企業間格差をなくすことにより生コン生産コストの平準化を達成し、生コン産業において連帯雇用責任を取りうる産業構造を形成していくということにある。

このような集団的労使関係は、春闘や一時金闘争における集交方式によって構築されてきたが、各年春闘の成果を通じて、その後、交渉相手が、一方が生コン工業組合（業者団体）となり、他方は生コン産業内の主要な四つの労働組合の共闘組織となることにより、生コン産業に従事する全構成員の参加する集団的労使関係になっていく。つまり、関生支部のめざす集団的労使関係は、労使ともに、産業別的交渉機能を確立することによって、一層発展していくのである。

## 情勢認識の正しさと必要から生まれた産業政策提起

こうした集交方式による集団的労使関係の確立と産別闘争の発展の支柱ともなり、関生支部の闘争路線の大きな特徴となっていくのが、この時期になされた産業政策の提起である。

関生支部は、一九七五年一月、中小企業者との政策懇談会の席上で、セメント・ゼネコンなどの独占資本によって中小企業・労働者が共に打撃を受けていることから、両者に共通する利益を守り発展させていくことが必要であり、またそうすることが可能であることを基本的前提に、左記の政策課題を提言した。

①中小企業の自主性・主体性の確立と社会的使命を果たすために、その協同組合化による共同受注・共同販売などの協同化を推進すること。

②賃金・労働条件の統一化、共同雇用責任、優先雇用、希望退職条件、雇用基金制度の確立。

③諸法律の尊守と不当労働行為の共同排除。

④労働組合は、中小企業の実情を理解し、大資本（セメント・ゼネコンなど）の圧力の排除に努力する。

――などである。

支部がこうした政策提言をもって政策闘争に踏み出した背景には、前節の集団的労使関係構築のところでもふれたが、重複を承知して言えば、次のような情勢への認識と対応がある。すなわち、一九七〇年頃までの生コン産業は、万博景気などもあり、「作れば売れる」需要過多の時期が続き、多くの中小資本が生コン産業に進出し中小企業の設立が相次いでいた。しかし、七三年のオイルショック後の大不況のなかで、これら中小工場の破産・倒産、経営危機による合理化の嵐が吹き荒れ、過剰設備の矛盾が顕わになった。その結果、一方で雇用保障を求め、破産・倒産させない闘いの重要性が認識され、他方で七三年から始まった集団交渉方式による集団的労使関係の構築の取り組みと相まって、一つの企業だけの努力だけでは経営危機を克服できない中小の経営者の集団化、さらには中小企業と労働組合と協力・共闘することでセメント・大手建設資本の横暴の規制や経営基礎の安定化、労働諸条件の改善向上がはかられるという必要性への認識が深まっていった。つまり、経営基盤の弱い中小企業を事業協同組合に集団化させることによって、一方で諸要求実現の担保とし、他方で独占資本・大企業に対向・自立する反独占闘争へ導いていく「一面闘争・一面共闘」方針の実践とそのための政策提言が必要とされたからである。

こうして始められた政策闘争は、春闘など経済的要求と並ぶ、関生支部の闘いの二本柱の一つとなり、その後の「関生型労働運動」の飛躍的発展の要となっていく。

注――これ以前も、七四年六月には中小規模の生コン輸送企業（アウトサイダーと呼ばれていた）八社との間で「八社は、組合活動に対する支配・介入は一切行わず、労働基本権に対する侵害行為に対しては、協力共同してその排除に努める」こと、および月一回の週休二日、祝祭日の代休制を内容とする「八社協定」を結び、政策闘争への道を模索し始めていた。この八社協定は、不況下でセメント独占資本の直接的支配を受けている企業の労働組合敵視政策とは異なり、中小規模の企業の中から、組合との協力以外にはその延命が困難であると理解し始めた企業が出始めていた状況を示すものである。その集約として、七四年一〇回大会で、中小企業に対する「一面闘争、一面共闘」方針がうち固められていったのである。

## 2 われわれが本来的に闘わなければならない相手がだれか
――関生支部の政策闘争の原型の確立

関生支部は、そこに留まってはいなかった。一九七六年七月には、五名の支部政策委員会が中心となって、七六年春闘の成果の到達地平を理論化して新たな政策課題を深め進化させて提起した、同年一一月に発表されたパンフレット『政策課題の前進をめざして』（略称「政策パンフ」）である。内容は、この時期の情勢分析、生コン産業分析を踏まえて、七五年八月の政策懇談会以来の一年半の闘いの到達点についての総括をし、その後の関生支部の政策闘争の原型を確立したものとなっている。この「政策パンフ」で提起された政策課題一〇項目を要約すれば、以下である。

①セメントメーカーの責任による福祉雇用中小企業対策基金制度の設立。
②労働時間の短縮。
③賃金・労働条件の統一化。
④中小生コン企業への優先受注制度の確立。
⑤生コン工場の増設・スクラップについての組合の同意制の確立。
⑥中小企業による共同受注・共同販売の確立。
⑦セメント・ゼネコン・商社への過剰サービス反対・適性価格の維持。
⑧大手商社による生コン販売への介入排除。
⑨自由と民主主義の擁護。
⑩建設関係労働者の社会的地位の向上。

### 「政策かぶれ」の中傷に負けず

この「政策パンフ」の発表は、一九七五年以降の政策提言の実践の成果の集大成であるとともに、他方でそれを理論化し関生支部が政策課題を掲げて産業政策闘争という今日に至る新しい闘争領域に踏み込み、拡大するための関生支部内部の討論の集約でもあった。集約に至る関生支部内部の討論の中には、組合員からは「政策を出すということは賃上げとか一時金を抑制するためやないか」という反発や意見、全自運大阪地本の幹部や日本共産党などから「政策かぶれ」、「政策

1975年3月2日に開かれた第3回臨時大会。75春闘で、ついに同盟回答を逆転し、中小企業政策を前進させた

中小企業雇用福祉基金構想など、セメント・ゼネコン・行政へ多様な要求（1975年）

なんてものは組合が考えるものではない」といった中傷や反発もあったが、内部討議を重ねて合意を形成し、関生支部の新しい政策運動への道が切り開かれたのである。

ここで一言付け加えておくならば、関生支部の政策闘争でいうところの「一面共闘」論は、五〇年の闘いの歴史を見ればはっきりしていることだが、無原則的な経営者へのすり寄りでは決してない。それは、すでに述べてきたように、独占資本の支配・規制・重圧をそのままにした中小資本との協調ではなく、セメント独占資本などと共に闘うための労使関係の民主化であり、労働者の権利を確保し、労働組合の団結によって、職場を統一戦線と政治革新の砦として強めていこうとする道である。

## 生コン近代化・構造改善事業計画推進と政策闘争

他方でこの時期（一九七六年九月）に、政府・通産省肝いりで生コン近代化委員会が設立されて、全国で構造改善事業が展開された。近畿でも大阪・兵庫工業組合が七七年に設立された（全生工組連が主体で、セメント協会、全生協連が協力し、通産省がオブザバー）。これは、生コン業界の構造不況を背景に、経営危機が生まれ、品質管理の社会問題も生じていたので、業界一体となって危機を打開する必要から、構造改善事業に乗りだそうということである。

この改善事業の内容は、①生コン適正価格の実現、②過剰設備の適正再配置であり、具体的には協組・工組を積極的に組織し、その下で共注・共販・シェア出荷体制をとるというものである。一口で言って、セメントメーカー主導による過剰設備の共同廃棄・合理化を推進するもので、労働者にとって雇用保障問題が緊急の課題となる。

そこで関生支部は、一九七八年四月には、『新たな政策闘争の前進をめざして』と題する政策パンフ第二号を発表し、「近代化委員会」や「構造改善事業」の狙いを分析した上で、「セメントメーカーは、セメント価格の価格形成手段として生コン産業を欲しいままにしてきた」。これを可能にしてきたものが「生コン企業（産業）がセメント産業（メーカー）に従属・系列化されていること」にあると指摘し、「生コン産業の危機を誰が作り出し、その責任は誰がとるべきか。われわれが本来的に闘わなければならない相手が誰であるか、今や、明らかである」とした。本当の敵がセメント資本であり、そのセメント主導の近代化委員会の改善事業の狙いがどこにあるかを明らかに示し、それとの闘いのための新たな政策課題を提起したのである。

関生支部には、この頃から、「政策提起、その徹底実践と徹底総括、それを踏まえたさらなる政策提起、そしてさらなる実践・闘争」のサイクルの中から、本当の敵とその狙い、その矛盾を掴み、次の政策闘争の方針につなげてゆく、という実践と理論の絶妙な循環が作られはじめ、それが関生支部の闘いの路線の根を太く豊かにし、怒涛の進撃を支えたその闘争力と主体の確信を強くしていった。

七七年から七九年にかけて関生支部の政策闘争の推進は――①賃金・労働条件の統一（七七年末闘争）、②労働組合の共闘の条件の成熟をもって、七九年に生コン関係労働組合の協議会（生コン労協）の結成、③生コン労組の共闘の前進を基礎に、大阪兵庫工業組合との集団的労使関係の樹立などの大きな成果を挙げた。その後、これら三つの成果が互いに絡み合って、関生支部の政策闘争は勢いを持って前進し、生コン業界の安定化と賃金・労働条件の向上が闘いとられていった。

注――①七八年～七九年の産別統一賃金の形成で、関西の生コン労働者の賃金はこれ以降所属組合の違い、未組織にかかわらずこの統一賃金を社会的基準として形成され、それは同時に中小企業間の協同化の前進の条件となっていった。②成果は上部団体も、理念も路線も異なる他労組との共闘をさらに前進させていく。

## 3　阪南協、苅藻島、鶴菱闘争　原発分会結成の意義と成果

八〇年代に向かうこの時期は、ベトナム解放闘争の勝利に続き、韓国で一八年間の軍事独裁政権が崩壊し「ソウルの春」と呼ばれた反独裁民主闘争が燃え広がり、中東においてもイラン革命の火の手が上がった。アメリカ帝国主義の軍事的要衝とする中東、朝鮮半島において第三世界人民からの反撃を受け、経済的のみならず政治的な世界支配に陰りが見え始めた時である。日本国内では、日経連主導の労使協調一体路線が進み、八〇年九月には民間の大手労組中心に「労働戦

線統一推進会議」がスタートした。

こうした政治情勢の中で、すでに見てきたように、七三年春闘を契機に、以降は闘争に次ぐ闘争の怒涛の進撃をもって関生支部の闘争路線が確立され大きな成果を挙げてきた。そして産業政策の「政策提言」を契機に、八〇年代に向かうこの時期、それらの政策闘争と結合し、さらに質と規模、全国への拡がりにおいて、セメント資本を震撼させる関生支部をさらに資本との闘いの高みへと押し上げた大きな闘いがある。

その中で重要な闘いは左記である。

### ①新設を阻止した苅藻島闘争

苅藻島闘争とは、七九年、神戸苅藻島の生コンプラント新設計画を阻止した闘いである。一〇億円をかけたこの計画の背後には住友セメントが存在し、その特約代理店の北浦商事が実行に当たったもので、北浦商事は当初の「計画を白紙に戻す」確認を反故にして工事を強行し、八〇年五月に完成させた。

これに対して、関生支部の取った方針・戦術は、工組や神戸地区協組と労組で共に統一反対方針を確認したうえで、一つは関連する生コンプラントメーカーへの「不買運動」であり、もう一つは、北浦商事の生コン販売で取引きを神戸協組では停止し、またこのプラント建設の施行者である竹中工務店の物件には生コンは運ばないという闘いである。この不買運動は、新増設の場合は労組や業者団体との合意なしに販売できないという抑止力になった。また竹中への生コン納入ボイコットは、当時ポートピアを控えた神戸の建設業界に大きな影響を与えた。結果、ついに北浦商事と住友セメントが責任を取ることになり、すでに稼働していた生コン工場を事実上閉鎖させる約束を取り交わし、実行させたのである。

この闘いは、労組が前面に出て、協組と連携し、独占資本の無秩序な投資計画をコントロールすることに初めて成功したもので、協組や業者に労組の政策闘争と運動の正しさを労組の闘う力を持って業界に示し、認知させた大きな意義を持つものである。

## ②「一〇四日休日協定」を巡る阪南協の闘い
### ――権力弾圧の火ぶた

一九八〇年九月、大阪府警本部は四〇〇名の機動隊を導入して関生支部事務所他を不当捜査した。容疑は、工組および生コン関連経営者連盟と労組の間で締結した「年間一〇四日休日協定」の履行違反に対する労組の抗議行動を「暴力、威力業務妨害、恐喝」とデッチ上げたものである。事件の発端となる「一〇四日休日協定」は工組などと生コン労協（三労組）とが参加する「生コン近代化を進める会」で決議されたものであった。しかしこの実施に当たり、北大阪阪神地区協組で一社、阪南協で数社が違反。直ちに労組は協定履行を要求し、阪南協と「近代化を進める会」との間で、一〇四日休日の完全実施、阪南協のペナルティ支払いを約束させた。これに対して大がかりな不当な権力弾圧がなされた。

この事件の狙いと本質は、関生支部の闘いが生コン業界での集団的労使関係の前進と労組主導の政策闘争で「工労連携」――つまり労組と中小企業協同組合の連携――の始まりに恐怖したセメント資本が、その中心にある関生支部をつぶすためのデッチ上げ弾圧である。この事件は、八〇年代に本格化する資本の「関生支部対策」弾圧の火ぶたが、すでにここに、切られたことを示していた。

## ③関生型運動を全国に拡げた鶴菱闘争
### ――天下の三菱資本相手に勝利！

一九八一年六月、鳳生コンや滋賀交通の勝利に続き、神奈川鶴菱闘争が七六年三月の八名全員解雇攻撃以来五年三カ月の闘争の結果、解決金三〇〇〇万円、二名の就職あっせん、地労委・地裁への申し立て取り下げを確認させて、逆転勝利した。

この事件の発端は、横浜にある鶴菱運輸（三菱セメントが五〇％出資）で八名の労働者が新運転から運輸一般に加盟したことで会社から解雇されたことに始まる。この攻撃の背後には親会社三菱セメント資本が介在しており、その狙いは「関東に関生型の労組をつくらせない」ということにあった。つまりセメント資本の「関生型運動に箱根山を超えさせるな」（大槻文平）

という狙いがあることを見抜いた関生支部は、七九年の一五回大会で支援決議を挙げて、オルグ団を関東に派遣し、ストライキ・抗議・連帯行動を展開した。

関西の地でも三菱関係六社の不買運動、三菱セメントの尼崎・神戸の両サービスセンター（SS）へのピケット行動、八〇年に入って七六〇名の三菱セメント大阪支店行動、さらには三菱銀行や関連グループ各社を包囲し、さらに東京に攻め上り三菱本社への抗議行動、関東の生コン未組織への集中オルグを展開した。関生型の運動はこの鶴菱支援・連帯行動を契機に、大槻文平の忌み嫌う「箱根の山を越えて」全国のセメント生コン産業の労働運動に大きく波及し広がっていった。八〇年には東京生コン支部が誕生し、静岡、愛知でも新分会結成が相次いだ（先にあげた八〇年の阪南協事件での関生支部への権力デッチ上げもこういう状況を背景に起こっている）。

八一年に入って関生支部は、三菱関連に対する全面ストライキ体制を確立し、一歩一歩追い詰めていき、三菱銀行横浜支店抗議と鶴菱本社へのピケットストライキを行い、ついに三菱と鶴菱に止めを刺し、解決交渉に引きずり出して、八一年六月勝利したのである。

この闘いは、三菱の代理人をして、「三菱が亡くなる時は日本の資本主義が亡くなる時」とまで言わしめた天下の三菱資本を相手に、関西から首都・東京にまたがって闘い、運動を全国に拡げる展開とその闘争力によって堂々と勝利した、特筆すべきものである。

### ④先駆的な全国初の原発分会結成

別の分野ではあるが、一九八一年の関生支部の闘いのもつ先駆性を象徴する原発分会結成のことを忘れてはならない。

原発分会発足時の組合員は一八三人。結成に至るには、それまでの支部の福井県の丸吉運送での地道な活動の積み重ねがある。そのうえで、原発分会結成の直接の発端は、日本原電の事故隠しであった。原電当局は、頻発する事故を隠し続け、原子炉を止めずに危険な作業を続行していた。この原電の人命無視の作業で高い放射線にさらされ、その代償としての手当てや補償までも元請、下請でピンハネされた下請け労働者たち、「原発ジプシー」と呼ばれ、使い捨ての「被曝要員」

として扱われてきた男たちが、結成の記者会見で「人間宣言」を発し、要求を掲げたのである。

七月一日、福井県敦賀市役所で記者会見が行われた。「本日たった今、原発分会を結成しました。全国約五万人の下請け労働者の仲間に心から加入と支援を訴えます」。その要求は、①組合加入を理由に下請業者、労働者を差別しないこと。②放射線管理手帳は本人が所持し、本人の確認の上被曝量を記入することを徹底指導すること。③法律を守ること――であった。翌日の新聞各紙が「原発敦賀の下請け作業員――全国初の組合結成」と大見出しで報道した。

その独特の風貌から「原発のワレサ」と呼ばれた名和道雄分会長は、一九八一年一〇月二五日、当時のテレビ朝日の「こちらデスク」のインタビューに応えて次のように証言している。

「私たちが一番知りたいのは放射線をどれだけ浴びたのか、それを正確に知りたいわけです。それが当局や元請がまったく改ざんして、正確に書いてないということです」。

つまり、通称「被曝手帳」(正確には「放射線管理手帳」)には正しいデータは記入されず、それも作業をすべて終えてから本人の手に還ってくる。こうした原発当局、元請と地元病院の合作による被曝隠しの実態を糾弾し、起ちあがったのである。

この小さな分会の発足が日本の原子力発電と労働運動に新しい歴史的一ページを付け加えた瞬間だった。そして、この闘いは、二〇一一年三月一一日の「東日本大震災―福島原発事故」で再び光が当たり、この伝説の闘いの先駆性が語られることとなった。

こうして関生支部は、一九八一年の闘いを起点にいよいよ「三二項目」協定へ、一九七三年以来の集団的労使関係構築と政策闘争の歴史的画期をなす到達地平に踏み込んでいく。

# 第六章　集団的労使関係の確立と画期なす「三二項目」協定

## 1　八一春闘の画期的勝利
### ――マンモス集団交渉、初の無期限ストの勝利！

一九八一年の春闘は、関生支部にとって、七三年以来の闘いの到達点であり、それ以降の発展への重要な転換点となった大山場であった。

八一春闘の特徴は、経営者側の交渉主体が大阪兵庫生コンクリート工業組合であること、労働組合側の交渉主体が関生支部、全化同盟、同盟交通労連、全港湾の生コン関連組織の統一組織である関西生コン産業政策委員会であること、また両者での合意事項が未組織企業を含めた工業組合加入の全企業に適用され大阪兵庫工組傘下の未組織労働者を含むすべての労働者の賃金と労働条件が統一されたという点にある。そして、このように交渉主体が拡大することによって、そこでの協定の拘束力のおよぶ範囲が広げられると同時に、その拘束力が強められ、産業動向を左右するほどに労使双方の社会的発言力・影響力が強められるのである。このことは、生コン産業における労使関係が、個別的・部分的なものから集団的・全体的なものへと大きく変化することを意味した。

一九八一年三月一五日、先に述べた労組側の関西生コン産業政策委員会の共同交渉団の結成が決定され、八一春闘は本格的闘いに入った。三月二七日に始まった共同交渉では、工業組合側と労働組合側合わせて二〇〇名以上のマンモス交渉となり、一方で共同交渉、他方で四月八日に三労組による二四時間スト、一三日以降は無期限ストに突入し、大阪兵庫の生コン工場は操業ストップ状態となった。こうした労組の統一した闘いによって、八一年春闘は勝利した。

## 2　八一春闘で獲得したもの

八一春闘勝利の成果は、①賃上げ一万五〇〇〇円、所定労働時間勤務における諸手当を加えて一万八七〇〇円。②重要なのは、工組加入企業並びに生コン輸送企業の労働者の雇用について工組が連帯して雇用責任を負うことが確認された。③工組加盟企業並びに関連企業に雇用されている労働者の雇用安定と福祉の増進のための雇用福祉基金の設立が合意された。④労使同数で構成される各種委員会の設置。協定実施のための保障をするために特別対策委員会設置の合意などである。

注――雇用福祉基金とは、一九八四年までに工組加盟企業の責任において一〇〇億円の基金を確立し、失職者の一定期間の生活保障、高齢者の雇用創出の諸施設、年金制度の確立、文化教養施設の建設などの事業を行う。

八一春闘の勝利で獲得したものは、こうした要求の実現だけではない。それは、関生支部と他労組との共闘による信頼関係の向上、八一春闘には参加しなかった全化同盟の政策委員会が加盟し、他方で産業企業の発展と近代的労使関係の推進、産業秩序の確立などを目的として、労働組合との団体交渉・労働協約締結をその事業に掲げる大阪兵庫生コン関連事業者団体連合会（略称・生コン団体連合会）の新組織結成を促進させていったのである。

ここに、八一春闘の勝利は、大阪兵庫における生コン製造および輸送企業全体を包含する集団的労使関係形成の実現に結実していく。このことは、中小企業の結束と団結による経営危機打開のための基盤が確立されたことを意味し、他方で労働条件の改善の実施が共同責任を背景として実効性を強めることを意味していた。

こうして、生コン産業における中小企業と労働組合の社会的発言力と影響力を強め、その要である労働組合が企業の枠を超えて産業全体を視野に入れることができるようになったのである。

八一春闘での協定締結を機に、その後、活発な動きが展開されていく。

注――大阪兵庫工組は兵庫県竹野町に保養所（六月）、六甲山に技研センター（一〇月）を相次いで完成。また九月には京都生コン工組と政策委員会の間で、七項目の協定が締結され、一一月には生コン団体連合会、工組、政策委員会の三団体の共催で「労使共同セミナー」が開かれた。

このような動きは翌年一九八二年になるとさらに広がり、労組側と業者団体側との間での集団交渉も大きく前進した。八二春闘では、①大阪兵庫工組と政策委員会、②京都工組と政策委員会、③奈良の運輸一般と同盟産労の共同集交、④バラセメント・SSでの運輸一般、同盟産労の共同集交、⑤砕石・ダンプ業者集交がもたれた。また、骨材・ダンプ業者でも、政策を発表し(『ダンプの仲間』参照)、政策闘争が前進していく。また、生コン現場のポンプ、つまり圧送業者が組合をつくり、その適正価格を作り上げていった。

注——①ダンプの運転手は形式上は「ひとり持ち事業者」であるが、その実態は「車持ち労働者」であり、関生支部は七八年末からダンプの共済事業部をつくり、ダンプカーの共同購入・専属スタンド建設などの事業を行い、運賃交渉も業界と対等の立場で交渉可能な条件を勝ち取ってきた。
②四月設立された大阪圧送協同組合が五月より共販開始。打設料金を三倍以上引き上げていたが、関生支部への弾圧で労働組合との連携がなくなったことを知ったゼネコンの名義人から一社一社攻撃を受けて解散。二〇〇〇年に再建。

こうして、中小企業とそこに働く労働者が一体となった大企業・大独占と闘う政策運動が、まるで枯野に火が燃え拡がっていくように、発展していった。その勢いは関生支部の政策闘争の最高潮期へ、今日では伝説の歴史的「三二項目」協定の締結へと上り詰めていく。

## 3　産業政策闘争の最高潮期へ
### ——歴史的「三二項目」協定

一九八二年八月三日、生コン関連連合会と政策委員会加盟の労働組合との間で、それまでの労働協約事項や合意事項、合わせて三二項目について確認し合った。いわゆる歴史的な「三二項目」協定の確認である。

### 原動力となった関生支部の組織拡大、主体的力量の強化

この「三二項目」についての詳細は、後に触れるが、まず強調しておかねばならないのは、ここに至る原動力となった主体の質・量における発展である。つまり、八一年から八二年への政策闘争の発展は、先に述べたように、生コン産業に従事する全構成員を代表する労

集団交渉

小野田闘争も全面勝利

使ともに産業別の交渉機能を確立した集団的労使関係の確立によるが、その原動力、支柱となったのが、関生支部の組織拡大とその主体的力量の強化にある。

関生支部は、この時期、大阪兵庫工組全体の半数に支部組織を確立している。各地区協組別にみると、北大阪で八二％、大阪、神戸、北神でも五〇％を越え、工組・協組の業界動向を左右する存在となっている。なお従業員数との比率でみると、北神一四七名中八二名（五五・八％）、神戸五四八名中二四四名（四五％）、北大阪一二三〇名中四八〇名（三九％）と、この地域の比率が高い。

このように、大阪兵庫工組傘下の主要工場に占める関生支部の組織率の高さ、それを牽引力に各関連労組が「政策委員会」という形での共闘を強化し、工組や生コン業界の動向を左右し、大きな影響力を持つにいたったことが、政策闘争を飛躍的に前進させたといえる。

## ユニオンショップ制・トレード制の導入

とりわけ、関生支部が心を砕き、牽引してきたのは、それぞれ理念も路線も、所属する上部ナショナルセンターの違いも、様々な困難をものともせずにのり越えて形成してきた労組共闘の拡大と強化である。なぜなら、集団的労使関係の構築にあたり、労働側が要求の一致を軸に労働者の統一を図ることが重要だからである。本来は一企業一組合が望ましいが、そうではない現実の中で、その第一歩としてとったのは、一業種を対象としたクローズドショップ制（組合推薦労働者の完全雇用）の追求であった。もちろん、企業別組合が大半を占める日本の現状の下では、それは労使癒着型の労働者への支配装置に転化する恐れがあるが、関生支部はこれまでの苦闘の中で獲得してきた優先雇用協定、連帯雇用責任などの経験を活かし、そうはさせずに、「ユニオンショップ協定」の締結で一歩前進させた。

注――「ユニオンショップ協定」とは企業内に一組合しかない場合はその労組とユニオンショップ協定を結び、複数の組合がある場合はそれ以上に新しい組織をつくらせないようにする協定。七九年に関生支部は五一社と締結。

さらに、このユニオンショップ制を一歩進めて、トレード制が考案されていく。つまり、プロ野球の「トレード」を想定すればわかりやすいが、一つの企業内に複数の組合があり、他の企業または工場に同様の複数組合が存在する場合、両企業・両工場間で相互に組合員を交換移動させるという制度である。この具体例は、八二年三田藤原生コンの関生支部六名と三共生コンの産労六名がトレードされ、両社内労組がそれぞれ一本化された。こうして、ユニオンショップ制とトレード制の定着によって、組合が拘束力をもったクローズドショップ制を実現し、これが組合に加入せず、工組と組合の成果だけを享受する未組織労働者の「組合不要論」を大きく揺さぶり、組合への結集を促進していく契機になっていったのは、この時期の特筆すべきことである。

## 歴史的な「三二項目」の内容とは何か

さて、こうした政策闘争の最高潮期の集約である、歴史的「三二項目」の内容に入ろう。

一九八二年八月一一日、工組会館四階の第一会議室で開かれた「第二回労使代表交渉」で、経営側代表と労働側(四労組代表)で確認された。

その日の議事録によれば、左記である。

1　茨木・小田・矢田の雇用責任とシェアー配分。
2　組合員統一化による支部・分会の撤収費用の負担。
3　SSの集約化と雇用の確保。
4　生コン工場新増設の抑制。
5　年間休日一〇四日の増日。
6　第二次共廃とシェア配分。
7　セメント窓口の確認、大・兵工組は工組代表、その他は近畿地区本部長。
8　希望者、退職金負担の問題。
9　配転先労働条件の取り扱い。
10　竹野ロッジの建設を計る。
11　生コン会館の建設。
12　直系の専業と輸送の一体化。
13　小型の適正生産方式の設定。
14　第二次共廃。
15　生コン産業年金制度の確立。
16　生活最低保障制度の確立。
17　総合レジャーセンター建設。
18　セメントの逸失利益の還元。

19　レクレーションの実施――五六年度分を五七年度に上乗せする。
20　海外視察団の派遣。
21　退職金の保全――五〇%は労組が管理。
22　業種別・職種別賃金体系。
23　私傷病保障の統一。
24　交通事故処理案の作成。
25　年次有給休暇の取得条件。
26　人員補充、一車一人制と製造人員。
27　会社設立記念日の取り扱い。
28　人間ドックと再診。
29　一時金欠格条項の統一化。
30　生コン運輸共済金の機能回復。
31　満五七歳以降二〇%カット分の積み立て、運用方法。
32　組合活動の賃金保障統一。

## 「三二項目」協定の歴史的意義

　このように、「三二項目」協定というのは、その内容を見てわかるように、産業別的な雇用政策、産業別的な福祉政策、産業別的な労働条件のあり方の課題が網羅されている。

　このような政策が、関生支部の発想で構想・提起され、当時共闘していた四つの労働組合の中でまとまり、交渉相手の工業組合の側もこの労働側からの要求を認めなければ、彼らの構造改善事業も前に進まないということで、合意に至ったのである。

　この合意の背景には、当時、もし中小企業の事業協同組合が共同受注・共同販売・現金回収というところにいかなければ、過当競争に入ってほとんどがつぶれてしまうという時代背景があり、その共注・共販体制を維持しようとすれば、労働組合の協力がなければ維持できない、という現実があった。つまり、労働側の統一した団結力と闘争力が実現したものであった。

注――武委員長はその著書『労働者の未来を語る』で次のように発言している。「関西生コン業界の50周年記念パーティの際に、この三二項目ができた時に影響のあった、のちに全国工業組合連合会の専務理事をなさっていた石松さん（故人）が、『この三二項目は非常に先見性のあるものであった。これがその当時実行されていたら、モデル的な業界ができたであろう』という風に評価していたですね」

　この「三二項目」協定の意義は、一つには、まず「三二項目」協定がその通り実行されていけば、素晴らしいモデルとなる生コン業界を展望するものであること。二つには、第一期「解題」にも触れたように、関生支部の政策闘争とその成果の事実をもって関生型労働運動が戦後期の産別会議を柱とする産別労働運動の継承・復権であること。三つには、敗戦期の「生産管理」闘争の中から発展してきた戦後産別労働運動の挫折を超えて、たとえ近畿の一部地域、生コン産業に限定されたものであれ、中小企業同士の競争を抑制し、事業協同組合に結集させ、産業別労働組合がその闘争力と団結力で主導し、共同販売、共同受注、共同集金システムをつくり団結し、大企業と対等取り引きし、独占資本―大企業の収奪・支配と闘って、産業民主化を実現していく道を示したことにある。

　それは、小さくとも、戦後期産別労働運動の質を超えていく新しい社会運動の質を持った産別労働運動の誕生を意味したといっても、過言ではない。

注――第一期でふれた戦後革命期の産別労働運動の闘争形態は、「人民裁判的団体交渉（今日の用語で大衆交渉）・生産（あるいは業務）管理的ストライキであり、その結果として「企業占領的な労働協約」の締結である。「企業占領的労働協約」というのは、労働組合があたかも企業管理者の立場に立ったかのような規定内容を持つ労働協約である」その「主要な内容を要約すると次のようになる。

1　生活費を基準とする最低賃金制（合わせて物価の騰貴に応じて増額するスライディング・スケールの確立）
2　賃金制度の変更は組合の承認を要する。
3　従業員の採用・解雇、昇給・賞与・昇進、訓戒・懲戒は組合の承認を要す。
4　組合幹部は組合事務に専従することを認める。
5　福利厚生施設は組合が管理する。
6　会社側代表（重役・部課長）と同数の組合代表（最少人員規定）よりなる経営協議会を設置する。経営協議会の決定は責任をもって実施する。
7　組合は以上の条項にかかわらず、組合員の生活擁護・向上のための一切の行動の自由を保留する。

――この協定の特徴は、企業管理の要点・労働条件の決定や人事の決定は組合の承認にかかっており、福利厚生施設や企業の経営も両者の承認にかかっており、つまり企業の経営権・人事権などその専権事項に、労働者が踏み込み、統治する事である。関生支部のそれと比較してみれば、「三二項目」がこうした戦後の地平を継承しながら、さらにそれを越えていく高みに手を付けたこと、そのもつ意義がわかる。

## 一〇業種、二四一〇名の組織への飛躍と成長

八一年に至る闘いを通じ関生支部は、生コン関連業種の多数派として確立し、広く業界に影響力を持つ労働組合に成長した。鶴菱闘争の勝利を通じて関生の運動が全国の先駆的モデルとして各地で実践されていっ

た。そしてその影響と組織は、生コン産業に留まらず、滋賀交通などのバス部門、原発などの一〇業種に拡大し、八一年八月末には、一七七分会、二四一〇名の組織に発展していたのである。さらに闘争を通じた組織の飛躍的拡大は、その後も止まらず、一年後の八二年一八回大会においては、三二八八名という支部の歴史において最高の組織実勢へと上り詰めていった。

「動あれば、反動あり」。この支部の怒涛の進撃と影響力をそぐべく、空前のセメント資本・権力の弾圧が始まる。

【第三期】——一九八二年—一九八九年

# セメント独占・国家権力・日本共産党が一体となった大弾圧との闘い

解題――前期で見てきたように、一九八〇年代初頭は、関生支部が怒涛の進撃で、労組の統治能力を発揮し、歴史的な「三二項目」協定など産業政策闘争の大きな成果を勝ち取り、テレビでも放映されるなど社会的にも注目を浴びた時である。しかし労働界では、中曽根内閣の発足とその上からの「行革」政策とあいまって、労働組合運動の背骨となってきた国労が骨抜きにされ、国民の財産である国鉄を民間資本の餌食にする「日本国有鉄道経営再建臨時措置法」が成立（八三年）し、他方で八〇年一二月には総評加盟一〇単産も参加した「労線統一準備会」が発足し、労働運動の一層の解体と右傾化が進行していた。しかし、世界に目を転じれば、ポーランドでは「社会主義国」の硬直化した官僚体制を打ち破って、自主労組「連帯」結成（八一年）による「連帯革命」が大きく前進し、ヨーロッパ・アメリカ・日本でも戦後最大の反核運動が高揚した。この時、関生支部に対するセメント独占・国家権力・日本共産党による三位一体の空前の大弾圧が始まった。この時期は、「嵐は若木を鍛える」のたとえのように、労組幹部の刺殺・殺人未遂事件まで伴った大弾圧と組織分裂攻撃の嵐の中で、関生支部がそれらとの死闘をもって、「関生支部、健在なり！」と不屈の闘争力と団結力を示し、ポーランドの闘いに学び、新たな全国産別組織・〈連帯〉結成への道を拓き、後の時代に「奈良方式」と称された奈良における政策闘争の発展など、次の反転攻勢の芽をはぐくんだ時である。

# 第七章　「関生支部に箱根の山を越えさせるな！」——セメント資本総がかりの弾圧シフト

## 1　空前の権力弾圧——その黒いシナリオ

### セメント独占の関生支部対策シフトの形成

関生支部は、この時期、闘争に次ぐ闘争で目に見える成果を挙げ、組織も三〇〇〇名（八二年一〇月一八回大会時、三二八八名）を超えるところまでどんどん伸びて、工組や事業協同組合の中でも多数派を形成し、セメント価格を規制する政策運動に象徴されるように、産業をコントロールする統治能力を持つところまで成長していた。そして関西から関東へ、全国へと「関生型運動」モデルが拡がり、日本交通バスや原発分会に見るように他産業へも組織が広がり始めていた。

この事態に脅威し、いち早く反応したのがセメント独占資本である。とりわけ、いずみ運輸、鶴菱運輸で連続して苦杯をなめた大槻文平率いる三菱鉱業セメント資本の対応は早かった。当時、鶴菱闘争の時に「関生型運動に箱根の山を越えさせるな！」と号令した大槻文平が会長を務める日本経営者団体連盟（日経連）は、その機関誌『日経連タイムス』紙上で、関西生コン型運動に対する経営者の脅威を示し、そこで大槻会長自らが「関西生コンの運動は資本主義の根幹にかかわるような闘いをしている」と発言している。さらに「組合運動の範囲を越えた組合があって、セメントの不買なども行われており、こうした動きは十分注意しなければならない」(『コンクリート工業新聞』八一年六月一一日)との檄を飛ばしている。業界紙『セメント新聞』も「紛争多発に生コン業界危機感、セメント各社社長に要望」(八一年五月一一日)と大見出しの記事を掲載するなど、生コン業界全体を、関西生コンの闘いに対する脅威と危機感が覆っていた。そして八一年一二月には、大槻文平会長の意を受けて、セメント協会が三菱鉱業セメントの小林久明社長を中心に流通委員会と労務対策委員会との合同対策委員会を新たに設置した。セメント流通の要は生コン業界の対策にあり、その鍵は労務対策であるから、この合同対策委員会は、生コン業界の労使もろともへの対策であり、何よりも生コン業界における統治能力を獲得しつつあった「関生支部対策シフト体制」の確立を意味していた。以降、これが関生支部への権力弾圧の総司令部となっていく。

こうして、関生支部の飛ぶ鳥を落とす勢いでの闘争発展の裏側では、三菱を先頭にしたセメント独占資本総がかりによる、支部弾圧の準備が進められていた。

## 「工労一体で独占へ挑む人民公社的な運動だ」

翌八二年になると、六月より『セメント新聞』に「大阪における工労連帯の構図」と題する連載が開始され、「工業組合と労働組合が提携して独占への闘いを挑んでいる。これは人民公社的な運動だ。この闘いを放置してはならないし、『箱根の山を越す』ようなことをさせてはならない」(要旨)というキャンペーンが全国的に展開されていった。しかしこの時には、前期で見たように神奈川の鶴菱闘争が三菱資本相手に勝利しており(八一年六月)、セメント資本が恐怖し、憎悪する「関生型運動」はすでに名古屋、静岡、そして「箱根の山を越え」て東京へと広がっていたのである。セメント資本は関生支部の闘いの後手に回っていた。

## 大阪府警・東淀川署に「関生対策チーム」の設置

セメント独占資本の危機感、焦り、そのシフト形成の意を受けて、待っていましたとばかりに動き出したのが、警察権力である。八二年初めには、セメント協会の関生支部対策シフト確立に連動するように、大阪府警東淀川署に「関生対策本部」が設置され、警察権力は、常時三〇～六〇名のプロジェクトチームを編成して弾圧作戦を本格化していく。八一年の「阪南協事件」を皮切りに、これまでと質と規模を異にする空前の弾圧が開始された。それは、関生支部の組合事務所に一カ月に一回の頻度での「ガサ入れ」、「暴力事件」のデッチ上げ、逮捕・起訴の執拗な繰り返しとして。警察は、逮捕した関生支部の仲間に、その取調べの中で次のように言った。

「関生支部の運動で許されないのが三つある。その一つは背景資本に対する取組である。下請け・孫請けの労働者の雇用責任を三菱とか住友とかの親会社に持っていく。このような運動は間違いだ。今一つは不当労働行為を解決するにあたって実損回復のみならず、経営者にペナルティを科してきたが、これは行き過ぎだ。もう一つは企業の枠を越えた連帯行動と称して、いわゆる同情ストライキをやっているがこれは違法だ。労働組合のないところに動員をかけたりするのも違法だ」と。

警察権力が「許せない三つ」として弾圧の理由にあげた点こそは、産別労組・関生支部が結成以来、汗と血のにじむ闘いの中で作り上げ、自ら誇りとする「関生型運動」路線の核芯であって、それがセメント独占資本の支配の根幹に刺さるものであるからこそ、かれらが脅威を覚え、憎悪するのである。

ここには、警察権力が、セメント独占資本の意を汲み、その利害を代弁し、それを守る番犬だという本質が、はしなくもあらわれている。

## 2　弾圧、生コン業界、工組に拡がる

関生支部への相次ぐ弾圧（八二年だけで逮捕者九件三二名）にもかかわらず支部の息の根を止めることはできなかった。そこで、セメント独占資本の意を受けた警察権力の弾圧の矛先は、生コン業界、工業組合に向けられた。

前年の八一年九月には、セメント協会の「合同対策委員会」設置と連動して右翼団体に籍を置く坂上登永菱工業代表などが「民主化グループ」を自称し、工組執行部批判を公然と開始していた。その狙いは、労組

中之島公会堂で開かれた権力弾圧と独占の横暴を糾弾する決起集会（82年9月17日）

ひと点描

勲一等旭日大綬章を受章した 大槻《つき》文《ぶん》平《ぺい》氏

・「資本主義の根幹にかかわる」と大槻文平（『コンクリート工業新聞』八一年六月）

と工組との共通の政策要求をつぶすことであり、「民主化」という美名の下に工組・協組体制を切り崩し、もう一度セメント資本主導の体制を取り戻そうというものであった。

この動きと連動した工組・協組への弾圧は、八二年三月に、セメント価格の一方的値上げに反対して、労組が無期限ストライキに突入し、協組も値上げ不払いでセメント独占との全面対決に入った際に、大阪府警が「強要・名誉棄損」の容疑で工組・協組・銀行・労組に一斉捜査に入り、さらに、工組・労組の事務所、幹部の自宅に「背任」容疑で捜索を行い、七月には、武藤元理事長ほかが逮捕されるという事態になった。

注―警察の理屈は、スト権の行使が「強要」、暴力団とつながる社長の退陣要求が「名誉棄損」となり、会計帳簿や銀行を捜査してつかんだ労使協定で定められた解決金の支払いに対して、労組側には「恐喝」、工組側の代表には「背任」としてデッチ上げて、逮捕・失脚を目論むものであった。

しかし、この工組・協組への弾圧は、弾圧に慣れていない工組体制を動揺・麻痺させ、築いてきた集団的労使関係の崩壊をもたらし、武藤工組理事長は辞任に追い込まれた。その後、対労窓口の交渉団にセメント独占資本直系の溝田新理事長が就任し、①「三二項目」協定の「選別対応という不履行」方針、②「正常化」方針、③労組との全面対決のために労組ストによる「被害」を援助しあう保障の方針を打ち出していく。セメント独占資本の狙った「協組、工組の主導権を専業生コンから奪回することで工労連帯を断ちきる」戦術は、一時的であれ功を奏し、「セメント独占の戦略実行のチャンス」（業界月刊誌『月刊生コンクリート』一一月号）として、以降、本格的に「三二項目」協定破棄と労組政策委員会の軸にある関生支部潰しに重心が置かれていった。

## 3　高田建設・野村書記長刺殺事件、武委員長殺人未遂事件

弾圧の嵐の頂点は、労組幹部の刺殺、殺人未遂事件である（口絵写真参照）。

先にのべたように、三菱資本を先頭としたセメント協会の合同対策委員会結成とその手先の「民主化グループ」の暗躍、大阪府警による「関生対策本部」設置、

「阪南協事件」以来の一連の弾圧の中で、この時期の関生支部の闘いは、「三二項目」協定に違反し、集団的労使関係をぶち壊そうとする企業との激しい闘いとなった。福田生コンとの闘争、三永闘争、そしてバス共闘会議に新しく組織された日本交通・キクヤの闘いなど。

一九八二年、空前の権力弾圧の嵐は頂点に達した。三月の工組、支部への強制捜索、逮捕に始まり、各職場闘争への刑事弾圧――キクヤ交通で三名、第一生コン（淡路）で五名、さらに東京、愛知にも逮捕攻撃が拡がって、集団的労使関係と「三二項目」協定の定着を切り崩し、「関生型運動」の全国への拡がりを阻止すべく、執拗な弾圧が繰り返された。

この最中に起こったのが、四月一四日の兵庫県東播地方にある高田建設分会・野村雅明分会書記長が出勤途上で会社の雇った暴力団によって刺殺された事件である。新聞各紙は「労組幹部殺される」「春闘に暴力団介入」「『組合つぶしだった』社長が陳謝の確認」などと一斉に大々的に報じた。しかし、警察は見て見ぬふりをした。

関生支部は、直ちに真相究明委員会を発足させ、警察への申し入れを続け、事件の本質は組合つぶしにあると会社の民主化を要求して反撃し続けた。五月には二〇〇〇名の組合葬にストライキ決行で参加して新たな闘いの決意を固め、六月二二日には二〇〇〇名参加の市民集会を開き、会社・警察への社会的包囲を強めた。こうした包囲の中でやっと腰をあげざるをえなくなった警察は刺殺事件の犯人六人を逮捕し、その取調べの中で「（会社が）殺し屋に二〇〇〇万円払った」ことが発覚し、この殺人が会社の指示による組合つぶしのために行われたことが明らかとなった。

## 関生支部・武建一委員長殺人未遂事件

このようなセメント独占資本による暴力団を使った関生支部労働組合幹部への殺人行為は、野村分会書記長刺殺事件が初めて突然に起こったのではない。さかのぼれば、一九七三年、関生支部が反転攻勢に転じた年、暴力支配下の淀川生コンで武建一委員長らが分会を公然化したとき、井伊連合の安倍という人物が「白い着物を着せてやる」として殺人実行者に三五〇〇万円支払っての武委員長殺害計画があったが、この時には片岡運輸により植月一則氏が殺害され社会問題となり立ち消えとなって未遂に終わった。また一九七九年には、昭和レミコンが組合つぶしのために山口組系暴力団入江組に依頼して、当時の武建一書記長が拉致・監禁される事件が起こるが、武書記長が暴行の末に六甲山の山中に埋められる寸前に、実行犯のやくざが武書記長が同郷の徳之島出身とわかり解放して殺人は未遂に終わった。また野村分会書記長刺殺事件の一カ月前には、大阪の生コン四社が「民主化グループ」をつくり、「武委員長を轢死体にする」として、そのために各社一〇〇〇万円を出して実行に移しかけたが、一社が五〇〇万を出し渋ったことにより不発に終わったという。

注――武委員長に対する資本による「抹殺」の企ては、その後も一九九五年のフィリピン人への殺人依頼（事前にばれて未遂）、一九九六年の新増設反対闘争における山口組の「（武委員長の）命（たま）を取る」計画（協力者によって解決）などがある。また武委員長への権力弾圧は、一九七三年の小野田セメントとの闘争における「逮捕監禁罪」容疑の起訴（一〇年の裁判を経て無罪確定）、八〇年の「阪南協」闘争での「恐喝未遂」容疑による逮捕・起訴、八二年のストライキにおける「強要罪」容疑による逮捕・起訴、後に触れる二〇〇五年の逮捕・起訴など数限りない。

## 利益のためなら法も人権も無視し手段選ばぬ資本

このように、権力弾圧とセメント独占資本の暴力団を使った労働組合の幹部抹殺、殺人未遂事件の数々は、関生支部の闘いが「資本主義の根幹に触れる」と大槻文平をして言わしめたように、労組主導による中小企業の事業協同組合化による団結、労組と協組の連携での共同受注、共同販売による大企業との対等取引きを実現し、価格・投資計画・人事などこれまで資本の専権事項としてきた領域に踏みこんだことにある。労働組合がその支配権を確立して統治能力をもちはじめ生コン産業の民主化に手を付けることに対する、彼らの恐怖、階級的憎悪と危機感がいかばかりに深く、激しいものであるかを物語っている。

これは、第一期の冒頭にもふれたように、戦後の産別会議を軸とする労働者運動の生産管理闘争や「2・1ゼネスト」に対して、アメリカ占領軍・政府・警察が一体となって弾圧し、松川・下山・三鷹事件をデッチ上げて産別労働運動の革命的高揚を叩きつぶしていった、あのやり方とその本質は同じものである。

要するに、資本は自らの支配と利害を守るためなら、法も人権も民主主義も関係なく手段を選ばないということである。

こうした権力弾圧、労組幹部への殺人未遂事件は、その後も関生支部の運動が高揚し大きな成果を収めるその頂点で、絶えず繰り返されていく。

## 関生支部、健在なり！
### ――弾圧を跳ねかえしての一八回支部大会

八二年八月には、京都集交・吉田運輸・三永の各事件がデッチ上げられ、武委員長はじめ三役、執行委員、分会委員の一四名が不当逮捕されて、関生支部つぶしの弾圧が吹き荒れ続けた。この大量逮捕は、労組側に、政策委員会内部（四労組間）に意見調整の困難をもたらし、政策委員会は事実上分裂した。

注――この四労組間の共同行動の破綻について、生コン産労は、「今後は雇用安定に重点を置き、階級闘争至上主義的視点での闘争を排する」（八三年八月産労執行部）とした。

こうした弾圧にも関生支部は屈せず、独自体制で「三二項目」協定尊守の闘いを、①早出・残業拒否、②順法闘争、③ストライキ、と多様な闘争を展開しセメント出荷調整をずたずたにしていった。ついにセメント主導の溝田新体制はこの支部の攻勢に耐え切れず、「三二項目」協定の履行を工組の人事体制の刷新などを含めて実施すると回答。これは、『月刊生コンクリート』（八四年一一月）で「セメントの腰の弱さに愛想が尽きるような出来事」と嘆かせたように、関生支部の団結力・闘争力の勝利であった。

同年一〇月、不当弾圧を跳ね返して組織の発展を図ろうとの決意に燃えて、関生支部一八回大会が開催された。権力弾圧と労組幹部への刺殺・殺人未遂事件の続出など、空前の弾圧の中でも、空白地帯であった奈良で組織拡大し、セメント生コン、骨材ダンプ、圧送、バス・タクシーなどでも組織を拡大し、全体で三二八八名という支部発足以来の最高の成果をもっての大会であった。

この大会直前に、保釈された武委員長は、「（この空前の弾圧は）階級的労働運動の発展に恐怖した日経連による権力を使った弾圧であり、国民全体にかけられている攻撃と軌を一つにしている。権力弾圧を跳ね返し、反動勢力に〈関生支部健在なり！〉を事実で示そう」と、組合員に檄を飛ばした。いよいよ、さらなる前進に向け、打って一丸となって嵐に立ち向かう、そんな決意のみなぎった大会となった。

この時である。

突如、「赤旗声明」が関生支部の背後を撃つように発表された。運輸一般中央と日本共産党による分裂・政党支配・組合分裂策動の始まりである。

## 第八章　「赤旗声明」と日本共産党の分裂攻撃——「関生支部をつくったんはわしらや、許さん！」

### 1　「赤旗声明」に「百万の援軍」と喜んだセメント独占資本

セメント資本、権力一体の大弾圧にも屈せず、関生支部がその闘争力で工組をして「三二項目」協定の履行を再び約束させ、その具体化を土俵にのせるところまで追いつめ、さあいよいよという八二年一二月一七日、突然、日本共産党機関紙『赤旗』紙上に、運輸一般中央本部の「権力弾圧に対する基本的態度」なる声明が発表された。いわゆる「12・17赤旗声明」である。

事の発端は、八二年一一月に東京地区生コン支部で、横山生コンにおける不当労働行為に対する背景資本・日立セメントとの闘争に勝利し、この闘争での解決金が「恐喝」であるとデッチ上げられた刑事弾圧事件にある。

最初は、運輸一般中央本部も、共産党も「弾圧反対」だった。ところが、この事件を契機に運輸一般中央本部に強制捜査が入り、このままいくと共産党にも強制捜査が入ると予想された段階で、翌年に選挙を控えていた共産党は「党に強制捜査が入ったら、選挙に重大な影響を及ぼす」と、弾圧を受けている当該の東京生コン支部の当事者とも労働組合（運輸一般）との協議もなく、突如として運輸一般中央本部の声明を赤旗紙上に掲載したのである。

同声明は、今回の一連の権力弾圧の原因は「社会的一般的行為として認められない事態が下部組織にあった」からだとして、資本や権力への糾弾や抗議ではなく、勾留中の仲間をはじめ権力弾圧にさらされながら身体を張って闘っている仲間を平然と切り捨て、権力に手を貸したのである。「声明」は運輸一般中央本部の名前においてであるが、その指導に当たっている日本共産党の方針であることは言うまでもない。しかもそれにとどまらず、以降、関生支部内の一部共産党員グループによる関生支部への分裂策動が始まった。

その後、日本共産党および運輸一般中央・各地本による労働組合介入・支配・分裂攻撃が一年間にわたって繰り返されていく。この中で関生支部は、「赤旗声明」から組織分裂に至る約一年もの間、これらとの内部闘争、政党の組織介入と分裂攻撃から関生支部を守る闘いにその精力の大半を奪われて苦境に立たされていった。

## セメント資本が「弥生会」発足

この日本共産党による関生支部への背後からの襲撃に双手をあげて喜んだのは、いうまでもなく権力を使っての大弾圧で関生支部つぶしにかかりながら逆に追い詰められて窮地に立っていたセメント独占資本である。セメント独占は、「百万の援軍」（当時の引間発言）を得たと「赤旗声明」を機に、一気に専業主導の工組体制を総力挙げてつぶしにかかり、「三二項目」協定の否認・不履行に走った。翌八三年三月には、セメント直系七社グループが労務機関「弥生会」を結成し（二一社二八工場参加）、五月にはセメントメーカー主導の工組人事を確立した。こうしてセメント独占資本は工組体制を掌握し、集団的労使関係を崩壊させることに成功した。この年、セメントメーカーは、①政策委員会を事実上機能停止させ、政策委と工組の集団交渉を潰し、権力弾圧と運輸一般・日本共産党による分裂攻撃による関生支部の混乱に乗じて「勝利宣言」を行ったのである。

注――「弥生会」は、三菱セメント、住友セメント、小野田セメント、日本セメントの寡占四社の系列企業が中心に、八幡、麻生、敦賀の各セメント大企業系列もふくめて二一社〈七系列〉で構成された。翌八四年には、大阪、徳山、三井の直系会社および輸送専業社も加盟し、セメント一〇社の労務委員会と「弥生会」の代表幹事との間で協議を行い、「弥生会」として団体交渉の委任を受けるというシステムを作り上げた。

### 「弥生会」による協定破棄・関生支部解体攻撃の激化

「弥生会」を中心とするセメントメーカーの巻き返しの最中、八三年一〇月、日本共産党員グループと運輸一般中央・関連地本による関生支部破壊攻撃は、ついに分派集団を組織して支部を引き裂く、あくどい分裂を強行した。

権力がこれに乗じて「ダンプセンター」「三生神戸」「北大阪菱光」の三つの事件をデッチ上げて強制捜査・大量逮捕という弾圧を行うと、セメント資本はさらにその権力弾圧に乗じて「弥生会」を中心として、①四五時間残業保障制度の解約、②組合用務による不就労・ストライキについての賃金保障の解約など、これまでの労使協定の「一部解約通告書」を突き付けてきた。

ここに見るように、「弥生会」は単に工組との集団的労使関係や「三二項目」協定を破壊しようとしたばかりでなく、それ以前から関生支部が勝ち取ってきた生コン職場の民主的権利、団結権の確立そのものを根こそぎ奪い、賃金・労働条件まで掘り崩さんとしていた。

こうした結果、八四年後半には経営者団体は四つに分裂し、生コン業界の秩序は混乱を極めていった。また、「前門の虎」（セメント独占・権力）、「後門の狼」（日本共産党と運輸一般）という前面と背面から弾圧・分裂攻撃による関生支部の混乱を見てたじろいだのが同盟・産労で、「三二項目は立ち話程度」と言いだし、運輸一般中央と同歩調を取り、離反していった。

この過程とその結果を見れば、運輸一般中央と日本共産党の「赤旗声明」が、いったいだれを利したのか、何を売り渡すことになったのか、その犯罪性も明らかである。

## 2 関生支部と共産党との路線闘争
### ——四つの争点

先述のように「赤旗声明」の内容は、「権力弾圧の原

集団交渉の広がりと「32 項目」の確認でピークを迎えた 82 年夏

「権力弾圧にたいする態度」を確認

運輸一般中央執行委

八二年一二月一七日「赤旗」で発表された運輸一般声明

因は運輸一般の下部組織の一部に『階級的道義に反する行為』がある」というもので、結局、四つのことを問題としている。それは、その後の一年にわたる運輸一般中央と日本共産党の組織分裂攻撃のなかで、関生支部と共産党との論争の争点であり、路線闘争となった問題であった。

この四点について、後に武建一委員長がその著作『労働者の未来を語る』で整理している。要約して紹介すれば左記である。

「第一の争点は、党による労働組合支配・介入を認めるのか、認めないのかということ。いくら党の影響力があったといっても、大衆組織である労働組合に、いきなり政党が『党の方針はこうだから、党の方針に従ってその組織は今までの方針を変えなさい』と言えるのか。つまりこれまで『不当弾圧』と言ってきたものを『不当弾圧じゃないという態度に変えなさい』という、党利党略による労働組合に対する支配・介入を許すのかどうか。

二つ目の争点は、不当労働行為をした企業に対して、現状回復は当たり前であって、プラス精神的な慰謝料を厳しく取る。なぜそうするのか。不当労働行為の抑止効果を期待しているから。強烈なペナルティを課すことによって、二度と不当労働行為をしなくなると同時に、他の企業も『不当労働行為をすると代償が大きいぞ』ということになり、不当労働行為の抑止効果になる。ところが、共産党は不当労働行為については基本的に原状回復だけを求める。これでは、相手側のやり得になる。共産党は『社会的批判に耐え得るような金額』と言い、結局、不当労働行為追及の運動を抑制しようとした。

三つ目の争点は、背景資本への追及、使用者概念の拡大運動を抑制するという共産党の論理。これは非常に大事な問題。共産党は、背景資本に対する取組について三つの基準を出してきた。一〇〇%資本を支出している下請なのか、株が入っているかどうか、人事が親会社から派遣されているのかどうか、土地がどうなっているのかどうか、などなど。要するに、直接的に資本の支配の及ばないところの背景資本の追及はするな、ということ。しかし日本の社会構造・産業構造は、下請け・孫請けを重層的につくり出して、一部少数者がピラミッドの頂点で支配している。不当労働行為、企業閉鎖、コストダウンなども上（大企業）からの指示でやられており、当然、下層の部分で働いている労働者が被害を受ければ上に要求するのは当たり前。つまり背景資本・使用者概念の拡大で要求するのは当たり前。それに共産党は制限を加えてきた。

四つ目の争点は、共産党はいきなり権力には二つの性格があると言い出し、一つは『市民の生命・財産を守る』、もう一つは『弾圧する』と。権力と真正面から闘っているときに、そんなことを言いだすのは、『権力とは程々にしなさい。妥協しないと弾圧されますよ』というのと同じで、そんなことを露骨に言えば、彼らの醜い姿が国民や労働者の前に暴露されるから、権力の『二重性』などと訳の分からない理屈で権力との闘いを回避させようとする。」

そして武委員長は、左記のように続ける。

「これが『声明』の中にある四つの争点で、関生支部との対立点です。しかも、共産党がこの『声明』を発表した時には、刑事弾圧された東京地区生コン支部の三役はまだ勾留されているときで、検察側は当然これを利用するわけで、しかもこういう時に仲間の早期解放を求める署名運動を上から中止させ、『権力とは闘わない』と白旗を揚げるようなこと、階級政党としては労働者を裏切るようなことを平然とやったのです」。

思い出してほしい。ここに述べられている四つの争点・対立点は、先に触れたようにセメント独占の意を受けて大弾圧に乗り出した大阪府警が、逮捕した関生支部労働者の取り調べの時の「許せない三つのこと」の内容とほとんど同じである。関生支部が資本・権力・共産党の三位一体の攻撃と、怒りをもって糾弾したのは、こういうことをさしてのことである。

## 3　仲間を敵に売り渡した共産党の労働運動に与えた社会的歴史的影響

関生支部の産業政策闘争が歴史的な「三二項目」協定を勝ち取り、労働運動の新しい地平を切り開こうとするその頂点で、独占資本・権力による空前の大弾圧によって大量の労働者が次々と逮捕され、労組幹部が殺され、殺されかけるなど、資本と権力の本性むき出しの想像を絶する暴力・攻撃にさらされているときに、これを「背後から鉄砲を撃つ」ような運輸一般中央、共産党の裏切りと組織分裂攻撃の罪は重い。

しかし日本共産党は、その後も、関生支部内部に分裂グループ（連絡会）を組織し、「関生支部の幹部は資本と癒着している」、「支部財政に不正あり」などと、検事が仲間を起訴するために作った「作文」を流し、組合内部では不平・不満を煽り、外部に向けては「反共暴力集団」とのレッテルを貼ったビラを大阪府民全体に個別配布するなど、資本・権力一体となった攻撃を繰り返していった。そして、一九八三年三月六日には、大弾圧に屈せず八三春闘をいかに闘うかを議論するために開催された支部臨時大会に、共産党グループが乗り込み、とにかく関生支部執行部への不信を煽り、臨時大会の会場は騒然となり、執行部提案の春闘方針は一部否決される事態となった（口絵参照）。

これを重く受けとめた関生支部執行部は、全組合員に信を問うことを決定し、結果次第では潔く役員を辞任し、役員それぞれが一人の組合員から再出発する覚悟を決めた。しかし不信を煽ってきた共産党グループにそんな覚悟もなく、また関生支部執行部を掌握できるはずもなく、慌てた運輸一般中央本部から信任投票中止の申し入れと「3・17決定」が発表されて事態収拾に向かった。しかし共産党グループは密かにインフォーマル組織を作って組織分裂策動を続けたのである。

## 「関生支部をつくったんわ、わしらや！」
## ——拡がる「前衛―日本共産党」への不信と離反

当時、関生支部内の執行委員会の九割が共産党員で、支部全体で党員数約五〇〇名、『赤旗』読者は三〇〇〇名いた。多くの組合員は、これら共産党員の献身的な活動を見ていたから「労働者の味方」としてその姿に信望を厚くしていた。しかし、その共産党が仲間を権力に売り、関生支部に背後から攻撃をかけ、党員は次々とそれぞれの所属党地区委員会から呼び出されて、「党員の義務」「党に従え」「党を取るか、支部を取るか」と迫られた。それに従わなければ〈運輸一般の逸脱分子〉とレッテルを貼られた。当該の東京生コン支部の幹部は、権力の手で獄中にあるうちに、党から除籍処分されたのである。

注――この時期のことを、党員だった組合員たちが、25年史『ソリダリティ』の中の座談会で次のように語っている。

松窪恒朗（当時大豊運輸分会）「いろんな攻撃があったけど、とにかく関生支部を守っていかないかんということで必死に反撃しましたね」

湯場真美由（当時近畿生コン輸送分会）「嘘も百回言えば何とか……で。支部幹部の利権にまつわる風聞がいろいろ流されたけどね。私としては分会は絶対に割ったらいかんと思っていた」

辻本吉宗（当時三生和歌山分会）「職場でもいろいろあったけど、共産党も人を納得させる主張じゃあないし結局メシ食わせてくれるんは共産党やないんやと」

木村文作（当時三生運送佃分会）「〈関生支部作ったんはワシらや！〉という自負もあたったしね」


こうして、当時五〇〇名いた関生支部内の共産党員たちは、次々に党を離れ、数カ月のうちにその数は一〇％以下にまで減少した。また、共産党は、運輸一般中央本部定期大会の代議員選出で、関生支部の代議員選挙で立候補し落選した共産党員を、関生支部以外の支部の代議員にさせて中央大会に出席させ、「武中執の権利停止や罷免」を画策した。それでも、関生支部を乗っ取ることもつぶすこともできないと見るや、運輸一般中央は、関生支部に「運輸一般の単位組織」としての関係断絶の「警告書」〈絶縁状〉を送りつけ、共産党の意を受けた支部内「連絡会」グループに「関生支部再建」をデッチ上げさせて、支部規約の下で正規に招集された一〇月一〇日の関生支部一九回大会にぶつけて、独自に「支部再建」を掲げた「分裂集会」を開催させた。

## 「赤旗声明」が労働運動にもたらした負の役割

関生支部は、共産党・運輸一般中央の間違った方針と対決して闘い、その支部乗っ取りの策謀を打ち砕き、支部を守った。しかし、彼らの組織分裂攻撃による痛手も大きく、当時、三五〇〇人余いた関生支部の組合員は、彼らの攻撃で一六〇〇人に半減した。それは、残り半分が共産党について行ったということではない。労働者は資本や権力弾圧には負けないが、味方と思っていた内部や背後からの裏切りや内部闘争には、失望してもうどこにも所属しないというものが当然出てくる。関生支部でも多くのそうした労働者が出たのだ。これは支部の痛手に留まらない。これまで述べてきたように、「関生型」中小企業労働運動の典型を作って、その影響が東京・関東に拡がり、資本・権力をも震え上がらせ、闘わない連合など右傾化・低迷する日本の労働運動の階級的再生に大いにその役割を果たせる地平までできた流れが、この共産党の攻撃・介入でストップをかけられたということを意味するからである。

この共産党の組織介入・分裂攻撃は、そういう意味で日本の労働運動のあり方そのものを変えてしまうほどの大事件で、ここに「赤旗声明」に象徴された一連の攻撃が社会的、歴史的に果たした役割がある。そこには、共産党が関生支部の産業政策闘争の発展に、「政策かぶれ」とか「政策は党が考えることで労組がすることではない」に始まり、挙句の果てには「独占資本の背骨を踏むようなことはしてくれるな」と資本主義の枠内に闘いを押しとどめ、権力弾圧を恐れるこの党の階級的本質が如実に示されている。

日本共産党は、すでに第一期でのべたように、戦後革命期の産別会議を軸にした日本労働運動史上において最大の総決起である「2・1ゼネスト」をアメリカ占領軍の意を受けて中止させて産別労働運動の解体に手をかしたが、この関生支部の場合も、小さくともその産別労働運動の復権と継承を意味する若木—産別労組・関生支部と産別労働運動の高揚と全国化を押しとどめるという誤り・罪を再び犯したのである。

# 第九章　連帯労組として新たな出発——ドン底で育んだ反転攻勢への闘いの芽

## 1　新しい船出

### ——全国産別労働組合・連帯労組の出発

一九八三年一〇月一〇日、宝塚グランドホテルで関生支部第一九回定期大会が開かれた。代議員二四七名、一〇〇名を超える職場代表の見守る中、日本共産党、運輸一般の卑劣な組織破壊・分裂活動に終止符を打ち、全組合員が心を一つにして新しい出発をかちとった。この一九回定期大会では、改めて創立時からの「個人加盟労組」の組織原点を確認し、支部規約に即して支部名称については、従来の「全日本運輸一般労働組合関西地区生コン支部」を「運輸一般関西地区生コン支部」に変更し、規約も組織実態にふさわしい表現などに変更された。

態勢を整えた関生支部は、その後も権力と日本共産党・「平岡グループ」らの執拗な介入・組織破壊攻撃の続く中で闘い続け、八三春闘での二万円の賃上げに続き、八四春闘の闘いに突入していく。八四春闘情勢は厳しく、セメント独占の総司令部「弥生会」への運輸一般中央の屈服をよいことに、「三二項目」協定破棄、集交拒否などの巻き返し、関生支部の獲得してきた既得権一切をはく奪せんと襲いかかってきた。

## 三つの流れが合流し連帯労組の結成へ

こうした中で関生支部は、三月四日、臨時支部大会を開催し、八四年春闘方針の確立とともに、労働組合組織の発展を誓って、組織名称も「関西地区生コン支部労働組合」と改め、「新たな全国産別組織の確立へ」の決意を固めた。

注——「当面、我々は、関西における関生支部五〇〇〇人組織つくりと全国産別組織一万人結集をめざし、全国組織確立に向け全国オルグを強化し、目標実現に全力をつくすことを確認する」（一九八四年三月四日、一二回関生支部臨時大会）。

この決意と方針の下で、支部組織自体の拡大を確認し、総評に加盟し、そして「全国セメント生コン産業労働組合共闘会議」の結成などこれまで統一労組懇の枠内に閉じ込められていた交流・共闘関係を大きく広げ、他方で、総評・全日本建設産業労働組合との間で組織統一の話し合いが積み重ねられていった。

注——全日建労組は、主に建設現場の最底辺で、大手建設独占（ゼネコン）の下で元請・下請け・孫請け・曾孫請けなどの重層的下請け現場労働者を組織してきた組合で、関生支部と多くの共通点を持つ組合であった。

こうした組織統一への話し合いの結果、関生支部、全日建、大有生コンという三つの流れが合流し、広く他産業の未組織労働者にも呼びかけて新しい全国組織結成となった。名称は、「総評・全日本建設運輸連帯労働組合」（略称は〈全日建〉あるいは〈連帯〉）となり、結成大会は一九八四年一一月一八日と決まった。関生支部は、それに先立ち、同年一〇月一〇日、第二〇回定期大会を開き、この新しい全国新組織結成への規約改正や諸準備を整えた。

注――この時期、「12・17赤旗声明」発表以来、これを読んだ各界の諸氏が全国から関生支部に駆けつけ、がんばれと激励している。その中には、元総評議長の市川誠氏をはじめ、樋口篤三氏、山川暁夫氏、寺尾五郎氏（後に関生支部の要請で思想と理論学習のための「大阪草莽塾」開催）などがいた。

新組織結成を前にした二〇回大会で、来賓としてあいさつした「労働情報」編集人をしていた樋口篤三氏は、「一つの支部がこれほどまでに独占資本の憎しみを受けて権力弾圧を浴びたのは、皆さんがそういう闘う力を持っていることの証明だ」と発言し激励している。

## 2 〈連帯〉の名前に込められた願いと決意

一九八四年一一月一八日、ついに建設運輸産業に新たな全国産別労働組合「連帯労組」が、直前までの日本共産党と運輸一般の妨害をはねのけて結成された。関生支部が、空前の大弾圧と組織分裂攻撃の中で、「全国産業別組織への結集」を打ち出してから八カ月、その呼びかけが結実したのである。

新しい「連帯労組」は、元総評議長の市川誠氏を顧問に、初代委員長に長谷川武久氏を決め、組合員五〇〇〇名余で船出した。その略称「連帯」には、「組合員と家族の連帯、未組織労働者との連帯、他人の痛みをわが痛みとする」という意が込められている。そしてこの名称は、当時のポーランドで、変質した共産党の指導する官僚型「社会主義」のゆがみに抗して、「労働者の前衛・味方」の仮面をかぶった支配者に屈することなく大衆の要求を掲げて起ちあがった「独立自主労組・連帯」にちなんでいる。そこには、自らも、日本の地で「連帯」の名に恥じないような大衆の結集と指導力を持つ労働組合に成長しよう、そんな思いと決意が込められていた（口絵写真参照）。

注――顧問に就任した市川誠氏は、この結成大会で、「厳しさを越えての組織発展こそ、皆さんの正念場です。情勢が厳しい時こそ一番やりがいのある時です」と心からの祝福と激励の言葉を贈った。

### 三つの新事業に挑戦

こうして船出した連帯労組は、その出発大会で三つの新事業に挑戦する方針を掲げた。その第一は、五八五万人の建設産業労働者の中に、闘う労働組合を組織すること。「我々の背後に三〇〇〇万の未組織労働あり」とする、広大な未開の荒野に挑む開拓者精神の心意気である。第二は、その組織化の対象を、労働基準法すら守られず雇用も労働条件も劣悪な日雇い、臨時工という不安定雇用労働者においたこと。これは、日本の労働運動総体が右傾化しているのは組合の基礎を雇用も労働条件も安定した大企業の本工労働者に依拠していることにあるとの認識に立って、この「大企業組合主義」によって切り捨てられた膨大な労働者に依拠し、真の労働者多数派を形成しようという組織戦略である。第三は、権利侵害との闘いの重視である。関生支部が創立以来の苦闘の中で創りあげてきた闘いの伝統であり、関生魂の芯においてきた「他人の痛みは己の痛み」という指針は、言葉の「あや」や飾りでなく、どれほど賃金・労働条件で高い要求を実現しようと、その一方で権利侵害に泣き痛めつけられている労働者の仲間、分会があれば見捨てておかない、というい わば関生支部の実践原則のようなものである。敵の攻撃は常に闘い全体の弱いところに集中し、「蟻の一穴」を放置すれば巨大な堤防も崩れるように、この弱いところへの敵の攻撃を「俺の所は攻撃がないから大丈夫」という他人事のような態度は、隙あらばと狙う敵につけ込まれ、その痛みはやがて全体の痛みになるからである。

こうして、連帯労組の出発は、関生支部にとって運輸一般時代のセメント独占と権力との闘いの経験と教訓を共有し活かす全国的な指導と配置のもとで、一企業の枠を越えて、背景資本の中枢に攻め上る闘いへの新しい決意をこめたスタートであった。

生まれたばかりの連帯労組は、執拗に続くセメント独占と警察権力による弾圧をはねのけながら、東京、神奈川、静岡で新規加入を勝ち取り、一九九三年八月末には全国二一都道府県に約五六〇〇名を結集し、産業別ではセメント・生コン・建設・トラック・金属・一般へと種々の産業に拡がって行った。

注――この全国産別労組「連帯」結成とともに、当時の社会党の中に、「連帯労組特別委員会」という三〇名近い議員団が編成され、その後の中央における労組の各行政交渉の窓口ともなり先頭に立って活動していくことになった。

## 3　奈良闘争の勝利と「奈良方式」の確立

しかし、こうした連帯労組としての新たな出発と全国展開の間も、資本と警察権力は新たな階級的敵愾心と憎しみをかき立て、「連帯労組の中心にある関生をたたけ！」とばかりに、関生支部への弾圧を集中的に続けていた。

当時の大阪兵庫の生コン業界の混乱は、目に余るものがあった。協同組合とは名ばかりで、アウト（協組未加入）が続出し、新増設による乱立に拍車をかけ、イン（協組内）企業はアウトとの競争に勝ち残るために価格切り下げの泥沼に落ち込み、経営危機・倒産の淵に立たされた企業も少なくない。これも、関生支部への空前の大弾圧、八三年末以来のセメントメーカーによる工組・協組の乗っ取りの下での対労組敵視政策がもたらした混乱であった。

これに対して後に「奈良方式」といわれる関生支部の「生コン奈良革命」が新しい協同組合のあり方を示して数々の成果を挙げて、業界や労組の双方から注目を浴びた。この時期、弥生会を中心とするセメント資本の「三二項目」不履行へのいくつかの重要な闘いがあるが、ここでは、この特筆すべきこの奈良の闘いの特徴と成果について触れる。

### 生駒の山を越えた関生支部特別プロジェクト

当時の奈良県の業界の状態は近畿一円でも最低の状態で、奈良県生コン業者は常時過当競争に明け暮れていて、原価を割る、安く程度の低い生コンが横行していた。労働者の賃金体系もバラバラで、休日や労災・社会保障もなく、それらを要求するとすぐクビになるという不安定な雇用状態であった。大阪や兵庫に比べて賃金も低く、一〇万円程度少ないといわれていた。この最低の状態からの転換を画したのが、奈良闘争で「生コン奈良革命」とも呼ばれた二年間の闘い（八二年一二月～八四年一二月）である。

この奈良県の状況が他府県にも影響を及ぼしかねないと危機感を抱いた関生支部は、過当競争に終止符を打ち、生コン価格の収受と労働条件を安定させるために、一九八一年四名の特別プロジェクトチーム（オルグ団―三好峰人、加藤政一、奥林重夫、土居勉）を、生駒の山を越えて新奈良生コンに派遣し、奈良の地に組織化を始めた。このプロジェクチームの奮闘の結果、同年九月には労働組合を公然化し、トラックのミツワ合同分会、その後の生コンでの小谷運輸を口火に新奈良、安田、稲川などに半年間で九分会が作られた。これに対して、資本の側からすれば、何としてもこの関生支部の進軍をくい止め生駒の山から蹴落としたい。この攻防戦が八二年から八四年末にかけての、後の時代に「奈良方式」とよばれた成果を生み出した「生コン奈良革命」である。

注――当時の関生支部のプロジェクトとその組織化の特徴というのは、各ブロックから組織担当者を集中させて、四人編成で地域に入り、隠密裏に地域の重点職場をピックアップし、駐車場の自家用車のナンバーから住所を割り出し、徹底して現場で、家庭にも訪問して、一人一人に労働組合の必要を説得し、仲間を匿名で組合に入れて、多数派が形成でき公然化するまでは、一人一人をバラバラにし、徹底学習をするという活動を粘り強くやる。このような活動で半年間で九分会が作られていった。

## 業界再建に何が必要かを教えた奈良闘争

奈良闘争の事の発端は、八二春闘で同盟も巻き込み集団交渉が実現し、奈良工組と北部協組との間で、低賃金が続いていた奈良で初めて全国水準を上回る賃金・一時金や休日などの二五項目の協定が実現したが、その協定を実際に実施するにあたっての北部協組で内部分裂があり、協定不履行となった。

この協定不履行との闘いは、闘争開始が八二年一二月で、丁度「赤旗声明」が公表された時と重なり、奈良でも組織分裂攻撃との闘いで、できたばかりの分会組織の団結を守りながら闘いぬかれた。翌八三年には奈良地裁が「過積載を止め労働者に賃金を支払え」と労働側の全面勝利の命令を出したが、資本の側はこれを守ろうせず、逆に関生支部の分会四七名に「自宅待機」と「賃金支払い停止」の権利侵害を行った。関生支部は、八四年四月、奈良に関西一円から車体に「過積載追放！」の横断幕をつけたミキサー車二一七台を結集させ、パレードを行った。関生支部の戦術の主眼は、協定不履行の発端が北部協組の分裂にあり、不履行六社と別に協組運営に影響を持つ新奈良と北和がある現状認識に立って、協組を分断・分裂させることにおいた。つまり、後の二つを労働側に引き寄せ、他の不履行・権利侵害六社には徹底した波状ストライキをかけるなど闘いを集中させた。こうした闘いの結果、ついに業界の中からも悲鳴が上がり、八四年一二月、奈良ブロックの労働者四七名の全面勝利となった。

この闘いの只中の一九八四年の秋、「弥生会」の三人の代表が、突然、関生支部の事務所に現れ、セメントメーカーの労務政策に屈するように求めている。

そのいきさつについて武建一委員長は次のように証言している。

「暑かった夏が秋風を運んでいた頃だった。突然に三人の男（弥生会代表稲田信義、経営者代表木村正隆、千田晶）が関生支部の事務所に現れた。いわく、『貴方は一世を風靡した歴史に残る人物だ。しかし大勢は決している。そろそろ考えを変えたらどうですか』とセメントメーカーに屈服することを求めてきた。三人の男に対して、『セメントメーカーに屈服するぐらいなら切腹する。この屈辱は生涯消えることはない。覚えておけ！』これが答えだった。この時の返事いかんでは、今日の関西における歴史、否、関生型労働運動の歴史が大きく変わっていただろうと思います」。

こうした攻防の経過をたどったこの闘いの成果は、第一に、闘争に勝利したことで、奈良地域での関生支部奈良ブロックを社会的に認めさせ、今後の闘う基盤を作ったこと。第二に、目に見える成果を挙げるために、何よりも協同組合を確立させ、労働者の要求が実現する環境をつくることが肝心だという確信をはっきりさせたこと。つまり、この闘いを通じて協同組合への業界の結集と協同組合の機能強化が進み、後に「奈良方式」と呼ばれるようになる集団的労使関係が作られていく。ちなみに、一九八五年には、奈良市内協組と北部協組が統合し、新たな「奈良県生コンリート協同組合」が設立され、協同組合の大同団結と労使紛争が和解し、業界の再建に向けて労使が共生・協同の道に踏みだしていく。

ともあれ、この勝利によって奈良のセメント資本の取ってきた関生シフト（「生駒の山を越えさせない」）を打ち砕いて、奈良の地に今日に至る関生労働者の闘いの地盤が、ここに確立したのである。

その後、八六年には、大弾圧によって解体・中断していた労働側の政策委員会でも全港湾、同盟産労など労組間の協議も再開され、政策研究会を発足させて、八六春闘に統一要求を確認するに至った。また、中曽根行革の最大の焦点である国鉄民営化攻撃に対する「組合員一人当たり一〇〇名」の署名活動の取組、奈良ブロックでの労・使・住民あげての反対で香芝町の新設を阻止した闘いの勝利、新幹線の命綱を握る下請け保線分会の結成と「人間宣言」、山本食品等外食産業における闘いと分会結成、暴力団の占拠をはねのけての東播磨の高砂宇部生コン分会結成、八七年には大阪湾を越えて四国・徳島の西沢生コンに連帯・関生支部の旗があがるなど、関生支部の不屈の闘いが次々と目に見える成果を挙げていった。

普通なら組織が半減したらその防衛と回復だけで精一杯で後ろ向きになるところだが、関生支部は違った。危機の中で新しい闘いに挑戦し、「困難を肥やしにする」関生支部の歴史に貫く闘いの伝統と力がこの空前の大弾圧の時期にも発揮され、鍛えられていった。長期化する「灰孝・安威川・西沢」の三大闘争を粘り強く継続しながら、資本・権力の「反連帯シフト」を打ち破って、いよいよ九〇年の春闘の勝利を契機に一挙に流れを変える「第二の反転攻勢」の時を迎えるのである。

## ［第四期］——一九九〇年—二〇〇四年

# 反転攻勢、第二次高揚期へ——近畿一円に政策闘争の成果が花開いていく

解題——八九年のベルリンの壁の崩壊が東西冷戦の終結を、九一年のソ連邦解体が二〇世紀の「既存社会主義体制」の崩壊を、そして二〇〇一年のアメリカにおける「9・11事件」が「資本主義の勝利」をうたい「世界一となったアメリカ帝国」の「一極支配」がその頂点で解体と衰退期に入ったことを告げた。その意味で一九九〇年代初頭から二〇〇〇年初頭に至る時期は、現代世界史が歴史的な大激動期に入ったことを示した時期である。それは、一〇〇年、数百年に一度と言ってよい資本主義世界の根本的危機と歴史の大転換期を意味していた。九一年には世界第一位の資本輸出国となり企業大国となった日本でも、世界的同時不況の危機の中でバブル経済が破たんし、大手スーパー・大手ゼネコン・地場大手企業や中小企業・地方銀行がバタバタと倒産し続け、生き残るための「大競争」を繰り広げ、物価下落・賃金カット・失業の三点セットのデフレが進行し、日本の資本主義はいわゆる「失われた十年」と呼ばれる大不況期に入っていった。

空前の大弾圧の嵐に鍛えられた関生支部のこの時期は、この情勢を「危機こそ労働側のチャンス到来」と捉えて、九〇年の春闘で流れを一挙に変え、九二年の灰孝闘争の勝利、九四年の大阪広域協同組合の設立を転機に、まるで不死鳥のように、崩壊と過当競争にあえぐ崖っぷちの業界の再建に打って出て、産業政策闘争を展開し、奈良、和歌山等と次々と協同組合が花開いて成果を挙げ、八〇年代初頭に次ぐ「第二次攻勢期——飛

躍と大高揚期」を実現していった時である。

# 第一〇章 「危機こそチャンス！」九〇年春闘から灰孝闘争勝利へ
## ――徹底して闘うものは恐れるところがない

## 1 流れを変えた九〇年春闘

関生支部の九〇年の幕開けをいろどったのは、三年半にわたる新幹線大阪保線分会闘争勝利のビッグニュースである。八六年に始まり、「分割・民営化」を行革攻撃の目玉としてきた国鉄当局と真っ向から闘いを挑み、その土台を根底から揺さぶってきた保線分会の闘いは、国鉄当局の切り崩しにもめげず頑張りぬき、追い詰め、八九年一二月二五日、和解が成立した。職場復帰こそならなかったものの労働者に解決金支払いを確認させ、「労働者をいじめたら、こういう結果になるぞということを、資本に知らしめ、ケリをつけた」（谷本分会長の言）のである。

また、この時期、阪南・南大阪で建材業、生コン販売を手広く商う真壁組の足元では、五洋一分会に続いて日本一生コン分会、国土一生コン分会が相次いで結成され、八九年一〇月より、真壁組と関生支部の間でトップ交渉がもたれ大筋の合意がなされた。しかしその合意の実施を巡る争議に対して、いつもの手口だが真壁組による警察の導入と権力弾圧が行使され、大阪府警が分会員三名逮捕、一名任意同行、支部や分会員の自宅五カ所の捜索が行われている。

### 二万円台の高額回答、「経営者会議」の解散
#### ――セメント主導路線が破綻した

一九九〇年、前年の八九年暮の灰孝争議での大弾圧、九〇年真壁組争議への弾圧と、繰り返し権力弾圧

を受けながらも、関生支部は九〇春闘に突入していった。

その闘いの結果、九〇年四月半ばには、一〇社で賃上げ二万五〇〇〇円、一時金一一〇万円のガイドラインを突破し、五月半ばには二〇社以上でそれを実現し、その他多くの企業でも二万円の大台を突破した。六月時点では、合意解決会社は八五社、生コン部門の平均合意・妥結額は二万六四円となり、他労組の低額先行妥結をはねのけて高額回答を実現した。この結果、「九〇春闘は一気に流れを変えた春闘」となった。

この成果を引き出した背景には、セメント主導の対決路線・力の政策が破綻したことがある、特に、前期に見たように「弥生会」の走狗となって労働組合を敵視し敵対行動を繰り返してきた「経営者会議」が、八九年、九〇年の二年続きの関生支部の追撃の前に屈して破綻し、六月末に解散、九月閉鎖を決定したことが大きい。「経営者会議」は八九年にも関生支部との力の対決を選んだが、ストライキ対策としての赤黒調整金二億円も使い果してしまい、九〇春闘では対決し続けるだけの余力は残っておらず、ついにお手上げとなったのである。

「経営者会議」の解散は、セメント主導路線の崩壊を意味しており、同時に業界内部で労使が「対決」ではなく「協力・協同」していく方向がとられていった。具体的には、生コン価格の適正化、新たな業界秩序の確立に向かって、労使が共にスクラムを組もうという機運の拡がりである。

## 九一・九二春闘の勝利
### ――生コン業界の力関係が逆転した

その後も、関生支部主導で高額回答を引き出し、生コン春闘相場を形成した九一春闘の勝利（五月半ばには賃上げ三万五〇〇〇円、一時金一五〇万円、三三社）、バラSS（セメントサービスセンター）で賃上げ二万七〇〇〇円、一時金一三〇万円、奈良で賃上げ二万三〇〇〇円、一時金一一〇万円を引き出し、九二年春闘でも高い賃上げ相場を実現し、経営者会議に続き「弥生会」の〈連帯労組シフト〉を完全に打破していった。その春闘の只中で、箕島闘争の八年半の闘いの結果の「協組の雇用責任」を巡る勝利解決、小野田セメントの組合つぶしを打破した大阪今津の堺建材運送闘争の勝利、ブックローン、徳島・西沢闘争での反撃などの権利侵害との闘争の前進、そして滋賀県生コン産業近代化の前進と湖東協組エリア内のアウト二社の協組加入に見るように、業界再編への政策闘争が大きく前進していった。

結果、運輸一般などが「連帯はとりすぎ、会社がつぶれる」と悪宣伝に終始したが、それを具体的成果ではねのけ、他労組が「連帯の成果に便乗」するまでの生コン春闘の流れをつくり出していく。

## 東大阪協組の再建への挑戦と挫折による崩壊

これら九一春闘から九二春闘にかけたこの時期において、忘れてはならない二つの闘いがある。

一つは、業界の危機に際しての東大阪協組再建の挑戦と挫折である。

関生支部の力が強まり、資本の力が弱まってくると、業界内にも労働組合の力を借りて協同して業界再建をしていこうという流れが生まれてきた。そのことに最初に気が付き、動き出したのが東大阪生コンクリート協同組合である。過当競争による安売りで軒並み倒産・廃業に追い込まれていく危機の中で、東大阪協組は、それまでの労働組合敵視を改めて、労働組合と一緒になって値戻ししたいと、九一年五月から労組との懇談会を開催し、労組との間で合意を形成していった。その内容は、①アウト・インを問わず適正なシェアを確立すること、②適正価格の形成（一万二九〇〇円売り）、③買い上げ方式が実行できない場合は出荷ベースへの契約形態への変更などである。

東協はこの労組との合意を踏まえて、卸協やゼネコンとの折衝を続け、関生支部もこの動きに呼応して要請行動を展開した。しかしこの業界再建に通じる値戻しに卸協は応ぜず、東協は卸協・商社・ゼネコン・セメントに対する出荷拒否に出て、卸協と労組と東協の話し合いがもたれ、秩序確立に向けて双方努力し、今後アウトには出荷しないなどの約束がなされた。ところが、この話し合いの進行中に日本セメント・三菱マテリアルが揺さぶりをかけて、協組内部の値戻しの動きをつぶしにはいり、東大阪生コンなど徳山セメント系の生コン工場三社を東協から脱退させ、東協を「休会―解散」に追い込んで、値戻しを挫折させたのである。脱退した徳山と介入しつぶしをかけた日本・三菱は、「労働組合と一緒になって運動するとはけしからん」「連帯色の強い値戻しには同調できない」というもの。結果、この東協の値戻しの挫折以降、生コン業界は業界始まって以来、バタバタと破産・倒産する企業が続出するという事態に陥っていった。

## 三菱マテリアルの大阪アメニティパーク計画

もう一つは、東協解体後の倒産と雇用不安の進行のさなかで、この東協つぶしの責任を取ろうとしない三菱マテリアルが生コン業界に弱肉強食の競争を持ち込んだ大阪アメニティパーク建設計画に対する闘いである。

注――九二年春、三菱マテリアル（旧三菱金属）は三菱地所と共同で、三菱大阪精錬所の跡地（大阪市北区天満橋一丁目）に、「大阪アメニティパーク」と称して、オフィス、ホテル、住宅用マンションなどを建設する、六万六八〇〇㎡にわたる大開発事業を計画していた。この計画は低迷し倒産の続く生コン業にとっては吉報であった。ところが三菱社は、この計画に必要な二五万㎥の生コンを、すべて三菱の製品でまかない、独り占めするとした。つまり、東協の値戻しへのつぶしとこの事業の独占は、大資本、独占資本の利益のために動く三菱資本の同じ根っこから発生したものである。

関生支部からすれば、当時では組合組織率の低い地域―大阪市内協組の出来事であったが、この計画が強行されれば関西一円の生コン業界に波及する重大問題として、すでに工事が開始されていたが、支部をあげた運動を展開し、これを背景に大阪市などへ申し入れした。申し入れの内容は、①大企業による独り占めで中小企業振興政策上問題あり、②同敷地は金属工場跡地で、六価クロム・シアンなどの地質調査をすべし、と生コン業界を揺さぶりながら、社会的世論に訴えていった。

こうした官民を巻き込んだ数カ月の闘いの結果、三菱資本は、ついに①二五万㎥物件のうち一〇万㎥を大阪市内協にゆだねる、②残り一五万㎥については賦課金を市内協に納入することで決着し、大きな成果を得た。重要なことは、この問題をきっかけに、東協の挑戦と挫折の結果、倒産続出の事態を見ていた市内協はもとより生コン業界内部から、労働組合の存在と力を見直し、敵視するより協調したほうが良い結果が出るということを学び、後の広域協準備への流れが生まれていったことである。

こうして連続した春闘勝利を原動力に、生コン業界における労使の力関係を完全に逆転することに成功し始めた関生支部は、一九九二年の闘いを灰孝闘争の勝利で締めくくったのである。

## 2 五年九カ月にわたった灰孝闘争勝利

### ――その本質と意義

一九九二年一一月一八日。実に五年九カ月、二一四二日にわたって資本の狙いをことごとく粉砕し、不屈の闘いで職場に砦を築きあげた灰孝闘争が勝利した。それは、関生支部の新たな躍進、反転攻勢への合図となった勝利であった。

注――この長期に及んだ灰孝闘争の発端は、八七春闘の要求について労使の折り合いがつかないことから始まった。しかし、会社が同年八月より関西で悪名高い労務屋・江口昭を導入したことに拠り様相が一変した。この当時、関生支部は、すでに見てきたように権力・セメントメーカー・日本共産党が三位一体となった組織破壊攻撃を集中的に受け、困難を余儀なくされていた時期である。

灰孝側の攻撃の目的は、関生支部の組織の社会的影響力を著しく低下させ、できれば壊滅することにあり、このことを通じて中小企業と労組との統一戦線運動を破壊し、労働条件の切り下げを意図していた。だからこそ、関生支部への大弾圧・組織分裂攻撃の状況を、千載一隅のチャンスと捉えて悪徳労務屋・江口を導入し、一気に関生支部つぶしにかかったのである。

ここに灰孝闘争の本質がある。

### 支部と分会が団結して勝ち取った勝利

#### ――「他人の痛みを己の痛みとする組合」の底力

関生支部は、労務屋・江口が導入された時点で、話し合いによる解決は不可能と断定し、この狙いが組織破壊にあると位置づけ、同年八月、灰孝大津分会に闘争本部を設置し泊まり込み体制を取る中、関生支部あげた徹底抗戦で組合つぶしに対抗する闘いを構えていく。会社の本格的攻撃は、同年一〇月から残業平準化に伴う出荷順番の変更を強行するなどこれまでの労使協定の破棄から始まり、八八年に裁判所が会社側の主張を全面的に認めた「業務妨害禁止」の仮処分決定を盾に、労組が取り組む行動すべてに仮処分、損害賠償を提訴してきた。

注――その数は三〇数件に及び、職場では呼び出し状を組合はもとより家庭にも送りつけ、さらには賃金カット、出勤停止、懲戒解雇などの乱発、警察権力の導入が職場と現場合わせて二〇数回に及んだ。「警告書」「呼び出し状」なるものは、この五年九カ月で五〇〇〇通を超えており、日に換算すると、毎日三通近い文書が発送されていた、という異常である。しかし逆にこの数が示すことは、灰孝―江口らの悪辣な労務支配に、屈することなく関生支部と分会が果敢に抵抗して闘ったことの証と言える。

関生支部と分会、その家族たちの一丸となった粘り強い闘い、そして全国の仲間たちや当時の日本社会党全日建運輸対策特別委員会の衆参の国会議員、地方議員の全面的支援の結果、灰孝闘争は勝利解決した。

その勝利解決の内容は、①会社は、八名の解雇を撤回する。今後は、正常な労使関係を約束する。②本争議解決に当たり、西神戸レミコンと灰孝本店出資による新会社を設立し、雇用を保証する。③実損を含む解決金を支払う。④双方の裁判訴訟をすべて取り下げ、債券・債務がないことを確認する――という画期的な勝利解決である。

## 「何くそ、ここで敗けてたまるものか」――長く厳しい闘いを支えた仲間の力

長期闘争の末に勝利した灰孝大津、栗東、洛北分会は、分会員一同の名をもって、その勝利に当たって次のような感謝の言葉を発している。

「今日まで組織問題もなく勝利解決の日を迎えられたのは、ひとえに連帯労組の闘いの歴史と教訓に立脚した指導の正しさであると思います。最後に本闘争の中で、刑事弾圧や負傷するなどの被害を負ってまでも、果敢にご支援を続けていただいた仲間の献身に分会員一同、感謝に堪えません。(以下略) 分会員一同」

この灰孝闘争は、「他人の痛みを己の痛みとして感じられる組合」は、資本・権力との差別と攻撃を受けているすべての仲間の闘いを、我が事として共有するという関生支部の伝統を見事に体現し、勝利をもたらした。またこの闘争の勝利は、「徹底して闘う者は恐れるところはない」という確信とともに、大弾圧のどん底から次の大いなる攻勢期に転じる関生労働者の「烽火(のろし)」となったのである。

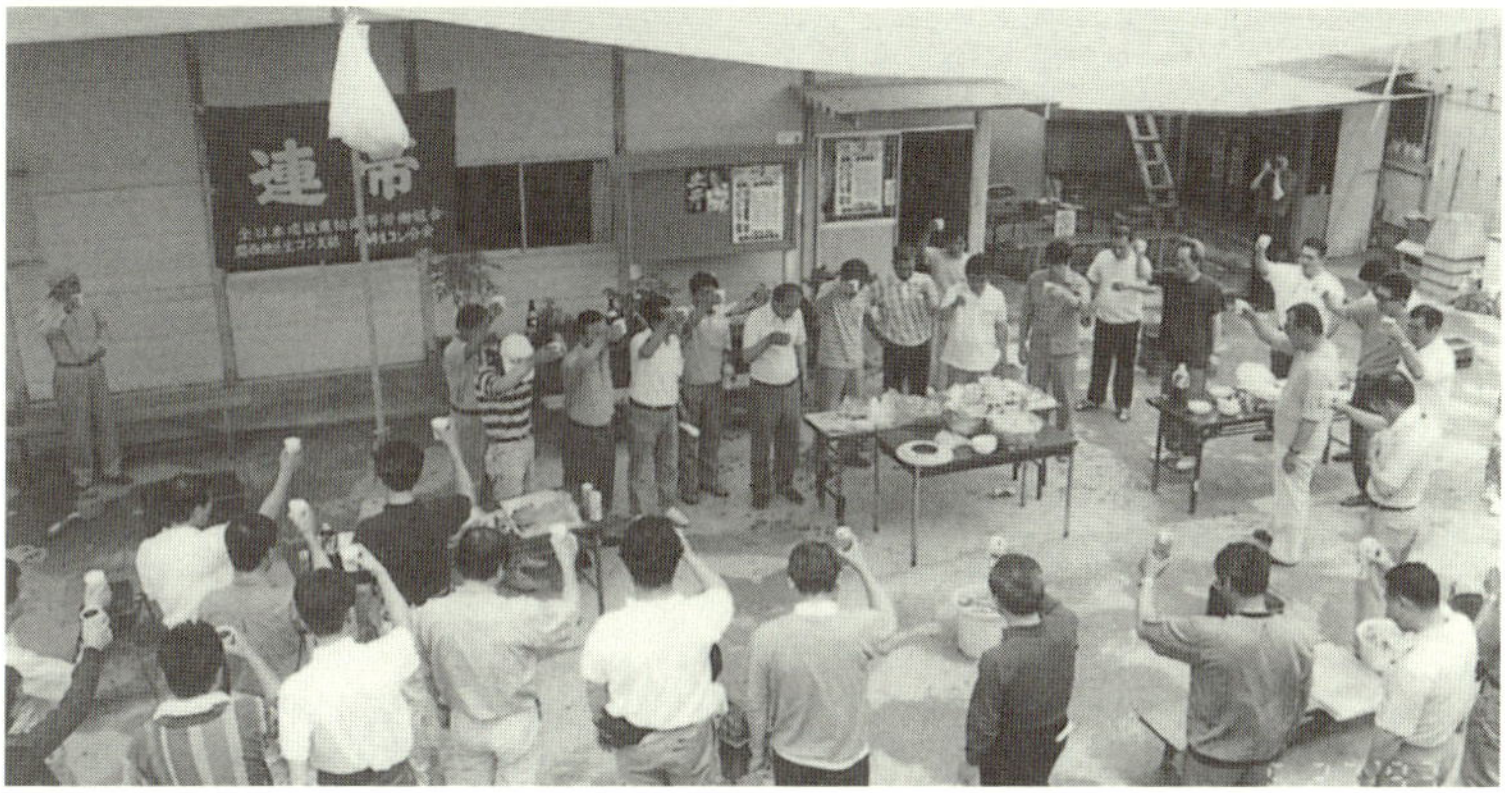


大型争議が次々勝利（三荒尼崎）

5年9カ月に渡る灰孝闘争の勝利報告集会（92 年2月6日）

## 3　この時期の関生支部の「破倒産との闘い」の特徴
### ——会社が潰れても組合は残る

この時期、生コン業界の大不況の中で大量の破倒産、人員整理が吹き荒れた。工場閉鎖もやむなしという判断もあるが、関生支部が破倒産との闘いの中で取ってきた路線の特徴の一つは、労組による自主再建である。通常、どの労組でも企業内組合主義で会社がつぶれたら終わりという発想が強い。関生支部はこれと逆である。企業はつぶれても労組がある限り、そして団結権がある限り、労働者の雇用と生活を守り確保するというものである。関生支部の破倒産との闘いにおける政策対応をいくつかの類型に区分して整理すると、左記の五つである。

第一は、経営意欲はあっても諸般の事情で企業存続が困難なケース。

一定の期限付きで企業再建の軌道にのるまでの間、労働条件の切り下げ・一時停止など合理化に協力しながら、労使共同で再建する。九三年のマツフジ、フェニックス、コスモ生コンの例。

第二は、湖東でのトランスポート・エーワンの例のように、生コン輸送部門労務対策上のしんどさから放棄する経営者に代わって、新たに労組と協力できる業者との協力で新会社を設立し、共同輸送という形で雇用を継続するケース（九三年五月のエーワン設立）。

第三は、労組による自主管理のケース。これは第一の場合と似ているが、旧経営者が経営意欲を失っている場合。労使協定で「会社は施設の管理・運営権を労組に委託する」として、労組が自主操業する。千原資材（九二年四月経営権放棄）のすでに二年の自主操業の経験もあり、中嶋建材もこのケース。

第四は、企業閉鎖に至っても、その会社の保有していた協組シェアを労組に譲渡して閉めるケース。市況好転の折には、労組が保有する協組シェアで営業を開始する。九二年の枚方坂井、藤井コンクリート、九四年の村野興産の例。

第五は、全くの閉鎖を認めるケース。この場合、経営側は一旦閉鎖して労組と手を切った上で機会を見て再開するという例が多い。そこで、労組としては、この際生コン業を再開、あるいは新規参入する意思を放棄し、既存施設の解体・撤去を約束することが前提となる。そのうえで、会社の勝手な閉鎖で失う労働債権を満額支払うことである。平井建材や生島生コンの例。

### 4　実践と結んだ学習活動の効果

灰孝闘争から反転攻勢に転じる闘い、戦術の柔軟性など、また、「破倒産との闘い」など、この時期、関生支部の発想・問題意識がさえている。これはどこから導かれたものか。

後に、武委員長は、そのことについて、「それは、学習の効果だと思います」と語っている。事実、関生支部は、この時期より、実践と結んだ学習活動を強め、九〇年代末の「アクション21」の取り組みや、その後の「チューター制」の取り組みなど、次々と取り組んでいった。

## 第一一章　セメント資本の総本山「弥生会」崩壊、業界再建へ——大阪広域協同組合の発足へ

### 1　情勢認識の正しさと四年連続の春闘勝利が生コン業界再建への原動力に

九〇、九一、九二、九三年春闘を巡るこの時期は、冒頭の解題でもふれたように資本主義の世界的危機を背景に、バブル経済がはじけ飛んだ日本経済は深刻な不況の泥沼に落ち込んでいた。日経連は「ベアなし、定昇も切る」（永野日経連会長）と、バブルのツケを労働者に押し付け、徹底した賃下げで臨んでいた。この中でも、特に生コン業界は空前の倒産の危機にあった。

こうした情勢をどう認識し、どういう方針を立て、闘うか。それがその後を決める。

関生支部はどうだったか。

「情勢の危機は闘う側の好機である」――つまり、業界の深刻な不況は経営者の体力を弱め、逆に労働者の団結力を高めるバネとなり、労使の力関係は労組に有利に働く。情勢が危機だからといって、資本にすり寄り労使協調で身を伏して嵐が過ぎるのを待つ姿勢では、情勢を反転させることはできない。ピンチの裏にチャンスあり――これが、関生支部の反転攻勢への闘争力を支えた情勢認識であった。

この認識の下で、九三春闘においても、三年続きの春闘相場形成、灰孝闘争の勝利という上げ潮に乗って、関生支部は神戸での大寿生コン分会結成、新大阪生コン、平木生コンなどの組織拡大と争議分会の解決を進めながら、四年連続の勝利を勝ち取っていく。賃上げ妥結平均は六四社で二万七二三円、福利厚生資金の満額回答が六七社で、これは他労組の先行低額回答（運輸一般一万三九〇円、産労九六八九円）を大きく越えた。このような連帯労組・関生支部の存在する職場と、そうでない職場（弥生会）でのこの賃上げの差こそ、各労組の組織の強さ、団結力、闘争力の違いを示すものである。

## 四年連続の勝利の要因にある支部方針の正しさ

先の情勢認識に加えて、もう一つ、勝利の要因がある。それは、関生支部がこの春闘を「政策春闘」として闘ったことである。

つまり、企業危機を口実に賃金・労働条件の切り下げに転嫁しようとする経営者に対して、現在の企業危機―業界危機の原因を明らかにして、「賃上げの源資がないのなら値戻しし、セメント価格の引き下げで業界が一致結束せよ」との値戻し・業界再建の提案を行う関生支部の闘いの前に、追い詰められた経営者・生コン業界が本腰を入れて再建の道に当たる機運が大きく生まれてきたからである。四年連続の勝利の要因は、この支部の情勢認識と方針の正しさにある（以降、今日まで「関生春闘」といえば「政策春闘」である）。

そして春闘中にも組織拡大が追求され、相次いで新分会が神戸の大寿生コン、高松の高松重機で、姫路の生島生コンで、神戸の中嶋建材で結成されていった。

## 土地強制収用を白紙撤回させた勝利の社会的影響力
### ——五〇〇台ミキサー車パレードの壮観!

この時期の闘いで、特筆すべきものに、神戸市垂水区における土地強制収用闘争がある。事の発端は、神戸市垂水区と西区にまたがる一五万坪の敷地内に原石採取・生コン・産業廃棄物処理を含む東候グループの所有地のど真ん中を通る道路工事が計画されて、話し合いも十分進まないまま、土地収用が強行されたことに始まる。

注——計画主体は、国の建設省・道路公団・本四連絡橋公団そして神戸市である。土地収用とは、地権者の意向がどうであれ、わずかな「お涙金」と引き換えに土地を強奪するもので、あの成田空港建設のために三里塚農民の農地を強奪した問題と同じである。

この土地収用が強行されれば、東候グループ一〇社とその出入り業者合わせて三六社と二〇〇〇人の生活と雇用が破壊される。この非常事態に直面した同グループの労働者一二〇名が関生支部に駆け込んできて組合に加入し、同時に従業員を中心とした土地収用反対期成同盟を結成したところから、本格的な反対運動が展開されていく。年の暮れも押し詰まった一二月一二日、神戸市垂水区の東候グループ敷地を出発したミキサー車、ダンプカー五〇〇台が轟音をとどろかせて、神戸の目抜き通りを県庁・市役所まで土地強制収用反対の大行動・パレードを行った。この五〇〇台の自動車パレードは、地元の度肝を抜くような壮観な光景であった。それは、同夜のNHKテレビニュース番組でも放映されるなど、地元のみならず全国的規模でこの問題を知らしめ、社会的世論で国の横暴を包囲することとなった。こうした闘いの結果、音を上げた兵庫県、神戸市の双方から「話し合いの継続」「土地収用の取り消し」を、つまり白紙撤回を勝ち取った。

この大闘争勝利の効果は大きかった。中小企業の労働者の生活を守るための闘いが、企業の経営基盤の存続をも勝ち取る見本のような闘いで目に見える成果を生んだからだ。これが危機にあえぐ業界を揺さぶり、関生支部の提起する業界再建政策の実現にむかって、ついに大阪広域協組結成への流れが作られていく。

## 2　「業界ぐるみ倒産」の崖っぷちの危機
### ――背景にある構造的原因と二つの道を巡る重大な岐路

この時期の生コン業界の現状はどうなっていたか。

関西の生コン業界は、九〇年代に入って、業界そのものが崩壊の危機に立ち至っていた。とりわけ、九二年後半から九四年半ばへのわずか二年で大阪を中心に五一件の生コン工場が倒産・閉鎖を余儀なくされ、一九五三年に関西で生コン産業が誕生して以来初めての異常事態となっていた。「業界ぐるみ倒産」の崖っぷちの危機を象徴的に示したのは、販売価格の値崩れであった。とりわけ「バブル崩壊」によって生コンの値崩れの波は全国に拡がり、特に札幌、仙台、名古屋、大阪、福岡をはじめ大都市では、一九八〇年代の一万三〇〇〇円台の販売価格が九〇年代に入ると一万円台を割り込む異常事態となった。

注――実際は、ゼネコンの買いたたきによって立方メートル当り一〇〇〇円以上の値引きが行われており、後に大阪広域協組設立準備委が九四年に公表したように生産原価が一万四三三〇円なのに販売価格が九七八〇円、実に四六〇〇円の原価割れであった。

こうした過当競争による安値乱売合戦での値崩れの結果、①全国各地で倒産・工場閉鎖、②関連企業労働者の雇用・生活の破壊、③品質の悪い骨材の使用やセメント使用量のごまかし、過積載、不法加水（いわゆるシャブコン）などが横行した。

注――こうした品質不良の深刻な建造物被害が何をもたらすかは、その後の阪神大震災で衝撃的に示された。

### 業界危機の背景にある構造的矛盾
#### ――大企業追随か、中小企業と労組の共生・協同で再建か

生コン業界の危機は、直接的には、バブル崩壊によって生コンの需要が激変したにもかかわらず、八〇年代のセメントメーカーの拡販政策による生コン工場の新増設ラッシュによって、安値乱売の過当競争が繰り広げられ、本来は安値乱売を防ぐために設立された協同組合が各地で機能停止や解体に追い込まれていったことにある。その危機の背景は、前期でもふれたように、生コン産業の構造的矛盾にある。

注――つまり、一方でセメントメーカーの、他方で建設産業の重層

的下請け構造の中で、常にセメントの拡販政策とゼネコンの買いたたきに翻弄され、両者の利益追求のために矛盾がしわ寄せされ、その矛盾の犠牲が中小企業の慢性的な経営不振とそこに働く労働者の雇用不安や劣悪な労働条件へと、つまり下へ下へと弱い者に押し付けられてきたのである。

「バブル崩壊」は、この構造的矛盾に拍車をかけ、セメントメーカーとゼネコン自身を存亡の危機に直面させ、セメントメーカーは生コン各社を乱売競争に駆り立てた。ゼネコンは買いたたきを進め、生コン各社への系列支配を強め、結果、これら巨大セメント・ゼネコン資本の生き残りと利益確保のために、生コン中小企業の経営危機、労働者の雇用・労働条件の危機、公共財である生コンの品質不安という三つの危機を構造的に深化させていった。

よって、生コン産業がぶつかっていたこの時期の「業界の崖っぷちの危機」にある問題の本質は、中小企業が競争でしのぎを削り、つぶし合って大企業追随の道をこのまま進むのか、それとも労働者・労働組合と共通の課題を明らかにして政策的に共同して、業界の在り方を変え、セメント・ゼネコンから自立した中小企業と労働者主導で業界を再建し、大企業との対等取り引きを実現して共生・協同の道をゆくのか、重大な岐路に立たされていたことにある。

## 3　大阪広域協組の設立へ

### ——生コン業界再建の第一歩始まる

関生支部は、九〇年春闘以来の四年連続の春闘勝利を原動力に、こうした生コン業界の危機打開・再建をめざす政策闘争を展開していく。他方で、業界内部からも労使が「対決」でなく、「協力・共同」によって生コン価格の適正化や新たな業界の秩序確立に向かって共にスクラムを組もうとする機運が急速に高まってきた。

一九九二年関生支部、生コン産労、全港湾大阪支部の三労組による関西生コン産業政策協議会が再開された。

#### 労働三団体で「生コン産業政策協議会」の発足

そして、九四年初めより、今後の業界再建と政策闘争に決定的な影響力を及ぼす労働組合間の共闘関係が急速に高まり、関生支部と生コン産労、全港湾の政策懇談会がもたれ、「生コン政策協議会」が発足した。またこれとは別に、運輸一般と全化同盟の二つのグループも形成され、以降、労組主導で業界再建が行われていくことになる。

また同時期、連帯労組中央本部が、建設事業の積算方式改善と経営危機にある生コン業界の再建に向けた緊急措置の実施を当時の五十嵐建設大臣に申し入れ、これを受けた五十嵐大臣が実態調査をするように近畿地方建設局に伝えると約束した。こうした緊急措置を労働組合が申し入れ、現職の建設大臣と交渉したことの社会的影響は大きく、関生支部の各協組への組織化攻勢と相まって、業界内部で労働組合敵視政策を取っていた大阪の各地区の業界代表の間にも労働組合との共同のテーブルに着くべきだという流れができ、ついに業界と労働側で対話が始まった。そこで労働側が強調したのは、①アウト敵視を止め、大同団結すること、②労働組合との話し合いを各協同組合の理事会で議決した上で協議したことに責任を持つこと、であった。この①②に頑固に抵抗したのがセメントメーカーの直系工場で占められている大阪の市内協組であったが、何回かの交渉の中で、これを受け入れる議決がなされ、労使一体で生コン業界の再建に取り組むことが次々と各協組の理事会で正式に決定されていく。

注——一九九四年二月、大阪、神戸の生コン協同組合に連なる五人の理事長が政策協議会の労組代表三人を大阪中之島のホテルに招き「労組を敵視してきた政策を見直し、労使が協調して深刻な大阪・兵庫の生コン業界を再建していきたい。労組の力を貸して欲しい」とその決意を示し、最初は警戒した労組側もいくつかの条件を実現することができるならと、労使の対話につながっていった。(詳細は『関西生コン産業60年の歩み』参照)

こうして業界再建に向けてインとアウトが、そして労使が大同団結し、九四年四月二六日の広域協組設立準備会発足を契機に、五月には労組が垣根を越えたセメント・生コン労働者の全国共闘を展望する「政策研究全国集会」を開き、工組が理事会で第三次構造改善事業に取り組み近代的労使関係の確立を図るために新たな経営者会=「飛鳥会」設立準備会を設置し、七月には生コン政策協議会が大阪・兵庫生コン工組および広域協組準備会との基本合意となった「生コン産業の危機突破、適正価格の確立、雇用確保」などを掲げた二〇〇台のミキサーパレードを大阪市内で敢行し、大阪広域協組設立への労使の呼吸がそろっていく。

### 画期的な大阪広域協組の設立
### ――「何もしなければ業界はもっと悲惨な状況になっていた」

九四年一一月四日、業界の危機打開・再建へ、「大阪広域生コンクリート協同組合」が大阪市内のホテルで設立総会を開催した。ここに合併されたのは、大阪、大阪阪神、東大阪、阪南地区の四協組で、初代広域協組理事長には松本光宣広域協組準備委員会委員長が就任した。設立総会では、今後、協組の組織率を高めつつ、共同販売などの事業、組合員への事業資金の貸付・借入、福利厚生、生コン業界再建への適正価格収授、品質保証、安定供給などを柱とする事業計画に取り組む方針が確認された。

この設立総会で初代理事長となった松本光宣氏は、当時の生コン業界の状況と広域協組設立に至る思いを次のようにのべている。「我々生コン業界は、ゼネコンとセメントの間で生きる弱者でしかない。言うならばトラやライオンに囲まれた草食動物のシマウマみたいなものだ。団結して身を守るしかない。われわれ弱者の団結をゼネコンやセメントは嫌うでしょう。弱者が挑戦状を叩き付けているかのように思われるかもしれない。しかし、『お願い』するばかりでは何も変わらない。黙って死ぬのを待つことだけは避けたかった」と。

この「黙って死ぬのを待つことだけは避けたかった」との思いは、大阪広域協組設立に生きる道を求めて合流した各協同組合の共通する思いであった。ゆえに設立総会で、松本初代理事長は、この設立の意義を、「画期的な出来事だ。少し前まで経営者と労働組合が一緒に並んで決意表明することなど考えられなかった。それだけ労使双方の危機感が強かったからだろう。何もしなければ、間違いなく業界はもっと悲惨な状況に陥っていた。だから、我々は同じ立場に立って闘うしかなかった」と（詳細は『60年史』参照）。

産声をあげたばかりの広域協組が、どこまで組織率を拡大させることができるかに、大阪広域協ばかりか、関西の生コン産業の未来がかかっていた。大阪広域協組は、その後一年で、当初の四六社五一工場から一〇七社一二二工場にまで組織を拡大していく。また、摂津生コン・ナニワ生コン・新鳥飼生コン・伊丹宇部・永和商店などの協組加入を確認し、労働三団体の各社への取り組みの集中にもよって、九四年末にかけて大阪広域協組は八〇％超の組織率を達成し、「工組、協組、労組の三位一体」で、構造改善事業を推進し、苦境にあった生コン産業を再建していく。後に、「この頃から、高揚期に入ったなと体感できるようになった」と語られた。

九四年一〇月には、第三〇回関生支部大会が開かれ、大阪広域協組の設立を契機に、関生支部は、生コン業界の再建へ、その闘争力・団結力と産業政策闘争の発展と飛躍をもって、第二次攻勢期に転じる決意を固め新たな情勢を切り開いていく。

# 第一二章　第二次攻勢と大躍進へ——近畿一円に協同組合が次々と花開いていく

## 1　阪神大震災と関生支部の取り組み

一九九五年一月一七日午前五時四六分、兵庫県南部を震源地にマグニチュード7・2の大地震が発生。神戸市や淡路島などで震度7の激震を記録。神戸の街は一瞬のうちに崩壊し、高速道路や新幹線の高架橋が落下し、ビルや住宅が無残に倒壊し、家屋の全半倒壊一七万戸、犠牲者六四〇〇人以上、負傷者四万三〇〇〇人以上となった。

この阪神淡路大震災では多くのコンクリート構造物が破壊された。関生支部は、震災以前からその「施行・品質不良」を指摘してきた山陽新幹線、阪神高速道路の崩壊現場にいち早く駆け付け、現場に携わる関連労働者の責務として、これら構造物崩壊の原因究明の調査活動に着手した。また、二月には連帯労組特別対策委員会の国会議員団を中心に調査活動も実施され、その調査結果をもって六月には尼崎市立労働福祉会館にて「阪神大震災検証シンポジウム――公共建造物はなぜ壊れたのか」を開催した。

## 品質不良の根源に「ゼネコンの買い叩き」あり

このシンポジウムでパネラーとして発言した小林一輔千葉工業大学教授は、阪神大震災の調査を通じて生コンの品質を悪くした原因について、「品質異常の生コンがコンクリート構造物に使用され、粗悪な品質のコンクリート構造物が量産されている責任の一端は、このような生コンの買い叩きを行ったゼネコンが負わなければならない」と指摘した。また、同シンポジウムでは、武建一関生支部委員長も「公共工事の現場で進行する第二の危機に警鐘を鳴らす」という特別報告をし、同時に連帯労組としての「提言」も発している。

小林教授の発言――「阪神大震災で破壊されたコンクリートの品質異常が目立った。塩分を大量に含んだコンクリート、風化の進んだ粗悪な骨材の使用、粗骨材がほとんど存在しないコンクリート、アルカリ量が非常に多いセメントの使用などはその一例である。このような品質異常の生コンが用いられた理由に、生コン産業の脆弱な体質と、これにつけこんだゼネコンの買い叩きにある。（中略）生コン産業では生コン価格に占めるセメント、骨材などの原材料費割合が極めて高く、約六〇％に達している。零細企業である生コン工場では、生コンが買い叩かれた場合、セメントや骨材の原材料費の品質を落とす以外に対応するすべがない。さらに伝表操作で地下水と称されるリベートがゼネコン側から支払われている。品質異常の生コンがコンクリート構造物に使用され、粗悪な品質コンクリート構造物が量産されている責任の一端は、このような生コンの買い叩きを行ったゼネコンが負わなければならない」。

## 「大震災被災者救援」と対大手ゼネコン要請行動

関生支部は、九五年三月には、生コン産業政策協議会（関生支部、交通労連生コン産労、全港湾大阪支部の三団体で構成）主催で「阪神大震災被災者救援・生コン産業の再建」をめざしてミキサーパレードを一五〇台が大阪市内を展開し、各ターミナルで被災者へのカンパ活動を展開し、集めたカンパを被災者に届けた。連帯労組中央の統一行動としても大震災による構造物被害の原因究明と生コン品質管理、業界再建に向けた大手ゼネコンに対する申し入れ行動も行った。

注——阪神大震災は建設産業の在り方に多面的、かつ重大な問題を問うていた。連帯労組は、①建造物被害の原因究明、②発注・請負の日本型請負方式の見直し、③生産システムと施行における重層下請構造の見直し、④生コンクリートなどの品質管理の在り方、⑤建造物の品質保証の抜本的見直しなどを求めて、当時の村山総理、野坂建設大臣、亀井運輸大臣との会談など各関係省に要請を重ねた。

ゼネコンに対する申し入れの内容は、①建造物被害の原因究明と再発防止策、②生コンの品質管理（協組を通じた購入、適正価格収授）、③現場労働者・出入り業者の労働条件向上などである。ゼネコン側は、度々の交渉の結果、「生コンの過当競争体質は大きな問題。低価格で品質が維持できるか疑問」（鹿島建設）、「適正価格を確立し協組機能を強化することが必要」（大林組）と、生コン業界の再建への積極的な回答を寄せていた。

この大震災に対する救援の取り組みとこれらの品質や施工に対する提言や要請行動は、連帯労組・関生支部が企業内組合ではなく産業別組合であり、労働組合の社会的使命を自覚し、「シャブコン」などの摘発を早くからやってきた関生型産別労働運動のもつ質の先駆性、社会性を示す一つの例である。そしてこの阪神大震災時の取り組みの経験が、後に新技術センター・生コン資格制度の構想や実施へ、そして東日本大震災への取り組みに連なっていくのである。

## 一三年ぶりの集団的労使交渉の確立と「飛鳥会」発足

阪神大震災で始まった九五年には、関生支部と運輸一般分裂組織との間で、一九八三年の大弾圧に便乗した日本共産党・運輸一般中央の分裂策動以来の労働組合の継承と財産の帰属を争点として、運輸一般が大阪地裁にかけていた「組合継承権裁判」において、五月二九日、大阪地裁が「原告（運輸一般）の請求をいずれも棄却する」と判決を下し、「運輸一般中央執行委が委嘱した再建委員会により選出された原告組合は法律上からも同一性を認められない」と断罪し、関生支部が全面勝利した。

九五春闘では、三労組による生コン政策協議会が牽引力となり、新たに参加した全化同盟を加えた四団体共闘を前進させて、大阪兵庫工組との交渉で対労の窓口として準備の進んでいた「飛鳥会」発足を約束させた。こうして、長年続いてきた業界の混乱に終止符を打ち、十数年ぶりに新たな業界の秩序と集団的労使関係の再確立へ大きく踏み出していく。

### 結成30周年の節目の大会

同年一〇月一五日、関生支部結成30周年という大きな節目の中で開かれた第三一回定期大会で、武建一支部執行委員長は、九五年の大きな運動の成果と今後の課題について、――①労働三団体が政策協議会に結集し一三年ぶりに集団交渉を実現し、業界の対労機関として「飛鳥会」が発足したことで社会的規制力をともなう集団交渉確立への展望を開いたこと。②三団体共闘によって業界の再建・近代化をめざす産業政策が前進し、労働コスト平準化と産業構造を民主化し、経済民主主義をめざす運動の具体化として中小企業の大同団結で共注・共販システムを追求する広域協組の組織率を八〇％以上に引き上げたこと。③「組合継承権」を巡り日本共産党・運輸一般との裁判闘争での全面勝利など、闘いで自ら情勢を切り開いて獲得した成果を総括し、「これに奢（おご）ることなく、新たな反転攻勢へ向かう時」と、全組合員へ創造的な闘いを呼びかけた。

## 2　大躍進に向かって階段を駆け上がっていく

十数年ぶりに集団交渉を確立した関生支部は、一九八〇年代初頭に匹敵する関生闘争史上二度目の大躍進―第二次攻勢期への飛躍の時を迎えた。

それは九五年末の一〇年に及ぶ長期闘争となった東部生コン闘争の勝利解決、そして九六年以降の各春闘の成果、そして大阪広域協組をはじめ各協組の業界再建への新たな挑戦が相い競うように展開されて、次々とその成果をもって前進し、拡がって行った。

### 九〇年代後半の春闘の成果と各協組の挑戦

九六年春闘では労働三団体による生コン政策協議会は、「完全週休二日制」を獲得した。また大阪広域協組は本格的な活動に入り、同年七月には画期的な現金決済を実施し、一〇月には京都・洛南協組が共同受注・共同販売体制に入り、奈良協組も共同受注・共同販売体制を強化し、アウト企業への加入促進、越境対策、新増設対策などが次々に取り組まれた。

九七年春闘では、新年早々の日本セメントと一部企業・大阪地検・大阪府警による関生支部の役員や生コン産労役員などのべで一二名の不当逮捕に対する生コン政策協議会の不当弾圧に対する抗議行動と連動した春闘を展開し、賃金の格差是正へ基準内賃金四二万円未満者に九五〇〇円の賃上げ、「年間休日一二五日」時短を勝ち取った。また同年、生コン業界の新たな労務対応組織として「大阪兵庫生コン経営者会」が設立され、業界の近代化と構造改善事業の推進、企業の枠を越えた集団交渉によるコストの平準化、産業別賃金・雇用・福祉政策確立に新たなスタートを切った。

注――大阪兵庫生コン経営者会の会長に就任した田中裕氏（シンワ生コン）は、この設立総会で次のように抱負を述べた。「広域協組の販売・営業活動を支え、働く人々の適正な賃金体系や労働条件をまとめる組織として役割を果たしていく。そして労働組合有無を問わず、全社参加が基本であり、〈ただ乗り〉することなく全社が〈経営者会の「船」〉に乗り業界の諸問題の解決をめざす。大阪兵庫に続き今後、和歌山、京都、奈良地域で〈経営者会の「船」〉が出港できるようにと労組・協組の協力を呼びかけた。

これに対して労働側は、五労組を代表して挨拶に立った武建一関生支部委員長は、この経営者会が労使の知恵と努力で創られたこと、業界の歴史的教訓として、①労使が一体となって業界再建に取り組むこと、②労使が共通した時代認識で解決すべきテーマを明確にして、定年延長、退職金制度など労使が力を合わせて解決するように呼びかけた。

## 日本セメントに対する全国的共同闘争の拡がり

これを機に業界の近代化が急ピッチに進んでいった。また、前年（九六年）に結成された交運労協セメント・生コン連絡会議（陸・海・空の交通運輸産業で組織された交運労協二〇単産・八五万人のうちのセメント・生コン七単産で組織）が、六月、日本セメントによる不当な組合つぶしと闘う関生支部など三単産を中心に、日本セメント本社抗議行動や通産・労働省交渉など東京総行動を展開し、日本セメント本社は労働者の人並みと組合旗で包囲された。この共同行動を契機に交運労協関係単産で「日本セメント闘争共同実行委員会」が結成され、共に「日本セメントの社会的責任を問う」シンポジウムを開催し、日本セメント系列生コン企業の偽装倒産や生コン工場・SS新増設と闘う北九州生コン運輸や同アサノ生コンの労働者との全国的な闘いの連携が拡がって行く。

## 「やられたら倍にして返す関生魂」発揮

また、この時期の奈良の石本建材闘争の勝利は、組合が結成されるや暴力団を導入して労組敵視に奔走した同社に対して電撃的な反撃で勝ち、「やられたら倍にして返す関生魂」を示したもので、この時期の権利侵害反対と組織化の前進の象徴であった。

九七年一一月一五日には、「大阪兵庫生コン経営者会」が労働組合法上の使用者団体として労働組合と交渉し、合意内容を協定化する確認をし、日経連の「労組を企業内に封じ込める」方針を打破し、今後の産業別労働運動発展の通路を開いた。同一一月末にはセメント輸送に携わる労働者が近畿セメント支部を結成し、一二月には東京、関西で同時に「下請けいじめホットライン」が開設されて、新聞、テレビ、ラジオで大々的に報道され、連帯労組の存在が社会的に注目を浴びた(一〇〇件の相談があった)。

## 五労組三〇〇名のマンモス集団交渉の実現

九八年春闘では、生コン政策協議会が業界再建の先頭に立って主導的役割を発揮し、「業界ぐるみ崩壊の危機」にある大阪府下の一六〇社近い業者を大同団結させ、値戻しに向け前進した。この大阪での成果が、兵庫、奈良、京都、和歌山に拡がって行った。さらに九八春闘を契機に、実に一八年ぶりに組織の違いを乗り越えた労働五団体(関生支部、生コン産労、全港湾、運輸一般、CSG連合)が、統一要求による大阪兵庫生コン経営者会との三〇〇名のマンモス交渉を実現し、「経営者会」の「賃上げゼロ」回答に対して、ストライキおよび無期限の行動に突入した。

## 大阪から近畿一円に拡がる業界再建・近代化の波

他方、大阪における業界再建・近代化の波は、こうした九八春闘の成果を目に当たりにして、近畿一円にさらに拡がっていく。奈良協組労務委と関生支部・生コン産労・奈良一般・自交総連の労働団体との間での春闘交渉の成果(賃上げ七五〇〇円、年間休日一二五日についての妥結、六五歳定年制などは専門委で継続討議)、和歌山地区では、アウト・越境対策が、神明地区では業界再建へアウト一一社に呼びかけ、イン八社と大同団結し、一九社で新協組を発足させ値戻しへ急ピッチに動いていく。

注――八月には、福岡で、「生コン産業の自立と発展をめざして」と題する労使共同セミナーが開催され、一五都道府県・一六〇人の労使代表が参加し熱い討論をした。

同年一〇月には、春闘時の共闘を経て労組五団体が「生コン業界再建・雇用と経営を守る共闘会議」を発足し、経営危機への『提言』を発表した。日々雇用関連一〇単産・単組も要求実現に向けて大同団結し、「関西労供労組共闘会議」を結成し、「アブレ手当の受給要件の緩和、生コン業界に対する就労保障要求」などの課題の実現に向けて活動を開始した。

### 生コン新館が竣工

一二月には、翌年一〇月に生コン支部結成35周年を迎える記念事業の一環として生コン新館が完成し、一七六団体、一八八名もの多彩な来賓を迎えて、組合員を含めて総勢三〇〇名の盛大な新会館竣工記念パーティが開かれた。新会館建設は、来たるべき二一世紀に向かっての新たな闘いの砦ができたことを意味し、「第二の躍進期へ」を合図に闘う関生労働者が、これを機にまた一つ、階段を駆け上がっていく。

## 3　セメント独占大合理化のピンチを政策闘争のチャンス――大企業からの自立へ

### 二四年ぶりのゼネストで流れ変え「連帯雇用保障制度」の締結

九九年春闘は、二月の「不況打開・業界危機突破、雇用と生活確保をめざす2・21決起集会」の大成功で幕を上げた。この集会は、労働五団体に日々雇用六労組も加わって一一労組で主催し、近畿地区の全組織労働者、関西二府四県の一〇〇社以上の業界団体、企業代表など総勢二五〇〇名余が結集した。その様子が毎日放送に流され、関西で生コン産業始まって以来の画期的拡がりを示すものとなった。

そして三月、五労組と大阪兵庫生コン経営者会との数度にわたる集団交渉に対する経営者会の回答を極めて不満として、七二時間の統一ゼネストに突入した。

生コン業界全体に影響を及ぼすゼネスト決行は実に二四年ぶりで、三月二五～二七日の三日間、大阪広域協、神戸、北神、北摂協組傘下の一〇五社で統一行動が展開された。その結果、経営者会から「賃上げゼロ回答の撤回」を引き出し、最終的には四月二日、「賃上げ・八五〇〇円、一時金・昨年実績＋七万円、福利・昨年実績」の三点セットで妥結した。さらに特筆すべきは、「工場廃棄・集約に当たって連帯して労働者の雇用を保証する。雇用が保障されるまで賃金を保障する」という重要な「連帯雇用保障制度」の協定化を勝ち取ったことである。

　他方で、関生支部はこの一年間に、生コン業界・バラセメント業界の再建・新秩序確立に敵対する日本一・国土一生コングループや奥儀運輸平和生コン、三星興産、千石・世界産業グループなど三七企業・三八職場で、組合潰し・権力弾圧・権利侵害に対する闘いを全組合員の連帯と団結の力で取り組み、一五企業で解決した。

### セメント独占を迎え撃つ「太平洋セメント協議会」発足

　同年六月五日、「太平洋セメント協議会」が、セメント関連のバラセメント輸送・生コン関連の三〇分会・二〇五名を代表する五五名が生コン会館に集まり発足。この目的は、セメントメーカー再編による大合理化攻撃、特にセメントメーカー第一位の太平洋セメント（旧日本セメント）の中小企業いじめ、労組潰しと闘う為に、未組織労働者の結集と組織力を強めて、セメント独占の攻撃を迎え撃つことにあった。

注――この太平洋セメント系列社との闘いは、七月には、北九州アサノ生コン偽装・倒産反対闘争で、親会社の太平洋セメントが解決当事者となって全面勝利し、この闘争過程に発足した「セメント産業の経営民主化を求める株主総会」運動もマスコミの注目を集め、下請企業などに共感と影響が拡がっていく。

　他方、危機に立った太平洋セメントが、同年一一月、「販売制度の見直し」を発表。翌二〇〇〇年四月より系列販売店との取引契約を一方的に解除し、直接生コン各社やゼネコンにセメントを販売するなどの「流通コスト削減」を至上命題とする大合理化戦略の実施計画である。つまり、これは関西の輸送秩序の破壊、関連業界の中小企業とそこで働く労働者を、大企業・メーカー本位の露骨な弱肉強食の過当競争に巻き込み、淘汰・合理化の対象とするぞといういわば「挑戦状」であった。

　関生支部は、即座にこのセメント独占の攻撃による「ピンチはチャンス！」と受け止め、一二月の「二〇〇〇年春闘討論集会」で、翌年春闘ではこのセメント物流大合理化攻撃と闘うことを決めた。

　いよいよ、セメント独占の大合理化攻撃に対して、セメント輸送・生コン各社が結束して闘い、業界の自立で生コン産業を民主的に発展させていく、二〇〇〇年以降のセメント独占と中小企業・労働者の攻防戦の幕が切って落とされたのである。

　それは、その先頭に立つ産別労組・関生支部がその産業政策闘争の真骨頂を発揮し、大躍進の新たなステージに登っていく条件を拡げていく結果となった。それは、二〇〇〇年～二〇〇四年の大躍進を遂げた闘いの中で具体的事実をもって示されていく。

## 4　大躍進の新たなステージ
### ——座して死を待つより、起って闘う

### 「世界産業損賠」反対の全国連絡会議が結成さる

　二〇〇〇年は二〇世紀最後の年で、関生支部結成35周年の節目の年である。新年一月には「二〇〇〇年新春旗開き」が各界多彩な来賓と組合員ら二六四名の結集で開催され、組織と運動の飛躍をめざすスタートを切った。二月には、三〇〇名の結集で「世界産業事件損賠・不当判決に抗議し、「いま、労働組合の権利が危ない！　警察・検察・裁判所をただすシンポジウム」を開催し、権力の労働運動への不当介入（世界産業損賠）に反対する全国連絡会議も結成された。

注——世界産業は、世界タオル会社が一九七八年に生コン産業に参入するために設立され、八二年以降の関生支部への資本・権力の大弾圧の混乱に乗じて太平洋生コン・セメント販売店・輸送会社を新設し、業界に影響力を持つにいたった。以降、世界産業グループの足下である千石社で労組が次々と結成されるや、同社は解雇・不当労働行為に奔走。セメントメーカーへの当然の労組の要請行動に対して莫大な損害賠償請求訴訟を起こし、大阪地裁が不当にもそれを認める判決を下した。同シンポでは、こ

の攻撃を全国の労働組合運動にかけられた攻撃と受け止め、連絡会議を結成し、全国的に闘うことが確認された。

三月の春闘山場では恒例となった一六七台のミキサー車パレードを行い、労組五団体の団結と行動力で「政策春闘」を展開し、賃上げ四五〇〇円、福利・厚生の昨年実績、一時金などの底上げを勝ち取り、加えて、太平洋セメントによる一方的な「販売制度の見直し」など「流通改革」に対する闘いを強め、五労組が主導して、バラセメント業界、コンクリート圧送業界の構造改革に乗り出していった。

以降、その成果が具体的に次々と目に見えるものとなっていく。

## 大阪コンクリート圧送労働組合結成
## 圧送・バラ輸送業界の危機打開へ、組織化拡がる

八月二〇日には、大阪コンクリート圧送労働組合が、圧送業界の自立と健全化、働く者の地位向上に向けて、一五〇人の代議員で結成された。新たな船出に当たって出された「未来宣言」は、①九月より実施される全国コンクリート圧送事業団体連合会主導の「基本料金制」による価格の適正化、②府下の圧送業者の協組加入を促すため、生コン関連労組の協力と支援を訴えた。また八月末には、近畿バラセメント輸送協同組合と生コン・セメント関連労組が業界の構造改革に向けて「政策懇談会」を積み上げ、大きな流れをつくり出していった。

## 「不況打開・バラ輸送・圧送業界危機突破総決起集会」
## ——一二〇〇名

一〇月一日には、バラセメント輸送・コンクリート圧送業界に携わる七つの労組と業界団体である近畿バラセメント輸送協同組合は、中小企業の経営安定・労働者の雇用・生活を守る業界秩序の確立を目指して、堺市市民ホールで「不況打開・バラセメント輸送業界・圧送業界危機突破・雇用と生活確保をめざす総決起集会」を開催した。

この決起集会には一二〇〇名が結集し、基調報告を行った武建一関生支部委員長は、「バラ・生コン・圧送業界など中小企業の業界は、もはや個別の努力では限界に達し、大同団結以外に生きる道がない」ことを

訴え、「①セメントメーカーに適正運賃を求め、共同輸送センターの確立などバラ業界の自立に向けた取り組み、②ゼネコン・販売店・生コン業者に対して圧送業者は適正料金の実現と過剰サービスの抑制を求め、③バラ・圧送業界で働く仲間の雇用・生活確保に向けた、統一対応・統一行動など」を提起し、「座して死を待つより、立って闘うこと」を呼びかけた。

二一世紀を目前にして、セメント、生コン、圧送業界で働く仲間の大同団結が、中小企業と労働者の大同団結によるゼネコン、セメントメーカー・セメント独占との闘いの体制を整え、大きな突破口を開いたのである。

## 関生支部結成35周年の節目　三六回定期大会

続く一〇月一五日、支部結成35周年の三六回定期大会において、バラ・圧送業界の再建運動の前進、企業別でなく個人加盟の産業別組織とした結成時の先見性、二一世紀をリードする清新な若い執行部体制の確立などを確認し、闘いの決意を固めていく。

一二月二二日〜二六日には、バラ輸送がＳＳ二五カ所で政策ストライキを敢行した。

以降、関生支部は、八〇年代初めの「三二項目協定」獲得時に見せたような進撃力に加えて、大弾圧の中で鍛えられ、学んだものを糧にした「多様で柔軟な戦術」、「生コン産業の構造的矛盾を知り尽くした卓越した分析力、成熟した構想力、想像力」を駆使して、一気呵成に前進し、産業政策闘争の新しい成果を次々とあげていく。

## 二十一世紀の始まりと関生支部の時代認識

二一世紀最初の年となった二〇〇一年。関生支部は、この時期の時代認識を次のように分析している。

「世界において資本のグローバリゼーションの進行の中で、日本では『小泉新自由主義改革』が政治・経済・産業の危機を加速させ、時の政治・権力中枢の構造的腐敗、限界を超えた国家財政危機、抜け道のない不況の中での大企業優先政策などによってその犠牲が中小企業や労働者に転嫁され、リストラの嵐が吹き荒れた。自公保守政権への人々の離反が始まり、時代は政治・経済・産業の変革期に突入している。こうした情勢の激動の中で、資本や支配の側の基盤と体力が弱まっている時こそ、闘う側にとって最大のチャンスである。中小企業との共闘と企業の枠を越えた産別運動の真価を発揮し、大きな成果を勝ち取る時」と。
　この認識の下で、二〇〇一年春闘が始動し、生コン産業だけでなく、セメント・圧送など関連産業界も含めた、再建と雇用・生活権確立をめざす広範な共同闘争を一体で追求していった。

### 生コン・バラ輸送・圧送が大阪兵庫で無期限ゼネスト

　こうした取り組みの中で、「業界再建か、崩壊か」の選択が鋭く問われていた生コン春闘は、三月二八日の集団交渉で決裂し、翌二九日より、生コン、バラセメント、圧送が無期限ストライキに突入した。要求課題は、①適正生産基準による工場集約化の指針、②実効ある新設・アウト対策、③「アウト対策」と称した値崩れの立て直しによる適正価格の収授、④協組運営の根幹である赤黒調整、⑤販売店対策の実行、⑥七項目の各専門委員会による議論と解決である。
　前年一二月に続くこのゼネストは、大阪地区の建設現場での生コン打設が全面的にストップしたことで、圧送業界はもとより、ゼネコン・生コン業界に多大な打撃とその影響力を示した。

注——特に、建設現場の生コン打設の最終ランナーである圧送業界は、全国的にも結束力が弱く、ゼネコンなどから買い叩かれて、倒産が続出し、圧送業界の再建が急務だった。よって前年よりセメント・生コン・圧送の三位一体の「政策闘争」を関連労組が強力に支援することで、圧送協組のポンプ車の優先使用や未加盟の加入促進の取り組みの結果、五五社三七六台（大阪でのシェア率七四%）のポンプ車が結集し、大阪地域で絶大な影響力を持つに至った。

### 「共注・共販を学ぶシンポジウム」に二七九名

　同年五月には、関生支部は沖縄平和大行進に参加し、六月には「太平洋セメント株式総会」で経営の民主化を求め行動し、八月五日にはバラ輸送業界の自立と共生をめざして「共注・共販を学ぶシンポジウム」を開催した。

注——このシンポジウムには生コン関連業界に関わる労使二七九名が参加。小泉内閣の「聖域なき構造改革」の実行が「痛み」となって中小企業の生コン・輸送業界に降りかかっている難局についての労使共通の認識を共有。同時に労組の三六カ所でのSSでの政策闘争で組織化が飛躍的に前進し、車両台数五二〇台、大阪・神戸などで五八社の協組加入などを確認した。共同受注・共同販売などに具体的に取り組む方針、方針を実行に移す各種委員会の設立、近畿バラ輸送協組・生コン輸送協組・大阪圧送協組との連合会を早急に結成し、社会的影響力を拡げ、集団的労使関係の発展に労使共同して進むことなどが提言され討論された。

このシンポでの討議の成果は、七月の兵庫生コン協組連合会の設立に続き、一二月の「生コン関連協同組合連合会」の結成などに、目に見えるものとなって結実していった。

## ○二年春闘で広域協組再建をめざし一一項目の要求——一カ月にわたる最大の共同行動

二〇〇二年元旦は、近畿各地一五カ所で六〇〇名の仲間が権利侵害で労働者を苦しめる企業・企業所有者前での抗議行動で幕が開けた。続いて二七二名の結集で新春旗開き、二月には「春闘幹部学習会」を経て春闘に突入した。特に、倒産・失業・賃下げの嵐が日本列島を覆う中で、「政治・経済・産業の危機と激動の情勢は、闘う側の最大のチャンス」とした〇二春闘は、雇用、賃上げ、権利闘争の取り組みと、労組の主導的なリーダーシップを力として、中小企業を結束させ業界再建のための政策闘争の実行にあった。七五年以降の政策闘争の実績により、大阪・神戸・北神・神明・京都・洛南・奈良・北摂など労組と連携した地域のみが業界の危機に対する枠組みができていることを踏まえ、この実績と成果を飛躍させる「政策春闘」とし、当面、広域協組再建への一一項目解決に全力を挙げた。同時に、近畿セメント支部がバラ輸送業界の「共同受注などの協業化」などを近バラ協に、また大阪コンクリート圧送労組が共同受注・共同販売などを求めて総決起した。

〇二春闘は、四月二二日以降、関生支部・生コン産労が五八のSSを対象に約一カ月間というこれまでで最大の共同行動を展開した。この行動の集中力・闘争力によって、結果、労使代表が四項目の実施策を確認。この行動によって、村田生コン、寅倉建設、大和生コンなどアウト六社が協組加入、また吉川グループの協組加入、近バラ協の組織化を一〇〇％達成し、セメント価格の値戻しを原資とした運賃の適正化への道を拓いた。

これら闘いを通じて、改めて「行動こそ事態打開への道である」という関生の歴史と伝統に確信と誇りを持ち、「自らの権利は勝ち取るもので与えられるものではない」との教訓も確認し、今後の業界の再建へ「一一項目」の実行を求めて闘いを進めていく。

こうして関生支部の政策闘争は近畿一円に行動とともに拡がり、「情勢は闘いをうみ、闘いは新たな情勢をうみ、新たな闘いの条件を拡大する」という飛躍と大躍進のサイクルに入っていく。

## 日韓国際共同行動の新たな出発
### ——韓国労働運動に二名の留学生を送る

加えて、この年において特筆すべきことは、前年までの太平洋セメントとの闘いの基礎の上に、太平洋セメントが韓国の双龍セメントの筆頭株主になったことを契機に、この多国籍セメント独占資本の拡販・労働者弾圧に対して、国境を越えて日韓労働者の国際的連帯共同行動が求められ、始まったことである。

注——日本のセメント業界のトップ企業である太平洋セメントは、新自由主義グローバリゼーション下における、アジア市場の国際競争に参入するため、二〇〇〇年九月に韓国のセメント最大企業の双竜セメントを事実上買収して、日韓両国を拠点とする「環太平洋戦略」のもとに日本型労務政策を韓国の労働者に押しつけてきた。韓国の生コン労働者は立ち上がり「全国建設運送労働組合」を結成した。建設運送の労働者二万人のうち約二三〇〇人が組合に加盟した。二〇〇一年四月「ミキサー運転手を労働者として認めろ」と要求して、韓国全土から首都ソウルに上京し、二カ月余におよぶ全国ストに突入した。しかし、韓国政府と資本は激しい弾圧を加えた。アジア（韓国）に進出した多国籍企業として遺憾なく凶暴性を発揮しているのである。

同年六月二九日には、国境を越えた資本の攻撃に対し、日韓労働者の共同闘争で新たな歴史を切り開こうと、全日空ゲートタワーホテル大阪にて、「生コン労働者の闘いの教訓と共同行動の課題」をテーマに「日韓共同シンポジウム」が開催された。このシンポでは、キム・グンス氏（韓国労働社会研究所理事長）、オ・ヒテク氏（全国建設運送労組事務局長）、西谷敏氏（大阪市立大教授）、武建一氏（連帯・関生支部委員長）の日韓双方の学者と労組代表が講演・報告した。そしてこのシンポを出発点に、日韓労働者の連帯で太平洋＝双龍セメント闘争へ共同行動を発展させることを確認した。この日韓連帯共同行動に連動して、韓国の歴史や労働運動を学ぶことを目的に、関生支部より西山直洋・酒田冬樹の二名の仲間が、一年三カ月間、韓国に語学留学生として派遣された。彼らを通じて、この日韓連帯のより深い人的結びつきと連帯活動が拡がり、以降、日韓共同闘争へ発展していく。

このような多国籍資本に対する日韓労働者共闘の発展は、新自由主義グローバリゼーションのアジア進出にとって驚異であり、二〇〇五年の関生支部への資本・権力の凶暴化した国策弾圧は、その反映でもあったといわねばならない。

### ○三年春闘　全国でイラク侵略戦争反対ストライキ

二〇〇三年二月二七日、関生支部は中央委員会を開催し、〇三春闘のテーマと闘いの基本スタンスを次のように示し、政策春闘がスタートした。

注──①一部特権階級の利害のための米ブッシュ政権のイラク侵略戦争に反対し、ブッシュの戦争政策に積極参加する小泉内閣と対決して闘う。②朝鮮半島情勢の本質をとらえ、日本の植民地支配の歴史と戦後の日米軍事同盟による敵視・差別政策の反省・謝罪の立場から事の本質を見極めること。③小泉内閣の大企業本位の経済政策と軍事大国化路線、有事立法化を阻止する。④セメント生コン業界は自然淘汰では自滅の道で、各社を協組に結集し、競争から共生・共存のシステムによって業界を再建する。⑤春闘要求では、昨年実績と同様、賃金の格差是正（底あげ）、新たな需要創出への基礎技術開発、共同試験場設置など視野に、⑥二〇〇三年が関西に初めて生コン工場が誕生して以来50周年の節目にあたることに臨んで、戦争を阻止する力を結集し、中小企業・労働者主導の産業構造に向けて全力を挙げる。

そして三月、この方針の下での政策春闘の真っ只中で、全国の仲間と共にイラク侵略戦争反対でストライキが決行された。実に、関生支部創成期にベトナム侵略戦争反対でストライキをして以来の政治スト決行である。

その後の関連労組の一斉行動の結果、四月一八日、第四回集団交渉で、①「新たな業界の枠組み強化を実行」の確認、②制度要求・政策一一項目の継続審議、③格差是正へ年収六五〇万を基準にそれ以下には賃上げ三〇〇〇円、一時金・福利厚生は昨年同様に、などの大きな成果を得て、政策春闘は決着した。

### 「関西生コン創業50周年記念シンポジウム」開催──「共生・協同」によって生きる道が示された

二〇〇三年で特筆すべき重要なことは、京都で「シャブコン事件」がマスコミで大々的に報道された直後の五月一八日、関西で生コンクリート工場が操業して50周年を迎えた半世紀の歴史を記念して、「関西生コン創業50周年記念シンポジウム」が開催された（詳細は前記『60年史』参照）。

「今の時代において、中小企業が進むべき道は二つしかないと思います。その一つはグローバリズムの名の下に進められているアメリカ型の徹底的な市場原理主義、これは多数を犠牲にしてごく少数が生き延びる道であります。今一つは、近畿二府四県の多くの協同組合が進め、そして全生工組連、協組連が目指している共生・協同によって生きる道、これは多数の利益をめざす道であります。この後者の道を選択する以外にわれわれの生きる道はないと思います」

これは、そのシンポジウムにおいて、関連労働五団体を代表した連帯労組・関生支部執行委員長武建一の挨拶と提言の一部である。

このシンポジウムが関西生コン産業の歴史において画期点となったというのは、「資本の弱肉強食の時代」を生き抜き、生き残り、未来の希望に向かって進むべき道は、近畿二府四県で進められている「共生・協同」の道しかないことを、このシンポを共にした生コン産業に携わる中小企業とそこで働く労働者が実感をもって確認したことにある。

そしてそれは、関生支部をはじめ関連労組に結集する関西生コン労働者が団結し、身体を張って切り開いてきた産業政策闘争の到達地平であり、業界変革へのより本格的なスタートを意味していた。

このシンポジウムが画期点となって、その後の怒涛のような闘いに発展し、その中で六月の韓国レミコン労働者権利闘争での共同行動、太平洋セメント株主総会に韓国の建設運送労組代表団との共同行動、大阪アサノセメント淀川工場での連帯行動、大阪市内での連帯集会、さらには七月には連帯と生コン産労の代表団が訪韓しての双龍セメント工場視察・交流をし、一一月には「生コン労働者訪韓団」への二九名の参加、また武委員長の日越友好のベトナム訪問実施など、日韓、日越など国際連帯運動の試金石ともなった国際行動が大きく発展していった。

こうして、二〇〇三年は、国際情勢と時代の求めるところに応えて、新たに政治戦線と労働戦線の統一への挑戦的活動も発展し、関生支部の運動が近畿一円から東アジアへの拡がりを持ち始めていく。

## 関生政策闘争の成果が次々に
## 和歌山再建へ波及、組合総研の設立！

二〇〇四春闘は、前年の三月二〇日に続き、二月二〇日、米ブッシュ政権のイラク侵略と占領支配、これに加担する小泉政権の自衛隊のイラク派兵に反対するストライキ決行をもって幕を開け、前年の「関西生コン50周年シンポ」の画期点を踏まえて「政策春闘」と位置づけ、賃上げなど経済要求三点セットとともに、大企業本位の産業から中小企業と労働者主導のシステムに変革する方向を鮮明にして突入した。

「闘いなくして成果なし!」と闘いのエネルギーを総結集して闘い、四月大阪・兵庫の生コン春闘は五点の経済要求と「業界の基盤整備へ、広域協組が一事業につき五〇〇〜一〇〇〇万円の予算措置を行う」「事業計画の中に、共同試験場・技術センターに加えて事務所建設を入れて特別対策委員会設置して協議していく」などの合意を勝ち取った。

### 和歌山地区で再建へ、急ピッチ

この時期、協組・各社とも崩壊・倒産の危機に立ち至っていた和歌山地区の生コン業界の再建が労使の取り組みによって急ピッチに進み、県中央、紀北、中紀、橋本・伊都の四協組による和歌山県生コンクリート協同組合連合会が発足し、事業をスタートした。

こうした業界再建への政策闘争と連動し、この時期の関生支部は、広川生コン闘争に勝利し、湯浅生コンで働く仲間が組織加入するなど、組織拡大の面でも大きな成果を挙げた。

また、前年に続いて、この年も韓国から五名の代表団を迎え、「日韓労働者の共同闘争を発展させる集会」を皮切りに、太平洋セメント株主総会闘争が取り組まれ、「反戦平和の闘いなくして労働者の権利や生活は守れない」と、日韓労働者が連帯してブッシュ・戦争ドクトリンによるイラク侵略戦争に反対して闘うことを確認し合った。

### 中小企業組合総合研究所の設立

九月一日、前年に発足され、機関紙『提言』の発行やシンポを開催してきた「中小企業組合研究会」が、活動をより社会性のあるものに発展させるために法人化されて、有限責任中間法人「中小企業組合総合研究所」(略称「組合総研」)が設立された。この「組合総研」には、近畿地区の工組、協組、経営者会、労組が加入し、

業界代表と生コン関連３労組が勢揃いしてミキサーパレード出陣式（94.7.31）

関西生コン創業 50 周年記念シンポジウム（2003 年）

代表理事には、松本光宣氏と武建一氏が就任した（詳細は前記『60年史』参照）。

この組合総研は、日本で初めて中小企業と労組が一体となって立ち上げたもので、前年の「関西生コン産業創立50周年記念シンポ」での「共生・協同への道こそ生き残る道」という未来への方向を確認した中小企業と労働者が、共に業界変革への研究と共同事業に取り組み、「マイスター塾などでの知的レベルの向上」を担うというものである。

## 40周年の節目に向かって
### ——闘いはどこまで来ていたか

二〇〇〇年以降の飛躍的活動によって、関生支部はどこまで来たのか。

その成果と教訓について、翌年の結成40周年を前に、一〇月に開催された四〇回大会で、関生支部執行部は次のように総括している。

成果の第一は、権利侵害反対闘争の勝利である。①一九年間もの長期闘争となった神友闘争の勝利、②神戸地区の明神闘争が一〇月五日に全面解決、③京都のダン生コン闘争の解決に見通しをつけた。これら闘争は、いずれも裁判で敗けたが運動で勝利し、「裁判は活用する場であるが、勝利を決定づけるのは運動だ」という関生支部四〇年の歴史的教訓を活かした実践例である。

第二の成果は、生コン関連業界を安定させる政策闘争の大きな前進で、①大阪広域生コン協組傘下のアウトとインの大同団結の前進で、員外会社一七社一八工場のうち、一五社一六工場が広域協組に加入し業界の危機を回避したこと。②バラセメント輸送業界の再建運動が前進——運賃の下げ止まり、ＳＳの共同使用、近バラ協組の組織率が急伸（八四社、六二九台、七〇％以上）。③圧送業界での部分共注・基本料金収受を柱に前進——在阪ゼネコン二一〇社が協組を窓口に共注を了承・値戻しによる劣悪な労働条件改善。④組合総研のスタート。⑤需要創出と消費者の利益のための新事業の前進で、コンクリートの透水性・保水性を高める新技術開発の研究、〇適マークの厳格な適用、サンテレビなどによる広報活動、関西生コン中小企業懇話会（一〇〇社加入）が近畿一円に拡がったこと。⑥米・

英によるイラクへの武力攻撃とこれを支持し、参戦した小泉内閣に抗議して各職場で二時間の時限スト、およびグローバリズムによって犠牲を強いられている各国労働者と国際連帯、国境を越えた共同闘争を発展させてきた――と。

### 再び三〇〇〇名の壮大な組織へ
### 幹部の官僚的権威主義の克服

もう一つ、この結成40周年を前にした四〇回大会で、特筆すべきことは、組織を強く大きくする課題についての取り組みとその成果である。

上記の関生支部執行部の総括を受けた第四〇回定期大会では、「運動方針案」の「はじめに」で、結成以降の四〇年間を組織建設の面から振り返り、以下のように報告されている。

「一九八〇年から八二年には毎年一〇〇〇人単位で拡大が進み、三六〇〇人の組織に成長しました。八二年から八三年には権力と政党の介入で組織分裂を経験しましたが、わずか六年間の闘いでその痛みを克服することができました。（中略）以降、（九〇年～九四年春闘を契機に）全国で類を見ない生コン業界へと発展させてきました。しかし、八九年以降の一五年間は、その成果と比べて組織拡大と全体のレベルアップが遅れています。この原因は、一部執行部役員がサラリーマン化し事務的効率と組織の上に自らを置くような官僚的権威主義に陥り、職場とのコミュニケーションや要求組立・交渉・妥結へのプロセスを分会（組合員）主体で行わず、請負主義的に運営していたことにあります。つまり運動の主人公として職場組合員を育て切れなかったことが一番の原因でした。これらの問題が一気に吹き出したのが、昨年（二〇〇三年）の地本定期大会でした。この教訓は、『権威とは自分で作るものではなく、他人から与えられるものだ！』との教えを無視し、『俺は間違っていない！』と自己評価し、組織に多大なる損害を与えたことです。これは自己批判・相互批判を怠り、自己分析が欠落したことにより発生したものです。

私たちは、この内部問題を解決するため六年前から「アクション21」組織活性化活動を推進し、以降、地本を含む常任・執行委員の意識改革運動をスタートさせ、あるべき組織運営に適さない役員には退いてもらいました。今期はその活動の集大成ともいえる組合員全体の意識改革に向けた機構改革プランを完成させました。『改革は従来のシステムを変えること』であり、そのことによるリアクションはつきものです。この間の努力は、『改革こそ組織の飛躍的前進にとって不可欠である』と実感しています」と。

つまり、この第四期を通じてみてきたように、目を見張るような八二年の第一次高揚期に匹敵する関生支部の権利侵害反対と産業政策闘争の飛躍的前進の裏で、組織の自己分析に立って幹部の官僚主義の克服と全組合員の意識改革運動が粘り強く行われていたということである。

関生支部の本当の底力、運動の強さは、組織内部の矛盾や弱点に真摯に向き合い、身を切る組織改革、全組合員による意識改革の取り組みによって支えられていたのである。

## 「ステップ40、ジャンプ50」を合言葉に

そして、この第四〇回大会は、二〇〇四年の一年で、組合の公然化総数―三〇企業六〇名、企業内拡大数―八企業二二名、匿名―八企業二二名の拡大を報告。そして、近畿地本五、〇〇〇名、関生支部三、〇〇〇名組織に向けて、「各ブロックが一〇〇名を組織する」拡大方針と「アクション21」と連携した組合員自身が学習の主人公となっていく「チューター養成講座」の教育学習活動とを結び付けて、この数年の組織をあげた意識改革運動をバネに、「ステップ40、ジャンプ50」を合言葉に、次の50周年への一〇年先を見据えた「組織建設」をめざして、組合員参加の実行委員会形式で「40周年記念事業」に取り組んでいく決意を固めた。

二〇〇四年一二月、アウト企業一七社一八工場が広域協組への加入を約束した。これは、翌年に一気の生コンの値上げ実施し、かつ大阪広域協組の「中小企業による中小企業のための協同組合」建設を目指すものであった。

この組織活動の成果が、まさに二〇〇五年に花開こうとしていた。

この時、背後では、セメント独占・権力一体の国策弾圧の準備が進められていた。

## 【第五期】――二〇〇五年―二〇〇八年

# 逆流　再び国策弾圧の嵐に抗して

### ――敵の攻撃を反面教師として成長する関生支部

解題――この時期、最も特徴的なことは、「独り勝ち」を誇ったアメリカ帝国の内部から、二〇〇七年にサブプライムローンの破綻が起こり、それが翌二〇〇八年のリーマン・ブラザーズの破綻へと続き、このリーマン・ショックをもって米国発「世界信用・金融恐慌」が始まったことにある。そこに米ブッシュ極右政権がゴリ押しを続けてきたアフガン・イラク戦争の敗北・破綻が重なり、いよいよ戦後の米国基軸の資本主義的世界編成である〈パクス・アメリカーナ〉という世界秩序の瓦解の始まりが目に見える現実となった。国内的に言えば、この米国との日米安保同盟下で、米国発金融恐慌の始まりが日本の経済・政治を直撃し始め、小泉政権以来、弱い者は死ねとばかりの新自由主義の「改革」断行、各分野の規制緩和を行い、雇用と賃金破壊、中小企業・農業を切り捨ててきた自公政権が第一次安倍内閣に続いて福田内閣もが政権を投げ出した。それは、自民党政治の戦後システムの破綻と統治・行財政システムの制度疲労・機能不全を示すものであった。

この時期、八〇年代初頭の大弾圧から十数年、血のにじむような不屈の闘いの結果、次々と成果を挙げ、再び、関西生コン業界の再建とその指導権を手にし影響力を拡げる関生支部を、足かけ三年をまたいで五次にわたる「国策弾圧」の嵐が襲った。戦後労働運動史においても異例の武委員長らへの一年数カ月の長期勾留の末の「重罰実刑判決」には、世界的金融恐慌の始まりの中で、関生労働者のような闘いが全国に燃え拡がることを、どんなに資本と国家権力が恐怖したのかが示されている。

関生支部は、「敵の攻撃を反面教師として成長する」闘いの伝統をいかんなく発揮し、八〇年代に比べてたった数年で資本主義の根本的危機をチャンスとする闘いの反転攻勢へ、次期の大高揚期に向かう扉を開いていく。

# 第一三章　第二次国策弾圧の真相と狙い
## ——過去の弾圧との共通点と違いはどこに

二〇〇五年一月一三日未明、大阪府警は関生支部に乗り込み、武建一委員長ら組合役員四人を逮捕。この様子をテレビが速報を流し、新聞は「生コン界のドン逮捕」「生コン組合、恐怖で支配」などと大見出しをつけた記事で、連日キャンペーンを繰り返した。これを皮切りに、大阪府警は、「強要未遂」「威力業務妨害」「背任」「政治資金規正法違反」という罪名を次々とデッチ上げて、同年三月、一一月、一二月、そして翌年九月、〇七年五月、と五次にわたって強制捜査を繰り返し、そのたびに組合役員を逮捕していった。

逮捕された関生支部の役員らは容疑を否認し、無罪を主張したが、検察・裁判所は家族との面会も禁止した上、保釈申請を認めず長期間にわたり勾留し続けた。武委員長は実に一年二カ月、他の組合役員も三人が一一カ月、二人が九カ月、一人が三カ月も勾留された末、全員が保釈されたのは、二〇〇六年三月八日である。

### 1　武委員長逮捕に始まる第五次にわたる国策弾圧の嵐——その狙い、背景と本質

一九八〇年代初頭に次ぐ、この大掛かりな権力弾圧の本質とは何か。資本・権力の狙いはどこにあったか。

すでに前期でみてきたように、崖っぷちの危機に

あった生コン業界の再建を目指して、労組と中小企業協組が結束して大企業の産業支配を変革する運動が近畿一円で前進し大きな成果を挙げていた。とりわけその主導力となった生コン産業政策協議会に結集する労働三団体(関生支部、全港湾大阪支部、生コン産労)は、九〇年代から十数年をかけて大阪兵庫の生コン業界の再建運動を推進し、運動はバラセメント輸送、圧送など生コン関連業界へ、さらに和歌山再建を転機に奈良、京都、岡山、四国・徳島へと広がり、ついにアウト一七社一八工場が大阪広域生コンクリート協同組合に参加し、〈五項目〉確認をもって、いよいよ二〇〇五年新年より本格的な値戻しの実施に入ろうとしていた矢先のことであった。

つまり、この関生支部を軸に展開されている産業政策闘争は、新自由主義―弱肉強食の市場原理主義―で大企業本位の支配秩序を追求してきた政府とセメント独占資本にとっては、その支配の根幹を揺るがす脅威であり、この政策闘争の成果と実績が近畿一円のみならず、全国の生コン業界再建のモデルとして拡がり始め、太平洋セメント闘争に見るように国境を越えた日韓労働者の国際的共同闘争の発展に至っていったのは恐怖だった。しかもこの運動の中軸にある関生支部は、八二年弾圧時の組織分裂攻撃の痛みを克服し、組織内部の意識改革運動の成果が目に見えるものとなり、三〇〇〇名支部組織への飛躍的組織拡大の展望を開きつつあった。セメント独占資本はそれらへの脅威と恐怖から、労組・関生支部を再び大弾圧で叩きつぶすため、委員長をはじめ役員を狙い撃ちしたのである。

警察や検察の取調担当者は、逮捕した組合役員らに開口一番こう告げたという。「裁判が有罪だろうが無罪だろうが関係ない。君たちを一年程度社会から切り離しておけたらそれでいい」、「今回の事件で武委員長には引退してもらう。君たちの運動はいまの時代にはそぐわない」と。セメント独占資本とその意を受けた権力の大弾圧の狙いは、ここに、露骨に示されている。

## セメント資本・権力の狙い

今回の弾圧の狙いと背景、その本質はどこにあるのか。

それらの諸点について、武建一支部委員長が獄中から、あるいは公判における冒頭陳述などで、次のように分かりやすく述べている。

## 獄中よりの報告（要旨）――武　建一（〇五年一一月）

### 「武逮捕劇」の真相とは

私の逮捕時には、彼らがあらかじめ連絡していた報道陣が数名、自宅前に来ていて、私が自宅を出る様子をカメラで追い、ストロボをたいていました。担当の警察官は、「俺は知らんが、上部が連絡をしたかもしれない」と、午前五時一〇分という早朝に、すでに報道陣が来ていたことの言い訳をしていました。この準備万端の態勢は、検察・警察の綿密な打ち合わせのもとに、マスコミにも事前に連絡した上での「逮捕劇」であったことが明らかです。

新聞各紙の同日の夕刊、一四日の朝刊、またテレビは大々的に今回の「事件」を報道しました。その内容は、周知のごとく警察側の一方的な言い分だけを伝えたものでした。「生コン業界のドン、恐怖で支配」などの言葉が新聞に載っていました。マスコミの使命とは、中立・公平・真実性などが求められているにもかかわらず、私たち労働組合側のコメントを載せることなどまったくせず、極めて一方的なものでした。多くの国民は「新聞は真実を報道している」と思っています。その新聞は、戦前には軍部の情報を一方的に流し、国民に侵略戦争を煽り、そして今、イラク侵略・征服戦争への自衛隊の参加を合理化しています。

このように、事件や災害が発生すると検察・警察が情報を独占し、私たちの「逮捕劇」もふくめ、この情報を一方的にたれ流しているのです。このこと自体が、今回の逮捕そのものが労働組合弾圧を意図した、権力とマスメディアが一体となったものであることを天下白日の下にさらしたものです。

### 正当な組合活動への弾圧

そもそもこの事件は、被告人を長期勾留するほどの重大な事件なのでしょうか。

「被害会社」と言われている、生コン製造・販売の二社。この二社に、〇四年九月末から一〇月六日にかけ、大阪地区の生コンクリート協同組合（大阪広域生コン協同組合）への加入を要請し、かつ同社に働いている労働者に私たちの組合への加入を呼びかけたこと。このうちの一社は、〇四年春闘が未解決であったので春闘解決を求め、交渉を強く迫ったものでした。さらにこの二社は、〇四年九月の一年前に、自ら協同組合への加入を誓約していました。二社は協同組合加入にあたり、私たちの組合に推薦を依頼し、組合は同二社の推薦人・連帯保証人として文書に署名・押印しているのです。〇四年九月末までに協同組合加入を誓約しておきながら、この誓約を直前になって反故にした。私たちの組合が約束の実行を求めた説得活動が「強要未遂」

というのです。検察いわく、この誓約を「義務なきこと」と言うものですが、これはあべこべで、約束通り協同組合に加入していなかったり、労働組合との春闘解決テーマに誠意ある姿勢を示さなかった二社に、そもそもの責任の所在はあるのです。

労働組合が組合への加入を呼び掛けたり、ことの真相を訴えたりする活動、これはまさに正当な活動です。今回の「事件」は、この正当な活動に対する弾圧です。それを、警察・検察官・裁判官は、この事件は「極めて重大な事件」としているのです。事の真相は、「重大事件」どころか、まったくの無実・無罪の権力のデッチ上げ事件なのです。

なぜこのような非常識なる事態が起きているか。

検察は、この事件と称する事態が発生する数カ月前から、「阪南畜産の次は生コン支部や」とマスコミ関係者に漏らしており、今回のことは事件として利用する、あるいは強引に事件に仕立てるようにしたのが真相です。

検察は、「生コン支部は過激派の組合」とレッテルを張っています。確かに一九八〇年代初頭、当時の日本経営者団体連盟(日経連)の会長大槻文平氏は、「生コン支部の運動は資本主義の根幹に触れる運動だ、箱根の山を越えさせてはならない」と主張し、その政治力を使って、大阪府警本部に「生コン支部対策班」を設置させ、常時五〇人もの専従者を置き、大弾圧を実行しました。この当時の認識の延長線上に、今回の弾圧もあるのです。

私たちは、二十数年前の大弾圧をはね返したように、今回の権力弾圧にも全組織あげて抗議し、はね返さなければなりません。それが、日本労働運動の全国的再生への道を切り開き、憲法第九条、憲法が保障する基本的人権・生存権を守り抜く運動を下支えする力となります。

## 不当弾圧で得をするもの

今回の不当弾圧以降、これまでの闘いによって勝ち取った週休二日制は破られつつあり、生コンの販売価格は下落し、会社倒産と雇用の危機を招きつつあります。このことにより犠牲を受けているのは、倒産の危機に直面する中小企業であり、雇用不安が発生している労働者です。権力弾圧で得をする者、それは一部の大企業であり、損をするのは中小企業と労働者であることは、今回の弾圧事件で実にわかりやすくはっきりしました。被害企業と称する二社も、このあおりを受けるのです。先にも触れましたように、大企業と権力の言い分とは、「中小企業と労働組合が団結し、政策活動を行うことは、大企業中心の産業支配システムに盾つくことであり、資本主義社会では許されない」との立場であります。

彼らは、一般国民の利益や権利より、一握りの大企業の番犬なのです。こうして一般国民と権力とは、敵対関係にあるのです。しかし、彼らはその醜い本質を隠すため、商業新聞やテレビなどのマスメディアを使い、「強要未遂だ、威力業務妨害だ」という「事件」を必要としているのです。

ところが一方では、こうした大企業と権力の攻撃は、仲間の団結促進になるのです。労働運動の歴史が教えていることは、資本と権力の攻撃の中で労働組合は誕生し、労働組合は経済要求の実現だけではなく、政治の仕組みを労働者本位に変えることをめざし闘うようになったということです。敵は攻撃により労働者を鍛え、自覚させたのです。敵の自らの相手への攻撃が、自らの墓穴を掘ることになるのです。この歴史の発展法則に、私たちは確信を持っています。

その意味で今回、敵は私たちに最大のチャンスを与えているのです。そこから得られるものは、「政策闘争の発展なくして、中小企業を救うことはできず、労働者の雇用、労働条件の維持・向上は不可能である」ということです。生コン支部が獲得した、関生労働者運動の上記の成果を全産業分野・全地域へと拡げていくチャンスです。

## 過去の弾圧との共通点、異なる点

では、過去の弾圧と今回の弾圧の相異点はどこにあるか。

武委員長は、大谷生コンの件に関する勾留理由開示公判においての陳述で、「今回の『大谷生コン事件』は、われわれの組織に対する弾圧を意図したものであると同時に、中小企業が大企業に対して発言力を確保し、対等な取引関係を実現する運動に対する弾圧でもある」と批判した上で、「過去の弾圧との共通点と今回の特異な点はどこにあるか」について、次のように陳述している。

### 過去の弾圧との共通点

私はこれまで四二年間の労働運動を通じて、事件と疑われた弾圧を経験した。ここで、過去の弾圧と共通する点と、今回の弾圧には今までにない特異な面があることを述べたい。共通点は、われわれの組織が飛躍的に前進し、中小企業と手を携えて一部特権階級の横暴を規制し、多数の利益の為に産業政策運動を大きく前進させてきた時に弾圧事件が加えられたということ。一九八〇～一九八二年の弾圧期は、われわれの組織が一年で一〇〇〇人以上拡大し、八二年から三五〇〇人以上の組織に成長した。この段階で、当時の大槻文平日経連会長は「関生の運動は、資本主義の根幹に関わる運動である」、したがって、権力の総力をあげて弾圧していくことを豪語していた。当時、東淀川警察に大阪府警の専門家を五〇人も常駐させ、労働組合と各企業が解決して「解決金」という名目の協定書があれば全部被害届を出せ、と。被害届を出さなければ、税務署等を総動員して会社に圧力を加えるというようなことをした。当時

マスコミを引き連れての関生支部事務所国策弾圧（05 年 1 月 13 日未明）

日韓労働者共闘においても権力弾圧を糾弾

は、組織が飛躍的に前進し、労働組合と協同組合が一体となって業界の構造改善事業を推進。過剰設備で供給能力が大きい一方、需要が少ないという問題を解決するには、各企業が負担金を出し合い、企業や労働者を整理しなければ業界自体がもたない、ということで労使による構造改善事業が大きな成果をあげた。これによって、大多数の中小企業の経営が安定した。だが、中小企業の経営や労働者の雇用が安定する一方、取引先のセメントメーカーやゼネコン、大手商社など大企業にとっては我慢ならない。こうした運動が全国に広がり、企業内労働組合の制約を一気に克服して産業別労働運動が大きく広がることを恐れて異常な権力弾圧を加えた。当時、大阪府警の捜査官は「関生支部と山口組を潰すんだ」と豪語していた。しかし、われわれはこうした攻撃に対して断固として闘い、新たに運動を発展させてきた。

今回の「大谷・旭光事件」との共通点は、われわれの組織や運動が飛躍的に前進する基盤ができた時に事件がつくられたということ。一昨年来からバラセメント協同組合、圧送協同組合、大阪広域協同組合を軸に業界の基盤を整備。生コンでは新たに和歌山や舞鶴等で中小企業を中心とした協同組合が共同受注、共同販売システムを確立して互いの競争を抑制し、労働者と労働組合、経営者、業界が一体となって取り組む運動が前進してきた。その結果、和歌山では一昨年の販売価格が七〇〇〇円／㎥と原価を割っていたのが、今では一万三〇〇〇円／㎥以上となり適正価格に接近してきた。これは、労働組合と業界が一体となって取り組んだ成果だ。われわれが組織を破壊しようとする不純分子を排除し、組織を強固なものにするべく組織拡大にむけての態勢が整った、この時期に引き起こされた弾圧である。過去以来の弾圧で一貫して共通するのは、われわれが組織をつぶすために大きな打撃を与え、中小企業と結束することを妨げ、つぶすことが目的であるということだ。

## 共通していないことは何か

七三年の小野田事件では、さすがにわれわれを逮捕したり、強制捜索することができず、いきなり起訴された。この事件は、一〇年間大阪地方裁判所と高等裁判所で争われ、全員完全無実が確定した。

八二年の三永事件の時は、強制捜索も逮捕もあった。しかしこの時には、二三日以内で保釈された。ところが今回はどうか。「大谷事件」で一年三カ月も拘束され、まともに取り調べもしないで時間を引き延ばすために拘束しているだけである。明らかに今までと違って、非常に長期にわたって拘束することがあなた達の目的だ。大企業の代弁者になっているあなた達は、権力の犬となっている。われわれはこうした弾圧に対して断固として闘う決意を申し述べたい。

（1・21大谷生コンの件に関する勾留理由開示公判におけ

る「意見陳述」より）

### 八二年の弾圧に比べて味方の側の違い

武委員長の陳述で、資本と権力の過去の弾圧とこの時期の弾圧の共通点と違いがはっきりした。では、味方の側の弾圧に対する違いは、どこにあったか。特に空前の大弾圧であった八二年の大弾圧時との最も重要で大きな違いは、左記の点である。

一つは、関生支部においては、過去の弾圧の教訓から学び、「運動の前進あれば、弾圧あり」と、弾圧を予測し、備えていたこと。二つには、政策協議会を構成する三労組と全国の連帯労組を軸に、直ちに反撃し、弾圧への抗議・支援が労働運動のみならず、各界各層へ社会的に広がったこと。三つには関生支部は言うまでもなく、中小企業・協同組合に八二年時のような動揺が起きなかったこと、などである。

これら違いは、次節に述べるこの時期の国策弾圧に対する具体的な反撃・支援の広がりに示されている。特にこの違いの中で際立つのは、関西生コン業界再建・民主化の関生産別労働運動が獲得しつつあった集団的労使関係とその「共生・協同」への確信と強い団結である。この事を50年史全体の中で見れば、それは、八二年弾圧時から次の反撃―大高揚期までが十数年の血のにじむ苦闘の時を経ているのに比して、〇五年の国策弾圧から次の大高揚期への烽火となった二〇一〇年の一三九日のゼネスト決行に至るまでが五年という時間の差に示されている。

## 2　全国からの抗議・支援の拡がり、そして反撃

武委員長や仲間への不当逮捕・長期勾留の権力弾圧は、関生支部の全組合員と連帯労組の全国の仲間、共闘する仲間たちの怒りと闘争心に火をつけた。

反撃への行動の口火は労働側から切られた。関生支部と全港湾大阪支部・生コン産労による生コン産業政策協議会が早速、今回の弾圧の本質は、中小企業と労働者が団結し、大資本・ゼネコンとの対等な取引条件などを推進してきた産業政策運動に対する資本・権力による国家的弾圧である、との認識を共有し、直ちに一月二三日に「緊急抗議決起集会」を開き、反撃への

決意を固めあった。

## 1・23不当弾圧に対する緊急抗議決起集会
### ——一一二三名の怒りの声

一月二三日、「関西地区生コン支部にかけられた業種別運動つぶしを目的とした不当弾圧に対する緊急抗議決起集会」の会場となったエル・シアターは、政策協議会をはじめ七三団体・一一二三名もの参加者で溢れた。

集会では、武洋一副委員長が今回の不当弾圧に一歩も怯むことなく、労働者と中小企業が共存し、生き残れるための政策運動をさらに前進させると決意表明した。そして、今回の弾圧と大資本の策略の本質を、卑劣な警察権力と大企業の野望に決して屈しないことを参加者一同で確認しあった。集会参加者は、集会会場から大阪城公園までの怒りのデモ行進を行い、「大企業・権力による不当弾圧糾弾、業種別政策運動をさらに前進させよう！」と夜空にシュプレヒコールを響かせた。この集会は、その後の権力弾圧への抗議と仲間の即時釈放を求める全国の労働者・市民の闘いの拡がりへの号砲となった。

注——この集会で、主催者を代表した坪田健一生コン産労執行委員長は「狙いは、業種別運動潰し」と次のように挨拶した。（以下、要旨）

「業界発展への政策課題が前進することで、企業も私たちの雇用も安定する。その政策課題の推進にむけてリーダーシップを発揮してきたのが連帯労組であり、武委員長であることは周知の事実だ。今回の弾圧も、正当な労組の活動に対する不当な介入であり、生コン会社に対して協同組合に加入するよう要請することは組合活動の範疇であり、怒りをもって抗議するものだ。なぜ、政策課題に取り組むのか。業界の安定には、個社型経営では限界がある。協同組合型経営へ労使が協力して努力することこそ、産業・企業を発展・安定させる最善の道である。今回の不当弾圧に屈することなく、政策協議会に結集するみなさんと一致団結して闘うことをお誓いしたい」。

## 中小企業経営者が連帯して「KU会」発足

労働側に続いて、中小企業の経営者側も動いた。武委員長らが逮捕・拘留中の二月二八日、「KU会」が、生コン業界を牽引し、中小企業のパートナーである関生支部の強化発展を支援する経営者側の応援団として発足。初代会長に牛尾征雄氏が選出された。

その目的について、「KU会設立趣意書」に以下のように書かれている。

「私たち団体も企業も個人も、自らの生き残りをかけて血の汗をかきながら尽力してきました。しかし、現在の情勢を鑑みるに、この関生支部の存在抜きに、中小企業の健全な経営や業界の再建・基盤整備は困難を極めると愚考する次第です。そこで、私たちは熱き思いを込めて、生コン関連業界及び他業種の各団体・企業・個人の皆様に、KU会参加を呼びかけます」

## 2・14社民党国会議員調査団が関連業界団体を視察

国会議員も動いた。二月一四日、社会民主党本部が大阪に国会議員調査団を派遣し、今回の関生支部に対する権力弾圧事件の実態を把握するために関係団体を視察した。調査団は当日、ユニオン会館で生コン産業政策協議会の代表と懇談。業界再建運動の取り組みと成果、員外社の協組加入促進運動に対して大阪府警が刑事弾圧を加えた背景と本質について事情聴取した後、大阪兵庫生コンクリート工業組合、大阪広域協組で聞き取り調査を行った。調査団からは、今回の調査内容を今後、国政に反映することを確認しあった。

## 4・7不当弾圧に怒りの抗議、——無罪を叫び一二〇〇人が大阪地裁を包囲

四月七日には、警察権力による不当逮捕・勾留事件の初公判となった、大阪地方裁判所は、生コン労働者をはじめ全国の闘う仲間一二〇〇人のヒューマンチェーン（人間の鎖）で包囲された。平日の午前、しかも雨にもかかわらず六八団体の労働者・市民・学生・議員・業界関係者が結集した。地裁周辺では、手をつなぎあったウェーブが何度も続き、その後デモ行進し、大阪地方検察庁前ではシュプレヒコールが強く響き渡った。

ヒューマンチェーンの後、組合員と家族、各団体から支援に駆けつけた仲間たちが剣崎公園で権力弾圧糾弾の決起集会を開催。各団体の代表が権力弾圧の不当性を糾弾し、支援・連帯の決意を示すメッセージを発した。当日は、組織や運動に対する誹謗・中傷をくり返していた各マスコミも、全国紙三紙（朝日新聞、毎日新聞、日本経済新聞）とテレビ民放四社（4・6・8・10チャンネル）が、公判で四人が無罪を主張している

と異例の報道をした。テレビでは、不当弾圧に抗議する集会・デモの光景も放映された。


注――4・7集会での挨拶から（要旨）。

山本一英全港湾大阪支部書記長―「九四年の政策協議会（生コン産労・全港湾・連帯労組）発足以降、業界を競争から共存できるシステムに転換させ、政策的な成果が全国に広がろうとした矢先の弾圧。規制緩和・大企業の横暴に対抗する産業政策運動をより発展させることが、弾圧粉砕の回答となる」。

ブライアン・マックウィリアムズ―ILWU（国際港湾倉庫労働組合）前中央執行委員長―「国境を越えた競争激化の中で、大資本と権力は、労働者の背中にナイフを突きつけようとしている。労働者は強固な団結と闘いによってのみ、勝利を勝ち取ることができる。日本の生コン労働者の闘いは、政府や大資本の圧政に抗して産業全体を民主化する戦闘的な運動。米国の労組を代表し、支援したい」。

## 法廷のなかでの光景

一方、法廷内は、いつも組合員と関係者で埋められた。冒頭陳述で検察側は「『被害企業』を広域協に加入させることで、影響力拡大を狙った」などと「強要」の背景を説明した。これに対して法廷における武委員長は、一月二一日の意見陳述以来、終始、威風堂々と舌鋒をふるって検事を圧倒し、裁判官には厳しく教え諭すような態度で、「要請行動は労働組合としての正当な活動である」と無罪を主張し、裁判所・地検・警察が一体となった弾圧の不当性を真っ向から批判し、法の下での平等と政策闘争の正しさを強く訴えた。閉廷となり、被告席に座った仲間の両手に腰縄がかけられると、「委員長！　頑張ってください」「○○、がんばれよ！」「不当逮捕、拘留を許さないぞ！」と、あるものは駆け寄り、あるものは傍聴席から声をかける。武委員長らは、仲間に笑みと熱い視線を返し、退廷してゆく。これが、一月以降、毎月毎回の法廷で繰り返された光景である。

## 関生コミュニスト同志会が「労働者宣言」を公表

関生支部の不眠・不休の権力弾圧との闘いの只中の三月一日、関生労働者の有志で結成された「関生コミュニスト同志会」が「労働者宣言」の公表をもってその存在と志を、そして関生労働者の「国策弾圧」への反撃の芯張り棒となって支える決意を明らかにした。「労働者宣言」とは、前年二〇〇四年一二月に結成された思想集団の結成時に合意された武建一の筆になるものである。この思想集団の結成は、前年、運動の大きな発展をその先頭で牽引してきた武委員長が、権力弾圧の近いことを予測し、この弾圧は労働組合だけでは持ちこたえることができないと考え、組織したものだった。実際に、二〇〇四年一二月一一日に「関生コミュニスト同志会」が発足した、その約一カ月後の〇五年一月一三日に武委員長ほか六名が逮捕された。

注——武委員長は、その辺の事情を、保釈後の二〇〇七年に次のように語っている。
「私はこのままの状態で動いていくと、必ず権力の反撃が来ると予想としていた。そしてこの弾圧には、単に労働組合の運動ではとても持ちこたえることはできない、と思っていました。この状態で権力弾圧が始まったら、労働組合のままでは無理だと認識していたのです。だから（思想集団としての）「関生コミュニスト同志会」を早急に組織することが必要だと感じていました。残念ながら、権力は私の予想した方向で動いていきました」（二〇〇七年『武建一　労働者の未来を語る』より）。
「労働者宣言」は『労働運動の地鳴りが聞こえる』（武・脇田共著、〇五年一二月刊行）に収録）。

ここには、敵の権力弾圧が予想されるから縮じこまって嵐の過ぎるのを待つのではなく、資本・権力との攻防の競り上がった先端で、関生労働運動をその芯張り棒となって支えるべく新たな思想・政治集団を起ち上げ、その全重圧を引き受け、運動の発展のために対峙する、その志、戦闘精神が示されている。この関生労働者有志の資本・国家権力との闘争への並々ならぬ構え・土性骨を理解することなく、武委員長率いる関生支部と関生労働運動が、汗と血と涙を流して作り上げてきた関生魂とその運動の質と戦闘性を理解することはできない。

## 弾圧下の〇五年春闘、権利侵害に対する闘争

こうした弾圧下においても、関生支部は、一方で反弾圧、他方で春闘、権利侵害に対する闘いを勢力的に展開した。

二月八日には、生コン会館で、「連帯ユニオン議員ネット」の結成大会が盛大に開かれた。

注——この「議員ネット」は、「情報交流などを通じて、公共工事・契約から不正行為や悪質な企業業者を排除し、行政や地元中小企業の健全化を進め、地域住民の生活・労働条件の向上を進めること」（会則二条）を目的としている。入会者は結成大会時点で、六三名（うち議員五四人、候補予定者九人）。〔代表〕戸田ひさよし（門真市議・連帯ユニオン近畿地本委員長）。

続く三月には、交運労協セメント生コン部会と生コン産業政策協議会（生コン産労、全港湾大阪支部、関生支部）の共催で、大阪府警による不当弾圧を粉砕し関連業界の再建と雇用・生活確保をめざす「3・13自動車パレード」を開催し、道行く市民に「弾圧粉砕、春

闘勝利」を訴えアピールした。パレードに先立つ集会（海遊館臨時駐車場）では、業種別運動つぶしを狙いとした権力弾圧を粉砕し、弱肉強食のグローバリズムに対抗する中小企業政策をさらに発展させる〇五春闘勝利へ全力で闘い抜く決意を固めあった。

注――〇五春闘要求は、賃上げ三万五〇〇〇円以上、一時金二〇〇万円（年間）、福利厚生二〇万円以上をはじめ、制度・政策要求を設定。権力弾圧をはね返す力は、団結力と行動力による政策闘争のさらなる前進の確認。

七月には、大八清掃での三名の不当解雇撤回・職場復帰を半年ぶりに勝ち取り、改めて、「闘えば必ず勝利する」の教訓を確認し合った。また同七月には、「婦人クラブ」が第二三回定期総会を開催し、組合内外から八〇名の参加を得て、名称を「女性部・あさがお」と変更し、働く女性の地位向上に向けて活動を強化することを確認した。

## ジャーナリズムが動いた
## ――各誌が弾圧の実態・背景を告発

〇五年半ばになると、関西・全国の仲間の反撃と支援の多方面への拡がりの中で、ジャーナリズムの中から、関生支部への国策弾圧のあまりの異常さについて取り上げた記事が出てきた。

### ①『財界展望』六月号に労組幹部逮捕の「深層」

『財界展望』（株式会社財界展望新社発行）六月号で、ジャーナリストが関生支部に対する権力弾圧の背景と本質を告発。「裏でほくそえむのは誰か！ゼネコンとセメントメーカーの『谷間』で揺れる生コン業界、組合幹部らの逮捕で見えてきたものは」という見出しで掲載している。

注――ジャーナリストの安田浩一氏は、〇五年一月一三日以来の大阪府警による関生支部役員への「演出された逮捕劇」の経緯を追跡。今回の弾圧事件が、「政策運動」として、協組加入促進に取り組む連帯労組を狙い打ちにして「仕掛けられた」ものであることを指摘。後に同年一二月に『告発！逮捕劇の深層―生コン中小企業運動の新たな挑戦』をアットワークスより上梓。

### ②『週刊金曜日』公安の暴走ぶりを批判

『週刊金曜日』編集部は同誌五月二〇日号で、関生支部に対する異常な権力弾圧・長期勾留の実像を掲載。「労組委員長らが異常な長期勾留」「大阪府警による『組合つぶし』か」という見出しで掲載した。

本文では担当弁護士の談話を引用し、「異常な長期勾留と接見禁止は独裁国家以下の人権蹂躙。自白強要や組合・家族に打撃を与えるための意図的ないやがらせというしかない」「捜査の主体が大阪府警警備部と大阪地検公安部で、明らかな国家権力による労使問題への不当な介入」であることを指摘した。さらに、セメントメーカーとゼネコンという巨大企業の「狭間」にある生コン業界は典型的な中小企業業種として、大企業と対等に取引をするには、労使が一体となって共注・共販システムを確立する協同組合化を進める以外にはなく、広域協組設立と今日までの取り組みを紹介して産業政策運動の意義を強調している。さらに、なぜ「協組加入を誓約したので保証人になった相手に対し、誓約の履行を求めたことが『強要』になるのか」。容疑自体が疑わしいことに加え、各企業に公安刑事が訪問し「被害届けを出せ」といい回るなどの公安の暴走ぶりを批判している。

## 6・27韓労働者総決起集会でも、——関生支部への資本・権力の弾圧を糾弾

抗議と支援は韓国労働者にも広がっていった。資本の国際化に対抗し、〇二年にスタートした日韓労働者の共同闘争は、〇五年で三年目。6月27日、ク・テギュ韓国建設運送労組委員長をはじめ五名の代表団が来日し、「日韓労働者の連帯で弾圧をはね返そう」をテーマに、その夜、一〇〇〇人余の仲間が扇町公園に結集して、日韓労働者総決起集会（主催・日韓建設運送労働者共同闘争委員会）が開かれた。その後、太平洋セメント株主総会闘争などを展開し、共通の敵に対する日韓労働者の共同闘争をさらに発展させることを誓いあった。

## 3　獄中の委員長・仲間と心一つに——第四一回定期大会が成功

〇五年は、関生支部が産業別労組として産声をあげてから40周年を迎えた年である。一〇月一六日、この

記念すべき第四一回定期大会と「結成40周年の集い」が、獄中にある委員長や仲間と心一つに開催された。会場となった南港ATCホールは、各界来賓組合員とその家族も参加して、笑顔が弾け、明るい歓声が響き渡った。

この明るさは、武委員長をはじめ六名の仲間が、今なお長期勾留される権力弾圧の渦中にあっても、「敵の攻撃を反面教師として成長する」という揺るぎない関生労働運動の伝統と確信を共有していたからだ。記念すべき四一回大会は、武委員長の獄中よりのメッセージを冒頭に掲載した大会議案の提起を受けて、満場一致で新運動方針と役員体制を確認し、仲間の早期釈放を求め、中小企業と労働者を元気づける産業政策運動をさらに発展させ、組織を強く大きくする新たな運動に挑戦することを誓いあった。特に、この大会では、組合員から、この大弾圧に乗じて「怪文書」を送って、支部の内部分裂・組織破壊を画策する輩への怒りと批判の声が挙がった。

## 第四一回大会に寄せられた武建一執行委員長のメッセージ（要旨）

大会参加の皆様に心より感謝の気持ちを込めてメッセージを送ります。関生支部は一九六五年一〇月一七日、当時の西淀川労働会館で設立大会を開き、それまでの企業別支部から産業別組織として新たにスタートし、今年で満四〇年の歳月を経て今日を迎えています。関生支部と共に汗を出し、悩み、苦しみ、時に涙し、喜び、四〇年共に歩んだ私にとっては誇りに思うと同時に感慨深いものがあります。この歴史的に記念すべき大会に、都島拘置所に勾留されている六人が参加できないことは誠に残念なことであります。しかしシャバにいる仲間たちがこの大会を準備され、組織し、このように成功裡に、しかも賑々しく開催されましたことを心より喜んでいます。努力された仲間の皆さんに、心より敬意を表します。また二件にわたる裁判公判日には組合員家族、中央役員、生コン産労、全港湾、OB会各社代表、大和田委員長、和田先生はじめ多くの皆様の傍聴参加をいただき、大変勇気づけられています。ありがとうございます。

今回の不当弾圧の本質、狙いが何であるかは、私たちが逮捕・長期勾留の間、何が起きているか見れば誰が考えても分かることと思います。

関生支部四〇年の歴史と伝統は、敵のいかなる攻撃に対しても体を張って不屈に闘う強固な意志力、先進的政策活動能力、電撃的反撃対応であります。敵には強く、仲間には頼れる、求められる労働組合です。我々はここに関生支部魂を見て、誇りにしているところです。

四〇年前、奴隷的賃金・労働条件下にあった生コン労働者。今、東京大学に入学するより難しいといわれ、他産業の仲間からうらやましがられている優れた労働条件。職場には自由があり笑いがあり、明るい連帯感がありぬくもりがある。中小企業の良き味方、闘う仲間たちの砦である労働組合、これが関生支部なのです。「敵の攻撃を反面教師として成長する」、揺るぎない階級的観点に立った労働運動を今後も根強く発展させなければなりません。傾向の異なる労働組合、諸団体との共通テーマによる共闘をさらに発展させること、困難な闘いを余儀なくされている仲間の闘いを共有し連帯して闘う、これは「他人の痛みを己の痛みとして感じられる労働運動」の実践であります。

一昨年来取り組んでいる幹部活動家のレベルアップ、各ブロック職場の活性化は、引き続き重要な実践テーマです。今大会が運動方針の確立に加え、質の高い団結力と行動力を獲得すること、権利侵害・弾圧粉砕、組織拡大、諸課題実現に向け飛躍的前進の基礎を確立することであります。記念すべき歴史的大会の成功、バンザイ。

二〇〇五年一〇月五日

獄中にて　武　建一

### 労使が共に動いた
#### ——仲間の早期釈放・政策推進、誓う

〇五年の年の暮れの一二月三日、「生コン関連産業の中小企業運動潰し反対」「長期勾留者の早期釈放」を共通テーマに、生コン産業政策協議会の労働三団体と近畿生コン関連協同組合の労使が呼びかけて決起集会を開催した。全国各地から一三〇三名余が大阪森ノ宮・アピオホールを埋め尽くし、会場に入りきれない仲間はホール外で待機する中、集会では、武委員長のメッセージ紹介の後、労使、弁護団、弾圧被害家族が弾圧の不当性と早期釈放を訴え、関連業界・労働組合・政党・議員代表が次々と連帯挨拶をした。その後、共同アピール採択後、会場からデモ行進、大阪府警前で不当弾圧反対のシュプレヒコールを響かせた。

#### 「中小企業つぶしに反対」
#### （池田良太郎生コン関連協組副理事長）

現在、今回の事態をみかねた大学教授や中小企業総研代表を呼びかけ人として「保釈の請願及び人権侵害の不当性」

を訴える経営者団体の書名運動が広がっている。なぜなら、事態は大企業中心の産業構造から、協同組合化を通して中小企業が大企業と対等に取引できる構造に転換される運動の渦中で起きたからである。連合会は、生コン関連産業の中小企業運動潰しに反対し、仲間の即時釈放まで活動することを決意する。

「産業政策運動への弾圧」（里見和夫弁護士）

今回の刑事弾圧事件は、関生支部がまさに命をかけて闘ってきた産業政策運動に対する弾圧であると言わざるを得ない。大谷・旭光事件の本質は、両社が大阪広域協組への加入手続きをとることを関生支部や関西生コン関連中小企業懇話会に誓約していた。関生支部をその誓約の保証人としていたにもかかわらず、〇四年九月末までに行なうべき広域協組への加入手続をとらなかった。そのことに対して約束を守るように要請行動を行なったことが「強要未遂及び威力業務妨害」として逮捕・起訴されたのが今回の事件である。「約束通りやって下さい」という要請行動がなぜ、強要罪になるのか。約束の履行を求めるのは、産業政策運動を推進する労働組合の当然のあり方である。被告人のみなさんと弁護団の主張の根本はここにある。労働運動に対しては、その手段や方法が妥当な場合には決して刑事罰を受けないというのが刑法の基本的考え方である。まさに、関生支部が労働組合運動として展開し、約束の履行を求めるという当然の要請を行なったことに対する刑事弾圧である。

「労使が生き残る道」（内野一近畿バラ輸送協組理事長）

今回の刑事弾圧と長期勾留で、労使共同で取り組んできた中小企業の共同事業にも大きな影響を与え、個々の企業にとっての死活問題となっている。我々中小企業といえども、座して死を待つことなく、自らの危機を打開する決意で業界再建と共同事業を推進する決意だ。

## 第三次弾圧事件、起こる
### ――全国150の職場で抗議スト決行

労使の決起集会直後の一二月八日夕、大阪府警警備部は、門真市議会議員で連帯労組近畿地本の戸田ひさよし委員長を政治資金規制法違反容疑で逮捕。また、連帯労組関生支部の女性職員も逮捕した。さらに同一三日には、勾留中の武建一委員長も再逮捕した。この逮捕劇は、一月にはじまる権力弾圧の延長線上で仕組まれた第三次の弾圧事件であった。この直後の一二月一六、一七日、連帯労組結成以来、初めて全国一五〇の職場で全国統一ストライキを決行。関西地区でも、総数二一八分会八二二名が統一行動を展開した。

こうして〇五年は、権力弾圧に明け、権力弾圧に暮れた一年だった。しかし、それは同時に、労働者と中小企業の唯一の生きる道を圧殺し、その中軸にある関生支部を叩き潰そうとする資本と権力の野望に対する怒りに燃えた労働者の不屈の反撃の力と、弾圧にも揺るがない労使の団結の姿を際立たせた、50年史の中でも忘れられない一年となったのである。

# 第一四章　「敵の攻撃を反面教師として成長する」関生労働者

## ——資本・権力の国策弾圧は失敗した

### 1　さらに全国に拡がった抗議と支援の輪

二〇〇六年前半には、武、戸田両委員長の早期奪還を目指した過去最多の二九四名余の参加による新春旗開きに始まり、韓国全国建設運送労働組合の一月四日の「連帯労組に対する弾圧を直ちに止めろ！」、雑誌『世界』二月号では、特集ルポ「生コン労組はなぜ弾圧されたか」が組まれ、また前年より準備されていた著名人による呼び掛けの「全国署名運動」が広く展開され、一気に弾圧への抗議と支援の輪が広がっていった。

韓国全国建設運送労働組合の声明

**連帯労組に対する弾圧を直ちに止めろ！**

二〇〇六年一月四日

〇五年から〇六年に、年を越えて続けられている全日本建設運輸連帯労働組合に対する日本政府による弾圧を怒りを込めて糾弾する。（略）全国民主労働組合総連盟傘下の全国建設産業労働組合連盟に属している全国建設運送労働組合、一万人の生コン・ダンプ労働者は、連帯労組に対し、変わることのない支持を確認し、日本政府に次のように要求する。

1．拘束された連帯労組の関係者を直ちに釈放せよ！

1．強圧的な労組事務所への押収捜索について、謝罪し補償せよ！

1．金持ちばかりを優遇する政策と、世界平和を脅かす軍備拡張を直ちに止めろ！

## 著名人による武委員長の即時釈放を求める全国署名運動の拡がり

「まっとうな労働組合の活動をしただけで逮捕され、一年以上も勾留される。そんな恐るべき事件が起きています。私たちはすべての社会運動に対する挑戦と受けとめ、署名活動を呼びかけることにしました」と、左記のような広い分野にわたる著名人が呼びかけ人となって呼びかけられた「私たちは武委員長の即時釈放を求めます」という全国署名運動は、全国に拡がり、二九二二団体、一九万一一七七筆の署名を集めた。

［呼びかけ人］佐高　信（評論家）／魚住　昭（ノンフィクションライター）／鎌田　慧（ルポライター）斎藤貴男（フリーライター）／二木啓孝（日刊現代報道部長）／大谷昭弘（ジャーナリスト）／安田浩一（ジャーナリスト）／中野隆宣（労働ジャーナリスト）／岡本厚（『世界』編集長）／宮崎　学（作家）／師岡武男（評論家）／篠田博之（月刊『創』編集長）／木下武男（昭和女子大学教授）／後藤道夫（都留文科大学教授）／宮里邦雄（弁護士）／海渡雄一（弁護士）／五百蔵洋一（弁護士）／里見和夫（弁護士）／中島光孝（弁護士）／位田　浩（弁護士）／菊池逸雄（弁護士）／森　博行（弁護士）／永嶋靖久（弁護士）

［賛同人］小田　実（作家）／戸塚秀夫（東京大学名誉教授）

呼びかけ人のコメントから

**春が来るのを誰も止められない　佐高　信**

北国では、春に冬眠からさめた蛙が起き出すのを隠すようにドカっと降る雪を〝蛙（びっき）隠し〟といいます。また、春の雨を〝木の芽起こし〟とも言いますが、〝蛙隠し〟のドカ雪に負けずに木の芽を起こしていきましょう。冬から春になるのを止められる者はだれもいません。

**権力はなぜ、過剰反応し、のたうちまわる　大谷昭弘**

花粉症の季節である。本来、花粉は人間にとって毒ではない。もし、そうだったら原始林の中にいた古代人は七転八倒だ。だが、病んだアレルギー社会の中、現代人は過剰反応でそれを拒絶し、のたうちまわる。権力が、企業が、なぜ、労組を、生コン支部に過剰反応し、のたうちまわるのか。それは己が病み、蝕まれているからこそ、あるべきものまでを拒絶してしまったからだ。あわれみというか、滑稽というか……。

**労働者は闘うことなくして生き残れない　鎌田　慧**

連帯労組への弾圧は、日の丸、君が代処分、立川ビラ撒き逮捕などとつながっている権力側の民主主義破壊の攻撃です。労働者の権利を否定し、無抵抗状態にするための警察・検察一体の攻撃は、労働者が団結してハネ返すしかありません。中小企業の労働者は闘うことなくしては、生き残れない。その最先端にいる連帯労組を全面的に支持しています。

### 二極化社会の到来と事件が意味するもの　木下武男

今日、日本に二極化社会が到来しつつあることは広く知られるようになった。一握りの上層と、圧倒的多数の下層に社会が分かれる。労働組合とは本来この下層労働者がはい上がって生活を向上させる「武器」として存在した。関西生コンの労働運動こそが下層労働者の地位向上が可能であることを示してきたのである。二極化社会の到来という時代状況のなかで、圧倒的多数の下層労働者からこの「武器」を取り上げることが、今回の事件の歴史的意味であろう。

## 3・8武・戸田両委員長が釈放さる！
## ——〇六春闘、感涙の自動車パレード

労組、協組などの生コン業界はいうに及ばず、全国から沸き起こった弾圧への抗議の声と支援の拡がりの中で、春闘本番に入った三月八日、三次におよぶ不当弾圧で長期勾留を強いられていた武委員長と戸田近畿地本委員長が大阪拘置所を出所した。多くの仲間に迎えられた武委員長は、昨年一月一三日以来四二〇日ぶりの笑顔で、開口一番「今回の弾圧と長期勾留は、組織と中小企業政策に打撃を与えることが狙い。だが敵は、弾圧によって仲間が鍛えられるという点で失敗している」と語った。

その直後の三月一二日、両委員長を取り戻した関生春闘恒例の自動車パレードはいつにない笑顔と感涙の行動となった。先立つ集会場（海遊館臨時駐車場）には、早朝から春雨を突いて近畿一円のミキサー車二〇〇台と生コン産業政策協議会の仲間や家族が集結。保釈されたばかりの武・戸田両委員長が登壇すると、仲間の大きな拍手とかけ声が交わり、仲間の笑顔あふれる集会が始まった。その後、団結ガンバローを三唱し、春雨を突いて二〇〇台のミキサー車、バラ車、ポンプ車が大阪市内をパレードし、「不当弾圧粉砕、建造物の安全と生コンの品質確保」などを訴えた。

ここで見せた関生支部の仲間達の笑顔と涙、そして新たな怒りと闘う決意に、武委員長の言う「敵は弾圧によって仲間が鍛えられるという点で失敗している」

ということが象徴的に示された。

「明るく笑顔で話す両委員長の姿は長期勾留の疲れもなく、むしろ弾圧前より若々しく見えた。集会後、委員長と固い握手をした時は、胸が熱くなった。定年を前にした私には、過去最高の感動を覚えたパレードだ」（バード分会・木崎さん）

「委員長が保釈され、胸が一杯。これで、仲間が一丸となり春闘を闘い抜く決意だ」（北大阪生コン分会中村さん）

「元気溌剌の両委員長の姿を拝見し、感激の涙で溢れた。集会後の両委員長の握手で、熱意が伝わってきた。この熱意を胸に、これからも頑張りたい」（国本組分会・荒木さん）

「委員長の『関生魂を共にする』呼びかけに共感。地域政策の立案と実践に努力したい」（シンアイ分会・上好さん）

「両委員長の力強い挨拶に大喝采を送る姿に感激。苦境を乗り越え、新たな運動前進に確信をもつパレードとなった」（トラック支部・広瀬さん）

### ○六春闘ゼロ回答打破へ
### ――政策・経済要求実現への道筋開く

六月三〇日、三月二九日の生コン関連五労組の〇六春闘交渉の決裂以降、久々に大阪兵庫生コン経営者会との第五回共同交渉（三井アーバンホテル）が開かれた。五労組代表は、①五年連続の「賃上げゼロ」を断じて許さず、五ケタ以上の賃上げ、②年間一時金二〇〇万円以上の回答を強く求めた。だが、経営側は「賃上げゼロ」に固執したことから、労働側は経営側の不誠実な姿勢を厳しく追及。代表交渉を経て、「賃上げは、労組の要求を尊重し、九月末までに再協議し決着する」「一時金及び福利厚生資金は、昨年実績を暫定支給し、協議を継続する」ことで暫定合意した。政策運動と連動させ、経済要求実現の道筋を切り開いた。

また、業界再建と社会的信頼確保にむけた政策課題では、①協組員外社との大同団結（アウト八社八工場の協組加入）、②品質管理と監査制度の強化。品質管理監査制度の〇適マーク取得は、工組・協組加入が条件であることを求める、③品質保証と補償システムの確立（大阪広域協組の瑕疵保険加入により、五月一日以降の物件に適用）。行政・ゼネコン・販売店・設計事務所に広報する、④販売店の一元化へ八月末までに軌道に乗せることを確認した。

注――この共同交渉では労働側交渉団から「土曜稼動」問題につい

四二〇日ぶりに戻った武委員長（〇六年三月八日）

3　くさり　No.677

# 1200人が支援の包囲

「大谷事件」第1回公判・大阪地裁（4月7日）

## 不当弾圧に怒りの抗議、デモ

### 運動の正当性と無罪を主張

### 米・ILWU代表も支援に

### 「公判で無罪を主張」とマスコ

ジャーナリストが告発
「財界展望」6月号
裏でほくそえむのは誰か・・・
ゼネコンとセメントメーカーの
谷間で揺れる生コン業界・・・
生コン組合幹部逮捕の深層

大阪地裁を一二〇〇人が人間の鎖で囲む（『くさり』より）

ての意見と批判が続出。「『数量確保とアウト対策』と称した土曜稼動が値下げの要因となり、業界の危機を招いている」「アウト物件がどれだけとれたのか、一二五日工場休転が守られているのか、緊急必要性があるのか等が検証されていない」「昨春闘で『土曜稼動が経済要求実現の道』と断言した経営者会代表の責任を問う。土曜稼動を中止せよ」など経営側の姿勢と責任が厳しく追及された。

### 共謀罪を廃案へ 徹夜の国会前行動

〇六春闘の只中の五月、当時、「最悪の治安立法」「民主主義の枯葉剤」＝「共謀罪」をめぐる国会が大詰めを迎える中、関生支部は五月一二・一六・一九日の三波にわたり、徹夜でバスを仕立て、「共謀罪阻止国会行動」を展開。生コン産労、全港湾、田中機械、港合同、連帯労組各支部の仲間たちとともに、国会前に座り込み、「共謀罪の新設反対」をアピールした。「共謀罪」強行採決阻止への労働運動の決起を呼びかけた。

### 国境を越えた日韓労働者の連帯
### ――生コン産業発祥の地で決起集会

二〇〇二年に始まった日韓生コン労働者の共同闘争は、年々、建設・ダンプなど業種の幅を広げ、日韓建設運送労働者共同闘争へと量的・質的な発展を遂げていた。六月二四日、全国建設運送労組の代表団が来日し、関西の生コン労働運動発祥の地である新淀川生コン社構内で、日韓労働者決起集会を持ち、以降、大阪・静岡・東京で交流や集会など共同行動を展開した。そして、六月二八日の第八回太平洋セメント株主総会闘争でも行動を共にし、日韓労働者の絆を深めあった。

### 関連五労組と近畿バラセメント輸送協組が個社型から協同型経営へ、労使セミナー開催

需要減、物流コスト削減攻勢、軽油の高騰、ＮＯＸ・ＰＭ法適合車輌への入れ替え、定量輸送、規制緩和による過当競争など、バラ輸送業界をとりまく危機が加速していた。七月三一日、三井アーバンホテルで、こうした危機を新たな団結条件とし、労使の英知を結集して業界再建への筋道を示すべく、近バラ協組とセメント・生コン五労組の共催で、「第一回バラセメント労使セミナー」が開かれた。ここでは、個社型から協同型経営への条件を整えていくため、提言を受けて討議された。

「労使セミナー」では、主催者を代表して内野一近畿バラセメント輸送協同組合理事長が業界の危機打開へ労使が結束し、経営側も全力を尽す決意を披露。関連五労組の各代表が、業界の健全化にむけた考え方、提言をした。武委員長の提言は要旨左記の通り。

全国五万もの協同組合の大半が機能を喪失する中で、近バラ協（九六年一〇月に結成。当時八〇社・五八九車輌を擁していた）は、業界のあり方を見通した労使の政策闘争を推進してきたこと。中小企業は経済的弱者であり、大企業との対等取引関係をめざすには協組に結集し、団結して競争を抑制する以外にはない。労組は時には課題を提言し、時には共同行動によって政策課題を実行する役割があり、それを放棄すれば業界は崩壊する。

個社型から協同型経営に移行の客観条件として、需要減、物流コスト削減攻勢、軽油の高騰、ＮＯＸ・ＰＭ法適合車輌への入替え、定量輸送、規制緩和による過当競争などがある。この厳しさと危機が新たな団結条件となり、主体的条件として共同事業によるメリットが実利として組合員の利益確保に役立っている。これ以外に業界の生きる道はない。協同組合活動は、共同事業と教育活動を一体的に追求し、協組の基本である相互扶助の精神を実現する道である。今後の課題は、近バラ協への加盟促進し、基盤整備を一層強化し、物資の共同購入、共同配車センターの確立、統一車輌の確保、適正運賃収受への交渉機能の確立、教育・広報活動の強化、政策立案能力の確立、業種別統一条件の確立などに取り組むこと。これら課題達成へ優先順位を決め、「いつ、どのように実現するか」の方針を決定することが大切だ。

## 盛大に関生支部第四二回定期大会を開催
### ――「敵の攻撃は、最大のチャンス！」

関生支部は一〇月二二日、第四二回定期大会を生コン会館で開催した。連続した国策捜査による権力弾圧の渦中にあって、その歴史的教訓を学ぶとともに、この間の運動の総括と討議を通じて一連の運動の成果を確認し、「敵の攻撃は、最大のチャンス」と第一次安倍政権の反動政策と全面対決し、志高く運動を推進していこうと、新たな運動方針と役員体制を確立した。

注――大会では、九月に新たな事件をデッチ上げられて再び逮捕された武委員長の獄中メッセージが読みあげられた。メッセージには、「権力が発表している『刑務官より便宜供与を受け、その見返りに金を渡した』というのはでっち上げである。同刑務官より便宜をはかってもらった事実も、賄賂を渡した事実もない。しかしうかつにも同情心から同人に金を貸した事実があり、このことが歪曲されて事件にされた。本件は、『権力の罠にかかった』私の思想上の弱点から生まれたものであり、自己批判し深く反省しているところで、関係者の皆様に、心より反省とお詫びを申し上げたい」（大阪拘置所にて、一〇月一九日付け）という自らの誤りを隠さず痛切な反省が冒頭に述べられている。この武委員長の自らの弱点をも隠さず真摯に詫びたメッセージは、関生支部の全組合員の心を揺さぶり、奮い立たせていった。

## 大相撲の徳之島巡業が大成功！
### ——関生支部の孤立化を打破し、士気高めた

〇六年の年の暮れの一二月六―七日、関生支部の企画で大相撲徳之島巡業が実施された。

二三年ぶりに開催された大相撲徳之島場所は、島内を大きな熱気で包んだ。天城町総合運動公園に二万七〇〇〇人の小さな島で七〇〇〇人以上が巡業に沸いた。

六日には、横綱朝青龍ら一八〇人の力士たちが歓迎の太鼓や指笛が鳴り響く島に到着。徳之島出身の第四六代横綱・朝潮太郎関（故人）の銅像の前で朝青龍関が土俵入りを披露。取り組みでは、島出身の十両・南海に「きばりやー（がんばれ）」の声援が飛び、この企画の実行委員長を務めた武建一委員長はマスコミ陣の前で「故郷の島に恩返しができた」と語った。弾圧下で、誰もが想像すらできなかった奇想天外なこの企画。関西から鹿児島経由で飛行機を乗り継いで琉球弧の武委員長の生まれ育った小さな島に、関西生コン業界の労使一〇〇人もが駆けつけた。

これを成功させたことは、セメント資本と権力のあらゆる手段を使っての関生支部への孤立化攻撃を打破し、組合員の士気を高めることとなった。また、この取り組みの中で生まれた関生支部と相撲協会、徳之島島民との新たな信頼が、その後の「東日本大震災」に対する関生支部の支援活動への九重部屋の協力、沖縄の普天間基地の移設問題などにおける徳之島三町長の反対行動、沖縄意見広告運動への賛同による沖縄問題の取り組みへと繋がり、拡がっていくのである。

注——後に武委員長はこう語っている。

「私の故郷の徳之島で大相撲の徳之島場所をしようじゃないか、ということで実現しました。（当時）相撲協会も問題になっておりますが、イメージダウンに対抗するにはそれが一番有効だということで。相撲協会と我々は、直接関係ないように見えるんですが、やはりそういう立場の人も正義の闘いを支援するということですね。そういうことから、この巡業は成功したんです。島は二万七〇〇〇人くらいの人口なんですが、実に七〇〇〇人の人たちがそこに集結してくれた。そして、我々を押し上げて

いこう、我々のやっていることは正しいと支援して下さって、非常に大きく広がりました」

## 2　武委員長に「重罰実刑判決」

### ――戦後労働運動では異例のことだ

### 米国でサブプライムローン破綻
### ――「アメリカの時代の終わり」の始まり

二〇〇七年。この年、九一年の冷戦崩壊以降、世界支配を維持するために、金融工学を駆使して意図的に経済と金融のグローバル化――カジノ経済を進めてきた唯一の超大国・アメリカで、その後の世界的金融恐慌の発端となったサブプライムローンの破綻が起った。同時に「9・11事件」以降、イラク・アフガン戦争をもって世界を憎しみと報復の暴力連鎖に叩き込んできたブッシュ米政権がイラク戦争で敗北し、イラクから総撤退する時が迫っていた。

他方で、アメリカがイラク敗戦の泥沼でもがいている間に、のど元の中南米において、ベネズエラのチャベス革命をはじめ、キューバはいうに及ばず、ボリビア、ブラジルなどで次々と左派政権が誕生し、これがアフリカ、ユーラシア大陸へと拡がり巨大な反米包囲網が形成されはじめ、「アメリカの時代の終わり」が始まっていた。

日本では、この世界の流れに逆行するように、第一次安倍政権が、危機に立つ多国籍大企業・資本の意を受けて、「美しい国」を掲げて戦争国家への道を拓くべく、「戦後憲法体制からの脱却」のため改憲の手続き法である「国民投票法」や労働者を労働監獄に追いやる「労働契約法」などの上程を画策し、重要な四月統一地方選、七月参議院選挙などを控えていた。

この情勢の核心問題は、日本の闘う主体の決定的立ち遅れ、とりわけ社会を変え、政治を変える運動の軸芯となって立つべき労働運動の弱体化・無力化にあった。その中で、次々と年をまたいで降りかかる国策弾圧にも屈せず闘い、自らの雇用を守り、関西の生コン業界を変え、社会を変え、政治を変えようと闘う関生支部は輝きを放っていた。全国の労働者には、労働運動の全国的再生、その全国的な大衆的闘いと行動をもって、世界と時代の急速な変化の「前髪」を掴み、時代の要請に応えることができるかどうか、が問われていたのである。

注――サブプライムローンとは、アメリカの低所得者向けの住宅ローンのこと。その焦げ付きに端を発して、世界同時株安・世界的信用不安が深刻化したのは、このローンが証券化され、分割されて「金融商品」となり、全世界に売り出されていたことによる。

## 世界の大変化と時代の求めに応えて闘う

関生支部は、二〇〇七年の年頭に当たって、こうした情勢に確信をもって、以下の一〇項目を基調に闘うことを確認し、この年にも次々と襲う権力弾圧に屈せず、〇七春闘で流れを変え、二〇〇八年の闘いの発展を契機に、いよいよ次期の反転攻勢へと一気に駆け上がっていく。

## 「大谷・旭光」事件で武委員長らに戦後労働運動で異例の実刑判決

この矢先である。世界の大変化をチャンスととらえた関生支部の闘いの決意を打ち砕かんとするように、〇七年一月二二日、大阪地方裁判所第一二刑事部（川合昌幸裁判長）は、連帯労組関生支部の武建一委員長外五名に対する「強要未遂・威力業務妨害被告事件」（大谷・旭光事件）で、武委員長に対して、戦後労働運動の歴史で異例といってよい、懲役一年八カ月の実刑という不当な判決を下した（ほかの役員四名に懲役八カ月～一年八カ月、執行猶予四～五年、一名は無罪）。武委員長はそのまま収監されたが、弁護団が再保釈請求をして釈放を勝ち取った。

この判決は、裁判所がセメント資本・警察・検察の政治的意図に追随したものであり、連帯労組は即日、「抗議声明」を発表し、同日、不当判決に抗議する緊急集会を開催した。そして翌二三日以後、連帯労組は、全国一斉に抗議の統一行動を展開していく。

**不当判決に対する抗議声明（要旨）**

武委員長に実刑判決を下した大阪地裁を怒りを込めて糾弾する！

1．この判決は、本来は社会正義実現のために公正であるべき裁判所が、その立場を自ら放棄して、警察・検察の労働組合弾圧の意図を代弁することに終始した、お粗末な政治的作文というほかない。連帯労組はまず、明日二三日、全ての地方本部、支部、分会が、この不当判決を糾弾する全国統一行動に満腔の怒りを込めて立ち上がる決意を明らかにするものである。

2. この事件は、関西地区生コン支部がすすめる正当な労働組合活動が刑事事件に仕立て上げられたものである。関西地区生コン支部は、ゼネコンの不当な買い叩きと欠陥生コンが横行する生コン業界の立て直しをめざしてきた。こうした産業政策にもとづいて、他の生コン関連労組はもとより協同組合に参加する中小企業とも手を携えて、関西地区生コン支部は、いわゆるアウトサイダー業者に対し協同組合加入を働きかけてきたのである。どこに犯罪性があるというのであろうか。それにもかかわらず、警察と検察は、生コン業界の過当競争を利用してきたゼネコンとセメントメーカーという大企業の利害を代弁し、事件をねつ造したのである。

大阪地裁の判決は、生コン業界の構造的特性や関西地区生コン支部がすすめた産業政策運動の意義を吟味することは全くせずに、警察と検察の言い分を丸飲みして書かれたものというほかない。

3. われわれは激しい怒りに燃えている。

労働組合と中小企業が血みどろになってすすめてきた運動の成果を、国家権力がいかなる手段を用いて圧殺しようとしても、われわれを屈服させることはできない。

われわれは、政治権力と大資本がいかなる弾圧を加えようとも、中小企業と労働組合の協力に基づく産業政策運動をこれまで以上に強力に、そして、より強い確信をもってすすめ、関西地方はもとより全国各地に広げていくものである。

二〇〇七年一月二二日

全日本建設運輸連帯労働組合中央執行委員長　長谷川武久

## 戦後労働運動では異例の「重罰実刑判決」
## ——その政治的狙いはどこに?

連帯労組の「抗議声明」にもあるように、大谷生コン事件、旭光コンクリート事件など四次にわたる弾圧の目的は、関生支部の反独占・産業政策闘争の解体と関生支部の組織丸ごとの解体・弱体化にあった。しかし、そのことを一般的に確認するだけでは、この「重罰実刑判決」にみる資本・権力と関生支部の生コン産業の民主化、産業の統治権を巡る攻防の本質や時代状況を背景にした階級的・政治的性格がはっきりしない。

まず、この判決は、労働組合の団体行動権を、「行き過ぎ論」や「規制すべき論」をもって重罰判決を裁判所に実行させたものである。これを許せば、真っ当な労働組合の活動などできない。そして、何よりもこの「重罰実刑判決」は、四次に及ぶ弾圧によってもつぶすことができずにかえって弾圧のなかで仲間の団結を強めてきた関生支部を、武委員長の長期拘留・下獄でつぶし、資本・権力の当初の目的を貫徹しようとしたものである。また、これほどの「重罰実刑判決」は、戦後労働運動でも異例のことであり、関西では初めて、全国では一九八〇年代始めの東京・機械工業新聞社労働組合の倒産争議以来二度目であり、今回はそれを上回る「重罰実刑判決」である。ここに、権力・財界・大企業がいかに関生型運動を恐れているのかが現れている。

## 権力・財界・大企業は、なぜ関生型運動を恐れるのか

これまでも繰り返し述べてきたことも含むが、新しい時代的要素も加わっており、改めて整理すれば左記である。

第一に、関生支部が、日本労働組合運動の根本的弱点である企業別労組から脱皮し、産別労組として「協同（協働）労働権」を確立して獲得した産業政策闘争の質と地平である（①生コン企業の価格・受注計画にいたるまでの支配・経営権にまで踏み込んだ生産協同組合運動の質。②三菱セメントに代表される独占企業の支配に対抗して、地域・中小零細生コン企業を、労働者のヘゲモニーで広域事業協同組合に組織して防衛し、全国に広げたなど）。つまり、中小企業と労働組合が団結し、産業の民主化を求め、中小企業と労働者本位の政策活動を行うことは、大企業中心の産業支配システムに盾つくことであり、その経済権力に手をつけ「資本主義の根幹を揺るがす」ことだからである。

第二に、産業政策と生産協同組合運動としての関生労働運動の発展が、資本のグローバリゼーションのなかで、太平洋セメントなど多国籍型独占企業の広域支配に対して、日韓セメント労働者の協同・共同闘争を韓国民主労総と関生支部との恒常的連帯組織を起ち上げ発展させ、東アジア的拡がりを持ち始めていることである。

第三に、関生支部がイラク反戦・各種選挙闘争などの関西における政治闘争の拠点であるばかりでなく、関生型労働運動を全国に拡大し、政治と社会を変えることを全国の労働者に呼びかけ闘っていることであ

る。

第四に、この判決の政治的狙いは、資本主義の根本的危機に由来する政府の「戦争・治安国家」への企みに対する抵抗と反抗の労働者拠点解体の先取りであるばかりでなく、闘う全労働者・民衆制圧の先取りともいえる兇悪な先制攻撃であるということである。

つまり今回の「重罰実刑判決」は、二十数年前に大槻文平日経連会長が「関生に箱根の関を越えさせるな」と号してかけられた大弾圧と同じ階級的攻撃の本質を持ちながら、加えて、サブプライムローン破綻に始まる世界的な資本主義の根本的危機到来の予兆とそれを条件に犠牲を強いられ決起せざるを得ない労働者の今後の闘いに怯え、日本の労働者運動の低迷・解体状況のなかで関生労働者の闘いがもち始めた労働運動の社会的質・位置・役割に対する、資本家総体の階級的危機感に深く根ざした先制攻撃の時代的・政治的性質が加わっていることを見ぬかねばならない。

この「重罰実刑判決」攻撃によって、関生支部への「国策弾圧」をめぐる攻防は、日本労働運動再生と民衆運動の今後の成否のかかったものとしての性質が受け止められ、全国からの支援・連帯も一層拡がり、前年の抗議のストライキ、裁判所包囲闘争、署名活動などの成果の上に、さらにキャラバン、労働基本権侵害を許さない関西や全国の生コン労働者の闘いが展開されていく。

### 3 流れを変えた〇七春闘
#### ——「闘いなくして成果なし」の原点に立って

しかし、「重罰実刑判決」によるセメント資本と警察・裁判所等国家権力の結託した弾圧も、関生支部の中小企業と労働組合の協力に基づく産業政策運動を屈服させることはできなかった。敵の攻撃を反面教師に一層鍛えられ強くなっていく関生支部の伝統は、ここでもいかんなく発揮されて、〇七春闘では実に六年ぶりにゼロ回答を打破し、六五〇〇円の賃上げを獲得し、「土曜稼働の廃止」「シュートの袋洗浄廃止」を実現し、流れを変えていく。その後、四月一〇日のバラセメント第四回共同交渉でも、賃上げ三〇〇〇円、年間一時金八〇万円、福利は昨年実績、その他業界の基盤整備等の政策要求を再交渉し協定化することで妥結した。

注――〇七春闘の成果は、①本勤経済要求―賃上げ六五〇〇円（定期昇給を含む）、年間一時金昨年実績プラス三万円、福利厚生資金は、昨年支給実績、②日々雇用要求―賃上げは、本勤賃上額の二〇分の一、パート（半日使い）就労の廃止。日々雇用者就労条件の実態調査を五月中に実施する。③シュートの袋洗浄―袋洗浄を四月末までとし五月一日以降完全に撤廃。④セクシャルハラスメント―六月にセミナーを開催。安心して利用できるトイレ設置。セクシャルハラスメントの防止委員会を設置。⑤土曜稼働―連帯労組は年間休日一二五日協定（完全週休二日制）を本年四月一日実行。経営者会も過剰サービスに繋がる土曜稼働を終わらせる―であった。

こうして〇七年春闘は、「中小企業を中心に結集する協同組合は、誰と闘い、誰と協調するのか」について明快にし、流れを変え、新たな闘いへの反撃の始まりとなっていった。

## 第五次「国策弾圧」事件―斎藤・バニッシュ闘争
### ――暴力的組合弾圧と人権侵害との闘い

しかし、セメント資本と権力の執拗な関生支部潰しの弾圧は止んだわけではなかった。

第五次弾圧が始まったのである。〇七年五月八日、大阪府警が関生支部の湯川執行委員をはじめ合計四人の執行委員、組合員を逮捕し、同時に組合事務所など一七カ所を家宅捜索した。被疑事実は、この年の三月一日、湯川執行委員らがかねて争議中の株式会社斎藤建材（大阪府高槻市）を訪れて団体交渉を申し入れた際、暴力行為をふるって傷害を負わせ、窃盗を働いた、というものである。

### 「会社を辞めるか組合を辞めるか」

事の発端は、〇五年一二月五日、斎藤建材（株）とその専属輸送業者である有限会社バニッシュが山口組系暴力団との関係を公言する者をバニッシュの代表取締役に就任させて、年末一時金の団交催告に訪れた関生支部の役員と組合員らに対し、「わしが社長や。おまえら出て行け」「殺したろか」などと暴力を振い、さらに斎藤社長たちは、職場の組合員らに「会社を辞めるか組合を辞めるか」と組合脱退を迫り、これを拒否した組合員を力ずくで懲戒解雇したことにある。

そして〇七年三月、組合員が団体交渉を申し入れた時、会社経営陣と一部従業員は組合役員らの足を踏みつけ、バイクで突っ込んでくるなどの暴力を振るったので、これに組合が抗議した際の衝突で双方にけが人が出た。その結果が冒頭の第五次刑事事件とされ、警察は組合員だけを傷害、暴力行為などで逮捕したのである。

この事件の本質は、法律違反だらけの奴隷的労働条件の改善を求めた組合員の正当な要求に対して会社が暴力団との関係を公言する男を雇い入れて職場で暴力支配を行い、組合員を不当解雇したことにある。大阪府警は、現場の組合活動や争議対策の先頭に立ってきた四人を狙い撃ちしたのであり、一連の関生支部事件の一環として仕組まれた、卑劣極まりない権力弾圧事件である。

大阪府労働委員会は六月一二日付の命令書で、(株)斎藤建材の不当労働行為を断罪し、「会社は、組合を好ましからざる存在と認識して(略)岡本組合員を解雇したとみるべきであって、会社による同人の解雇は、労働組合法第七条1号及び第3号に該当する不当労働行為である」と会社の不当動労行為を断罪し、斎藤由利子取締役に対して、「連帯労組関生支部斎藤建材分会・岡本組合員の解雇無効と賃金支払い、及び団体交渉に応じなければならない」とする組合側の全面勝利の命令を下した。

その後、当該分会・ブロックを中心にこの府労委命令を直ちに履行するよう会社側を社会的に包囲する闘いを、〇七年より〇八年にまたがって粘り強く展開した。その結果、斎藤建材社、バニッシュの代表者が組合に謝罪し、組合側の全面勝利で解決し、〇八年九月二七日、実に二年半におよぶ闘争の全面勝利を祝して「闘争勝利報告集会」が開催された。

## 弾圧・人権蹂躙を許さぬ7・1関西集会
### ——ええかげんにせぇ! 警察・検察・裁判所

五次にわたる関生支部つぶしの国策弾圧は、その他の労働組合の団結権・行動権と市民の権利、在日朝鮮人の人権抑圧など、全国各地で頻発する警察・検察による人権蹂躙の数々とそれを追認する裁判所の異常な姿も、第一次安倍政権の改憲・戦争国家づくりと深く連動している。

このように認識した関生支部は、こうした権力の暴走に反撃するネットワークづくりの第一弾として、七月一日、中之島剣先公園で「ええかげんにせぇ！警察・検察・裁判所7・1全関西集会」を開催した。集会では全国の各地各所で頻発する権力弾圧の実態を告発し、反弾圧・国民の人権と平和を守る運動を全国各地に発信し広げることを誓いあった。

## 「改憲法」強行に国会へ
### ——沖縄平和行進へ、現地派遣団

こうした第五次弾圧・人権侵害との闘いの最中にも、五月一四日には参議院本会議で国民投票法案（改憲手続き法案）の強行採決が迫る中、関生支部は一〇名の国会現地闘争団を組織し、「国民投票法案反対！」国会前闘争を展開した。

現地闘争団は、前日の夜中に大阪を出発。早朝、現地に到着し、国民投票法案に反対する国会前座り込み行動に参加。戸田近畿地本委員長と川村トラック支部委員長によるマイクアピールやシュプレヒコールで眼前の国会議事堂に向かって「国民投票法ＮＯ！」「改憲ＮＯ！」を力強くアピールした。

また、同五月一〇～一四日、第三〇回「5・15沖縄平和行進・県民大会・嘉手納包囲行動」を、関生支部は三労組の共同行動として取り組み、連帯労組から一〇名、全国一般全国協から一二名、全港湾から六〇名の総勢八二名が参加した。一二日には、約三〇〇〇名が結集した北谷町県民大会、一三日には極東最大の米軍基地、嘉手納基地を一万五三〇〇人の包囲行動に参加した。

注——二〇〇七年七月、参議院選挙の結果、与野党が逆転し、同八月、泥船—安倍第二次改造内閣が発足したが政権を投げ出し、九月、福田自公政権が発足し、戦後の自民党政治の崩壊過程が始まっていく。

## 三年ぶりの武委員長出席のもとで
### 関生支部四三回定期大会開催

一〇月二一日、関生支部は、中之島ＮＣＢにて、各界から多彩な来賓を迎えて、第四三回定期大会を開催した。

権力弾圧によって大会に出席する機会を奪われ、三年ぶりの大会出席となった武建一委員長は、主催者を代表して挨拶に立ち、まず「五波におよぶ権力弾圧がかけられる中、弾圧された仲間たち、家族、それを支えてくれた仲間たちのおかげで不屈に闘い、現在も一層団結を固め闘っている。これも本日ご出席の皆様のご支援・ご協力のおかげであり、あらためてお礼を申し上げる」と感謝の言葉を述べた。また続けて関生支部執行部は、「いかなる攻撃にも不屈に闘う」と題して、この間の権力弾圧の本質について、アウト三七社が労働組合の呼びかけで大同団結をめざして結集し中小企業政策が発展していること、〇七春闘では実に六年ぶりとなる六五〇〇円の賃上げを獲得し、組織改革の実践では形式主義・官僚主義から脱却をめざして継続していくこと、組織改革の中で女性労働者の力・感性を組織運営に活かすことなどを、この間の運動の特徴と到達点、今後の運動の方向と重点課題を提案した。

以下、運動の方向と重点課題の要旨。

**七月参議院選の結果を受けて**

**運動の方向性と当面の重点課題について**

アメリカ帝国主義を中心とした軍事と経済のグローバリズムは完全に破綻しており、世界の流れは共生・協同であり、人道主義を基礎においた国家のあり方の追求の方向に向かっている。日本の政治は、アメリカ帝国主義と経団連―多国籍企業を中心とした大企業の要請によって動かされている。現在の格差社会の本質は、橋本、小泉、安倍（第一次）内閣により実行されてきた一部特権階級の利益のために国民諸階層が犠牲になる路線・政策の結果である。参議院選挙による与野党逆転はこの結果に対する答え。政権交代という流れを歓迎するが、大事なことは労働者の闘いなくば、政治は財界に取り込まれる。その意味で〇八年は政治革新の取り組みとともに、生コン業界ではセメントメーカー・ゼネコン主導型を許すか否かの闘いが重要である、と強調し、敵の攻撃を反面教師として闘うことを信念に、これからも資本と権力の攻撃と闘っていこうと呼びかけた。

こうして第四三回大会は、第五次にわたる権力弾圧の渦中にあっても不屈の精神で闘い抜いてきたことを確認するとともに、代議員の討議を通じて運動の成果と到達点を総括し、次年度への新たな運動方針・重点課題、今後の政局に対応する取り組み、役員体制方針などを採択した。

## 関生裁判10・31大阪高裁判決
### ——武建一委員長への実刑判決を阻止！

一〇月三一日、流れを変えた〇七春闘勝利・人権侵害の闘い発展の中で、大阪高等裁判所は一連の連帯労組「関西地区生コン支部事件」の裁判で、立て続けに二つの判決を下した。

特に、一審で両事件ともに極めて不当な「重罰実刑判決」を受けた武建一委員長については、一審判決を破棄し、大谷・旭光事件で懲役二年・執行猶予五年、贈賄事件で懲役一年六カ月・執行猶予三年の判決が出された。10・31高裁判決は、両事件ともに関生支部側の主張は認められず（事実認定は変わらず）、戦後労働運動史上においてもかつてない重罰の不当な内容である。

しかし、武委員長に対する実刑を阻止し執行猶予となったことは、今後の生コン業界、関生支部をはじめ関西・全国の労働運動、社会運動にとって大きな意義がある。これは、不屈に闘う関生の仲間たちは言うに及ばず、関西を中心に全国の闘う労働者たちが力を合わせてきた「反弾圧」運動の成果でもあった。

## 関西生コン業界の未来を問う二つの会議

一一月二七日、関西の生コン業界の未来を問う二つの会議が開かれた。

一つは、大阪兵庫工組において、大阪広域協組執行部、生コン経営者会三役、生コン関連五労組が出席して、大阪広域協組の基本方針について、約束事の履行、広域協組基本方針の進捗状況について代表折衝が行われた。ここでは、一二月一日より正式名称「大阪広域協同組合生コンクリート卸販売協同組合」を設立し、広域協組に窓口一本化して〇八年四月一日より値戻しに向けて取り組むことが、確認された。

もう一つは、同日、開催された関西生コン関連中小企業懇話会を中心となって進めている、大阪・兵庫地域の協組員外社の会合である。ここでは、前段の広域協組の取り組みの報告がなされて、また「専業社が中心となって中小企業による中小企業のための運営」が可能となるような新しいもう一つの協組の立ち上げの検討も提案されて、生コン業界安定に向けた団結の提案に前向きに取り組むことが確認された。

二つの会議によるこれらの確認は、危機を認識しないまま諸施策の先送りの果てに崩壊を目前にしていた関西の生コン業界が、関生支部への第五次にわたる国策弾圧の結審が付いたことを契機に五労組主導の中で、業界再生へ、中小企業と労働者の利益を追求する道へ向かい始めたことを意味している。

それら成果は、二〇〇八年に具体的に表われ始め、次期の反転攻勢への条件を整えていくのである。

注——二〇〇八年四月、阪神生コン会を結成へ。

## 4　リーマン・ショック「世界金融恐慌」の始まり
### ——次の反転攻勢へ

### 米国発「世界信用・金融恐慌」始まる

二〇〇八年。前年の米国のサブプライムローンの破綻に続いて、九月には米証券大手リーマン・ブラザーズが破綻し、これを機に乱高下しながらも世界同時株大暴落、ドル安、円高へと急進展して、新興国、日本を襲い、米国発の「世界信用・金融恐慌」の始まりの衝撃波が世界に拡がっていった。その震源地・米国においては、操業九〇年の歴史を持ち世界の自動車業界に君臨してきたGMの工場閉鎖・大量解雇に象徴されるように、バクチ経済の破綻は実体経済の中枢の破綻となっていった。世界では金融取引の停止、倒産、リストラ、労働条件の悪化が進行し、国際労働機関〈ILO〉は世界全体の失業者が二〇〇〇万人増え、翌年には二億一〇〇〇万人になると予測を公表した。

この元凶は、金儲けのために、詐欺的手法の金融バクチを仕掛けて巨富を得、ついに破綻して世界中に金融危機をまき散らしている米欧日の金融権力—大銀行・大企業であった。この一握りの者たちは、金融危機を救済するために泥棒に追い銭のような公的資金投入を繰り返した。これに対してアメリカ・欧州各地で「ウオール街関係者を犯罪者として起訴せよ」「泥棒に〈バクチ資本家〉に追い銭やるな」などの大運動、フランスで一〇万人の「人間らしい働き甲斐のある仕事」を求める大規模なデモなどが次々と起こり、世界各地で闘いの火の手が拡がり始めていた。

日本でも、この年、第二次改造安倍内閣、続いて福田内閣が次々と行き詰まって政権を投げ出し、他方で自民党政権の新自由主義・規制緩和路線に反対し、反失業・反貧困キャンペーン運動、労働者派遣法との闘いが全国各地で燃え上がり始めていた。

時代は、労働者にとって、投機マネーの暴走をもはや制御できず資本そのものの根本的危機をさらけ出し始めた資本主義の社会的生産力〈工場や銀行など〉を労働者が自分たちの手に奪いかえし管理し、ベネズエラの挑戦のように、新たな協同組合型の生産と社会の在り方へ変革していく闘いの扉を開く好機到来を告げていたのである。

二〇〇八年の関生支部は、前年一〇月の第五次弾圧事件の結審を機に、時代の求めるところと世界に燃え上がり始めた闘いの流れに呼応して、ワシンレミコン闘争の全面勝利、大圧協が近畿圧送協組への発展と拡大、〇八春闘の勝利へと上げ潮にのっていき、関西生コン業界の再建においても潮目が完全に変わり始めたことを目に見えるものにしていく。

この年の重要な闘いは、以下である。

## ワシンレミコン闘争が全面勝利
### ──労働者の闘いの拠点に

〇八年、ワシンレミコン社〈以下ワシン社と略〉との労使紛争が、一一カ月間の闘争を経て会社側が組合の主張を全面的に認める形で全面勝利した。

この闘争の発端は、前年三月末、ワシン社が組合との労使協定〈事前協議合意約款〉を無視し組合員を職場から追放するという卑劣な「組合つぶし」の強行に始まる。関生支部は、そのようなワシン社の反社会的な姿勢に対し、現地での工場占拠をはじめ、労働委員会や裁判での闘争をねばり強く展開した。その結果、〇八年三月、社長に組合員の雇用責任を認めさせ、最終的には会社側が自らの非を認め、組合員の雇用を確保する目的でワシン社の工場設備の全てを組合が管理することに合意し、ワシン社との闘いは組合側の全面勝利で終結したのである。

こうして、この闘争の勝利は、和歌山ブロック自らが業界への影響力を拡大して行く記念すべき一歩の始まりを示し、斎藤建材闘争勝利に続くワシン社での全面勝利は、今後、起こりうる不当労働行為を防ぐ大きな抑止力となることが期待された。

## 〇八春闘の勝利
### ——要求の実現能力を発揮した春闘

五月二九日、関生支部の第三回中央委員会が生コン会館で開かれ、〇八春闘の到達点と今後の課題の確認。各ブロックの活動の進捗などの報告がなされた。

注——〇八春闘の結果、大阪・兵庫地区で六五〇〇円、京都では三〇〇〇円の賃上げを獲得。大阪・兵庫地区での六〇歳以降者の労働条件の改善、日々雇用の日額四〇〇円の賃上げ、残業代切り捨ての禁止、休日割り増し手当の支給などの実現。女性労働者に対するセクハラ対策と「安心して使える」女性用トイレの設置などの処遇改善。京都地域でベストライナー分会の仲間たちの本勤雇用を実現。長期闘争となっていた近畿生コン社での人員補充問題についても解決の見通しもつけたなど。

特に、春闘の成果に加えて、この時期、宇部三菱直系生コン工場の新関西菱光社の専属輸送である新光運輸社で就労する日々雇用の労働者が連帯労組に加入したが、会社は不当に団体交渉を拒否し、話し合いに応じようとしなかったが、関生支部の抗議と原則的な闘いによって問題解決に向け話し合いが継続されており、今後も体を張って闘い、事態を切り開かねばならないことを確認した。

## 映画「アメリカばんざい」が堂々の完成
### ——関生支部が、反戦ドキュメンタリー映画の共同制作に参加

この時期の関生支部の社会活動の広がりを示すものとして、共同製作者として、反戦ドキュメンタリー映画「アメリカばんざい」の製作への参加があげられる。

関生支部は、前期の二〇〇三年の開戦当初から「反戦スト」を実施するなどイラク戦争反対の運動を果敢に展開してきた。そのような反戦運動の経過から、「国策弾圧」の渦中にもかかわらず、〇六年から計七回・二〇〇日に及ぶ取材・撮影を終え、作品が完成し、八月、「8・10反戦ドキュメンタリー映画試写会」を開催して、組合員など関係者に作品を披露することとなった。

映画は、イラク戦争に従軍した元米兵のその後の生活実態を明らかにし、愛国心をあおって若者の命を粗末にする米軍の実態にもメスを入れ、劣化ウラン弾に

よってイラク人だけでなく従軍した米兵も被爆し、多くの米兵が帰還後死亡していることに焦点をあて、全国で放映運動がなされ、話題を呼んだ。

## コンプライアンス違反を繰り返す関西宇部と癒着する建交労幹部の異常な行動への批判

この時期、繰り返し行われてきた関西宇部による「生コン汚水の垂れ流し」は生コン業界の社会的信用を大きく失墜させていた。〇八年九月二九日の第二回品質管理委員会（関連五労組、経営者会、大阪兵庫工組）で関生支部は、関西宇部の度重なる生コン垂れ流しは厳しく処分するべきと主張し、その結果一〇月三一日の第三回品質管理委員会で結論を出すことが確認された。

しかし二九日の品質管理委員会で、建交労の一部幹部は「もう終わった話や」などと発言し関生支部の発言を妨害した。建交労はこれまでも資本・権力と一体となって関生支部を攻撃してきたが、今後も関生支部は関西宇部の不正、不法行為など生コン業界でのコンプライアンス違反の撲滅を徹底し、業界の信頼回復をはかっていく決意を込めて、次の「質問状」を発している。

### いま、建交労の諸君に問いたい

七月三日、建交労は突然五労組共闘を破壊する利敵行為を行った。また品質管理委員会での建交労一部幹部の言動から関西宇部との癒着が明らかとなった。そこで、建交労の諸君に問いたい。

①関西宇部への人員補充要求についてステッカー闘争で要求実現の見通しは立つのか

②春闘協定の不履行によって春闘協定書を死文化させるのか

③今後も闘う労働組合の活動を妨害し、企業の利益代表人的態度を取り続けるのか

④過去から労組の政策闘争が中小企業の経営安定と労働条件の維持発展を実現してきた事をどう考えているのか

⑤関西宇部の不正・不当行為・団交拒否などの不当労働行為に対し、今までのように会社に協力するのか、それとも闘っていくのか

⑥戦術の違いを前面に出して五労組共闘を破壊するのか、それとも今までの確認通り各労働組合の主体性を尊重し一致する事で団結・共闘体制を確立する立場にたつのか。

建交労の諸君は「労働者の要求実現・中小企業の経営改善への道」、それとも「大企業と権力に迎合する道」のいず

れの立場に立つのかが今問われている。

## 盛大に関生支部第四四回定期大会
### ――協同型社会への変革、三〇〇〇名組織をめざす

〇八年一〇月一九日、関生支部は、各界から多彩な来賓を迎えて第四四回定期大会をエル大阪で開催した。大会では、執行部があいさつに立ち、二〇〇八年の闘争成果として特筆すべき点として、①日々雇用の労働者の賃金引き上げとトランスポートやベストライナー等、正社員化への人員補充闘争の前進、②女性専用トイレ、生理休暇、セクハラ防止等、女性パワーを発揮した運動の発展。女性からの発進で世の中を変え、労働組合をまともにしていくために女性部の応援、③NOx・燃料高騰・賃上げ等のコストアップ対策として運賃の引き上げの協定化と労働協約実現、④権利侵害反対闘争としては、和歌山ワシンレミコンや齋藤建材・バニッシュ等の勝利、⑤中小企業による中小企業のための協同組合化運動として、労働組合のない未組織の五〇社以上による阪神地区生コン協同組合が結成、⑥広域協の民主化での一定の成果、⑦シャープやパナソニックの大きな需要地では協同組合と近畿生コン輸送協との集団的な契約を締結し五万円まで運賃を上げることに成功、⑧反戦・平和闘争としては、（a）文科省に対し、沖縄戦についての高校歴史教科書検定意見撤回を求める署名、（b）反戦映画「アメリカばんざい」の共同製作、（c）G8洞爺湖サミット抗議行動、（d）韓国の仲間との国際連帯行動等の取り組みとその成果をあげた。その上で、今後の課題として、①新体制のもとで三〇〇〇名の組織拡大を具体的に進めていくこと、②権利侵害闘争の強化を支部全体が力を合わせて電撃的な反撃を強力に実行してゆくこと、③日々雇用の退職金、年収、年金制度などの問題に全力を尽くして取り組んでいくこと、④組合運営についいて、組合員を主人公とした組合の在り方、行動などについてのパンフレットやDVD映像などを活用し、広報宣伝活動を充実させ行くことなどの問題を提起した。

また「情勢はわれわれを求めている。市場原理主義はもう破綻し、共生・協同型の経済が今求められています。一〇〇〇万人を越すワーキング・プアと言われ

る年収二〇〇万円しかない人の雇用安定のために、最低賃金制度を大幅に引き上げることを提案したい。今のような非正規雇用労働者を絞り上げるという方法から、大企業の儲けを中小企業に吐き出させるという中で我々の要求を実現していくのです。そして選挙が近いと言われています。アメリカ型の社会を続け大企業が中小企業・商工業者・農民、そして労働者をいじめるような政治を今後とも続けるのか否か、これが総選挙の争点です」と二〇〇九年に向う政治方向を示した。
そしてその発言の最後に、「生コン業界ではアウトとインの大同団結が大きく進んでおり、今後、新しい技術開発、広報活動、環境保全の取り組み、教育制度等をコスト要因として認識する。さらに中小企業の砦である会館をつくり上げ、業界の民主化を実現することが生コン業界の向こう一年間における重要なテーマです。わが業界の刷新と労働者の雇用・労働条件の改善、政治の革新に向け、そして権利侵害反対闘争・組織拡大に全力を尽くす一年でありたい」とその発言を結んだ。

こうして、大会は「アメリカ発金融恐慌の始まり」が資本主義の暗部を露呈する今こそ闘いと組織の拡大のチャンスとして、運動の成果・到達点を総括し、次年度の重点課題ならびに新たな運動方針・役員体制を満場一致で確立した。

注――決定された大会方針の実行のため、関生支部三〇〇〇名の組織の建設実現をめざし、組織部主催による「第一回関生オルグ団研修会」が、一一月六、七日、六甲技研センターで、開催された。組織部は三〇〇〇名組織建設を目指して、二〇名体制の関生オルグ団を結成。組織部とオルグ団の総勢三二名は「やるぞ」との意気込み熱く研修を開始。今後、各ブロックの政治地図を分析、拡大人数と個別的責任者を決め、関生オルグ団が先陣を切り、組織拡大の目標を達成していくことを確認。

ここに、三年にわたる「国策弾圧」の攻撃を反面教師として成長し、情勢と時代の求めるところに、好機到来として闘いの決意を固めた「大会宣言」を、第五期の締めとして掲げておきたい。なぜなら、ここには、この時期の的確な情勢に対する認識とこの時代に応えていこうとする関生労働者の意気が示されており、それが次期の反転攻勢への大きな原動力となっているからである。

## 〈関生支部第四四回定期大会大会宣言（要約）〉

アメリカを中心とした、日本を含むごく少数の先進諸国による傍若無人な世界支配が終焉を迎えつつある局面のまっただなか、関西地区生コン支部は第四四回定期大会を開催した。

今日の時代状況を見れば、労働者や農民、商工業者など圧倒的大多数の人民が主人公となり、失われた主権を私たちに取り戻すべき、一〇〇年に一度の大転換期を迎えていることは明らかである。世界の民衆を戦争と貧困、飢餓の惨禍に引きずり込んだ米ブッシュ政権は、戦争政策、とりわけイラク侵略戦争の失敗や、サブプライムローン破綻に端を発した政治、経済政策の行き詰まりを引き起こし、もはやアメリカ一国のみならず世界中を金融大恐慌に引き入れている。

また、日本国内ではアメリカ盲従の自公政権が国民から大きな批判を浴び、安倍、福田と二代続いて政権を投げ出さざるを得なかった。この政権交代は謝罪の言葉などで許されるものではなく、ブッシュの盟友を自負した小泉政権から続いた「構造改革」の名の下におこなわれた規制緩和、財界優位の法制度改悪による国民への犠牲転嫁、特に労働法制の一方的改悪は企業利益を増大させ戦後最長の好景気と言われた一方、ワーキング・プアと呼ばれる働く貧困層を数多く排出し、富める者と苦しく貧しい者との格差を増大させ、大多数の国民の悲しみと怒りは、もはや頂点に達している。さらに先ごろ誕生した麻生新内閣では、発足四日にして中山国交相の日教組、労働組合潰し発言が注目を浴び辞任をするなど、早くも目線が国民に向いていないことが露呈した。

そのような情勢下で私達は、二〇〇五年から続く権力弾圧を完全に跳ね返し、セメント・生コン関連業界における政策闘争や権利侵害闘争、教科書検定意見撤回や反G8ミキサー車キャラバン隊などの反戦平和運動など、多くの闘うフィールドで大きな成果を挙げたことを本大会で確認した。

そして私達は、本大会において確認した様々な闘争方針、目前に迫った総選挙闘争の勝利、米軍再編下での戦争国家作りの阻止、労働者派遣法の見直しをはじめとする雇用、年金、医療、税制などの政策転換を求める政治革新の闘い、セメント・生コン関連産業を軸とした巨大独占資本に対抗する政策闘争などの方針に基づき、本大会以降さらなる果敢な闘いを、全世界の労働者、人民とともに発展させることを本大会で宣言する。

二〇〇八年一〇月一九日

関西地区生コン支部第四四回定期大会

## 中小企業の「砦」建設が始まる
### ――アソシエ会館建設着工

大会直後の一〇月二九日、生コン関連八団体が建設を進める「協同会館アソシエ」の起工式が八団体会員（近畿生コン関連協同組合連合会、近畿生コンクリート圧送協同組合、近畿生コン輸送協同組合、近畿バラセメント輸送協同組合、有限責任中間法人中小企業組合総合研究所、NPO法人関西生コン関連中小企業懇話会、NPO法人関西友愛会、阪神地区生コン協同組合）・生コン関連三労組（生コン産労・全港湾大阪支部・連帯労組関生支部）・各界来賓など総勢二三一名参加のもと建設予定地において盛大に開催された（口絵写真参照）。

協同会館アソシエ建設のつち音は、次期の大高揚期にむかう関生労働者の未来の扉をたたく力強い拳の音とも聞こえ、響いていく。折から、二〇〇八年一一月、米国発の世界金融恐慌の震源地で、米国建国史上初めてのアフリカ系黒人のオバマ大統領が誕生した。それは、米国民・世界の民衆の変革を求めるうねりの現れであった。日本でも、翌年の総選挙を控え、大きな歴史的変化に向かっていく。

好機来たれり！　いよいよ、五〇年史も最終期となる次期へ。

【第六期】――二〇〇九年―二〇一五年

# 第三次大高揚期に向かって――共生・協同を求めて新時代の扉開く

**解題**――リーマンショックを契機に米国発「世界金融恐慌」の進行の中で、労働者民衆にその犠牲を転嫁する「大失業と貧困の時代」が始まっていた。それに重合して二〇一一年、日本を「3・11東日本大震災・福島原発震災」が襲った。大震災は偽りの「安全神話」の下で原発政策を推進してきた日米原発独占資本と国家の責任を問い、さらに日本の国家や社会の在り方、日本人の生活、暮らし方を問い、独占資本本位の経済・効率優先の競争社会の見直しと新しい人類文明・生活様式への大転換の必要を示していた。政治においては、民主党政権が破綻し、安倍自民党が政権に返り咲き、「辺野古阻止」へオール沖縄の闘いが前進し、「戦争国家」の道を暴走する安倍政権と民衆の真っ向勝負の時代が始まっていた。

この時期の関生支部は、この事態を「弱肉強食の競争社会、〈市場原理主義〉から〈共生・協同の時代〉への歴史的大転換のチャンス到来」と認識し、まるで五〇年を凝縮したかのような獅子奮迅の勢いで一丸となって闘っていく。日本労働運動史に輝く建設独占を揺るがした四カ月半のゼネスト決行、東日本大震災支援、沖縄連帯、「ソウル宣言の会」、大阪広域協組再建による生コン業界の民主化、戦争法案反対のストライキそして新会館建設と大阪労働学校設立など50周年記念事業の成功へ。

いよいよ関生支部結成50周年の節目に向かって……。

# 第一五章　建設独占を揺した四カ月半（一三九日）のゼネスト決行
## ――米国発「世界金融恐慌」の進行の中で

### 1　大失業時代の到来
### ――情勢を主導的に打開し反転攻勢の時が来た！

二〇〇九年。「株が上がった、下がった」「一〇〇年に一度の大津波が押し寄せている」と支配層・富者が慌てふためき、前年一二月の「派遣切り」への日比谷公園年越し派遣村に見るように、大失業と貧困が労働者を襲いこれに対する闘いもはじまっているにもかかわらず、労使協調型の企業内労働組合幹部はこの危機に震撼し、今は耐え忍ぶしかないと「闘いの自粛」を叫んでいた。そして、二〇〇九年後半には、人々の怒りが総選挙で自民党政権を倒し、米国のオバマ政権誕生に続いて、日本でも民主党政権への政権交代となっていく。まさに、この情勢を打開し、時代を希望へと開く労働運動とそのオルタナティヴが問われる時代が始まっていた。

#### 歴史的大転換の新年に闘いの決意

関生支部は、このような時代と生コン業界の現状認識に立ち、「闘わない労働組合」は「企業防衛のための労使協力型」となると、情勢をチャンスとして主導的に打開し、新しい年を夢と希望を実現する年にする決意を明らかにした。

二〇〇七年から続いてきたアメリカ発の金融危機は二〇〇八年九月一五日の全米四位を誇った証券大手リーマン・ブラザーズ破綻でついに破裂し、一〇〇年に一度といわれる資本主義体制そのものの構造的危機が到来していた。それは、弱肉強食の競争社会〈市場原理主義〉から「共生・協同の時代」への歴史的大転換の好機到来を意味していた。

米ドルを基軸とする資本主義体制の末期に直面しつつあった資本家とその代理人である政治家たちは狼狽（ろう

ばい）し、博打経済のつけを勤労大衆に押し付けることでピンチを乗り切ろうとしている。日本国内ではアメリカ言いなりに、米多国籍資本と大企業の意を受けて、製造業に従事する派遣労働者の大量削減をはじめ、労働者、中小商工業者、農民、漁民らに犠牲を転嫁している自公政権は民衆の怒りと不満の高まりの中で、安倍、福田と二代にわたり政権を投げ出し、麻生政権に至っては崩壊の淵に立たされていた。

この資本主義の巨大なピンチによって、一部特権階級の経済力は弱まり、政治は疲弊している。労働者階級にとって、弱まった敵を打ち倒す最大のチャンス到来である。

今日、財界の要望と自公政権の失政によって作られた経済格差、派遣労働者、低賃金構造から生まれたワーキングプア労働者など、巷には職を失い、雇用不安を抱き続け、大企業の利潤追究のために搾り取られたあげく「雇用の調整弁」として使い捨てられた労働者・民衆の不満と怒りがあふれ、それが「絶望」へと変ったした人々は自殺・無理心中や犯罪に向かい、格差拡大に不況が追い打ちをかける昨今、傷ましい事件が後を絶たない。敵の力は弱まっており、敵の攻撃は団結の条件を拡大している。怒りを要求に変え、闘いを組織し、大きなチャンスの年である。生コン産業においても、前年に阪神地区生コン協同組合が「中小企業による中小企業のための協同組合」としてスタートし、セメントメーカー主導型で中小企業を踏み台にする既存協同組合人事もセメントメーカー本社で決定する協同組合の時代も終わり、二〇〇九年は中小企業復権の年である。

（武委員長新年挨拶より要旨）

二〇〇九年。関生支部は、一月一六日に恒例の「新春旗開き」を三四〇名参加のもとで盛大に開催し、新年早々の関西宇部における権力弾圧を受けながらも、〇九春闘の勝利と一二項目合意を獲得、中小企業運動の砦・協同会館アソシエの竣工をもって反転攻勢への流れをつかんでいく。

## 大企業の利益代弁する建交労問題で「緊急提言」

世界的金融危機の到来は、これにどう立ち向かうかで各労組の本質をあぶり出し、労働者の闘いの前進にとって避けて通れない闘いの方向をめぐる路線問題ともいうべき問題の解決が問われる。それが、前期でもふれた建交労問題であった。

関生支部は、建交労の関生支部への中傷や生コン業界へのかく乱攻撃に対して、機関紙『くさり』紙上で、全組合員に向けた左記のような内容の「緊急提言」を発表した。

**緊急提言**

阪神地区生コン協同組合誕生により、ようやく生コン業界に大同団結の道が開かれ安定と協調の兆しが見え始めた。しかし、セメントメーカー直系企業とその背後にうごめく大資本セメントメーカー、そして利敵行為にひた走る一部労組の行動と体質が、政策運動の発展を妨害しはじめた。彼らは権力とつながり、再び業界を競争と混乱に陥れようとしている。宇部三菱セメント株式会社は、セメントメーカーである三菱マテリアル株式会社と宇部興産株式会社の資本により設立された企業であり、三菱マテリアル株式会社と宇部興産株式会社が生産するセメントの販売を目的としたセメント販売会社である。そして同社は、近畿二府四県に占めるセメントの販売数量で他のメーカーを圧倒。それは各協同組合の理事長をはじめとする協同組合の役職に同社出身の者を送り込み、協同組合を自らの販売政策に利用することで実現しているに他ならない。また協同組合に加入していない員外企業に対してもセメントを乱売、他のメーカーをしのぐ量のセメントを供給し、価格競争を誘発させて業界を混乱させているのが実態だ。今日、各セメントメーカーは生コン業界の自立を求めて、協同組合化を促進している。よって同社も、表向きには協同組合の破壊につながるような策動はしづらい。現在、大阪地区では大阪広域生コンクリート協組（広域協）一〇二工場、阪神地区生コン協組（阪神協）五五工場という組織率となり、この二協組で在阪生コン各社の九〇％以上が組織化されるに至った。このことは、中小企業に大変歓迎され、今日の厳しい状況を打開し、業界再建に希望を与えている。

ところが、この中小企業の大同団結によって損をするのが宇部三菱セメント＝宇部・三菱資本である。なぜなら、個社型経営を追求し過当競争を繰り広げていたアウト（員外社）が団結して協同組合を組織すると、結果的に安値販売によって販売量を確保する経営から、品質と適正価格を維持・追求する経営に切りかわり、これに伴ってアウト社に圧倒的多数のセメントを販売している宇部三菱セメントの販売数量は落ち込むことになるからである。更に宇部興産株式会社の連結子会社である株式会社関西宇部は、広域協の改革を目指す専業社から「実質的にみて、小規模事業者にはあたらない」として、公正取引委員会に関西宇部に対する「協同組合からの脱退」を求める申立てがなされ窮地に立たされている。このままでは、協同組合を利用した宇部三菱セメントをはじめとする宇部・三菱資本の利益確保が脅かされる事は確実で窮地に立たされた宇部・三菱資本は、自社の利益が落ち込む事態を阻止する策動を強めている。

**業界改革への「緊急提言」**

①値崩れを起こしている生コン価格の値戻し、および〇九

年四月一日から値上げを実施しなければならない（全国各地区の生コン価格は、一万八〇〇〇円／㎥のところもあり、生コンが社会的有用基礎資材であることからすれば、近畿、とりわけ大阪の生コン価格は低価格であると言わざるを得ない）。

②取引関係を改善する為には、出荷時の売り価格を現在の「契約ベース」から「出荷ベース」にすべきであり、更に口頭契約でなく文書契約にすべきである。

③売り価格について、買い手に理解・納得してもらうには進んで原価公表しなければならない。また、生産原価については原材料費や販管費などだけでなく、今まで原価基準に入っていなかった環境保全、新技術開発、教育活動など諸活動の予算も計上すべきである。

④協同組合事業の一環として「物資の共同購入」を積極的に進め、員内社のコストの平準化を図り、員内社の団結の強化と、消費者との信頼関係を構築することが必要である。

⑤セメントの一方的値上げを認めない姿勢を明確にすべき。なおかつ、メーカーが値上げを強行する場合、これは優越的地位の濫（らん）用にあたり、そのような大企業による横暴を協同組合が公取へ訴えたり、員内社の利益のため、個社にセメント価格の交渉をさせるのではなく、協同組合がメーカーとの窓口として対応しなければならない。

⑥ヤクザを使ったり、下請業者との契約を一方的に打ち切ったりするミトミ、汚水を垂れ流したり、不当労働行為を行う関西宇部出身の人物が協同組合・工業組合・生コン経営者会の執行部に就任することは、業界の社会的信用を失墜させるものであり、各団体からの排除を求めることが重要である。

⑦広域協組の理事長、専務理事、大阪兵庫生コンクリート工組の理事長は東京のセメントメーカー本社で決定されている。これは法や協同組合の精神に反するものであり、各団体は拒否すべきである。また、大阪兵庫生コン経営者会の事務局は、各セメントメーカーから派遣された者が就任しているが、これは経営者会の自主性を阻害しており、直ちに同人らメーカー関係者の撤退を求めることが必要である。

⑧協同組合運営の基本は、相互扶助の精神を貫くことであり、現在のように直系工場だけが利益を得るシェアのあり方は直ちに是正しなければならない。協同組合は、組織の自主性や透明性を確保し、公正・平等を原則に員内社が理解納得出来る運営を行わなければならない。

⑨阪神地区生コン協組は、ゼネコン、セメントメーカー、販売店との対等取引を目的にスタートした協同組合であり、これを敵対することなく、協調体制のもと適正価格の収受などに取り組むことが重要である。

⑩需要創出、品質管理体制、人的資源開発の強化のため、

教育技術センターを設立することが必要である。

⑪時代状況を読むことが肝要。グローバリズム、弱肉強食の市場原理主義の競争社会から共生・協同の社会転換期にあるのが今日の時代状況である。

人道主義に裏打ちされたこの運動に確信を持って望むこと。民衆の利益を守り発展させる運動は、経済・社会・産業民主化の運動であり、人々に生きる勇気と希望を与える。構想から共生・協働、大企業支配から中小企業の自立、御用組合ではなく闘う労働組合、これが今日の時代が求めているテーマである。

大企業と権力に取り込まれた労働組合は、社会的使命を果たすことは出来ず没落する。大企業支配を脱却しなければ業界安定は実現しない。これは、歴史と現実からの法則である。

## 新たな権力弾圧事件、5名が不当逮捕!
### ——狙いは明らか〇九春闘潰し

〇九春闘の本格化を目前にした二月一二日、関生支部が関西宇部との闘争における建交労問題で「緊急提言」を発した直後に、新たなる不当な権力弾圧が仕掛けられた。警察権力は早朝から、武委員長はじめ支部役員の自宅、支部事務所を家宅捜査し、同日九時すぎには労組事務所の生コン会館にも約三〇名の捜査員が押しかけ、会館を捜索。支部執行委員三名、組合員二名を拘束した。生コン業者の関西宇部との労使紛争における〇八年七月二日に行った組合の要請行動を「威力業務妨害」として組み立て、刑事事件に仕立て上げたのである。

当日捜査の指揮を執った警部が〇九年の春闘とその体制のことをしきりに聞いたということで、狙いは、関生支部の産業政策の発展と〇九春闘潰しである。

この不当逮捕、勾留が「まったくのデタラメ」(弁護士)であり、その勾留理由になんら正当性がないことは、二月二四日の「勾留理由開示公判」(大阪地方裁判所八〇二法廷/裁判官・村瀬洋朗)で完全に明らかとなった。

## 「独占資本の手の平に乗ったような運動はしない」
### ——大幅賃上げ、一二項目獲得、〇九春闘勝利!

「独占資本の手の平に乗ったような運動をするから、ゼロ回答、定昇の凍結になるのです。状況によってはストライキを打つ。こういう構えで要求は前進する。相手にすり寄って言いなりになったのでは展望はない。背後にいるゼネコン・セメントメーカー・大手商社に対して、今まで食い逃げをさせない、背後にため込んだ原資を持っている所から取ってくればよいのです」。

武委員長は、ある機関紙のインタビューでこう喝破している。その言葉どうり、四月六日、関生支部は生コン政策協議会の三労組と共に、生コン関連産業の関西全域で産別ストライキに突入し、勝利した。

金融恐慌突入で、「賃上げどころではない」という時代状況の中で、関生支部の〇九年春闘方針は、大企業の収奪政策と闘い、中小企業・労働者から巻き上げ溜め込んだ収奪源資を取り戻して大幅賃上げを勝ち取ること、同時に労組の団結力・闘争力で大企業の支配を排除して、中小企業主体の協同組合につくりかえる業界再建のための政策要求であった。相手側の資本が「一〇〇年に一度の危機」ならこれをチャンスととらえ、「一〇〇年に一度にふさわしい闘い」をする気概で〇九春闘を闘おうと、3・15には、交運労協セメント生コン部会と生コン政策協議会（関生支部・生コン産労・全港湾大阪支部）および大阪コンクリート圧送労働組合とともに、三〇〇台の自動車パレードを行い、四月六日から生コン産労、全港湾大阪支部、関生支部の政策協議会の三労組が無期限のストライキを決行した。関生のスト戦術は、バラセメント、生コン、圧送（ポンプ）の組合員を順番に総動員して行う三段方式で、ストライキ対象も直接の雇用主でなく、その背後に存在する背景資本と闘うスタイルで、近畿二府四県のセメント出荷基地四二カ所でストライキを決行。これによりセメント供給が困難となり、大阪・兵庫・京都・奈良地域の生コン工場に大打撃を与えた。続いて、各生コン工場がストライキに入り、三段目の圧送ポンプ労組がストに突入する段階で、たまりかねた大企業各社が屈し、各業界別に、一四日には生コン本勤一カ月一万五〇〇〇円、日々雇用一日一〇〇〇円、圧送六五〇〇円、二〇日にはバラセメントで一万円の賃上げ回答と政策要求一二項目全てを勝ち取り、〇九年から、本格的に中小企業が大企業と対等取引をする方向性が確認された。

ストライキによる〇九春闘の勝利は、「世界恐慌と大失業時代を労働運動はどう闘うか」を問う全国の労働者への関生支部の答えであり、関生産別政策闘争の画期的な転換点であり、翌年の四カ月半に及ぶゼネストへの号砲となった。

## 恒例の連帯フェスタ2009、成功

四月二六日、恒例の連帯フェスタ２００９が万博公園お祭り広場で盛大に開かれ、九〇〇〇人の仲間や家族・市民が集まり、賑やかに交流した。権力弾圧によって不当逮捕・長期勾留されている三人の仲間に思いを馳せ、大きな希望と自信をもって弾圧粉砕に奮闘し、産業政策運動を力強く推進することを誓いあった。フェスタは、実行委員会主催のもと、セメント・生コン・圧送関連業界協賛、兵庫盲導犬協会、（財）日本ユニセフ協会大阪支部、大相撲北の湖部屋・尾上部屋の両関西後援会等が後援した。

## 沖縄との出会い
### ——時局講演会「沖縄基地問題と日米安保を問う」

二〇〇九年五月。復帰してもなお米軍基地の大半をおし付けられている沖縄県民は、「在沖縄海兵隊のグアム移転協定」（米軍再編推進強化法）が発効し、その要に米海兵隊のグアム移転・基地強化とパッケージになっている沖縄・辺野古の米軍新基地建設の二〇一四年完成強行に強い怒り示し、沖縄と結ぶ本土の闘いが問われていた。

関生支部は共闘する諸団体に呼びかけて時局講演会実行委員会を形成し、「沖縄基地問題と日米安保を問う」と題して五月二八日、エル・おおさか南館五階ホールにて時局講演会を開催した。そこで、沖縄大学名誉教授新崎盛暉氏の講演と武委員長との対談が行われた。講演会には、沖縄の基地問題を考える様々な団体・経営者等が集まり、会場いっぱいの参加者の熱気にあふれた。冒頭、司会の高英男関生支部副委員長が挨拶に立ち、「それぞれの労組・団体に共通する政治問題に沖縄の基地問題があるが、今まで政治勢力として共闘するという戦線がなかった。今回、今までにない顔ぶれに集まっていただき、基地問題の根っこにある日米安保問題含めて沖縄の歴史を学習する機会を設けた」と、この講演会の趣旨を説明した。

続いて、基調講演「沖縄基地問題と日米安保を問う」と題して新崎盛暉沖縄大学名誉教授が講演をした。

その後、新崎盛暉名誉教授と琉球弧・徳之島出身の武建一委員長が対談を行った。この取り組みは、「日米安保条約制定50周年」を翌年に控え、日本の対米追随政治、沖縄への米軍基地押しつけの根幹にある日米安保を破棄する大衆運動の形成への第一歩として開催された。

この講演会、対談を契機に、翌年には、沖縄と本土を結ぶ新しい大衆的形態の沖縄意見広告運動につながっていく。

## 「変革のアソシエ」発足
### ——関生支部から武建一委員長が共同代表に就任

六月六日、東京・総評会館にて「変革のアソシエ」が発足した。この組織は、学者・研究者と労働運動、農民運動、市民運動などの現場のものが対等な立場で、根本的危機にある資本主義そのものを克服し、新しい価値観に基く新しい社会変革の基軸を構築するために協働し、歴史の危機を突破する希望を育みたいと、結集し、発足したもの。この「変革のアソシエ」の共同代表に、本山美彦京大名誉教授と伊藤誠東大名誉教授らとともに武建一委員長が就任し、この関西事務局が六月三〇日に竣工された協同会館アソシエに置かれることになった。

## 中小企業運動の砦・協同会館アソシエが竣工!

幾多の困難を乗り越え、中小企業の団結の象徴であり、中小企業運動の砦である協同会館アソシエが、六月三〇日、竣工式を迎えた。竣工式は、会館の建設主体である生コン関連中小企業一〇団体をはじめ、各界来賓・関連労組など三五〇名出席のもと盛大に開催された。神事の後、三階大ホールにおいて祝賀レセプションを開催。冒頭挨拶に立った協同会館アソシエの武代表取締役は、竣工式に参加された来賓・参加者に感謝の意を述べるとともに、左記のようにその喜びを語った。

「『協同会館アソシエ』は中小企業の自立・自尊の魂が込められており、近畿地方では生コン関連事業者が力を合わせて完成させた初めての会館である。この会館の建設は、長年の悲願であり、一九八二年、二〇〇四年にも会館建設を試みたが、いずれも権力弾圧によって実現できなかった。今回も色々な方面からの圧力があったが、見事に跳ね返し、建設には三〇〇社を越える中小企業が出資協力し、中小企業に従事する者の『血と汗と涙の結晶』として竣工式を迎えることができた。八月末には一階のグリーンコンクリート研究センターに東洋一の最新式研究設備を設置する予定で透水性、保水性、保湿性を高めたり、植物や藻が生えたり曲がりやすいコンクリートなど研究を重ね、未来の新たな需要創出を図る。この会館が中小企業のため、労働者のため、研究者、地域の住民のために有効に活用される場となるように育てていきたい。」

## 反G8サミット札幌闘争
### ——ミキサー車キャラバン隊、戒厳下の北海道へ

七月、世界的危機に打つ手なしの資本主義国の頭目たちが集まるG8サミットが日本（洞爺湖）で開催された。関生支部は、抗議の意志を込め、ミキサー車五台と宣伝カーからなる独自のキャラバン隊を西山直洋隊長の下に編成して、空には航空自衛隊の空中警戒管制機などが飛び交い、海には海上自衛隊のイージス艦、陸には陸上自衛隊・中央即応集団を投入し全国から二万の警察官を動員しての厳戒態勢の北海道札幌をめざし、一六〇〇キロを走破する一大キャンペーンを実施した。キャラバン隊は、七月二日に関西を出発し、静岡、東京、青森を経由し北海道に入り、大通公園で開催された世界から集まったG8に反対する人々による国際集会に登場。集会参加者は、ミキサー車のキャラバン隊を驚きと歓迎の拍手で迎えた。その後のデモには、警察の厳重規制線が引かれて阻止されミキサー車は入れず、キャラバン隊宣伝カーが国際デモ隊を先導し、最前列に連帯労組の旗が高々と掲げられた。

また一つ、関生の勇猛果敢な行動の伝説が生まれた闘争であった。

## 大政変―八月総選挙　民衆の怒り自公政権を倒す
### ――九月鳩山民主党政権誕生

八月総選挙の結果は、民衆の自公政治への怒りが民主党の歴史的大勝、自公政権与党の大惨敗となり、翌九月には民主・社民・国民新の「三党連立」による鳩山政権が誕生した。鳩山新連立政権の最大の試金石は、普天間米軍基地の移転―辺野古新基地建設計画の「見直し――国外・最低でも県外」の公約の実行ができるかが問題であった。すべての労働運動、大衆運動、政治勢力には、この大政変をどうとらえ、鳩山新政権の性格を正しく認識して、この大政変下でどう闘うのかが、問われた。関生支部は、この大政変を活用する闘いに入っていく。

## 産業政策運動、山場へ
### ――生コン値戻し、バラ統一運賃に大きな動き

〇九年秋、激動の時を迎えた関西の生コン業界、バラセメント輸送業界において、生コン産業政策協議会（関生支部・生コン産労・全港湾）が推し進める産業政策運動が再び大きな前進の山場を迎えた。セメント輸送、生コン業界の大多数を占める中小企業は、協同組合に結集し、共同受注・共同販売の事業運営を行うなかで輸送運賃の統一化や適正価格化等を行い、大企業との対等取引を実現する事こそ、この金融恐慌・大不況下で生き残る道であると、この間の産業政策運動がもたらした成果と現状が緊急報告された。

阪神地区生コン協同組合（阪神協）は、すでに翌年四月から生コンの標準販売価格を一万八〇〇〇円／㎥に引き上げることを表明しているが、ついに大阪広域生コンクリート協同組合（広域協）も来年四月からの標準販売価格を一万八〇〇〇円（現在は一万四八〇〇円／㎥）とすることを決定。神戸生コンクリート協同組合（神戸協）も値上げを発表。こちらも標準販売価格一万八〇〇〇円で決定している。さらに、広域協は九月二九日の臨時総会で「セメント価格の値上げはバラ輸送運賃の値上げがなされてから認める」方針を決議。これにより、セメントメーカーが一方的に輸送両

社に押し付けていた輸送経費負担を解消させ広域協加盟各社への負担分も軽減する。

## 関生支部第四五回定期大会開催
### ――組織と運動の飛躍的発展を決意

関生支部は、〇九年一〇月一八日、各界から多彩な来賓を迎えて第四五回定期大会を新しい協同会館アソシエ（大阪市東淀川区）三階ホールで開催した。

この四五回大会は、「三〇〇〇名組織」建設をめざして前年度に結成されたオルグ団と全組合員の奮闘の途中ではあるが、今期加入八六企業（一三三名）中三二企業（企業内拡大を含む四九名）の成果を持ち寄っての大会となった。大会は、冒頭の執行部による運動の総括と国際・国内情勢分析に立って、①産別労働協約の確立、②反独占・経済民主主義の観点での産別政策闘争の前進③「優先雇用協定」を全職場で締結し労働組合の力で雇用を創出④権利侵害一掃と権力弾圧粉砕、⑤政治革新と交際連帯など運動の基調と、「三〇〇〇人組織の早期実現」、権利侵害勝利、国際連帯・反戦平和等など重点課題を討議を通じて確認し、ストライキ権の確立し、新たな役員体制を確立した。そして、最後に、重大な歴史の転換点に立って闘う決意を込めて「大会宣言」を採択して終わった。

**大会宣言**（要旨）

今、我々は歴史の転換期にいる。

昨秋の米大手投資銀行リーマン・ブラザーズ破綻は世界金融恐慌をひき起し、貧困・環境破壊など、絶望的な病巣を我々の顔面に突きつけ、世界の潮流が、「一極から多極」「競争から共生・協同」へと舵を切るきっかけとなった。

八月三〇日、衆議院議員選挙で自民党が結党以来の歴史的敗北を喫した。戦後長期にわたり日米軍事同盟を最優先にして大企業資本に利益誘導し、特に自公政権の一〇年は小泉構造改革により、大多数の市民・労働者を切り捨てた。一〇〇〇万人にものぼる絶対的貧困層の拡大、多発する自殺や孤独死など、国民生活は破綻の危機にある。

今、新たに民主・社民・国民新の連立政権が発足した。今後我々は、新政権を監視・活用し、私たちが主体となって新時代の経済民主主義を実現しようではないか。

昨秋の米大手投資銀行リーマン・ブラザーズ破綻は世界金融恐慌をひき起し、貧困・環境破壊など、絶望的な病巣を我々の顔面に突きつけ、世界の潮流が、「一極から多極」「競争から共生・協同」へと舵を切るきっかけとなった。

八月三〇日、衆議院議員選挙で自民党が結党以来の歴史的敗北を喫した。戦後長期にわたり日米軍事同盟を最優先にして大企業資本に利益誘導し、特に自公政権の一〇年は小泉構造改革により、大多数の市民・労働者を切り捨てた。一〇〇〇万人にものぼる絶対的貧困層の拡大、多発する自殺や孤独死など、国民生活は破綻の危機にある。

今、新たに民主・社民・国民新の連立政権が発足した。今後我々は、新政権を監視・活用し、私たちが主体となって新時代の経済民主主義を実現しようではないか。

春闘を目前にした本年二月、生コン支部に新たな権力弾圧が仕掛けられ（第六次弾圧・関西宇部事件）、五名の仲間を不当逮捕、内三名を一五七日間長期勾留した。さらに本年七月、「斎藤事件」の控訴審でも逆転有罪の不当判決が政治的意図のもと実行された。権力の標的になるのはむしろ私たちの誇りであり、運動の正しさの証明でもある。

生コン業界における私たちの産業政策運動は、個社型から共同型経営を推進し、近畿一円に拡大している。本年6月、中小企業の砦「協同会館アソシエ」竣工を機に、阪神地区生コン協同組合では、生コン価格の値戻しや取引条件の改善を実施、近畿バラセメント輸送協同組合では共同事業を本格化、「グリーンコンクリート研究センター」の精力的な研究活動など、運動の広がりと深化はとどまることがない。

〇九春闘では、「一〇〇年に一度の経済危機」と称して、財界と大手労働組合が賃下げと非正規労働者の大量解雇を正当化するなか、私たちは果敢に闘い結果として生コン業界では1万五〇〇〇円、バラセメント業界では一万円、日々雇用労働者には日額一〇〇〇円の賃上げを勝ち取った。

今こそ全組合員が全ての力を総結集し、本大会で確立した新運動方針を実践しようではないか。「連帯」という言葉の重みを改めて自身に問いかけ、運動の飛躍的発展と組織の圧倒的拡大を成し遂げ、新時代構築にむけ果敢に挑戦することをここに宣言する。

二〇〇九年一〇月一八日
全日本建設運輸連帯労働組合
関西地区生コン支部第四五回定期大会

## 近畿全域の生コン関連一六団体労使が国会へ提起

反転攻勢への流れを決めた〇九年の年の暮れ、一般社団法人中小企業組合総合研究所（組合総研）の武建一代表理事をはじめ、近畿二府四県の生コンクリート関連の一六団体が、一一月一一日、衆議院第二議員会館に辻元清美国土交通副大臣らを訪ね、「国民生活と環境に配慮した社会資本充実に関する要望書」を手渡した。労働組合、協同組合、中小企業が団結して政府への要請行動を起こした例はめずらしい。

### 「緊急声明」——関西宇部闘争の完全勝利を目指して

この直後、一一月一七日の地裁判決を受け、弁護団は「裁判所が労働組合の要求が正当であると認識したのにもかかわらず有罪の判決を言い渡した妥協的判決を批判する」という内容の声明を出した。関生支部ではこの声明を受け、有罪判決を断じて容認できない旨表明し、一層の団結を決意するとの声明文を発表した。

### 容認できない地裁判決

関西宇部事件の一審判決には、「関生支部が行った抗議・要請行動は、関西宇部の労働組合に対する不誠実な対応が一要因となっている。関西宇部側の対応は、やや適切さを欠き、配慮が足りない一面があったことは否定できない。被告人らの本件行為は無理からぬ一面もあり、それ事態として不当であったとは言えない」とし、「関西宇部は関生支部に対し、妥結した輸送運賃の値上げ金額及び実施時期を回答する義務を負っていた。合意から約三ヶ月も経過していたのに、輸送運賃の値上げも実現せず、その具体的見通しも立っていなかった。このような事情のもとでは、関生支部の組合員らが関西宇部に対し、合意がどのように履行されているのか、まだ履行されていない理由は何であるのか等について、具体的な説明を求めようとしたことは十分に理解できる」と、目的の正当性を認めている。しかし、私たちが取った行動によって関西宇部が被害を受けたとして三名の組合員を「有罪」とした。本来労働組合には、正当な争議権による刑事免責と民事免責の規定があるにも関わらず、目的の正当性を認めながら「有罪」とした事は、資本・権力による関生支部運動潰しの延長線上の判決であり、断じて容認する事はできない。

### 「ガジュマルの木」のように

こうして春闘の圧倒的勝利と協同会館アソシエの竣工をもって、反転攻勢への流れを決めた関生支部は、見てきたように、二〇〇九年には、これまでの関生太鼓、日韓など国際連帯、相撲部屋との交流、毎年四月の「連帯フェスタ」での市民との交流に加えて、沖縄辺野古新基地問題と日米安保問題への大衆的取り組みの開始、学者・研究者との協働組織である「変革のアソシエ」発足など、その後の社会運動の担い手、支え手として大きな役割を果たすことになる重要な活動の開始とその基盤をこの年に形成していった。

それは、沖縄の「ガジュマルの木」にも似て、若木・関生支部が闘いと弾圧の嵐に鍛えられ、権利侵害の闘いと産業政策闘争を太い幹とする堂々たる大木となり、その運動の発展が次々と社会・政治・文化的課題を担う枝を拡げ、その枝がその幹と根に向かって伸び、それがまた大地に踏ん張る新たな根となって、関生型産別労働運動の力強さ、社会的影響力を形作っていく様がこの時期に一層鮮明となっていく。

## 2　関西生コン関連業界の危機突破をかけ——四カ月半（一三九日）のゼネスト決行

二〇一〇年一月一五日、連帯労組近畿地方本部および各支部共催の「二〇一〇新春旗開き」をもって、関生支部は新年の闘いの幕を開けた。二〇一〇年の最大の闘いは、何と言っても、関西の生コン産業と中小企業労働運の歴史始まって以来の大闘争となった二〇一〇年春闘に始まる建設独占を追い詰めた四カ月半（一三九日）にわたる近畿地方一円におけるゼネストの決行と勝利である。

ここは、時系列の出来事を飛ばして、この問題をまず焦点とする。

### ゼネスト突入——関西の地で何が起こったか。

二〇一〇年四月、かつてない世界金融恐慌による大不況を背景に、「大資本からの自立（協組運営）」「競争から共存（大同団結）」「崩壊から再建（既得権を確保しての集約）」をテーマとした関西のセメント・生コン・

圧送関連「政策春闘」は、最大の山場に突入していた。大幅賃上げを含む一〇春闘要求を掲げて生コン政策協議会（三労組）は、四回の共同交渉を開催したものの、経済・制度・政策要求、その他一〇春闘統一要求書の各項目について具体的な回答が経営側から示されなかったことから、決裂した。ただちに旗・腕章闘争に突入した。政策協議会は、四月からの生コン標準価格引き上げ（出荷ベース）状況を確認し、四月六日の戦略会議で今後、再交渉か、ゼネストか、が問われていた。

結果、セメント・生コン産業政策協議会（関生支部・生コン産労・全港湾大阪支部）は、大阪広域生コン協同組合・大阪兵庫生コン経営者会に対し、七月二日（金）、二〇一〇春闘解決に向けて、ストライキを通告した。同じく、七月五日（月）には阪神地区生コン協同組合に、七月六日（火）には近畿バラセメント輸送協同組合・交渉団にストライキを通告、さらに、七月一二日（月）からは、近畿コンクリート圧送労働組合と関生支部が近畿圧送経営者会にストライキを通告した。業種の異なる三〇〇社以上の中小企業を網羅する全面ストライキとなった。

ストライキにより生コンの原料であるセメント輸送が滞り、建設素材の生コンが建設現場に供給されず、建設現場で生コンを打ち込むポンプ圧送車が現場に来ないという事態が発生した。ストライキの実施地域は、セメント輸送が近畿一円、生コン関連が大阪府下と兵庫県の一部となった。特に、大阪府下の大規模プロジェクトをはじめ多くの建設現場では、工事が完全に止まった。

建設工事には、電気工事・鉄筋工事・建設大工・室内工事・空調工事・とび・土工・左官・塗装など多くの専門工事業が出入りする。他にも、関連資材や廃材を運ぶ輸送業者や警備員など多岐にわたる。ストライキ通告を直接的に受けた三〇〇社以外にもストライキの影響を受けた企業数は千単位、労働者は万単位にのぼる。

注――七月一六日にテレビ東京が、二〇日に読売テレビがこのストライキを報道。

そして、ストライキは猛暑だった長い夏をまたぎ、九月二四日の集団交渉において竹中・大林組など大手スーパーゼネコンが屈して価格値上げを受け入れた。

この生コン価格の値上げによって確保した財源で、セメント輸送・生コン輸送の運賃値上げと労働者の大幅賃上げへの配分問題が残された。一〇月一五日（スト一〇六日目）の第九回生コン集団交渉で合意に至らず、晩秋の一一月まで継続することが決まり、かつてない大闘争が繰り広げられた。そして、ついに一一月一七日、三労組と大阪兵庫生コン経営者会との第一〇回集団交渉の結果、焦点であった生コン価格の値上げや賃上げをめぐって、「八項目の合意」が確認されて、労働側が全面勝利となったのである。続いて、近畿バラセメント輸送、ポンプ圧送で次々と要求合意を確認して、ストライキは、解除されていった。

実に、七月二日から一一月中旬へ足かけ5カ月一三九日に及ぶ関西生コン関連ゼネストの歴史的決行と勝利である。

### 座して死を待つか、起って闘うか
### 関西生コン関連業界の危機突破をかけ
### われわれは全面ストライキに決起した

闘いの発端になった要求は何なのか、なぜ、長期、全面ストライキになったか。この歴史的な大闘争の意義はどこにあるか。武建委員長は、次のように語っている。

### 経済の民主化・産業の民主化なくして業界は崩壊する。
### ——大手との対等取引・適正価格の実現で賃上げの原資を確保

闘争の背景には、想像をはるかに超える需要の落ち込み、大手の買い叩きによって価格が下落したという厳しい状況がある。今次一〇春闘においては、経済の民主化・産業の民主化を実現しなければこの業界は崩壊するという認識に立った。つまり、大手との対等取引と適正価格の収受の実現によってのみ、賃上げの原資は出て来る、という認識であり、この立場に立った政策春闘の展開です。

われわれは、この立場で数回にわたって集団交渉を展開した。そこには、労使関係のない阪神協、広域協組の経営者たちも参加し、まさに産別的な集団交渉です。経営者に対しては、このままの状態で行けば、個社的な営業、個社的な取引では対等取引はできない、協同型に意識を変えるべきだ。広域協組の団結と、阪神協の団結、関連する圧送・バラセメント・輸送協とか関連業者との大同団結によって事態を打開すべきと、提言した。関係業者もこのままの状態で行ったら、各社倒産するという現状認識は一致できた。

現状を打開するためには何をなすべきか。それは、関連業界が心を一つにする運動を展開しなければいけない。具体的な要求は、生コンの売り価格を一㎥当たり一万八〇〇〇円に引き上げ、契約形態を契約ベースから出荷ベースに変え、バラセメント・ミキサーの運賃の値上げ、圧送の適正な基本打設料金の収受など。こういう中小企業の大企業に対する要求の実現を通して、労働者の賃上げを獲得しようということです。

### 6・27「生コン関連業界危機突破！総決起集会に二二〇〇名！
### ——関西生コン業界五七年の歴史ではじめての大決起

そうした要求を実現するために、六月二七日、「生コン関連業界危機突破！総決起集会」に取り組んだ。これは一五〇〇人の予定が二二〇〇人を超える結集で、しかも経営者が半分、労働者が半分の大決起集会として成功した。これは、関西生コン業界五七年の歴史の中で、初めてのことです。

なぜ、成功したのか。それは、そこまで中小企業が追い詰められているということです。特に、この業界の危機は、アメリカべったりと大企業中心の政治のツケがそのまま転嫁された結果です。必要ではない空港、道路、港湾をつくり、中小企業に仕事が回らないようなところにどんどん自公政権が投資してきた。

ところがその一方で、生活道路、下水道の完備、建物の耐震補強、集中豪雨・大津波に備える仕事が出てくると、中小企業の仕事が増えるが、そういうのはおろそかにした。そのツケが全部、中小企業の多い生コン業界に回り、犠牲を強いている。

もう一つは、セメント主導型の、権力を使って労働組合と敵対するという姿勢は、結局は、中小企業を安定させるのとは逆の方向に走る。セメント独占・ゼネコンの中小企業対応は、技術力、資金力を持たせず、人材が集まらないようにし、分断・分裂支配する。これが彼らの常套手段で、中小企業は、こうした犠牲をまともに受けており、とても我慢できないところまで追い込まれた。これがかってない集会・行動成功の理由の一つ。これに加えて、それぞれの各協同組合・各工業組合の理事長、三つの労働組合の幹部が、組織を挙げての闘いで各構成員を指導し、リーダーシップを発揮したことです。この大集会の決議も非常に画期的でした。まずは時代認識で、今、話したように、犠牲を一身に受けている業界が「座して死を待つのか、立って闘うのか」と、そこまで追い込まれている状況を明確にしている。次に、獲得目標を、生コン価格の値上げ、バラセメント、ミキサー運賃の値上げ、既得権の確保などを具体的にした。

その中に、「(生コン価格について)六月いっぱいは話し合いを行い、応じない場合には、出荷拒否を始め、あらゆる合法的な手段を行使する」とした。

こうして、総決起集会の成功を受けて、三労働組合は七月二日から、大阪府と兵庫県の一部にまたがる広域協の八〇数工場でストライキに突入した。

七月五日には、阪神協二九工場で全面ストライキに突入。それから、七月一二日から一六日、圧送業者に対して全面ストライキに入り、バラセメントは七月六日から今日までストライキを継続している。この地域でも、中小労働運動でも、歴史的に見て、これだけ大掛かりな長期ストライキはまずない。

## 建設独占に対して中小企業と労働者の共同戦線で闘う

特に、大手商社である丸紅・三菱商事・住商セメントの三社は、広域協組との取引で一五〇万m³の契約残がある。この三社は、今までものすごく安く生コンを買い叩いてきた。だから、少なくとも、平均で一m³当たり一五〇〇円上げなければいけない。だから、向こうも必死になって抵抗している。しかし、生コン業者からすると、最低そこまで上げなかったら、ほとんどが倒産してしまうから、引くに引けない。つまり、一六年前と比較すると、大阪府下での生コン出荷数量は年間一〇〇〇万m³出ていたが今はその半分で、価格は一m³当たり一万四三〇〇円が買い叩きにあって三五〇〇円くらい下落している。仕事が半分に落ち込んでいるのに、セメント価格だけは上がっている。だから、生コン中小企業は、死ぬか生きるかのところまで追い詰められている。よって、この闘争は、中小企業と労働者による事実上の共同戦線として闘われており、大企業のリストラ攻撃やコストダウンによる中小企業倒産に追い込む今の状況に、風穴を開けるような闘いである。

## 労働者は闘いの現場の中で鍛えられ、闘いこそが団結を固める

歴史的なこの闘争の核心、意義は何か。今の産業・経済構造がアメリカと日本の独占資本を中心とした彼らに都合のいいようなシステムで、これを批判するだけでは解決できない。犠牲を受けている企業、労働者は、どうやってこの支配構造を打ち破っていけるのか。そういうことが求められている。ところが、日本には、企業別労働組合のために、私たちが闘っているような産業別的な運動で未組織の経営者も一緒になり、他の労働組合とも共闘し、統一した力で、独占と対峙し、要求を実現するための交渉だけではなく行動を起こすという闘いがない。潜在的なエネルギーはあるから、その潜在的なエネルギーを引き出すような労働運動というものが存在すれば、これは「一点の火花が燎原を焼き尽くす」ごとく、一気に広がる可能性を持っていることが、この闘争の中に見えてくるのではないか。また、本勤も日々雇用の労働者も、これだけ長期のストライキをすると収入が激減し、身を切るような痛みを受けている。それでもなお、こういう闘いができるのは、常日頃から労働組合の性格・任務というのはどういうものかについて、徹底してきたからである。つまり、労働組合は、パート・非正規であろうが、全ての労働者が加入できる大衆性と、資本と闘っていくための階級性を備えていかなければいけない。任務としては、経済闘争も政治闘争もやる。今年で言えば、六月二三日に沖縄連帯・安保破棄を掲げて時限ストライキを三〇数工場で打ち抜いた。アメリカのイラク侵略戦争に対してもストライキで抗議した。人権闘争も闘っている。普段から労働者階級の観点に立った経済学・哲学・歴史の学習で思想性を身につけることをやってきた。それによって、犠牲をかえりみず闘うことができ、闘っていることを誇りに思っているわけです。

組織率からすると、三つの労組で一〇数％の組織率なのに、ストで全部のところがほぼ止まっているのは、フランスなどの労働組合と同じで、産別組合だからです。魅力のない労働組合だったら、誰もついてきません。ですから、組織労働者のことだけではなく、出入り業者の運賃、出入り業者の労働者の労働条件の改善などを日ごろから闘っているから、共感が広がってこういう大運動ができる。

## 闘いは何を獲得しつつあるか

いま、中堅のゼネコンは、「値上げを認めます」という念書を入れてきており、それが増えつつある。そこは、選別して出荷を認めている。いまだに、頑強に抵抗しているのは大手ですが、しかし大手がいくら頑張っても、そのうちに手を上げざるを得ない。ここの大阪駅前の北ヤードは、八万三〇〇〇人くらいを収容するワールドカップのスタジアムをつくる計画があるようですが、この建設現場はストで止まっている。われわれは、大手が値上げを認めるまでは、一ヶ月でも二ヶ月でも闘い抜く。そういう決意で、やっています。

大事なことは時代を読むこと。建設独占とセメントメーカーとの狭間にいるのが中小企業ですから、建設独占もどんどん受注量が減ってきて、もうジリ貧の状態。われわれは四〇数年間、竹中、大林、清水と闘って来た。大手とは彼らが巨大な力を持っているときから闘ってきている。戦略的には、建設業界は、下請・孫請が連なり、多くの労働者がその下で働いており、ここが一番弱い環だ。だから、うまくいかなくなると全部そこにしわ寄せをしてくる。しかし、そこにしわ寄せすればするほど、団結と闘争の条件が生まれる。だから、この時期に時代をしっかりと読んで闘っていけば、勝利できると確信している。

結局、闘いこそが人を鍛え、育てるのです。労働者は闘いの現場の中で鍛えられていく。闘いの中で、敵に対する怒りとか憎しみが思想性を形成する。それが労働者魂というものです。そういう方向に、今、深化している。闘わない労働組合の幹部は堕落し、組合員の意識性も高まっていかない。組合員と中小企業経営者の意識をしっかりと高め、共通目標に向かって闘っていくことによって、信頼関係も深り、意識も高まっている。それと、企業間競争に埋没する日本の労働運動のあり方を、産業別的に闘えば、こういう運動が可能だということを、他の労働組合に受け止めてもらえれば、その変化につながるのではないか。特に、リーマンショック以降、百年に一度の経済危機が二番底に来ている。この閉塞した経済状況を打ち破っていくには、このような闘いしかないという見本を示していくことになるのではないか。

二〇〇八年、阪神地区生コン会、同年、阪神地区生コン協同組合設立。「中小企業による、中小企業のため協同組合」をめざす運動が本格化する。

この動きに、月刊『宝島』で〇九年一一月、一〇年一月、二月と立て続けに関生支部への誹謗・中傷記事が特集され、阪神協組加盟三〇社が脱退することが起きたが、残り二三工場は団結し、年間一一〇万㎥を出荷するほどに成長した。この阪神協が中心に、値上げ阻止の成果を得るようになる。

## 金融恐慌下、闘いこそが労働者と中小企業の生きる道

こうして、生コン・バラ輸送・圧送の連鎖した長期ストの前に、ついにゼネコンは屈服した。ストライキによって、一定期間、関西一円の全ゼネコンの建設工事をストップさせたこと、ストライキが足かけ五ヵ月にわたって打ち抜かれたことは、わが国において未だかつて労働運動の歴史上存在しなかった。情勢認識と敵の本質・矛盾・弱さの把握の正しさが勝利的展望を開いたのである。

すでに時代状況は、資本主義を批判するだけの、財界や政党を批判するだけの、資本のおこぼれの分配に終始するだけの労働組合の存在を容認しない。しかも、独占資本の危機は彼らの産業支配を覆すチャンスでもある。労働組合には、座して中小零細企業の倒産や労働者の生活破壊という「死」を待つのか、立って闘うのかが問われている。

今回の闘いは、日本の産業を支え、全会社数の九九％を占める中小企業とその協同組合に、また日本の

2010年ゼネストは、139日の長きにわたって闘い抜かれた。

協同会館アソシエ

労働運動に絶望している多くの労働者に、闘いこそが中小企業と労働者の生きる道だと指し示した。

現在、スペイン、フランス、ベルギー、ギリシャ、アジアなどで、経済危機を労働者に転嫁する大資本と政府に対して、ゼネストや一〇〇万、数百万のデモが闘われている。その現場の闘いの中で叫ばれている言葉は、「いまや、闘いの始まりの時だ！」

注――九月八日の第七回集団交渉に、歴史と権威ある英字紙『ジャパン・タイムズ』（二〇一〇年九月一六日で四万号）のエリック・ジョンストン記者が取材に訪れ、今回のゼネストについて、感想を聞かれ、「労働組合は欧米では職業（者）のための組織。だけど日本では会社のための組織です。大きな違いですね。関生支部のような産業別労組が、むしろ『当たり前』で、『国際基準』に合ってます！　世界のスタンダードです。今まで、日本の労働組合運動はシニカル（皮肉っぽく）に見えたり、パフォーマンスに見えましたが、今回は明らかにそうじゃない。もう三カ月もこんな厳しいスタイルの活動を続けているのですから。日本には前例がないと動かないという傾向がありますが、今回のストは前例がない。このような運動の積み重ねから、日本のルネッサンス運動が始まるのです」と語った。

## 歴史をつくり歴史に残る闘いを燎原を焼き尽くす一点の火花たれ
### ――関生支部第四六回定期大会開催

一〇月一七日、七月二日から続く全面ストライキで、生コン価格の適正化と契約形態の変更を達成し、ストライキの獲得目標の九〇％を実現し、完全勝利まであと一歩という段階のこの日、関生支部は、各界から多彩な来賓を迎えて第四六回定期大会を協同会館アソシエ三階ホールで開催した。

大会会場には、「歴史をつくり歴史に残る闘いを！燎原を焼き尽くす一点の火花たれ‼」の大看板が掲げられて、足かけ五カ月の歴史的ストライキを決行してきた関生労働者の意思が示され、ストライキ現場から駆け付けた代議員たちは闘いの自信と誇りに誰の顔も輝き、その熱気が会場を圧倒した。出席された来賓も、口々に、この歴史的闘いに賛辞を贈った。

## ゼネストは、労働者と中小企業の大同団結で商取引における価格決定権を奪い大資本優位の契約形態を変更させた

大会は、今回のゼネストによる闘いが、「労働者と中小企業の大同団結により、商取引における価格決定権を奪い、大資本の優越的契約形態を変更させていくという大きな産業システムの大転換を成し遂げるもので

あり、衰退した労働運動に大きな影響を与える」（大会宣言）とその意味と意義を確認した。その成果をもたらした要因については、「第一に、情勢負けせず、『一〇〇年に一度の危機』の中で中小企業と労働者が『座して死を待つのか、立って闘うのか』の時代状況が大団結の条件を作ったこと。第二に、関生支部、生コン産業政策協議会に結集した全港湾大阪支部、生コン産業労働組合、近畿圧送労働組合の4労組による産業別政策闘争と強力なリーダーシップによること。第三に、大企業の利益代理人となって企業内労組に転落した建交労の路線が崩壊したこと」を明らかにした。そして具体的に「①セメントの値上げは個社別交渉を改め協同組合が交渉窓口になったことで値上げを阻止したこと。②生コン価格が従来より㎥当たり二五〇〇円アップしたこと。③バラセメント運賃は、トン当たり五〇〇円アップ、ミキサー車運賃は㎥当たり一七〇〇円アップを実現したこと。④二六工場の集約により失職した労働者の雇用保障を約束したこと。⑤集約により失われた出入り業者の既得権を協同組合の責任で保障を約束したこと。⑥関西宇部などの労使紛争は、協同組合の責任で解決すること」（四六回大会議案より）などの大きな成果を勝ち取りつつ収束の方向にあることを確認した。

しかし「このストライキによって、生コン価格は引き上げられたものの、有効なアウト対策が求められており、闘いの終わりは次なる闘いの始まり」だとして、国際・国内情勢分析、運動の基調と重点課題などを討議の上に決定し、次年度に向かってこの大ストライキの運動の成果を三〇〇〇名組織の拡大強化へ結びつけて行くこと等を確認し、新役員体制を確立して終えた。

なお、この大会で、「この歴史的闘いを通じ、『勝利の方程式』を関西から全国に波及させなければならない。」と、労働者が光り輝く時代への道を進む日本労働運動の再生への意思を示した「大会宣言」を発している。

## 闘いの終わりは次なる闘いの始まり
### ——日本労働運動の再生へ

一一月一七日、第一〇回集団交渉で、ストライキは勝利した。この終結に当たって、関生支部の機関紙『くさり』（二〇年一二月一〇日号）に、次のようなスト終結の報告と支援・激励への御礼の一文が掲載された（要旨）。

関西の生コン産業における一三九日に及ぶストライキは、中小企業とそこで働く労働者の団結によって、ついに勝利的に終結した。今回の闘いが長期に及んだ要因は、「相手側（大手ゼネコン・商社）の力が巨大で大きな壁となっていた」ことではない。相手側の攻撃に息を合わせた動きをしたセメントメーカー直系企業と、一部有力販売店関係企業による造反が協同組合内部で動揺を引き起こし、〝値上げ成果を積み上げては崩される〟といったことを繰り返したことにある。巨大資本と闘えることを証明した産別運動の次なる闘いの課題は日本労働運動の再生である。

最後に多くの著名人・労組・団体から激励の署名等頂いたことにお礼を申し上げます。

（文責　関生支部副委員長、高英男）

## 3　沖縄と結び日米安保破棄へ——沖縄意見広告運動の発足と運動開始

二〇一〇年における関生支部の闘いで、特筆すべきものに、日米安保破棄に向かって、沖縄意見広告運動という新しい形の大衆運動の発足を共に担い、この運動の軸心の一つとなって下支えする活動をスタートさせたことである。

二〇一〇年二月、一九九七年の「新基地ノー」の名護市民投票から一三年、沖縄・名護市民はついに、辺野古移設に反対する稲嶺進市長を誕生させた。沖縄タイムスはこの快挙を、「名護市長選は、今後、『日米安保＝基地提供＝沖縄』という戦後日本の安保政策を終わらせるきっかけになるかもしれない」と報じた。

しかし、米オバマ政権は、あくまで辺野古移設案の強硬姿勢を崩さず、これにたじろいだ鳩山新政権はその「最低でも県外」という「公約」を反故にし、「キャンプシュワブ陸上案、勝連半島案、徳之島への一部移転案」など「移設探し」に奔走し、沖縄県民は怒りに燃え、名指しされた徳之島でも反対闘争が始まっていた。

沖縄の苦しみの元凶である米軍基地撤去へ、この根にある日米安保条約を破棄していく大きな大衆運動が問われていたのである。

関生支部は、一〇春闘のスタートとともに、この問題の取り組みに動いた。

## 2・27普天間基地閉鎖・辺野古新基地建設反対近畿地方本部三支部合同の幹部学習会開催

二月二七日、一部で二〇一〇春闘の重点課題について武委員長から講演がうけ、二部で、沖縄・名護より安次冨浩ヘリ基地反対協議会代表を招き、基地問題の本質と沖縄の現状について詳細な報告を聴く学習会が開かれた。

学習会では、安次冨さんが「民主党政権になった事、名護市長選挙で反対派市長が誕生した事など、辺野古新基地建設計画を中止に追い込む展望が切り開かれた。大変な闘いが予想されるが、私たちは米海兵隊の米本国帰還を主張し、実現にむけて闘っていく。ぜひ、共に闘い、現地に来てほしい」と語った。

## 3・30沖縄緊急意見広告運動の記者会見「普天間基地即時閉鎖・辺野古やめろ・海兵隊基地いらない」

三月三〇日、東京の参議院議員会館で、沖縄・緊急意見広告運動の記者会見が開かれた。記者会見では、「沖縄の痛みを全国民の痛み」として受け止め、緊急に「①米軍普天間基地の即時閉鎖・返還を求め、「県内移設に反対」する。②辺野古新基地建設計画（海・陸）の断念を求める。③米海兵隊の存在と日米安保条約を見直し、軍事力によらない平和を構想しよう」の三点の主張の全面広告を五月の普天間包囲行動に合わせ掲載する運動への賛同の呼びかけが発起人よりなされた。記者会見では、市民団体や有識者約四〇〇〇人もすでに賛同されていることが報告され、参議院議員の山内徳信氏とともに武建一委員長も春闘の最中にもかかわらず大阪より駆けつけ、他の発起人とともに、この「沖縄・緊急意見広告への呼びかけ」についての思いを語った。

**記者会見での発言**

**山内徳信氏**――沖縄の闘いは平和憲法を守り抜く闘い。そもそも海兵隊という戦争の殺し屋がいま日本にいる意味があるのか。日本の政治が一貫して沖縄を捨て石にしてきた。今回の意見広告運動がそうした血を吐く思いで基地の閉鎖を願う沖縄の希望と重なることを願っています。

**武　建一氏**――普天間基地は、銃剣によって沖縄の民衆の財産を取り上げたもので、基地問題の根底にある日米安保の従属構造の象徴たる基地。鳩山政権は動揺し、独立国家として体をなしていない。今、安保を問うことが問われており、私は徳之島出身だが移設先探しではなく、米軍基地は米国に持って帰ればよい。

**沖縄県民九万人余、徳之島一万五〇〇〇人が「基地ノー」**

米政府に屈して、「公約」破棄し、民意踏みにじる鳩山政権への「県内移設（辺野古一部修正・一部徳之島）」は断じて許さないと、四月一八日に徳之島で一万五〇〇〇人、二五日には沖縄・読谷村運動広場に沖縄県民九万余人が大結集し、それぞれ「基地ノー」の民意を示した。

注――鳩山首相は、五月四日、就任後初めて沖縄入りし、普天間米軍基地の「県内移設（辺野古くい打ち案）」と「徳之島への一部移設」の政府案を受け入れるよう要請していた。前年の「国外、最低でも県外」の公約を裏切り、沖縄・徳之島の民意を踏みにじる暴挙である。

政府は「徳之島一部移設が県外を意味する」と言うが、「徳之島は琉球弧の兄弟島だ」と安次富浩氏は語っている。

**徳之島に米軍基地は絶対造らせない**
**4・18米軍基地徳之島移設反対集会に参加して**

関生支部は鳩山政権から移設先候補にあげられた徳之島での島民の反対行動に組織をあげて参加した。

「大阪から鹿児島まで約千キロ。そして雄大な桜島に見送られながらフェリーで一五時間。宣伝カー二台と代表団九人は、やっと徳之島に到着しました。島の人達の友好的・協力的な笑顔には本当に圧倒されました。生コン支部の宣伝カーに手を振ってくれるし、頑張ってくださいと励まされるし、ビラも全員の人が受け取ってくれました。それだけではありません。お菓子やお茶までもらい、大阪では全く考えられない街宣活動でした」（「くさり通信」田中勝浩）。

## 洋一副委員長が地元で語った

さて初日の夜、洋一副委員長の地元の公民館でミニ集会が開催され、洋一副委員長は「徳之島では政治に関わることは何もしなかったが、今回の問題は放置できない」と、熱い口調でシマンチュ（島の人）のオジイ・オバアに語りました。ミニ集会は大成功でした。

注――反対集会当日は午前九時より二台の宣伝カーで島を二手に分かれ、一周してから一〇時に会場に合流。会場に向かう道中は人・人・人の山。空にはマスコミのヘリコプターがぐるぐる回旋し、会場には本当にすごい人が集まり、一万五千人との公式発表でしたが、本当はもっと来ていたように思います。島の人口が二万七千人ですから、いずれにしてもすごい人達が参集したのです。集会に参加した人達は、全員ハチマキ・プラカードを持って「基地建設反対」を叫び、「島民の心はお金では変わらない」と、一丸となって訴えていました。我々が今まで経験したことのないすごい熱気を帯びた集会でした。（同右）

## 6・2鳩山首相が突然辞任、菅新内閣発足
## 沖縄急意見広告運動が広告実施と東西報告集会

六月二日、鳩山首相が突然辞任した。退陣理由には「普天間基地問題と政治とカネ」の二つを挙げたが、最大の理由は沖縄・普天間基地の移設問題にあり、沖縄・徳之島の民衆の怒りと行動に追い詰められた挙句、米政権の恫喝と強圧を背景にした親米外務・防衛官僚らの包囲に屈し、沖縄、徳之島の民意より日米同盟を優先させたのである。後継の菅政権も、普天間問題については「辺野古移設の日米共同声明」を踏まえる立場を早々と公表した。

この六月は、日米安保改定50周年であった。発足したばかりの沖縄意見広告運動は、六月三日に東京・中野ゼロホールで、五日に大阪・協同会館アソシエ三階ホールにて、「普天間即時閉鎖、辺野古新基地・徳之島移設止めろ、海兵隊いらない！」を掲げて、五月に実施した新聞への全面広告掲載の報告集会を開催し、「日米共同声明撤回」の決議を挙げた。ここで、関生支部は沖縄と徳之島の闘いに連帯して六月二三日に政治ストライキの決行を表明した。今日に続く、沖縄意見広告運動と関生支部をあげた沖縄連帯・日米安保破棄への大衆運動の始まりであった。

こうして、二〇一〇年は、関生支部の沖縄・日米安

保破棄への大衆的取り組みの画期点となった年である。

それはそれで、本書の「プロローグ」にあるように、琉球弧の小さな島・徳之島出身の武建一委員長をはじめ徳之島出身幹部たちが、すでに述べた「徳之島相撲巡業」の成功を条件に、日本政府の「徳之島移設」を契機に、沖縄の兄弟島・徳之島の闘いと結びつき、それまで伏流水のように関生労働運動の底深く流れていた「琉球弧の闘いの歴史と魂」が、沖縄・徳之島と本土を結ぶ大衆運動として表出し始めた時でもあった。

このことがもっている意味は決して小さくない。

それは、この後、沖縄の闘いが島ぐるみとなって、日米両政府との闘いの先端攻防に競り上がっていくにつれて、より一層はっきりしていく。

こうして、関生支部50年の闘いの歴史においてのみならず日本労働運動の歴史、関西生コン産業と協同組合の歴史にとっても画期となる、労働者と中小企業の大同団結によって、金融恐慌下で独占資本・大企業優位の産業支配システムの大転換を成し遂げた、二〇一〇年の大闘争が終わり、次の闘いが始まっていく。

## 【関連資料】

### ［ストライキの経過］

**6月27日**　「生コン関連業界危機突破！総決起集会・デモ」。経営二一団体九六六名、労働九団体一二〇六名参加。近畿一円の生コン関連事業者が一堂に会す。この場で、大阪・兵庫を先頭に生コンの適正料金収受に取り組むこと、適正料金を支払わない場合は出荷拒否するとの決意を表明。

**7月2日**　セメント・生コン産労、全港湾大阪支部、生コン産業政策協議会（関生支部、大阪兵庫生コン経営者会に対し、停滞していた二〇一〇春闘の解決に向けてストライキを通告。大阪広域生コン協同組合・大阪広域生コン協同組合全八一工場でストライキに突入。

**7月5日**　政策協議会が阪神地区生コン協同組合にストライキを通告。阪神地区生コン協同組合全二五工場でストライキに突入。

**7月6日**　政策協議会が近畿バラセメント輸送協同組合・交渉団にストライキを通告。セメントのサービス・ステーション（出荷基地）一七カ所でストライキに突入。

**7月12日**　近畿コンクリート圧送労組（近圧労組）と関西地区生コン支部が近畿圧送経営者会にストライキを通告。近畿生コンクリート圧送協同組合八六社でストライキに突入。これにより、バラセメント、生コン、圧送の異業種を網羅するストライキに突入。ポンプ圧送は一六日までストライキを展開後一旦中断。二九日より再びストライキに突入。

**7月23日**　政策協議会は生コン価格値上げに応じたところから出荷を認める「選別出荷」を開始。値上げの浸透により、広域協組はこの日から一日当たり数千～一万数千㎥で出荷していく。

**7月29日**　トクヤマセメント直系の徳山生コンが特別清算手続きに入る。負債総額は約二八億円（見込み）。徳山生コンはセメントメーカーと協調路線を採る建交労関西支部の拠点職場。

## ■スト開始より二カ月目に突入

**8月11日**　政策協議会・近圧労組および近畿の生コン関連協同組合・工業組合代表が経産省に今回事態に対してゼネコンへの行政指導を要請。

**8月19日**　政策協議会と生コン経営者会との第六回集団交渉。経営側回答が①値上げ確認が曖昧で点検せざるを得ない、②賃上げの確認が明言されないことから、再交渉。

## ■スト開始より三カ月目に突入

**9月8日**　政策協議会と生コン経営者会との第七回集団交渉。前進なく再交渉へ。

**9月24日**　政策協議会と生コン経営者会との第八回集団交渉。全ての大手ゼネコンが値上げに応じたことを確認。八月分生コン代金の一回目の入金（半額）について、ほぼ全ての販売店が値上げした生コン価格を支払ったことを確認。しかし、政策協議会は一〇月一二日の二回目の入金（残り半額）確認までストライキ継続を通告。

**9月27日**　焦点となっていた大阪梅田・北ヤードの大規模開発現場（竹中工務店・大林組）で生コンの値上げを承認、広域協からの出荷を再開。

**10月1日**　政策協議会が神戸生コン協同組合に対し、値上げを始めとした要求五項目の前進を図るためストライキを通告。神戸生コン協同組合一四工場で時限ストライキ敢行。

## ■スト開始より四カ月目に突入

**10月15日**　政策協議会と生コン経営者会との第九回集団交渉。

**11月17日**　第一〇回生コン集団交渉にて、全面勝利し、ストライキは解除された。

この時、生コン価格は、旧契約一万六三〇〇円、新契約一万六八〇〇円とし、出荷ベースの要求は、契約ベースで行くことになった。しかし、広域協組は、一万六八〇〇円の要求を掲げ、出荷ベースと最後まで主張していたにも関わらず、スト終結直後からゼネコン・販売店を回り、「今回の売り価格は労働組合が決めたので、生コン価格はスト決定約束に拘束されない。」といい、「労働組合と協同組合は距離を置く」と言い出し、ストライキによる成果をつぶしにかかった。

その結果が、藤成商事が二〇〇億の負債で倒産。その後、倒産が続出することとなった。

# 第一六章　「東日本大震災・福島原発震災」共生・協同型社会への人類文明史的大転換の新時代へ

## 1　「東日本大震災・福島原発事故震災」が起こった――関西の労使で、被災地支援へ

二〇一一年三月一一日、宮城県沖を震源とする巨大地震と大津波、直後の東京電力福島第一原子力発電所の事故による原発震災が起こり、一万五〇〇〇人をこえる人の命が犠牲となった。未曾有の大惨事は、地震・津波の天災による惨事が福島原発事故の人災によって悲劇的に増幅されたもので、その責任は、最悪の事態を予想できていながら「安全神話」を振りまき国家プロジェクトとして原発政策を推進してきた日米原発独占資本と国家にあった。と同時に原発によってもたらされる「豊かさ」とは何だったかを突き付けた。それは、「東北」など貧しい地方を犠牲にしてつくられる電力はすべて東京など大都市の大量生産・大量消費・大量廃棄の生活や暮らしの「豊かさ」を維持するために使われてきたという、沖縄の状況にも似た「もう一つの構造的差別」を暴露した。その意味で、この大震災・福島原発震災は、日本の国家や社会の在り方、日本人の生活、暮らし方を根本から問い、独占資本本位の経済・効率優先の競争社会の見直しと新しい人類文明・生活様式への大転換の必要を問うものであった。

現地では、必死の救援活動がなされ、被災者に寄り添った支援が求められていた。

この時、前年のゼネストの成果を固め、その反動ともいえるゼネコン・セメントメーカーの切り崩しと闘いながら、二〇一一年春闘の只中にあった関生支部は、すぐさま動いた。

## 関生支部動く　春闘賃上げ分全額を被災者支援に
## 近畿生コン関連業界一丸となった支援の取り組み

この時期、前年のゼネストによる政策運動で中小企業と労働者が得た成果をくつがえそうと、ゼネコン、セメントメーカーは数々の策を弄して反撃に出ていた。大阪兵庫生コン経営者会事務局引きあげや会員社脱退の動きはその一端であった。こうしたゼネコン、セメントメーカーの集団交渉潰しなどの策略が影響を及ぼし、従来通りの集団交渉開催を危ぶむ声が一部にあった。がしかし、フタを開けてみれば一一年春闘では、政策協議会は過去最大級の春闘交渉を展開。参加事業者団体は近畿一円三二七社に及び、製造のみならず輸送、圧送、バラ輸送などの生コン関連協同組合が一堂に会して政策協議を行うという、近畿生コン関連産業の命運を左右する一大交渉となった。

三月二五日、関生支部は、一一春闘で獲得した賃上げ分を全額、東日本の被災地支援としてカンパすることを決定し、春闘の最終交渉に臨んだ。三月三〇日、経営者会との集団交渉で、労使は「賃上げ七千円（一人年間一〇万円相当）、一時金昨年実績（低水準の他労組移行組は一〇〇万円目安に底上）」で妥結（制度・政策要求他は委員会を設置して協議）。翌三一日の最終集団交渉で各地区・各協組の政策方針と集団交渉の進捗が確認されたことから、九事業団体三二七社による一一春闘集団交渉を終結した。

この春闘の成果は、近畿一円の事業者団体が個別労組と政策協議を行いながら、同時に集団交渉で業界の問題点や産業全体の危機意識を共有することが出来たこと。また、集団交渉で、奈良、和歌山、阪神協などの労使関係や協組運営が安定した地域の政策報告に触れることで、手本となるべき〝中小企業が共に生きるための協組運営〟への意識を高めることが出来たことも大きな成果であった。

この近畿地区生コン関連団体との春闘時に、関生支部と政策協の四労組は、東日本大震災被災地への支援を呼びかけ、労使挙げての支援を決定した。

その支援内容は――①組合員の一年分賃上げ相当額（一人・一〇万円）の拠出、②近畿地区の生コン関連協同組合はそれぞれ支援金を拠出、③大阪兵庫生コン経営者会がこれら支援金を集約し、助けを必要としている地域に直接支援するなど。

## 「復興支援対策センター設置」へ、現地視察

この後、近畿地区生コン関連一四団体は、「東日本大震災被災地視察団」を結成し、『近畿地区生コン関連団体東日本大震災対策センター』設置へ向けて六月四～五日、一四の支援団体が宮城・福島二県などの被災地を視察し、継続して支援を確認し、以降、関西生コン関連業界一丸となった取り組みになっていく。この視察団には、すでに賃上げ一年間分の拠出を決定し、一六日から支援活動隊員を派遣している政策協議会の労組代表とともに、関生支部からは武委員長と柳副委員長ほか役員、機関紙部員の計四名が参加した。

注――被災地視察報告（要旨）　柳充生コン支部副委員長（記）

最初に稲見衆議院議員と全統一労組鳥井書記長の案内で、被災地の一つである宮城県南三陸町に向かった。ここは津波の被害で壊滅的打撃を受けた地域。町ひとつが丸々流され、ほとんどがガレキの山になり、まるで空襲にでもあったかのようだった。この地の避難所になっている志津川高校では、ボランティアを行う『名無しの救援団』スタッフたちから作業の注意点などをレクチャーして頂いた。次に福島第一原発の被害（放射能）を受けている人たちの避難場所、郡山市の『ビックパレットふくしま』を『NPO法人ハートネットふくしま』の吉田理事長の案内で視察させていただいた。吉田理事長の「今は何が一番必要か」という質問に対して、「東北のことを忘れないでいて下さること、それが一番の支援です」と仰った。今、この瞬間にも被災地で苦しんでいる方々が居ることを、私たちは忘れないだろう。」

関生支部は、この視察の直後、『近畿地区生コン関連団体東日本大震災対策センター』準備のための先発隊三名が南三陸町に、二名が仙台で支援活動を始め（六月一七日着）、センター設置場所の交渉も始めていた。四労組と近畿一円の生コン関連事業団体は東北復興支援活動を本格始動させ、このセンターが設置されるや、支部は『近畿地区生コン関連団体東日本大震災対策センター五カ条』を定めた。

### 『近畿地区生コン関連団体東日本大震災対策センター五カ条』

東日本大震災被災者支援センターに赴任される皆様へ

1．今回の被災者支援の取り組みは、近畿の生コン関連の事業者団体と関連労働組合の共同の取り組みです。

2．ボランティアに参加される皆様は、多くの人々の熱い思いを受けて現地で活動されます。私どもの代表として、現地支援のボランティア活動に精励されんことを

お願いします。

3. そこで、支援活動の原則を確認してください。平等・対等・互恵の精神です。現地被災者には誰に対しても、誇りと人権を有する人間として平等に接してください。また、現地の支援者には行政、政治家、有名人、大きな組織など色々な方々が参加されています。支援者同士は対等な立場ですので、近畿の中小企業団体・労働組合の代表として自立自尊の誇りと規律ある活動をお願いします。

さらに、互恵の精神です。被災者は一方的受身的に支援を受けるものと決め付けないことが大切です。歴史的に未曾有（みぞう）の大震災に遭遇し、悲惨な状況にありますが、地域経済や地域社会を立て直すのは被災者自らです。支援する側もいつ支援を受ける立場に変わるかも知れません。被災者も支援者も互恵の精神で共同社会をめざしていくべきです。

4. 厳しい環境ではありますが、平等・対等・互恵の精神を胸に、現地で活躍されんことを祈念します。

5. 現地の皆様の立場に立ち、現地の歴史・文化を尊重し、現地の皆様のために働くことをモットーとします。

以上。

## 第二期沖縄意見広告運動が「命どぅ宝」の広告実施
### 「次は米国紙へ！」

五月一四日に沖縄タイムスと琉球新報、翌一五日に朝日新聞に、第二期沖縄意見広告が掲載された。「普天間基地は撤去、米海兵隊は撤退を」「『トモダチ作戦』はいらない、『思いやり予算』を復興支援に」「変えよう！軍隊や核抑止力、原発に頼らない日本に」などの主張を掲げ、福島原発事故に象徴された国民の安全・安心を無視する日米政府とそれを許してきた国民一人ひとりに対して、沖縄の「命どぅ宝＝命こそ宝」だと訴えた。

賛同総数五〇〇一件。大震災直後にも拘わらず、第一期を超える人々が賛同した。この中には関生支部が集約した約一七〇〇の賛同者も含まれている。沖縄意見広告運動は、六月一五日（東京）、同一七日（大阪）で報告集会を開催し、六月下旬には米国紙に同じ主旨の意見広告を掲載した。

## 「関西宇部第二次弾圧事件」一三名釈放
## 嵐は関生魂という名の「若木」を育てた

七月二二日、五月一一日に『第二次関西宇部事件』で不当逮捕、勾留され続けていた高英男副委員長含む一三名の仲間全員の保釈を勝ち取った。二二日夕刻、「全員保釈」の一報が入り、支部に結集していた組合員は大阪拘置所前へ。一九時頃から数名ずつ拘置所の門をくぐり全員が無事保釈。仲間たちは久しぶりの対面に笑顔と涙があふれ、「お帰り！」「よくがんばった！」と完全黙秘を貫いた一三名の闘いを称えながら、握手と抱擁を交わした。同日二〇時すぎに生コン会館で報告会が行われ、一三名を代表して高副委員長が挨拶。

報告を聞いた武委員長はまず、「大変嬉しく思います。よく頑張ってくれました」と一三名を称え、今回の不当弾圧について「権力は彼ら（資本と権力）にとって都合の良い労働組合には弾圧をしない。私たちは中小企業と労働者にとって価値のある運動をしているからこそ弾圧を受けるのです。格差が拡大、固定化し、社会的弱者に不満がうっ積している状況に異議を唱え、社会的弱者に明かりを灯す運動を関生支部はしているのです。今後も、従来の運動路線に確信を持って闘います」と語った。

この年の暮の一二月一日、大阪地方裁判所は、関西宇部事件で起訴された組合役員と組合員一三名全員に対し、懲役六カ月から一年二ケ月、執行猶予三年という有罪判決を下した。関生支部は、直ちに、この不当判決に対し、「我々は強い怒りをもって抗議し、控訴審で無罪判決を勝ち取るために組織の総力をあげてたたかう意志を表明する」との抗議声明を出した。

## 生コン関連一三団体が公正取引委員会へ
## 広域協の不当廉売とメーカーの優越的地位濫用に異議

八月一二日、生コン産業政策協議会と近畿生コン関連事業者団体の計一三組織は、公正取引委員会近畿中国四国事務所へ、「大阪広域生コンクリート協同組合の不当廉売」「セメントメーカーによる優越的地位の濫用」の是正・改善を目的とする独禁法四五条一項（措置請求）に基づく申立書を提出した。産業の民主化を求める中小企業事業者団体と労働者が業界の〝現在と未来〟を賭けて、業界秩序を破壊する広域協とその背後に控える大手セメントメーカーの産業独占に異議を申し立てる大きな問題提起がなされた。

これらの申し立ての背後には、この間、広域協組が労組の声に耳を貸さず、他協組が誠実に履行しようとする市況立て直しを阻害する安値乱売を行い、前年の四か月半に及ぶ歴史的ストライキで勝ち取った一〇春闘の成果である新価格浸透の遅れの主犯こそ、広域協である、と中小企業と労働者が「ノー」の声を挙げたのである。

近隣地区の協組からも、「値崩れの誘発元凶」「適正価格収受への努力と労組敵視政策をストップしろ」との声が挙がっていたのである。

注――申立書を提出した一三団体は、社会資本政策研究会／大阪兵庫生コン経営者会／和歌山県生コンクリート協同組合連合会／京都生コンクリート工業組合／奈良県生コンクリート協同組合／阪神地区生コン協同組合／近畿バラセメント輸送協同組合／近畿生コン輸送協同組合／近畿生コンクリート圧送協同組合／（株）京都生コン／近畿生コンクリート圧送労働組合／生コン産労／全港湾／関生支部。

## 「協同の力で復興を！ 10・8仙台シンポジウム」開催
## 大阪、東京、仙台を結ぶ〈協働センター〉設立へ

八月二八日、生コン関連一四団体代表団は、南三陸町の復興に向けて、第五回『福興市（ふっこういち）』に参加。日頃から親交のある大相撲尾上部屋力士がボランティアで会場に駆けつけ、特製のちゃんこ千食分を販売すると、東北でも人気一番の大関把瑠都関らを囲んで大きな歓声の輪が広がった！当日の模様はラジオ番組でも放送され、総計二万人が詰めかけた会場から熱い感謝の声が上がり、関係者はあらため、今後の支援に向け確かな手応えと確信を得た日だった。

注――宮城県南三陸町にある『近畿生コン関連団体東日本大震災対策センター』に支部より派遣されている三嶋利昭氏（阪南ブロック朝日班所属）の報告より。

東北大震災被災地からの真摯な声を聴き、現場こそがもつ訴えを受け止め、その内容の実現を協同事業体の連帯によって構想することを追求して、〈10・8仙台シンポジウム〉が、仙台市ベルエア会館で開催された。当日は現地に関わる農林・水産・生協など多くの

協同事業体の指導者が集まり、「協同の力で復興を！」との確認がなされ、官製の〈現場を無視した一方的復興構想〉へＮＯの姿勢を内外に示した。（シンポジウムの模様はユーストリームで全国へ生中継された）

シンポは、冒頭に、発起人の大内秀明東北大学名誉教授が「問題提起—東日本大震災と文明の大転換」と銘打った基調講演を行い、その後、木村稔宮城県漁業協同組合前会長、山本伸司パルシステム生協連合会理事長など被災地で活動する協同事業体の指導者が現場からの報告をした。発言者は口々に、村井宮城県知事が先に打ち出した復興特区構想は緊急災害時に市場原理主義者がとってきた「ショック・ドクトリン」さながらのひどいものと批判した。

シンポジウムには、震災直後から被災地支援に関わった近畿生コン関連産業人も多く仙台まで駆け付け、代表して武建一委員長（組合総研代表理事として出席）がシンポ報告者として発言。南三陸町を中心とする被災地支援活動、組合総研の理念である「共生・協同」思想による運動報告の後に、復興に関して「仙台シンポの精神を活かし《復興のための協働センター》構想の必要」を提案し、このために必要な後方支援を続けたいと表明し、会場に共感が拡がった。

そして、「仙台シンポジウム」は閉会にあたって、「協同の力」を横につなげていくこと、協同事業体間の連携などを今後模索していくこと確認した。

**「問題提起—東日本大震災と文明の大転換」**
**大内秀明東北大学名誉教授**

大量生産・大量販売・大量消費、使い捨て、そういう文明の大転換が今だと考えたい。四月初めの新聞に掲載された、「アメニモマケズ」の宮沢賢治のような強さを求める時代が来ている。協同組合の力で特区を解放区にする。自然エネルギー発電や水を中心に地域のコミュニティー網をつくる。これが本当の協同組合精神ではないか。生産と消費と流通をつなぐ協同組合の根本に戻り、仙台に新しいコミューンをつくったらどうかと思う。

**木村稔宮城県漁業協同組合前会長**

特区の問題だが、知事は漠然と東京の復興会議で「特区宣言」をしたが、これでは民主主義の根幹をトップが破っている。海を預って何百年の我々に一言もなく、海の権利を民間にやるとはどういう考えか。知事はわれわれの話も聞き入れない。そのまま民間にやらせるという。それでは、おかしい。特区には一万人の漁師全てが反対している。

**山本伸司パルシステム生協連合会理事長**

生産物を通じパニックを避け、役割を担った。３・11でマスコミは手の平を返した。原発容認の週刊誌も今では危機感を煽る。そんな状況で正確な情報～産地での農産物検査を隠さず公表するということは極めて大事。以前からの主題であった「生きる」とか「食べる」の復権。お金に代えられない富の創造といった協同組合運動を広げていく決意だ。

注――このシンポを契機に、翌年、大阪の〈センター〉と結ぶ「復興のための協働センター・仙台」「協働センター・東京」が次々と発足し、その共同の中から〈もう一つの学校〉構想―仙台、大阪労働学校構想へとつながっていった。

## 「三〇〇〇名組織への拡大で苦しむ仲間を助ける」関生支部　第四七回定期大会で決議！

一〇月一六日、関生支部は、各界から多彩な来賓を迎えて第四七回定期大会を協同会館アソシエ三階ホールで行った。一年間の運動総括と国際・国内情勢分析、運動の基調と重点課題など討議を通じて確認。三〇〇〇名組織への拡大と強化、ストライキ権の確立、権利侵害闘争勝利、国際連帯・反戦平和、等の新たな運動方針と役員体制を確立した。

大会冒頭、国際連帯を続ける関生支部の象徴として恒例の労働歌「インターナショナル」を全員で合唱。主催者代表挨拶を武委員長が行った。来賓各位からは共に歩む連帯の熱い決意が表明され、時代の求めに呼応した産業政策を掲げて、権力弾圧に屈せず闘い続ける関生支部の団結力に対して惜しみない賛辞が贈られた。

**四七回大会　武建一執行委員長組合代表挨拶（要旨）**

「百年に一度の危機」はいまだ収束せず、米国はもとよりＥＵ諸国の深刻な経済危機が進行中だ。これは資本主義の持つ構造が成すもので循環的なものではない。チュニジア、エジプトの民衆革命やニューヨーク・ウォール街から始まった反貧困の運動など、各国ではすでに反資本主義の運動が拡大中だ。客観的に見てグローバリズムや市場原理主義はすでに終焉の時を迎えている。

我が国では近年、漁業の仲間たちが事実上のストライキ、ＴＰＰ参加に反対する農民の運動、また反原発運動も大衆に高揚し、様々な形で民衆の運動が大きく前進している。我々は市場原理主義とグローバリズムに反対して「共生・協同社会」を追求する。昨年六月には安保破棄のストライキを決行し、日本が対米従属構造に組み入れられていることに反旗をひるがえした。中小企業と民衆の暮らしを犠牲にして、アメリカと日本の大企業が特権を得るためのシステムが安保条約だからだ。この安保破棄の運動は大きく発展すると確信している。

### 中小企業と共に挑む経済と産業の民主化

生コン業界では昨年、四カ月半にわたるストライキで値上げが成功した。しかし、大阪兵庫工組と広域協組を事実上セメントメーカーが乗っ取っており、ストの成果を台無しにしている。セメントメーカーは、セメントの粉を販売するために協同組合を利用しているだけ。近畿でも他地区の協同組合は中小企業主導型で運営されている。大阪での〝工組・協組セメントメーカー乗っ取り〟は一過性のものに過ぎない。産業界での不公平・不平等や、差別的な社会は黙っていても解決しない。闘いによってのみ解決する。

我々は来年の春闘に向けてすでに準備態勢に入っている。労働組合だから賃上げの要求を掲げ、労働条件の改善を目指すのは当たり前。中小企業の中における労働運動というのは、ゼネコン、セメントメーカー、大手商社といった背景資本との収奪と闘う産業政策を掲げ、経済の民主化と産業の民主化を徹底的に追及することである。労働運動にはストライキを軸とした大衆闘争が欠かせない。政治の流れを人民本位に変えていくためにも、ストライキをはじめ民衆の闘いが必要だ。その闘いこそ、経済と産業の民主化を可能にする。

### 三〇〇〇名組織に拡大して苦しむ仲間を助ける

最後に組織拡大。成果が多い割に組織が拡大していない。我々には一九八〇年からの二年間で一気に拡大し、二五〇〇人の組織を獲得した歴史がある。その当時には近年のような成果は無かった。それでも組織が拡大した。権利侵害に苦しむ未組織の仲間がまだ大勢いるのだ。客観的に組織と社会を分析して、「なぜ」に対して答えを出していく。それが組織拡大につながり、非正規労働者やワーキングプアと言われる仲間を助けることになる。組織拡大のためにはまず、権利侵害に苦しむ仲間たちの闘争を勝利すること。そして組合員の意見に対して即座に解決の方向を示す、そういう主導性を発揮すること。あるいは播州但馬ブロックのように『ワーカーズ倶楽部』を立ち上げて、労働者だけではなく中小零細企業の相談も受け付ける形で組織に結集する。そういった創意工夫と多種多様な取り組みによって組織が拡大する。「三〇〇〇人」と叫ぶだけでは意味がない。今期中に三〇〇〇人組織を成し遂げ、来年の大会は本当に三〇〇〇人で迎えたい。そういう決意に燃えた大会にしていただきたい。

## 関生支部執行部が異例の不退転の決意表明
## 三〇〇〇名組織の確立へ、四つの優先課題提起

大会後、「三〇〇〇名組織」への第四七回大会の決定を受けて、関生支部の執行委員会が、異例の決意表明を発表し、全組合員に呼びかけた（左記に要旨）。

――「敵を知り己を知れば百戦危うからず」。孫子の言葉にあるように、相手を分析する力なくして闘いには勝てない。また、味方の力も分析できずに闘えば勝てない。私たちは定期大会で資本主義の賞味期限はすでに切れ、中小企業・労働者の闘いに〝有利な条件が揃っている〟と提起した。

闘う相手が弱体化している今こそ、果敢に闘いを挑まねばならない。その為には組織の主体的力量強化が不可欠である。関生支部執行部は、四つの課題達成に向け全組合員に呼びかけると共に、ここに不退転の決意を表明する。

獲得目標を明確にし、「不可能を可能にする〝不退転の決意〟で望む」という強い気持ちで取り組まなければならない。そのために執行部は左記の四項目を最優先課題として取り組む。

### 組織拡大含む四つの最優先課題

①組織拡大

組織を拡大し、主体的力量を強化しなければ、勝ち取った成果も奪われてしまう。「三、〇〇〇名組織」が実現できる体制を作る。

②権利侵害を受けている仲間の争議早期解決

組織の力を集中し、争議対策の機能を強化して権利侵害を受けている仲間を勝利に導く。そのための体制と方向性を具体化する。

③政策運動の推進

経済・産業の民主化。大企業の収奪と闘うために、労働者と中小企業との戦線をさらに強固なものとする。『集団交渉』での春闘スタイルは産業別労働運動の軸であり、大企業の収奪と闘う上での重要な戦術として有効に力を発揮しているため、より一層の充実を図る。

④内部改革

執行部を含め各執行委員、組合員の意識改革。特に執行委員は物事を解決する優先順位を素早く察知し、組合員の信頼を得る努力を怠らないこと。

この四課題の達成は自らの労働条件の維持向上はもとより、日本労働運動の再生という、一つの目標実現に向けて連動している。

### 国際連帯の二つの活動

二〇一一年の年の暮れ、関生支部は、いつものことながら、たて続けに国際連帯の活動に取り組んだ。一つは、恒例となっている日韓建設労働者共同行動であり、もう一つは、NPA交流訪仏団との交流である。

#### ①日韓建設労働者共同行動一〇周年
#### 共闘前進に向け、誓い新たに

一一月一〇日～一四日、関生支部・生コン産労・近圧労組で構成する訪韓団（二五名）が韓国を訪問。韓進（ハンジン）闘争終結の歴史的瞬間に立ち会うと共に、日韓建設労働者共同行動一〇周年記念行事、全国労働者大会に参加した。

### ②NPA交流訪仏団報告
### 財政危機に揺れる欧州　労働者の闘いが活路を拓く

前年一一月、国際労働者シンポジウム「反資本主義左翼への挑戦」が開催された。その成果を踏まえ、二〇一一年一〇月三〇日〜一一月六日、関生支部・全港湾大阪支部・関西共同行動などでつくる訪仏団がフランスを訪問。仏ニースでのG20抗議行動に参加し、NPA（反資本主義新党）や労働組合との交流・意見交換を行なった。

## 2　三〇〇〇名組織拡大へ全員奮闘

二〇一二年。生コン業界は、二〇一〇年長期ストライキで勝ち取った生コン値上げ等成果を掘り崩さんとするセメントメーカーが大阪兵庫生コンクリート工組と大阪広域協組の人事・運営を乗っとり、「出荷量の確保」名の生コン価格下げ、「労働組合と距離を置く」と労使連携路線を破壊し、この結果、藤城商事の倒産、関連生コン工場など約一〇社の倒産が続いていた。

メーカー主導では業界再建は無理だということがはっきりし、生コン業界の再構築が待ったなしの時を迎えていた。

関生支部は、前年の「3・11東日本大震災」被災地への支援・復興活動を継続しながら、大阪維新の会の登場と圧勝、野田民主党政権の自民党政治への回帰など政治状況の反動化の中での沖縄や原発、TPP問題、中小企業の大同団結での業界再建に、さらに闘いの前進のために前年一一月に不退転の決意で檄を発した「三〇〇〇名組織拡大」推進を掲げ、全力挙げて新年を「闘えば、必ず成果出る年」「大躍進の年」にと奮闘していく。

### 一二政策春闘
### 「背水の陣」で千載一遇の好機を活かす闘いへ

関生支部は、恒例の『二〇一二新春旗びらき（連帯労組近畿地方本部・各支部共催）』をリーガロイヤル

NCBで、三六〇名の参加で開催した。

その直後の二月二二日、一二政策春闘方針と統一要求を決定する第二回中央委員会を開き、一二春闘の火ぶたを切った。

この席で、武委員長は、「今年は〝千載一遇のチャンス〟到来だ。その根拠の一つは、関生支部が不況に強いこと。二つには時代状況。市場原理主義による競争から、時代は共生・協同に移っている。関生支部の中小企業政策＝中小企業を協同組合に結集させ、大企業との対等取引を求めること。これは世界の流れと一致している。われわれは不況になれば資本側の力は弱まるので、相対的に労働側の力が強まる。だから、こういうときに闘えば成果が上がると分析し、その方針に沿って旺盛に行動し、成果を挙げよう」と呼びかけた。

## 一二政策春闘勝利

## 「賃上げ一万円、一時金一〇万円アップ」獲得！

生コン産業政策協議会（以下、政策協＝関生支部・生コン産労・全港湾大阪支部・近圧労組）は、三月八日に近畿二府四県の生コン関連一〇団体との一二春闘第一回集団交渉を開催。以降、第四回まで崩壊状態にある広域協の再建を一つの焦点として政策議論を重ねた。その一方で二七日以降、経済要求について各協組との交渉を持ち、経営者会からは「業界再建の圧力バネ」となる「賃上げ一万円」の大幅賃上げを獲得した。

その後、政策協は「今の広域協を放置すれば悪影響が広がる。同協組再建には何が必要か認識の一致を」と、「大阪広域協執行部の刷新が不可欠」「今こそ歴史に学び、労使一体となって広域協の正常化や業界の大同団結、大企業の収奪をやめさせるために行動しよう」と提起した。

その後、「中小企業擁護の法改正、需要創出」など六点の政策への回答を受けた。最終的に経営者会は「賃上げ一万円（日々雇用日額五〇〇円・一時金一〇万円アップ・福利厚生昨年実績」と回答し、妥結した。

今後、広域協の再建・適正価格の収受・業界の大同団結を始めとする政策課題に全力で取り組むことを労使で誓い合った。

## 闘いの成果、大きな弾みに
## 権利侵害との闘争の勝利報告

今期、関生支部では争議対策部が中心となり、「全争議解決・権利侵害一掃」に向けて三ヵ月サイクルで重点職場を決め、集中した行動を展開してきた。その中でこの度、京津ブロックのベストライナー社闘争と東大阪ブロックのO商店そして神友生コン闘争において勝利解決を迎えることができた。

この成果を武委員長が次のように総括提案した。

「今期始め、八月末までに三〇〇〇名を拡大しようと提起し、全体で確認した。組合員数が現状維持の状態ではこれまで獲得してきた諸権利が奪われてしまう、との危機感からこの提起を行った。もし、組織拡大が実現できなければ財産を食いつぶすだけになり、優先雇用協定は破られ、賃金も引き下げられるのは明らか。よって、〈組織拡大が最優先課題だ〉と言い続けた。

目標達成の条件は二つある。

ひとつは、歴史の教訓。特に八〇年代の大躍進だ。当時、関生支部は多数の本勤労働者を組織化することに成功し、組合員数は三千名を超えた。本勤労働者を組織するのは非常に困難だが、それを実現した。これは「組合員がその気になれば結果が出る」ことの証だ。もうひとつは、生コン業界の現状。業界では今、本勤労働者が少なく日々雇用労働者や傭車会社で働く労働者が多い。彼らの多くは労働条件が悪く、不安定な雇用環境にある。多くの労働者が労働組合を求めているが、労働者が自ら労働組合に入ることは少ない。積極的な働きかけが必要なのだ。この二つの条件を提起した。

結果、現時点で一三〇〇名超の拡大を達成。この中には協力会員も含まれているが、今までにはない大きな成果だ。これは全組合員が精力的に取り組んだ結果であり、確信にしてほしい。ただし、目標の三〇〇〇名には未到達。今期始め「目標が達成できなければ執行部が責任を取る」と宣言した。常任委員会ではその責任を明らかにし、『①未達成ブロックへのオルグ援助金を常任委員六名が拠出、②来期は各常任委員が一ヵ月の内一〇日間ブロックに張りつき、レベルアップに尽力すること。』を決議した。こうした努力によって、『現場から運動をつくる』組織へ改革する。そして、必ず三〇〇〇名拡大を達成するという熱い思いを共有したい。」

## 頼られ、求められる労働運動を
## 関生支部第四八回定期大会開催

こうして、迎えた関生支部第四八回定期大会。一〇月一四日、各界から多彩な来賓を迎えて協同会館アソシエで開催した。

大会では、武委員長は、この一年の活動を振り返って「やればできる、自信を持って進もう！」と、話した。

「私たちは大企業の攻撃に対し断固として闘い、この一年、大きな成果を得ています。今春闘では、大阪・兵庫・奈良・京都で一万円の賃上げを獲得。日々雇用の組合員は日額五〇〇円の賃上げです。また和歌山・奈良・湖東・阪神協組・圧送・バラ輸送では中小企業が結集し、大企業支配と闘う方向に向かっています。そして、昨年一〇月から今年八月までに組合員を三〇〇〇名増やそうと確認し、実践してきました。現在一五〇〇名の拡大を達成しています。これは大変な成果です。京津ブロック、湖東ブロックが先陣を切り、最近では市内ブロックが一ヵ月で一一〇名の拡大を達成。「やれば、できる」のです。同時に、残り一五〇〇名の拡大はどんなことがあっても年内に達成しなければなりません。あきらめず、怯まず、断固としてやり抜くのが関生魂。その決意で取り組みます。

そして、「資本主義はもう限界、米国からの自立必須、日米安保破棄」などの情勢の核心を提起したのちに、「社会的労働運動の追及」に挑戦し、そのための「特別対策班設置を提案し、時代を創る労働運動に誇りを持とう」と呼びかけた。

## 一二月一六日総選挙に対する態度
## 反消費税・反原発・反基地・反TPP
## 震災復興を実現し平和なアジアを
## 米国・財界本位の政治を終わらせよう！

一一月一四日の党首討論で、自民党の安倍総裁に解散総選挙を突きつけた野田首相。自民党は条件とされた「一票の格差是正」と「定数削減」に応じ、一六日には、衆議院は解散となった。世界的な大転換期にある今、関生支部は「この総選挙闘争にどう臨むべきなのか」について、左記のような組織的見解を明らかにして、総選挙に臨んだ。

## 九九％が主人公となる社会実現を（要旨）
## 対米従属から脱却、自立・平和な日本を

「一二月一六日の総選挙で問われているのは、日本という国のあり方だ。戦後六七年の歴史の中で、日本は日米安全保障条約（日米安保）によって米国の従属国になってきた。この米国支配から自立することが最大の課題である。イラクなどへの自衛隊派遣に見られるように、現在日本は米国の戦争政策に自動的に引きずり込まれている。憲法九条では軍隊保持・交戦権が否認されているのに、「自衛隊」という名の軍隊が存在し、「国際貢献」を名目に海外派兵されている。これは中東諸国などに米国型の民主主義を押しつけるために米国の要請に基づいて実行されている。オスプレイ配備もこの従属関係を象徴的に示し、沖縄県民がどんなに強く反対しても、日米政府は配備を強行し続けている。このように憲法が拡大解釈される根拠になっているのが日米安保だ。この条約は軍事同盟という側面が強い。今では、中国と朝鮮民主主義人民共和国を「仮想敵国」にし、日米韓の合同軍事演習を続けている。日米安保が戦争の危機を引き起こし、国民生活を破壊している根源なのだ。

もう一つ、日米安保によって日本は経済的にも米国に支配されている。例えば、毎年、米国が日本に対して「年次改革要望書」を出し、「法律や制度を変えろ」と圧力をかけている。そうした米国の要請で実行されたものの一つが郵政民営化だ。これは三五〇兆円に上る郵貯・簡保資金を米大手金融機関が自由に使えるようにするための政策だった。また、金融制度改革や日本型雇用慣行の破壊、教育や福祉の民営化、消費税引き上げなども米国の要請によるものである。よって、国民生活にとっての日米安保の危険性をしっかりと認識し、日米関係を「対等・平等・互恵」のものに変えることが国民的課題である。

## 改憲は戦争への道、軍事大国化許すな

今、自民党や公明党、日本維新の会など「第三極」と呼ばれる諸政党は、改憲を主張している。日本国憲法は「主権在民・基本的人権の尊重・平和主義」を理念としているが、彼らはこの理念を変えようとしている。これは経済危機を戦争によって解決しようとするもので、国民への保護政策を切り捨て、「一％の者の利益ために九九％の者を犠牲にする」政策を憲法上でも保障することが本当の狙いだ。そして、それによって公然と軍隊を名乗って交戦できる仕組みをつくり、軍事費を増大させようとしている。よって、憲法を変えることは軍事大国化につながり、福祉や教育、国民生活をないがしろにするということだ。軍国主義によって民主主義が否定されることに対して、私たちは大きな危機感を持って対応すべきである。

## 闘う労働運動を再生しよう
## 一％優遇の政治に今こそ「NO！」を

これまでのような米国型の「大量生産・大量消費・大量廃棄」の価値観を変えなければならない。この二〇年間、日本のGDPはほとんど伸びていない。それにも関わらず、一％の者には富が一層集中・集積し、九九％の側である私たち労働者の賃金は下がり、雇用は不安定化している。中小企業の倒産が続出し、地域経済や共同体が破壊され、「無縁社会」がつくられている。一％の者に集中している富を九九％の者に再分配しなければならない。関西の生コン産業では、この三年間、大企業であるセメントメーカーによるトン当たり五〇〇〇円の値上げを阻止した。これはその分だけ彼らの利益を吐き出させたということだ。こういう形で大企業、つまり一％の者による収奪と闘い、中小企業と労働者に利益を還元できるかどうかが今、問われている。その吐き出させた富（財源）を使って、農林漁業の振興やインフラ整備を図り、原発に代わる自然エネルギーの開発を進めれば、新たな雇用も創出される。

外需主導型から内需主導型へ経済構造を根本的に変え、「競争社会」から「共生・協同社会」への転換。これが政治を根本的に変革する道である。そうした点で私たちが進めてきた大企業と中小企業との対等取引を進める産業政策運動は、これからの社会が求めているものなのだ。女性、障がい者、マイノリティーなどが暮らしやすい社会。公平・公正・平等な社会。それは「戦争社会」ではなく「共生社会」である。私たちは政治・政策闘争を一体的に追求する。

候補者選択については、「消費税撤廃、原発即時停止・撤去、米軍基地閉鎖・撤去、オスプレイ配備中止、日米安保破棄と地位協定見直し、TPP参加反対、日朝国交回復、東アジア共同体実現、地元中小企業・住民中心の震災復興」という私たちの政策と一致できるか否かを具体的な判断基準とする。

# 3　業界の崩壊か再建か
# 大阪広域協組との攻防、あと一歩

## 第二次安倍政権が返り咲き、「戦争国家」推進への逆流
## 「平成の沖縄一揆」
## ――新年の闘いの烽火は沖縄から挙がった！

二〇一三年。東日本大震災・福島原発震災からの復興は遅々として進まず、この時期、仮設住宅などに避難生活を余儀なくされている避難者三四万人、福島原発震災で故郷を追われて暮らす避難者一六万の人々が苦難の生活を強いられていた。このような中で、「3・

11」後のこの国と社会をどうするのかを巡る進路選択のかかった前年末一二月総選挙の結果、極右安倍自民党が単独過半数を上回る議席を獲得して政権に返り咲いた。公明、維新などの議席を加えれば改憲勢力が改憲発議可能なラインを越えたことになる。

安倍政権の危険な本質は、進路選択の争点に「瑞穂の国の資本主義」「九条改憲、自衛隊の国軍化、集団的自衛権の見直し、デフレ脱却」を鮮明にしたように、一％の大独占資本のために九九％を犠牲にして新自由主義を推進し、沖縄の闘いに追い詰められ民主党政権下で揺らぎ始めていた日米安保同盟を固め直して、「戦争国家」推進にまい進することを使命とする政権だということにある。

この新年をもって、今日に続く、安倍政権の打ち出す「米軍などと共に海外で戦争する国家」への戦争政策との真っ向勝負が問われる時代が始まったのである。

この時、新年の闘いの烽火が沖縄から挙がった。

一月二七日、二八日、沖縄全県四一市町村の首長、県議会県議、県民大会実行委代表からなる総勢一四四名の大直訴団が東京総行動に打って出て、「ウチナー（沖縄）は本当に日本の一員ですか」と『建白書』を安倍首相と政府に突きつけたのである。この壮挙は、沖縄に米軍基地が強いられている不条理と差別の構造を訴え、この国の民主主義の在り方を問い、沖縄の自立・尊厳、自己決定権をかけた復帰後初の総行動――「平成の沖縄一揆」であった。

まさに、その後の「辺野古阻止」を掲げた翁長雄志県知事誕生、そして今日に続く安倍政権とオール沖縄の正面対峙の新しい局面の始まりを告げたのである。

本土の労働者民衆には、この沖縄に応える闘いが問われた。

## 情勢を味方につけて より一層、飛躍の年に

この新年、関生支部は、総選挙の結果について「アメリカと財界、すなわち一％の利益のために国民を犠牲にする政治は、支配者と被支配者との対立矛盾を激化させるものであり、遠くない時期に支配者の正体は暴かれる」とし、「大衆闘争こそ国民の利益を守り発展

させる道だ」との観点で安倍政権に反撃する決意を固め、情勢を主導的に切り開き、飛躍の年にしようと新しい年の闘いに挑んでいく。

### 総決起集会と化した新年互礼会
### 五〇〇名が危機打開への決意示す

一月二九日、恒例の関生支部の旗開きに続いて、近畿生コン関連団体合同の「新年互礼会」が北区ウエスティンホテルで開催された。近畿一円の生コン関連事業者、労組、学者文化人、国政関係者をはじめとする来賓を含め、総勢五〇〇名が結集した。主催者を代表して発言した中小企業組合総研高井代表理事、挨拶に立った大阪兵庫生コン経営者会の小田会長はじめ、関連する労働組合代表が、「この業界の値戻しのため業界が一つになるべきだ」など、大企業の収奪と闘い、危機突破しようと、口々に決意を述べ、さながら「業界再建の決起集会」となった。

注――この時期、大阪府下の生コン業界は、二年間で一四工場の倒産が続いていた。関生支部は「危機脱却へ向け五つの政策提言」を発している。

### 一三春闘――大幅一万円の賃上げ獲得
### 生コン業界の再建の闘い始まる

三月七日、生コン産業政策協議会(関生支部、生コン産労・全港湾大阪支部・近圧労組)は近畿の生コン関連業界を網羅する一三春闘の第一回集団交渉を開催。以降、第四回まで大阪広域協組の再建を焦点として政策論議を重ねた。結果、最終的に経営者会は、賃上げ本勤一万円、近畿圧送五〇〇〇円、日々雇用日額五〇〇円、一時金一三三万円(未到達社一〇万円増)近畿圧送六三万円、福利厚生一一万円(一人)、近畿圧送大型一台五万円などを回答し、妥結した。今後、大阪広域協組の誤りを正し、生コン値上げなどの政策課題に労使が全力で取り組むことを誓い合った。

### 七月参議院選挙に山シロ博治候補など支援確認
### ――5・29関生支部第三回中央委員会

この時期、前年の支部常任委員会の異例の組織拡大への「不退転の決意表明」に応えて、セメント、生コン、清掃・産廃、一般業種の各地区・職場で、続々と組織拡大が進んでいた（その成果は、第四九回大会で集約された）。

そうした中で、五月二九日、関生支部は第三回中央委員会を生コン会館で開催し、この間の活動総括を行い、新しい情勢を確認した。特に、まじかに迫った七月参院選には「安倍政権と対決、反基地闘争の先頭に立って闘う山シロ博治候補をはじめ闘う候補者を支援し、日本の戦争国家化を阻止する」と決定した。そして「業界安定のためには組織強化・拡大が必要」との確認の上で、引き続き組織拡大活動を展開しながら、山城候補などの勝利に向けて支部あげて奮闘していく。

注――七月二一日投開票の参院選は、残念ながら自民・公明に過半数を確保させる結果となった。安倍政権は、「国民の信を受けた」と豪語し、これまで以上に国民の声を無視し、労働者、中小企業、農林漁業、商工業者を踏み台にする政治姿勢を露わにしていく。

### 「平和な空を取りもどそう！」
### 沖縄意見広告運動が第四期広告を実施

六月九日、沖縄意見広告運動が、毎日新聞（全国紙）、琉球新報、沖縄タイムスに、全面意見広告を実施した。関生支部はこの広告実施のためにブロック・分会挙げて奮闘した。そして沖縄へのオスプレイ配備強行、日本全国でのオスプレイの低空飛行訓練計画に反対して、関生支部は「オスプレイＮＯ！辺野古ノー！」の全国キャラバン隊と行動の中軸となって、中四国、九州など西日本キャバンを実行した。

注――以降、この西日本キャラバンは毎年実施されていく。

### 二〇年を超える真壁組闘争、千石生コン闘争が勝利
### 「裁判所・労働委は利用するもの、現場の闘争で勝利する」

この時期、関生支部は次々と権利侵害闘争に勝利していくが、中でも特筆すべきは、二〇年を超える長期闘争を不屈の関生魂で勝利した真壁組グループ闘争と千石生コン闘争である。

#### ①眞壁組グループ闘争の勝利

一九八九年六月の組合の公然化に始まり二四年間に及んだ眞壁組グループ闘争は、前年の一〇月一六日に勝利した。

眞壁組闘争とは、日本一生コンの下請け輸送会社、（株）成進と国土一生コンの下請け輸送会社、（株）一宏の持ち込み制の労働者が関生支部に加盟し、それぞれ生コン製造会社である日本一生コン、国土一生コン（眞壁組グループ）への雇用責任を求めた闘いである。当初は、第三者を介した双方トップ交渉で和解が成立していたのを、眞壁組代表者が一夜にしてその約束を反故にしたことで、この闘争は長期化した。

この眞壁組グループとの闘いは、解決能力を欠いた下請け輸送会社である（株）成進の不当労働行為が認められた以外、すべての裁判、府労委などでは敗訴し、困難な闘いを余儀なくされた。この勝利の要因は、関生支部の真骨頂と言える「裁判所、労働委員会などは、利用するものであり、これに依存しない。現場闘争の中から勝利の展望を導き出す」という闘争の基本路線を貫いたことにある。それだけではない。関生支部はこの長期闘争勝利に向け、「生活支援策、闘争の継続、学習活動の強化」を三点セットとした基本政策で、攻撃をかけられた仲間たちと家族が一丸となって闘える条件を確立して闘ってきた。そして、何よりも現場の組合員一人一人が、関生支部に結集して闘うことを「労働者の尊厳を守る闘い」と誇りに思って闘ってきたことである。

これらは、千石生コン闘争においても同様である。

### ②千石生コン闘争の勝利

この年の八月、前年の真壁組闘争の勝利に続いて、湖東地域などで大企業支配を打ち破る労働者・中小企業の闘いが進む中、二一年にわたる長期争議となっていた千石生コン闘争もついに勝利した。

注――千石生コン社は、一九八〇年代の第二次構造改善事業中で、生コン工場の新増設が抑制されているときに、箕島興産とのスクラップ・アンド・ビルドとして強行に設立された生コン工場。そしてその後、第二プラントを設立。当時、協組加盟工場の出荷量を大きく上回り、大阪市内では有力なアウト工場として稼働しており、労使で取り組んでいた政策運動に真っ向から逆行する工場であった。

この闘いは、一九九三年三月、千石生コン社の（株）一森で、山本分会長を含む二名の組合員の公然化を発端に、組合否認を続けていた千石生コン社に四度の公然化（合計八名）を行い良好な労使関係の構築を求めたことに対して、千石生コン社が専属輸送会社丸ごとの閉鎖や輸送の譲渡などで、組合員を次々と解雇し、全面対立の争議に突入したものである。以後、組合は現場での抗議行動や府労委の活用など争議解決に向け組織をあげて闘った。しかし、解雇係争や千石生コン関係社からの訴訟含め一〇件以上の法定闘争で組合側敗訴が続いた。特に、組合否認・組合潰しに対するセメントメーカーやゼネコン・商社・行政等への要請行動に対して、千石側は「営業妨害禁止仮処分」「間接強制」を申し立てた。それについて大阪地裁は、会社主張を認め、二億六〇〇〇万円の損害があるとする不当判決を下し、組合活動の手足を縛る役割を果たした。同時に三名が権力弾圧を受けるなど、資本・権力が一体になった労働争議となっていった。

こうした不利な状況下でも、分会長を先頭に、千石生コン闘争は二〇年を超える長期に渡って現場の大衆闘争を背景に交渉を重ねた結果、全面勝利となった。

この勝利は、眞壁組闘争と同様に、関生支部の運動理念、運動原則である「裁判や労働委員会は活用の場であり、現場の運動で決着をつける」ことを実践し、支部が支え、現場の組合員が誇りを持って粘り強く闘った成果である。

眞壁組闘争や千石生コン闘争の勝利は、関生支部の仲間に自信と確信を与えるものであるだけでなく、非正規労働者、ワーキングプアなど弱い立場の労働者が団結して「全職場で権利・人権闘争に立ち上る」時代において、闘う側に「勝利の法則」を教訓化する実例である。

## 和歌山モデルに学び湖東・阪南・南大阪へと関西各地で値上げの動き！取り残される広域協

この時期、和歌山モデルに学び、湖東・阪南・南大阪へと値戻しの闘いが功を奏して、次々と成果を挙げて関西に拡がろうとしていた。この事態を、関生支部は九月二六日に開催された第四回中央委員会で関生支部執行部は、「『柿は熟れるまで待て』と言ってきたが、事態はその通り推移して、広域協は孤立し、セメントメーカーは窮地に追い込まれている。その要因の一つは、彼らのとってきた『労組敵対路線』の完全な破綻だ。要因の二つは、円安による燃料高騰や生産設備の老朽化により、メーカーは莫大な資金調達が迫られていること」と分析した。そして「和歌山では、労使の信頼関係が業界安定の基礎になっており、滋賀でも値上げが成功し、さらに奈良でも来年一月からの値上げを打ち出した。各地で生コン値上げが進む中、広域協組だけが取り残されている。『労使対立は混乱、労使協調は安定』、これが歴史の教訓だ。相手が追い詰められているこの機会に要求を前進させ、労働者・中小企業主導の業界に変えなければならない」と、政策闘争と組織拡大とを連動させて運動を進めようと、確認した。

## 勝利をめざしゆるみなく闘おう
### ——関生支部第四九回定期大会開催

こうして大きく運動が前進する中の一〇月一三日、関生支部は各界から多彩な来賓を迎えて第四九回定期大会を、協同会館アソシエで開催した。大会では、この一年の運動と成果について、①一三春闘で、大阪・兵庫・京都・奈良で一万円の賃上げ。日々雇用は日額五〇〇〇円の賃上げ獲得。二〇年超にわたる長期争議であった真壁組・千石生コン闘争を「裁判や労働委員会は活用するものであり、決着は現場でつける」との関生支部の運動理念を貫いて勝利。②近畿一円の三二七社との集団交渉を継続し、セメントの一方的な値上げに対しては、協組に窓口を一本化してそれを阻止。そして、四月開始の湖東地域での生コン価格適正化の前進と滋賀県全域への拡大。③『関西生コン産業60年の歩み』の発刊。④沖縄に連帯し辺野古新基地建設に反対して、沖縄意見広告運動を継続し、さらに米国によるシリア攻撃に反対する運動を展開したこと。⑤堺市長選での竹山候補の勝利。「維新の会」との闘いの前進。⑥協力会員を含め二〇〇〇名に迫る組織拡大の達成など、この一年間の運動総括が提起され、討議を通じて確認された。

大会では、次年度方針として、関生支部50周年記念事業の計画が初めて提起された。そうした大会での、今期の成果とその総括、次年度方針への組合員一丸となった決意は「大会宣言」に左記のように示されている。

**『大会宣言』(要旨)**

関生支部では、眞壁組・千石生コンでの長期闘争を勝利解決に導いた。これは労働者の権利を否定する悪法に縛られず、それを打ち破る闘いを実践した成果だ。一三春闘では、業界再建の「圧力バネ」となる五年連続の賃上げを獲得。その後も近畿二府四県の生コン関連団体との労使懇談会を行い、業界再建に向けた取り組みを推進。湖東地域では労使一体で生コン値上げに取り組み、滋賀県全体が業界安定に向かう。この取り組みを京都・奈良。神戸の各地域に広げ、一方で阪南・南大阪地域での値上げを追求。それにより、セメントメーカーに支配された広域教組を包囲しつつ、内部改革を図る。また、一般業種では産別・業種別運動の強化に向けて部会を立ち上げた。今後は、一般業種での産業政策運動を視野に入れて共同交渉などを展開する。沖縄意見広告運動と「NO!オスプレイ」全国キャラバン、国際連帯活動、中小企業中心の震災復興など、従来の取り組みをさらに発展させる。また、全世界の労働者・人民と連帯して「戦争のできる国」づくりのための改憲を阻止し、米軍基地撤去・反TTP・反原発・反消費税・安保破棄の闘いに全力を挙げる。そして、大企業本位から中小企業本位への政治・経済構造の転換を図り、労働者・中小企業・農漁民などが主人公となる社会の実現を目指す。さらに、政策闘争・反権利侵害闘争と連動させた組織拡大を追求。そして、支部50周年記念事業として会館建設や労働学校設立など社会的労働運動への道を開拓する。

## 『関西生コン産業60年の歩み』出版記念シンポ大成功 大資本・大企業に代わるオルタナティブとしての協同組合運動

一一月二〇日、東京の連合会館にて、『関西生コン産業60年の歩み』(中小企業組合総合研究所発行)の出版記念会が、多彩な発起人・呼びかけ人の下で開催された。

シンポでは、開会の挨拶に立った下山保氏(協同センター・東京代表)が主催者を代表して次のように挨拶した。

「『関西生コン産業60年の歩み』の言わばエキスの一点目は、労働組合と協同組合が提携をして大資本と闘って成果を挙げてきた歴史だと私は読んだ。戦前、日本に労働運動、協同組合運動が出来たての頃は、(両者は)最初から兄弟だった。しかしいつのまにかこの兄弟は離ればなれになり、労働運動は労働運動、協同組合は協同組合運動という風になった。二点目は、今日は生活協同組合からパルシステムと生活クラブ生協の理事長が発言する。それが関西の事業協同組合の方とどんなことを協同組合というキーワードで話されるのかを注目してほしい。三点目は、シンポ発言者の丸山茂樹さんから、《ソウル宣言》のお話しがある。もう一点は、この集まりの呼びかけ人の何人かで、新しい人材育成の学校、学習の場をと四年間にわたって論議してきた。今年の一〇月に仙台で大内秀明先生らの仙台・羅須地人協会がスタートし、二年後には関西で関生中心に衝撃的なスタートをする、東京でも始まる。その辺のことが協同組合運動をベースにした新しい社会運動の新しい芽になっていくと思う」。

　その後シンポの冒頭に、武建一（中小企業組合総合研究所代表理事、関生支部委員長）が「60年史出版の報告」をし、「今、安倍内閣は、すでに破綻している市場原理主義へ傾斜し、ワーキングプアとか非正規労働者、格差社会がどんどん社会に蔓延している。そういう条件ですから、丸山先生からお話があるかと思いますが、韓国と同じように日本も一気に『関生型』と言われるものが、全国に広がる可能性をもっている。この会が、全国に向けて中小企業を結束し、労働組合と連携した協同組合運動に大きな弾みがつく、そういうきっかけになることを期待いたします」と挨拶した。

注――シンポでは、若森資朗（パルシステム生協連合会前理事長）氏、川崎吉己（おきたま農協経営役員、置賜百姓交流会世話人）氏、加藤好一（生活クラブ生協連合会会長）、田嶋康利（日本労働者協同組合連合会事務局長）氏がそれぞれ発言した。シンポの最後に、丸山茂樹（参加型システム研究所客員研究員）氏が、『60年の歩み』の一番大きな意義は伝統的な労働運動とか、伝統的な協同組合運動、伝統的な社会主義、共産主義運動の枠をもっと拡げて、中小企業の経営者たちの協同組合と労働組合が一緒になる場合には地方自治体と一緒になって絶対的な権力を持っていると思われていたゼネコンやセメント資本と交渉し、新しい社会運動の姿を実現したところにある」「これは決して日本だけでなく、世界的な一つの新しいオルタナティブな潮流である」と韓国での「ソウル宣言」の報告とともに、この会を出発点に、「来年のグローバル社会的経済フォーラム創立総会」に参加し新しい社会運動の地平線をここから始めよう」と、情熱をこめて呼びかけた。

　シンポ主催：協同センター・東京、協賛：中小企業組合総合研究所、パルシステム生協連合会、変革のアソシエ、仙台・羅須地人協会、社会評論社。

　この出版記念会の成功は、「3・11東日本大震災」を契機にした「協同の力で復興を！仙台シンポ」、「復興協働センター・東京」発足、南三陸町における「復興支援センター」の活動、「もう一つの学校」構想へと、関生支部と関西の生コン関連協同組合の活動が、大きく繋がったことを意味していた。そしてこのシンポを出発点にその後の「ソウル宣言の会」発足となっていく。と同時にこのシンポはかつて「関生に箱根の山を越えさせるな」と独占資本をして言わしめた関生支部が、その産業政策運動の拡がりと成果をもって、箱根の山を越え、のみならず「関生は特殊」だと関生支部の前に立ちふさがっていた「厚い壁」を打ち破って、全国に拡がりはじめ、新たな協働の展望を開き始めたことを示すものとなった。

## 4　50周年記念事業の成功へ大阪広域協刷新へ動く

二〇一四年。時代の大きな転換のなかで、前年の秘密保護法の強行成立に続き、沖縄の辺野古新基地のための埋立て問題、消費税増税、安保戦略の転換、集団的自衛権問題など、平和国家の道を歩んできた戦後の国是を投げ捨て、「戦争国家」の道を急ぐ安倍政権の暴走によって、日本は戦後の歴史を画す重大な節目に差しかかっていた。

この時期、いつも闘いの風は沖縄から吹いてくる。

新しい年の闘いは、一月一九日の沖縄・名護市長選における「辺野古ノー」を掲げた稲嶺市長再選勝利によって告げられた。

関生支部は、新年の闘いを安倍政権の進める消費税増税、規制緩和、解雇自由化、「集団的自衛権容認・行使」反対を掲げ、軍事大国化・戦争体制づくりを許さず、農漁民・医療・福祉・中小企業を犠牲にするＴＰＰ反対の運動などを大きく展開する年、さらに「大阪広域協組を『中小企業の、中小企業による、中小企業のための協同組合』に刷新するため全力を尽くす年」とし、会館建設・大阪労働学校建設などを柱とする関生支部50周年記念事業の一大プロジェクトに全力を挙げていく決意を明らかにした。

そして一月一〇日、リーガロイヤルＮＣＢで、恒例の「二〇一四新春旗開き（連帯労組近畿地方本部・各支部共催）」を各界からの来賓を含む三五〇名の熱気溢れる中で開催し、新年の闘いの決意を固めた。

### 一四春闘の焦点―大阪広域協を転換できるかどうか賃上げ一万円獲得、労使一体で再建へ

二月二二日、一四春闘に先立ち、関生支部は第二回

中央委員会を開催し、春闘方針と課題を確認し、「崩壊状態の広域協、立て直すのは今、大企業支配を打ち破る闘いにしよう」と一四春闘勝利に向けた重点課題を確認した。この中央委員会では、市内ブロック、東大阪ブロック、名古屋ブロックなど各ブロックが、組織拡大・業界再建・権利侵害反対闘争に取り組んだその成果が次々と報告された。

一四春闘は、三月六日の第一回集団交渉からスタート。三月一六日には春闘恒例の自動車パレードをはさんで、セメントメーカーに支配された大阪広域協同組合を専業社主導に転換できるかどうかを最大の争点に、計四回の交渉が持たれた。

最終回答日となった三月二七日、経営者会は経済要求について「賃上げ一万円（日々雇用日額五〇〇円増）、一時金一〇万円増（上限は一三三万円）、福利厚生昨年実績」と回答し、妥結した。その後、関生支部は、五月三一日に、中央委員会を開催し、一四春闘の最大の焦点とした大阪協組再建について、五月三〇日の同協組の総会で現体制の継続を決定され、このままでは大阪地域はさらに二年間、価格競争が続き、倒産が続出すること、今後、昨年と今年の賃上げ分の支払いを求め、賃上げという圧力バネで広域協組をまとめもするため、「約束を直ちに履行せよ」と厳しく迫る方針を決めていった。

注——春闘の大きな成果。大阪・兵庫中心に本勤一万円、日々雇用日額五〇〇円の賃上げ、大阪・兵庫では「本年末までの共同輸送の確立」を合意、京都ではベスト・ライナー問題で大型一台当たりの運賃を五万五〇〇〇円に引き上げ、新輸送会社の設立合意。和歌山では日高地区生コン協組が八年ぶりに連合会に加入し、同地域の大型一台当たりの運賃五万円に引き上げ。奈良では、協同組合がまとまって共同輸送を行う新しいシステムづくりと値戻しに取り組んでいることなど。

## 何の罪もない親子の日常を奪った原発震災の続く中で「被災地の子ども保養プロジェクト」実施

四月二六日～二九日の四日間、二七日の恒例の連帯フェスタ開催をはさんで、関生支部は関西の生コン関連労働組合・事業者団体の協力を得て実行委員会を組織し、福島県から六家族一八名の親子を迎えて、「被災地の子ども保養プロジェクト」に取り組んだ。このプロジェクトが企画された背景には、原発事故後、放射能で汚染された地域の子どもたちが外で自由に遊べず、運動不足や食欲不振が目立ち、大人もストレスがたまっているなど厳しい現状がある。そこで、保養期間中は、万博記念公園（連帯フェスタ参加）をはじめ、奈良、京都、キャンプなどで、大人も子どももできるだけ自然豊かな所でゆったり過ごし、思いっきり楽しんでもらいたいという願いからの実施であった。

注——参加された方のアンケートには、「久しぶりに福島のことを忘れて楽しく過ごせた」「福島で毎日子どもが鼻血を出していたが、関西にいる間一度も出なかった」「子どものアレルギー症状が良くなった」「子どもが外でのびのび遊ぶ姿を見られてうれしかった」「福島で生きていく大きな励みとなった」「また戻って闘いが始まります。皆様のご支援・ご協力に心から本当に感謝いたします」などの言葉が残されている。

## 安倍政権の「集団的自衛権の行使容認」閣議決定を糾弾する

七月一日、数万の人々が国会を取り囲み反対の声を上げる中、安倍政権は臨時閣議において憲法解釈を変更し、戦後の歴代政権が憲法上禁止してきた「集団的自衛権行使」容認を閣議決定した。関生支部は「この安倍政権の立憲主義・平和主義を否定する暴挙を強く弾劾する」との態度を機関紙『くさり』を通じて表明し、「一つ一つの要求をつなぎ合わせ、民衆を苦しめる安倍政権を打ち倒すためにともに闘おう！」と呼びかけた。

注——その要旨は以下。「日本は憲法九条により、戦争を行うことも、他国に対して武力行使することも禁止されている。しかし、歴代政権は憲法を『自衛のための武力行使までは放棄していない』と解釈。年間五兆円もの防衛費（軍事費）を使い、『人道復興支援』などの名目で自衛隊を海外派遣してきた。しかし、これまでは『集団的自衛権は持っているが使えない』との立場をとってきたために自衛隊が他国軍と一体となり戦闘行為を行うことはできなかった。今回、安倍政権はこの歯止めを取り払おうと憲法解釈を変更。狙いは米国とともに世界各地で戦争すること。この閣議決定は『解釈変更』の名による『改憲』であり、明確な憲法違反だ」。

## 安倍政権が辺野古新基地建設工事を強行 関生支部は辺野古現地闘争に派遣

前記の臨時閣議と同日、沖縄県名護市のキャンプ・シュワブで辺野古新基地建設に向けた埋め立てのためのボーリング調査工事が開始された。さらに安倍政権は、同じ日の臨時閣議でキャンプ・シュワブ沿岸の米軍提供水域を大幅に拡大し、「提供水域に入って基地建設を妨害する者は容赦なく逮捕する」と、基地建設に反対する沖縄県民や全国の市民を恫喝した。翌日、現地のヘリ基地反対協議会が全国に現地闘争への結集の「呼びかけ」を発した。関生支部は、この「呼びかけ」に応えて、沖縄意見広告運動の仲間らとともに、すぐさま現地へ行動隊を派遣した。以降、辺野古現地への派遣はローテーションで途切れることなく今日（二〇一五年一〇月）まで継続され、海上のカヌー隊、キャンプ・シュワブ・ゲート前行動の一翼を担っている。

## 大阪広域協組刷新へ、動く
## 生コン価格適正化を求めて

この時期、大阪地区では「安かろう、悪かろう」の原価割れの生コンが横行し、品質確保が二の次とされ、生コン建造物の「安心・安全」が軽視されていた。

その原因は、ゼネコン・販売店の買い叩きと過剰サービスの強要、さらには、セメントメーカーが大阪広域協同組合を乗っ取り、豊富な資本力を背景に際限のない値下げ競争に陥らせていることにあった。それにより中小企業が倒産の危機に直面していた。

二〇一四年のこの時期、生コン産業政策協議会（関生支部・生コン産労・全港湾・近圧労組）は、二〇一〇年の大阪府下の三大プロジェクト（大阪駅前北ヤード開発、阿倍野開発、中之島開発）などの大型現場での四カ月半のストライキで約束された適正価格収受の履行などを求めて、ゼネコン・販売店・セメントメーカー・大阪兵庫工組・関係行政への申し入れ行動を展開した。政策協議会は、二〇一〇年にゼネコン・販売店自らが行った「標準価格一万六八〇〇円／㎥で生コンを購入する」という約束の履行を求め、「八月末までに誠意ある回答がない場合には、九月以降行動に突入する」とした。

## 50周年記念事業の成功を
## 関生支部第五〇回定期大会開催

一〇月一九日、関生支部は、すでに述べてきたように、和歌山連合会、湖東協組、奈良協組に学べと近畿各地で闘いとられた労働組合と協同組合の連携の拡りと大きな成果、近畿二府四県三二七社と四労組による政策協議会の集団交渉による一四春闘の成果、眞壁組、千石生コン闘争の勝利をはじめベストライナー、丸孝、大久保生コンなどの権利侵害闘争の成果、二〇〇〇名を超える組織拡大の成果の上に、各界から多彩な来賓を迎えて第五〇回定期大会を協同会館アソシエにて開催した。

翌年に関生支部50周年を迎える節目を前に、第五〇回大会議案は、冒頭、この五〇年を振り返って、次のように述べている。

「関西地区生コン支部は、一九六五年一〇月、五分会一八〇人でスタートし、以来五〇年の歴史を刻みます。この五〇年は、労働者の生活と権利を守り発展させることを基本戦略に、『嵐は若木を鍛える』が如く、活動を行ってきました。

闘いの連続による苦しみの中にも、楽しみや笑いもあります。また、裏切り、殺され、悲しい別れもあります。しかし、関生支部は、斬られても斬られても『くさりの尻尾はくさりの頭』のごとく、たえまなく未来を見据えて成長しています。その成長たるもの、日本の労働運動に類を見ない成果を打ち立てています。この成果を未来に引き継ぐ責任が今の我々に課せられています。その責任が50周年記念事業の成功にあります」

第五〇回大会方針の目玉は、「次なる一〇〇年」をめざす大事業として「新館建設、大阪労働学校設立、生コン碑建立、50年誌刊行などの50周年記念事業計画」と、運動発展の要となるべき主体強化のための「幹部活動の指針一四項目」(第16章末尾参照方針)の実行の確認にあった。

同大会は、「関西地区生コン支部のモットーは、闘うことで情勢を切り開くという基本理念のもとに、五〇年で培われてきた組織力、人脈、政策能力、行動力、財政力をフルに発揮し、『敵』を圧倒する50周年記念事業を成功させる。この成功は、組織の飛躍的発展と中小企業の経営基盤安定にも大きく寄与するものである」と高らかに宣言し、「次なる一〇〇年へ」この成果を未来に引き継ぐ意思を確認して終わった。

## 次なる一〇〇年に向かって
## 敗戦70年、関生支部結成50周年の節目に誓う

明けて二〇一五年は、日本にとって敗戦70年の節目であり、関生支部にとっては結成50周年を迎える節目の年であった。

前年暮れの闇討ち的な解散総選挙で、自民・公明両党が三分の二以上の議席を獲得し、安倍政権は「アベ

ノミクスが評価され、集団的自衛権の行使容認に対する信任を得た」と大見得を切った。しかし、これは決して安倍政権の信任を意味したものではない。有権者の半数が選挙を棄権したことで得られた結果に過ぎなかった。

沖縄では、沖縄県民がオスプレイの普天間配備強行や辺野古新基地建設の阻止を求め、保守・革新を超えて団結した「オール沖縄の島ぐるみの闘い」が、名護・稲嶺進市長再選に続き、「辺野古阻止」を掲げた翁長雄志沖縄県知事を誕生させ、総選挙では沖縄の四小選挙区すべてで「新基地NO」の候補者が自民党候補者を打ち破って勝利するなど、いまだかつてない新局面を迎えていた。

関生支部執行部は、日本にとっても、関生支部にとっても、歴史的な節目の新年にあって、自らの手で道を切り拓くべく奮闘していく強い決意を次のように明らかにした。

日本の社会も、生コン産業も、大きな分岐点にある。敗戦70年目の節目において、過去の侵略戦争を心から反省し、二度と愚かな戦争を行わないことを誓い、アジア諸国民に与えた被害を反省・謝罪し償う年にするか、安倍首相など一部右翼政治家が行っているように、靖国神社に参拝し、従軍慰安婦・沖縄での集団自決・南京大虐殺などを否定して、歴史修正主義による侵略戦争美化を許す年にするかが、問われています。アメリカへの従属関係を断ち切り、アジア諸国民との対等・平等・互恵の精神に基づく集団的平和構想を実現し、一部特権階級の利益を代表する自公政権と、それに追随する維新や民主党・野田元首相のグループなどに日本の政治を託すことは「国家百年の計」を誤ることになります。今、求められている日本の進路は、対米従属政治を止め、「競争から共生・協同型」への経済・産業・社会構造の転換であり、これを成功させるには、沖縄県民の教訓を日本全国に広げることが必要です。関生型運動は大企業の収奪を抑制し、日本社会の支配構造を打破するものです。それは国内外から高く評価され、昨年一一月二日の東京での「ソウル宣言プレ・フォーラム」、同月一七〜一九日のソウル市長主催の「グローバル社会的経済協議会」創立総会の成功が印象づけられます。私たちはこうした期待に応え、関生型運動の全国化・国際化を目指して全力を尽くします。本年は関生支部結成50周年という記念すべき年です。新会館建設・学校設立・生コン碑建設・50年誌発行を成功させます。さらに、各地区協同組合の組織率60%以上の達成に向け、組織拡大に奮闘します。近畿の生コン関連産業での政策運動の成功は、日本にある多くの中小企業が救われる道を切り拓くことにつながります。

『くさり』新年号「年頭の挨拶」より要旨

## 熱気の中で「二〇一五新春旗開き」開催

## 新会館地鎮祭

一月九日、関生支部は、「二〇一五新春旗開き」(連帯労組近畿地方本部・各支部共催)を各界からの来賓を含む四〇〇名の参加で開催し、結成50周年を迎える本年、互いに闘い抜くことを誓い合った。

そして一月一五日には、関生支部は、50周年事業の要ともなる新会館建設の予定地で、地鎮祭を開催した。当日は大粒の雨が降りしきるなか、各地から業界内外の関係者が結集した。神事の後、施主を代表して挨拶に立った武委員長は、この地に関西地区生コン支部の組合事務所(旧会館)を構えた経緯を語り「非常に感慨深い」と振りかえった。また、新たに建設する会館は、「労働運動・中小企業運動の『砦』としての役割を果たす。また、この新会館の三階には『大阪労働学校・アソシエ』を開校させ、次世代を担う若者を育てる。強い決意を持って建設事業に取り組む」と挨拶した。

いよいよ、50周年記念事業計画が誰の目にも見えるものとして、大きな一歩を踏み出した。

## 大阪地域が大同団結で値戻しへ

## 全国に誇れる業界づくりスタート

関西の生コン関連産業界にとっての新年は、セメントメーカーに乗っ取られた大阪地区の業界を中小企業主導で再建することができるかどうかを、喫緊の課題としていた。

一月二〇日、ついに、その大阪地域で、大阪広域生コン協組、阪神地区生コン協組、大阪レディーミクスト協組が低迷する大阪地区の生コン業界再建に向け、労働組合と協調して、本年四月一日からの値戻しに向け、動き始めた。阪神地区生コン協組、大阪レディーミクスト協組の各社も広域協組に加入し、これまで値引きの温床となっていた「限定販売制度」を廃止することになった。さらに、労務の窓口である大阪兵庫生コン経営者会の強化と集団的な労使関係の再構築に向

労使合同で祝う近畿生コン団体合新年互礼会は、関西新春最大の催事として定着

2015 年戦争法案反対で６労組共闘時限スト敢行

け、二〇一一年の直系工場の集団脱退によって生コン経営者会の解体と集団交渉つぶし、約束不履行を画策した姿勢を改め、脱退した直系社の経営者会復帰も確認された。

## 一五春闘に勝利し、関生支部他生コン関連六労組が「戦争法案」廃案へ、政治ストライキで決起

こうして、関生支部と政策協議会各労組の粘り強い政策闘争の取り組みの結果、和歌山、奈良、湖東地域の業界再編効果が最後まで残った大阪地域にも波及し、ついに大阪広域協組設立二〇年目にして、大阪地域の生コン業界は再建へ大きく舵を切った。

それを合図に、生コン産業政策協議会（関生支部、全港湾大阪支部・生コン産労・近圧労組）と近畿の生コン関連団体との一五春闘は、三月五日の第一回集団交渉からスタートし、最終回答日となった三月二六日、経営者会が「賃上げ本勤月額一万円、日々雇用日額五〇〇円、一時金一〇万円アップ（上限一三八万円）、福利厚生一一万円プラス一万円」と回答し、妥結した。生コン・バラ輸送運賃引き上げやダンプの出入権については小委員会で結論を出すことで合意した。

この一五春闘の闘いをはさんで、関生支部は、恒例となった沖縄意見広告運動（第六期）の西日本全国キャラバン、第六期広告実施のため奮闘した。

また、五月一八日、これまで共闘してきた関生支部、生コン産労、全港湾大阪支部、近圧労に加えて、建交労関西支部、ＵＡゼンセン関連労組の六労組の間で、共闘の原則である自主性・主体性を尊重し、共闘組織の誹謗中傷は行わない等の確認がなされ、政策課題で共闘することを確認した。

そして夏、安倍政権が平和憲法を投げ捨て「アメリカと共に戦争する国」への歴史的大転換を企む「戦争法案」を衆議院で強行採決し、国会の攻防は参院に移った。これに反対する行動が全国津々浦々で連日のように展開され、六〇年安保闘争以来という一二万人余が「戦争法案ＮＯ、安倍は退陣しろ！」の声をあげ国会を包囲していた。

九月一一日、この大衆的盛り上がりの中で、関生支部他六労組共闘は、「戦争法案」廃案を掲げて各職場で始業時から時限ストライキに入り、近畿一円のセメン

ト生コン各生産現場と大阪梅田、神戸など各地方都市の街頭で、「戦争法案、廃案」を訴えた。

関生支部は、政治ストライキ決行の熱気の余韻の中で、50年周年事業の成功と各地区の新たな組織拡大、組合結成への芽が一斉に花開く時を待ち望みながら、関西地区生コン支部結成50周年の大会を迎えようとしている。

関西地区生コン支部結成50年。

次の一〇〇年に向かう新しい時代、

それはすでに始まっている。

燎原を焼き尽くす一点の花火たれ！

## 【関連資料】

### 〔幹部活動一四の指針・実践事項〕

関生支部の組織強化について欠かせないのが幹部の姿勢・活動のあり方である。ここで、このたび幹部活動の資質について共有し、活動の指針とする。

指針は自己チェック、相互チェックにより各人を高めるものであり、各人各項目これを遵守して実践すること。

この指針に著しく反することを繰り返す幹部は自らの進退を考えることがもとめられる。

幹部の資質とは、実践重要事項は以下一四つである。

1. 嘘、偽りなく、人を騙さない。人として誠実であること。自分の弱みを正当化しようとして相手の弱みに合わそうとするもたれ合いをなくすこと。
2. 情報は闘いを鼓舞する。情報を仲間に提供し、敵には情報を漏らさないこと。
3. 敵対的、対立矛盾は闘いによって解決し、内部的対立矛盾は話し合いで解決すること。
4. 約束に責任を持ち時間は守る。整理整頓を率先して行うこと。
5. その場限りの発言で責任を負わないことは仲間の不信を買い、組織の地位を下げることになる。発言と行動には責任を持つこと。問題を先送りせず優先順位を決め迅速に問題を解決すること。
6. 仲間を思いやることを大切にする。但し幹部は「御用聞き」ではないので、組織運営の原則を維持し、人気取りの役職ではないので方針を実践するにあたっては、時に嫌なことも言える姿勢が求められる。互いに高める努力をすること。
7. 資本と権力に対しては妥協なく闘う勇気を持つこと。仲間同志の対立矛盾は話し合いで解決できる調整能力が求められること。
8. 功績を挙げても名誉を求めない。成果は仲間から先に得るものである観点を貫くこと。

9. 敗北しても責任を他に転嫁しない。言い訳をせず自己批判の精神を持つことにより自分を高める挑戦心を持つこと。

10. 幹部である誇りを持ち、恥の心を大切にすること。

11. 自主性、主体性を確立し、指示待ちスタイルではなく、想像力と創造力を発揮して仲間の模範となること。

12. 自己犠牲をいとわず役職に専念する。やがて威厳が生まれる。

13. 絶えず労働者階級の立場に立ち独学、本を読む、討論するなど学習し、得られた知識を組織活動として実践すること。月々、年間の目標を明確にし、掲げた目標を達成すること。

14. 「敵を知り己を知れば百戦危うからず」情報分析能力を高め先を見通した方針を出し実践する。絶えず行動の先頭に立つ「耳は大きく、口は小さく」を作風とすること。

この方針のもと自己批判、相互批判を繰り返し組合員との信頼の絆を強くする。質の高い団結力を確保する。

## 終章　「ソウル宣言」に応えて——共生・協同をめざす世界の流れに合流する扉開く

二〇一四年一一月二日、東京・明治大学リバティタワー・ホールにて、「ソウル宣言の会」と明治大学日欧社会的企業比較センターの共催で「より良き世界を夢みて境界を越え、協力と連帯を追求する〈グローバル社会的経済〉を発展させよう！」とタイトルして「ソウル宣言プレ・フォーラム」が開催された。

このフォーラムは、二〇一三年一一月に「グローバル社会的経済フォーラム」で採択された「ソウル宣言」を踏まえて、二〇一四年一一月一七日から一九日まで韓国ソウル市で開かれる「グローバル社会的経済協議会（GSEF）創立総会」に先立ってその成功を願い、日本からも大会に参加し、世界の仲間と連帯のネットワーク作りに貢献したいとして持たれたものである。

### 11・2プレフォーラムに寄せられたメッセージ

朴元淳ソウル市長よりのビデオメッセージ（要旨）

「こんにちは。皆様、うれしいです。ソウル市長の朴元淳（パク・ウオンスン）です。

今日は、グローバル社会的経済協議会の創立総会のための「プレ・フォーラム」が開かれるとのこと、心からお祝い申し上げます。皆さんご存知の通り、社会的経済は地球的な困難な課題である貧富の格差拡大などの解決方法を研究し実行するものです。そのために、新しい提案として、私たちはみんなで、都市と都市、国家と国家、諸団体がともに協力してネットワークしようとするものです。その点において「プレ・フォーラム」が開催されることは、特別に意義深いものであると思います。

皆さんの「プレ・フォーラム」の開催を心から喜ぶとともに、ソウルで開かれるGSEFに皆さんが貢献してくださることを心から期待しています。」

ソン・ギョンヨン氏（GSEF組織委員会委員会）あいさつ（要旨）

「私たちは新しい世界への変革を望んでおります。その変革と希望のキーワードは生命と平和です。それを私たちは協同と連帯を通じて成し遂げていきたいと思っております。私はそれが社会的経済運動の本質だと思います。それで二〇一四年のGSEFのテーマは「変革のための連帯」と設定しております。私たちが連帯すればこの世界は変革できるし、よりよい世界で生きていけると確信しております。市政府を通じて私たちの連帯がもっと強くなることを希望しております。現在、（社会的経済協議会創立総会に）二〇ヶ国で四〇の団体が参加を申し込んできております。また韓国の約五〇の地方自治団体が参加を申し込んでおります。ソウル市政府のGSEF組織委員会委員長として、皆様の「ソウル宣言」に関しての熱い関心とご支援を感謝申し上げます。」

## 関西からの関わりについて

関西の運動とのかかわりにおいて、「ソウル宣言」との出会いは、二〇一三年一一月二〇日、東京の総評会館（現連合会館）にて開催された《『関西生コン産業の六〇年の歩み』出版記念会》シンポジウムの際に、前述のようにパネラーの丸山茂樹氏から、関西における関生支部の労働運動・産業政策運動の意義は「伝統的な労働運動の枠を拡げた新しい社会運動の姿」にあり、「世界的な一つのオルタナティブな潮流に合致するものだ」という評価をいただき、その世界的な新しい潮流として韓国市長から発せられている「ソウル宣言」について報告されたことが、始まりである。

関西では、労働者（関生支部）と中小企業（各種各地域の生コン関連協同組合）の共同闘争によって、大企業（セメントメーカーやゼネコン）の産業支配と対抗してきた。対等な取引関係を作り出し、適正料金の収授、生コンの品質管理強化、安定供給などを果たしてきた。関西の運動が、生協運動や労働者協同組合運動と具体的な運動を通して関係を深めたのは、「3・11東日本大震災」復興支援活動である。震災直後の一〇月に、「協同の力で復興を！仙台シンポジウム」を共同で開催し、生協、農協、労協、事業協組、労組、学者・研究者等が結集し、出会った。それを契機にその後、東京に「協働センター」が開設され、一部では共同の支援事業を実現した。その中で、二〇一三年に関西の闘いの歴史を記した『関西生コン産業六〇年の歩み――大企業との対等取引をめざして協同組合と労働組合の挑戦』の出版を契機に、述べたような東京での「出版記念シンポジウム」が開催されたのである。

その後、関生支部など労組と関西の協同組合は、丸山茂樹氏に講師をお願いし「ソウル宣言」について学んだ。そうした経緯で、「ソウル宣言の会」（代表―若森資朗（前パルシステム生協連合会理事長）の発足に当たって、関生支部をはじめ近畿生コン関連協同組合は、その「呼びかけ」に書かれた趣旨―「地域に根ざした協同組合を中心として〈社会的経済〉もしくは〈社会的連帯経済〉が、今日の世界が直面している様々な危機的問題―貧困と格差等々を解決する有力な方向との認識を共有し、諸運動・諸組織が境界を越えて、お互いに連帯し経験に学び合い、広範な連帯のネットワークを発展させたい」を共有して、「ソウル宣言の会」結成の呼びかけを共にし、その活動を協働し進めてきたところである。こうした経緯もあって、一一月二日の「新たな協同の発見／『ソウル宣言』プレ・フォーラム」には、関西からは関生支部役員をはじめ、大阪兵庫生コン経営者会、兵庫・奈良・和歌山県各生コン協組連合会、湖東生コン協組、バラセメント輸送協、生コン輸送協、生コン圧送協、関連連合会の代表二〇名が参加した。

## 「11・2プレ・フォーラム」で武委員長が報告

さて、「11・2プレ・フォーラム」は、一一月二日、朴元淳ソウル市長よりのビデオメッセージ、ソウル市からGSEFの組織委員会委員長のソン・ギョヨン氏など三名のゲストを迎え、中川雄一郎氏（明治大学教授、明治大学日欧社会的企業比較研究センター）の主催者あいさつで開会された。

冒頭に、丸山茂樹氏の「ソウル宣言」の解説を受け、第一部では、松岡公明氏（農林年金理事長）の基調講演、第二部では、各分野からの実践をもとにした報告が、保坂展人氏（世田谷区長）、武建一氏（中小企業組合総研代表理事・連帯労組関生支部委員長）、吉原毅氏（城南信用金庫理事長）、郡司真弓氏（前WE21ジャパン理事長）、菅野芳秀氏（置賜百姓交流会世話人、長井市レインボープラン推進）各氏よりなされた。

この会の最後に、ゲストのソウル市企画文化庁のチョン・テイン氏が、「報告をお聞きして」と、一人一人の報告について的確な感想を述べられた。その中で、武建一委員長の報告について、「武委員長のお話には心を打たれました。私はお話を聞きながら、例えば、現代自動車の三万種類の自動車部品をそれぞれ作っている下請けの中小企業が集まって協同組合を作り、労働組合が力を合わせることができれば、現代自動車も民主化された企業になるのではないかと想像しました。武委員長、どうか指導してください」と話された。そして、それらの発言の最後に、チョン・テイン氏は「市場経済社会は崩壊します。市場の動きに反対する様々な領域での様々な種類の運動が起きています。労働組合、協同組合、地域の運動、女性の運動、国際連帯運動が、市場社会崩壊の被害を防ぐことができる運動であり、ここから新しい社会が生まれてくるだろうと思います。」と。

「ソウル宣言の会」のプレフォーラムには、韓国からのゲスト、生協・農協運動の有力な活動家の他に、我が国の協同組合研究のオーソリティーも参加されていた。そうしたいわば「ハレの場」で、こうした武建一委員長の報告への評価が示されたことに、関西から参加した労組・協組代表らは自らの運動への外からの評価と受け止め、あらためて自信と確信を持った。

まさに、関生支部と関西の生コン関連協同組合にとって、「わが意を得たり」ともいうべきもので、関生型労働運動が「新しい社会的経済」をめざしていく世界の潮流との協働に向けて、世界に向かっての扉を開けた時であった。

関生支部、五〇年の苦闘の闘いの歴史が、自ら切り開いた新しい時代の始まりである。

以下に、「11・2プレフォーラム」における武委員長の報告（要旨）、そしてその後の一一月一七―一九日のソウル市にて開催された「GSEF（社会的経済協議体）」創立大会の報告を紹介する。

### 武委員長の報告　関西生コン産業における労働組合と協同組合の連携、その背景と成果について

今日は労働組合の立場からお話させていただきます。

生コンは地球上に誕生して二五〇〇年以上の長い歴史をもっているが、一ヶ所で生産して輸送するという仕組みができたのは新しい。特に、わが国では六五年の歴史しかない。大阪では一九五三年から六一年の歴史を刻んでいます。

生コン製造は、工場の機械で練るのですが、そこにバラセメントを運搬・納入する業者、製造にあたって砂とか砂利の骨材業者、生コンをかき混ぜながらミキサー車が運びポンプで圧送する業者がある。われわれの労働組合は、このすべての業種を組織対象にし、対象地域も近畿地方で、大阪府、京都府、滋賀、和歌山、奈良、兵庫の二府四県を、一部は名古屋まで影響を拡げています。

この生コン工場、現在、全国に三、八〇〇ほどあり、そこからの出荷数量は年間で八、五〇〇万㎥ほど。それらの工場のほとんど九〇％以上が中小企業です。

生コン産業は日本の高度成長と共に伸びてきて、その終焉と共に供給過多の構造的不況にあります。セメント大企業が中小企業同士を競争させて、低コストで最大の利潤を追求するという縦系列の支配構造ができている。これは、九〇％以上を占める中小企業は、個別対応では大企業との対等取引きができず、適正価格が収授できないという構造なのです。日本の重層的支配構造を見ていると、大企業の収奪政策、搾取を貫徹するための支配構造は、こうした生コン産業の構造と共通している。

一方、この業種は労働集約業ですから労働災害とか事故が発生しやすく、低賃金・長時間労働で、ひどい時には残業だけで月に三〇〇―二五〇時間。所定労働時間が二一〇時間ですからプラス二五〇時間も残業する。こういう奴隷的な労働条件ですから、必然的に労働組合ができやすい。

会社は労働組合ができると都合悪いから、自衛隊出身、四国、九州から従順な労働者を大量に雇い入れてきた。しかし、いくら従順な労働者でも、あまりにもひどい扱いに

GSEF2014（ソウル）へ向けたプレ・フォーラムで語る武委員長（2014年11月2日）

GSEF協議会設立の瞬間。参加者が「Solidarity for Change（変革のための連帯）」と書かれた紙飛行を飛ばす（2014年11月19日、ソウル）

対しては我慢ならない、と労働組合ができた。しかし当初は、数も少なく弱い立場にあった。

## 関生支部の発足、労組と協同組合の連携で経済・産業の民主化へ

労働組合は産業別労働組合でなければ資本の分断政策に有効に対抗できません。そこで、企業の枠を超えた団結組織を作る必要があるとスタートしたのが、一九六五年の関西生コン支部の結成です。企業別でなく産業別労組というところが、日本の他の労働組合と違うところです。

われわれは、大企業のタテ支配構造を打破し、ヨコのつながり、連帯へと変えていこうと、その手段を労使関係における集団交渉と協同組合への各社の加入をもって闘ってまいりました。一九七〇年代になってからは、とくに生コン産業界全体のあり方を変えよう、「経済、産業を民主化する必要がある」という考え方に成長し、発展してまいりました。

タテ支配構造を断ち切るための取り組みは背景資本に対する闘い。つまり重層的な下請けの労働者の賃金、雇用、福祉とかを親会社に責任を追及し保障させていく。下請け企業の運賃とかコストなどのお金を大企業・巨大資本から取ってくる、という運動を展開してきた。巨大資本は一握りの少数で、大企業の利益と中小企業の利益は対立する。そうなると、犠牲を受けている側の人たちを一束にし、団結させてゆく事に成功すれば、少数の巨大資本は孤立していく。「勝利の法則」がそこから見いだせると考えたわけです。

と同時に、協同組合を作っていく。協同組合は業者自身もつくっていたが、業者だけの協同組合は極めて弱い。なぜか。中小企業同士が競争相手だから連帯・団結が弱い。そこで、中小企業同士が競争しない仕組みを作る。要するに協同組合が窓口になって共同受注、共同販売をし、シェア運営をする。こうなりますと、個社が取引しないから団結力が強くなっていく。その際、労働組合は基本的姿勢として、中小企業にはふたつの側面があることを踏まえておかなくてはならない。一つは労働者を搾取する側面、もう一つは大企業から収奪されている側面です。労働組合としては、大企業からの収奪に対して団結してともに闘おうと。

こうして労働組合と協同組合が連携して闘っていく産業政策を提言して、ようやく成果を得られるようになりました。三菱資本に雇用責任を追及した大豊、鶴菱闘争などの勝利をはじめ、住友セメント、現太平洋セメントとの闘争の勝利、二〇一〇年の四か月半にわたる長期ストライキなど、大企業のタテ支配の構造の形骸化を促進してきました。

## 大資本・国家権力の潰し攻撃・弾圧に屈せず闘う

労働組合主導によって生コンの売値が決まることは、セメント資本の支配に大きな禍根を残すことになり、それでこの成果を潰しにかかってくる。ですから大阪は、中小企業が潰れるような極めて困難な状態が続いております。

しかしセメントメーカーの影響力がそれほどない地域、和歌山、奈良、滋賀県の湖東、圧送の協同組合などで、労働組合との連携が非常に進んでおり、成果を挙げている。

ただし、やはりこのような運動が前進していきますと、「日本の産業構造に大きな問題が生まれる」「関生の運動は資本主義の根幹を揺るがす。箱根は越えさせない」と大資本は階級的な反応をする。ですから手を変え、品を変え、なかなかその攻撃はやみません。今まで、われわれの仲間は二人殺され、私も五回ほど殺されかけました。仲間は何百人も逮捕・起訴されております。しかし、それでもわれわれは潰れることはありません。むしろ元気です。なぜかというと、いままでの運動によって得られてきている労働者の賃金の安定度、雇用の安定度、会社が潰れても労働組合で雇用を保障する仕組みができあがっている。ですから組合員は弾圧を怖れることなく闘う「実利」が存在している。ただ実利だけでは運動は継続できませんので、我々の労働組合は経済、哲学、歴史についてしっかり勉強しながら実践に活かしています。五年前には中小企業と労働者の砦・「協同会館アソシエ」をつくり、来年は新労働会館を作りそこに「労働学校」をつくる。若い人材を養成して五年一〇年後には労働組合の幹部になる人、社会的企業の幹部になる人、協同組合の幹部になる人、政治家になる人などを育てていこうと考えております。

「ソウル宣言」には非常に共感し、国際会議も成功させる必要があると思いますが、会議を開いてそこに参加するだけでは意味がない。そこで実践をすることだと思います。そういう意味で、このプレ・フォーラムに相応しい活動を今後も力強く前進させてゆくという決意です。

追記
韓国ソウル市にて
「GSEF（グローバル社会的経済協議会）」創立！
「一人で見る夢は夢にすぎないが、一緒に見る夢は現実になる」（朴市長挨拶）

二〇一四年一一月一七日―一九日、韓国ソウル市で、世界の一四か国の自治体・組織と海外機関一三〇団体が参加し、「変革のための連帯」を掲げて開かれた「グローバル社会的経済協議会創立総会」（GSEF2014）は、その最終日に「GSEF憲章」を採択して、グローバルな社会経済協議会を創立した。

総会は、「GSEF憲章」で、その組織体制や財政などを定め、二年後の二〇一六年に協同組合運動が盛んなカナダ・ケベック州のモントリオール市で次の総会を開催すると決めた。そして朴ソウル市長が基調講演でも強調した「一人で見る夢は夢にすぎないが、一緒に見る夢は現実になる」というみんなの夢を託して会場いっぱいに色とりどりの紙飛行機を飛ばし、「より良い世界に向かって」紙飛行機が大空に飛ぶ映像が舞台いっぱいに映し出されて、拍手と感動の中で歴史的総会は幕を閉じました。

なお、この創立総会には、「ソウル宣言の会」から関西の労組、近畿生コン関連協同組合連合会事務局も含む数十名が参加し、丸山茂樹さんが、東京で開催した「11・2プレ・フォーラム」を報告し、「グローバルな協同のネットワーク形成を発展させていきたい」と発言した。

ここに、二〇一三年一一月、「創造してください、協同の世界を」を掲げて集まり採択された「ソウル宣言」を継承し、変革への連帯のために、地域に、世界に広がって活動していく実体的な国際組織が誕生した。つまり、「ソウル宣言」で示された「今日の世界の経済的政治的社会的危機」の背景・根には資本主義の「市場原理主義への過度の傾斜」や「金融世界化」があるという認識に立って、それに対抗する「もう一つの世界」の扉を開ける「鍵」として具体的に「社会的経済、連帯経済」が示され、グローバルにその実践が交流され共有されて社会を変えていくために、財政基盤と事務局をもち、情報発信・提言力を持った国際連帯組織が誕生したということである。

新しい時代の希望へ！世界と共に！。

【エピローグ】

# 敵の攻撃が関生支部を鍛え育てた

## ――関生型労働運動が普通なのです

インタビュー　関生支部執行委員長　武　建一

［聞き手］　50年誌編纂委員会

### 五〇年の闘いを振り返って

――五〇年を振り返って、いま関生支部の「関生型労働運動」について、どのように考えられていますか。

**武**　われわれは、結局、敵の作った社会的規範というか常識というか、そういうものに従うんじゃなく、それに対して能動的に労働者の側から相手側に作られた常識を打ち破ってきたというのが一貫しています。だから時代と共に対応の仕方は変わっているが、その時代への対応に対して日本の労働運動がどういう対応をしていたかということと対比しながらみると、関生支部の闘いは非常に分かりやすいんじゃないかと思います。

われわれが発足した六〇年代後半は高度経済成長期だから、どちらかというとアメリカ追随の日本の財界や権力などが作った常識というのは、労働組合であれば「企業別労働組合、年功序列型賃金、終身雇用」の三つのやり方が通用していた。日経連もその当時言っていたように、それで日本の「労使の安定帯」が確保できて「株式会社日本」の繁栄があると。つまり労使一丸となって生産性向上に協力をしていくシステムです。その時に労働運動で言えば、総評があり、同盟があった。同盟路線は露骨に「労使協調・生産性向上」で、総評はこの同盟路線に対して「総資本対総労働の闘い」と対峙をしていた。しかし総評は戦闘的ではあったが、先ほど言った三つの考え方はそのまま継承しているから、どうしても企業の分断政策により企業別的に労働組合は分断される状況にあった。同盟は民社党を背景にした自民党の補完勢力で、財界とアメリカ言いなりの政府の政策を実行する流れでした。

## これまでの労働運動の常識を破る

そういう時代に関生支部が誕生し、こういう常識を打開するためにどんな闘いをしたか。われわれは最初から産業別労働組合であり、賃金についても年功序列型方式はダメで、賃金は闘いの中で団結の成果として得られるものであって、自動的に上がるような（資本の思惑の範囲でね）ものでなく、闘いによって決めるんだと考えました。しかも賃金は、会社が労働者支配の道具として使うわけなので、例えば歩合給、出来高払いなど搾取しやすい賃金体系、労働者同士を競争させる賃金制度を廃止し、誰にも分かりやすい賃金体系に、企業の大小に問わず産業別的賃金にする。雇用についても、個別の企業での雇用だけじゃなく企業の枠を超えて、生コン業界全体の企業が一致して雇用に対する責任をとる「連帯雇用保障制」を、それは優先雇用協定になってきている。それと産別的な福祉。個別企業は一人あたり、多いところは一五万まで出すようになったが、これを労働組合管理にして、資本の労務政策の手段として使わせない。これを労働者が管理して組合教育とか団結を強化するために有効に使う。残業については、当時は冒頭のインタビューでもお話したように、残業依存型の長時間労働だった。その頃の組合のスローガンは「長時間労働は低賃金を産み、低賃金は長時間労働を生む」。だから労働組合が残業を規制すべきであると考え、後に最低保障賃金という五

○時間補償に繋がり、それが基準内賃金の基礎になっていって、今の賃金体系が出来上がってくるわけです。

こうして、六○年代後半の血のにじむような運動が、七三年の集団交渉に、背景資本に対する取り組みへと発展して、関西生コンでは賃金においては一万八九○○○円の彼らの賃上げ要求を遙かに超える一万九五○○○円にするとか、当時の同盟の労使協調生産性向上路線を完全に破綻させていったわけです。

## 他の労働組合との根本的な違い

七一年にはニクソンのドルと金の交換停止、ベトナム侵略戦争に敗北したアメリカの撤退があり、わが国でも七三年にオイルショックがあって、資本主義は深刻な危機に陥る。こういう時に、ほとんどの労働組合、残念ながら当時の総評も七○年安保闘争の敗北などを受け、賃上げどころか、企業を守ってしまうという企業間競争に埋没し、衰退していったわけです。

この段階でわれわれがしたのは凄く対照的で、業界なり会社が不況で深刻な事態になっているときは、相対的に労働者の力が強まっていることだという問題意識を持った。他の労働組合との根本的な違いはそこなんです。相手が弱まっているということは、不況の時は簡単に言えば金儲けが出来にくくなるわけだから、その時には相手は相対的に力が弱まっている。従って相対的に我々の力が強まっているという…そういうモノの見方をするわけです。

だから不況をチャンスとして、七○年代の闘いは凄く成果のある運動を展開した。七四年に優先雇用協定を締結し、生活最低保障制度として月五○時間の保障制度の確立と今の退職金制度や賃金のシステムが定着するのはこの七○年代の闘いです。

八○年代になって、危機が進行していきますと、抵抗勢力を潰すということに資本主義というのは行くわけで、抵抗勢力というのは、労働組合、平和運動であり、部落解放同盟と朝鮮総連などの闘う団体を骨抜きにするか、潰すということです。当時、レーガンが航空産業労働者一万七千人の首を切り、サッチャーがイギリス炭坑労働組合を潰し、中曽根が民営分割化で国労はじめ三公社五現業をズタズタした。そういうことを徹底的にやってきた。

## 八〇年代—生コン産業政策が花開いていく

われわれは、この時に、七〇年代の中頃から闘いの経験と教訓から学び、中小企業や生コン産業を分析して、生コン産業政策を打ち出すわけです。つまり中小企業を我々の側に連携させていく。それはどういう理論からそういうことになったかというと、中小企業の労働者を搾取している面と大企業から収奪されている面を掴み、「一面闘争・一面共闘」と。大企業からの収奪に対して労働者が中小企業と一緒になって闘うという産業政策路線で、これが八〇年代に開花するわけです。八〇年に入ると大阪兵庫生コン経営者会と我々との集団交渉で、経営者会が未組織非組織問わずに、産業別的な賃金、雇用、福祉など三二項目にわたる業界の近代化を促進しながら同時に労働者の条件を改善するという大きな成果です。

当時、ほとんどの労働組合は資本に骨抜きにされるか政府によって国労のようになるかしていたが、なかなか関生は言うことを聞かない。ここまで来ると、個別の企業でも、セメントメーカーだけの対応ではとても太刀打ちできない。それで全面的に日経連が軸になり権力中枢を動かしてきたのが一九八二年以降の大弾圧です。当時の日経連会長の大槻文平の「関生には箱根の山を越させない」がそれです。それに呼応して第一部で詳しくのべている様に権力と資本とメーカーと一緒になっての共産党の「赤旗声明」が出て、背後から組合への分裂攻撃にあった。

## われわれは屈しなかった

それでも簡単にわれわれは屈しなかった。普通ならほとんど潰れると思います。権力が入るわ、セメント資本は「弥生会」を作って、そこでストライキがあった時には共同でお金を出し合ってストによる損金を助け合うという、資本がそういうことまでやった。それでも潰れない。確かに困難は余儀なくされて「赤旗声明」以降、三三〇〇余名いた組合員が、一六〇〇名ぐらいまで半数以下に減った。それでも簡単にわれわれは屈しなかったし、潰れなかった。

## 一気に力つけて「広域協組」設立し業界再建へ

それでも闘い続けて、九〇年代に入ると、ソ連邦の崩壊とかありましたが、米国内で「9・11事件」など起こり、今度は相手の資本の側の危機が深刻になりアメリカ帝国が衰退と解体の時期に入っていきます。アメリカを凌駕できないとしても、日本は経済大国二位としての大きな成長を遂げ、バブル崩壊の「失われた二〇年」といわれる時期に入っていく。この時、総評が解体して連合に合流して、ますます御用組合化してしまった。

こういう時にわれわれは、バブルが崩壊した、経済が深刻な状態になっているから、「これはチャンスだ」とみたわけです。チャンスとみて、なんと九〇年には二万五三〇〇円の賃上げを勝ち取り、九一年九二年九三年と続けて、各三万円の賃上げを実現する。われわれは、ここで一気に力をつけていく。それで九四年には、今の「広域協組の設立」というところに行くわけです。

この「広域協組」の設立は、われわれ労組の協力なくしてこの生コン業界を再建できないということで、八〇年の時と同様に、一緒になってこの業界を再建していこうと。そうなると当然われわれが八〇年代に約束していたあの「三二項目」実現のそれぞれの原資が必要なわけですから、1㎥に換算すると一〇〇円の基金を拠出すると。その当時、大阪広域生コンクリート協組の年間の出荷数量が約一千万㎥出ていた。一〇〇円出すとすれば一〇億円ほどの基金が出る。雇用福祉基金としてこれを実現する。しかし実際は、それを「します」と言いながら未だ実行していないのですが。こういうことで低迷していた業界が一気に売り価格が適正化して業界が良くなっていくわけです。

そこで、われわれは今度は何をしたか。二〇〇四年に一七社一八工場が大同団結させ、いよいよ二〇〇五年から中小企業主導型の方向に、この業界を転換させていこう、という流れが一気に高まっていくわけです。

## 再びの国策弾圧

そこでまた。この運動の発展を恐れた二〇〇五年一月一三日からの五次にわたる大弾圧が始まった。ちょうど八〇年代に大槻文平が発したのと同じ様な危機感を権力と資本は持ってきたわけです。ですから中小企業と労働者の利益を守って社会的存在感が高まっていくと、必ず権力は弾圧してくる。権力のやり方は共産党を上手く使ってスピーカーの役割を果たさせて、「関生は特殊、関生は利権暴力集団」と宣伝して、壁を作って関生支部を特殊化し孤立させる作戦によって経済・産業を民主化する関生支部の運動路線を権力は必ず潰しにかかる。これを繰り返してきているわけです。

そこで、二〇〇七年のサブプライムローン問題、二〇〇八年のリーマンショックは「一〇〇年に一度の危機」だと言われるように、一層深刻な状態に資本主義国家が直面する。この二〇〇八年の段階でもわれわれに対する弾圧は続いていた。

われわれに弾圧を加えてくるとどういうことが起きるか。それは大企業・セメントメーカーが一方的に値段を上げ、買い手のゼネコン大手が一方的に買い叩きをする、そこで犠牲を受けるのは数の多い中小企業です。その中小企業の犠牲を目の当たりにして、われわれは二〇〇三年から和歌山の再建に取り組み、我々と連携することによって二〇〇四年から二〇〇五年にかけて和歌山の経営者は業界の中では安定していくわけです。

一方の大阪のほうは、大企業が中小企業を植民地化するようなことをやるものですから、犠牲がだんだん中小企業に増えていく。そうすると中小企業も個社競争の原理でなく、協同型、公平性を求めるわれわれとの共闘体制へと傾斜するようになってきた。われわれは、そういうことがあり得るだろうということで、二〇〇〇年の段階からバラセメントの協同組合化、輸送事業の協同組合化、それから中小企業を主体とした業界のまとまり、阪神地区生コン協同組合の設立、圧送協同組合の設立に取り組み、これらが「中小企業による中小企業のための協同組合」としてスタートしているわけです。今あげたところは、われわれの運動路線が中小企業の実利確保に非常に有効であるということが分かっているが、セメントメーカーに牛耳られた大阪地区の協同組合は労働組合と距離を置くようになっているものですから、ますます深刻な危機を迎えてしまったわけです。

## 長期ゼネストで適正価格の収授を実現

こういう時にちょうど二〇一〇年に我々は四ヶ月半にわたる長期ストライキを展開して適正価格の収授を実現した。いつもそうですが、特にセメントメーカーの場合は「ひさしを貸して母屋をとられる」という考え方です。要するに労働組合の力を借りなければ業界は安定しないということは判っているが、そうすると労働組合の影響力が、この地域だけじゃなく全国に広がる。つまり大槻文平が言った「箱根の山を越させない」「関生型運動は資本主義の根幹に触れる運動」というのはそういうこと言っている。

あまりにも日本の労働運動が資本の言いなり、権力の言いなりになっているから、それだけに関生型運動というものの真実を知り、関生型運動の産業政策運動が知れ渡っていくと、一気に全国に火が付いてしまう。毛沢東の言った「一点の火花が燎原を焼き尽くす」という方向に発展しやすい。だから必ず弾圧を加えてくるわけです。この時期も、宇部事件などを作りあげて弾圧は継続的にやられているのです。

われわれは絶えず弾圧を受けているから動揺しない。ところが、八〇年代の弾圧時までは中小企業は動揺していた。九〇年代以降は資本が深刻になり、それまで中小企業は、仕事を増やすとか目先の運賃とかの見返りもあり大企業の言うことを聞いてきたが、大企業にそういう余裕が無くなってきた。ですから、二〇〇〇年代に入ってからわれわれに弾圧があったからといって動揺しない。連帯・関生支部の路線のほうが中小企業の利益を守れる、一緒にやらないといけない、ということで動揺しない。

## 関生支部はなぜ権力弾圧に動揺しないのか

われわれが動揺しない源泉は、学習と実践です。学習の場合でも、弁証法的唯物論の哲学、マルクスの経済学などを、日頃から組合員の基礎学習としてしっかりとしている。資本主義は、その内部から矛盾が高まってきて死滅せざるを得ない一種の歴史的経済制度に過ぎないという世界観がはっきりしている。例えば、日本で言えば明治維新の時に薩長土肥が連合したり、坂本龍馬とか志士たちの役割も大きいが、その封建制制度における支配層と民衆との間における経済力の発展と生産関係の矛盾によって変わってくるわけで、資本主義も当然そう言う風に突き進まざるを得ないという問題意識を共有しているものですから、権力がやっていることは、一時的にやつらが凌駕しているように見えても、団結の条件を我々に作ってくれているんだと。

そういう確信が権力弾圧に強いわけです。日本の労働組合はそういう学習をしない。それを更にしっかりし、底力を付けていくためにということで、五〇周年を記念したこの時期に、系統的に学んでいく労働学校を設立しようという発想に繋がっている。

## 今、われわれはどこまできたか

こういう風に五〇年の一連の流れを見てきたら、一つは、情勢に負けない、情勢をむしろ主導的に切り開いていくというわれわれの姿勢。その時の相手側との対応は、基本的には労働者を搾取し中小企業を収奪するしか資本主義はなり立たないわけだから、それを変えていくという観点。これが一貫して我々の運動の中には貫かれて来ている。

この五〇年間、ヤクザに殺されかけたり、何百人に及ぶ仲間達が逮捕されたり、とても他の労働組合では想像できないようなことが起こった。それは個別の資本が労働組合の闘争潰しをやるだけじゃなく、産業界あるいは背後にいる権力、大企業が、警察に言わせたら「山口組と関生は一緒だ。潰さないかん」と相手が怖がってきたからです。

反基地闘争で徳之島大集会（2010 年）

沖縄現地で闘争の一線に立つ組合員（2014 年夏）

確かに、資本と権力が怖がるような成果はあがっている。例えば企業の新増設を抑制する制度、優先雇用協定など、日本の労働運動ではそういう発想すら生まれないと思います。あるいは敵の武器を持って闘うために退職金制度を労働者の団結の力にしていく。戦術的には三菱鉱業セメントの不買運動をし、成功を収める。年収八〇〇万以上の本勤の労働者の賃金、年間一二五日の休日、日々雇用の場合でも年間四〇〇万、非正規―日雇いと傭車が増えているがそういう条件が確保できている。また、この三年間、賃上げ一万円、日々雇用の場合でも一日五〇〇円、一日五〇〇円の賃上げですから三年間で一五〇〇円上がっている。

敵が、資本が作った壁、それと他の労働組合は闘おうとしないから成果はない。関生からすると当たり前のことが、他から見ると関生は特殊だと思ってしまう。他の労働組合の幹部には、敵の術中にはまっているが、はまっているという意識がない。

## 六つの労組の共闘、大阪広域協組の再建

現在、着実に、関生型運動路線は広がりが出てきている。

現にわれわれと、全港湾大阪支部、生コン産労、圧送労組、共産党系だった建交労、UAの六つの労働組合が共闘するようになったのは、労働者の雇用の安定とか労働組合の目的である労働者の社会的地位向上とか、そういうことを達成するには関生型運動路線じゃなければ、と認識されて広がってきているわけです。

現在の時点で、今年から本格的に大阪広域協組が潰れかかったものを再建せざるを得なくなって、われわれに協力を求めてきています。それで、われわれがいま「中小企業による中小企業のための協同組合」を作らないといけないと、三つのことを具体的に提案しています。

一つ目は工業組合です。

この工業組合は元々は生コン産業の近代化を促進するための団体で、具体的に言えば品質管理を徹底、機

械設備の近代化、各地区における工場の適正配置などの構造改革、働いている人たちの福祉増進などを工業組合はやるべきです。

二つ目の大阪広域協組はじめ各地の協同組合のやっていることは、共同受注、共同販売、シェア運営、大阪などの現金回収など。これは今までやってきた到達点で定着させないといけませんが、これだけではダメです。セメント、砂や砂利、車はじめ機械設備などの共同購入。共同購入は、スケールメリットを活かすことですから、大量に物を買うということは、売る側との関係でコストを下げることが可能で、協同組合事業の中で得られた利益を協同組合に還元する。それによって協同組合の団結基盤が一層強化されていく。そして売り手である大手ゼネコンやセメントメーカーなどとの対等取引が出来ることは、セメントゼネコンの横暴なやり方を規制する力を持つわけです。新しくできるプラントがメーカーの拡販政策で絶えず、生コンの値段が安定すると必ず新設が起きるが、それを抑制する効果も出てくる。

セメント資本が一番抵抗するのは、セメントの共同購入。つまりセメントからすると中小企業を分断支配するためにそれを認めない。が協同組合はそういう方向に共同事業をさらに発展する方向に進むべきである。

三つ目の大阪兵庫生コン経営者会。これは兵庫県も一緒になって入っているが、これは労働組合と生コン業界との賃金労働条件を決定する機関です。ここに未組織・既組織問わず、全社を加入させる必要がある。その経営者会の中で、未組織・既組織問わず、社会的規制力を持つ、あるいはコストの平準化に繋がる賃金労働条件、雇用政策、福祉政策をここで決めていく。そうすると業界が安定する。もちろん労働者の社会的規制力も高まるが、中小企業の経営安定に繋がる。この三つがキチンと、三つの性格に相応しく機能していけば、この業界は非常に安定する。

これは五万以上あると言われる全国の事業協同組合で、関生型の産業民主化、つまり大企業の収奪と闘える仕組みを作り、経済を民主化し、大企業の収奪政策に共同で取り引きできるような仕組みを作るということです。それを労使が一緒になって作りあげていくということが、日本の産業界で圧倒的数の多い中小企業を救う道であり、グローバル企業が中小企業を踏み台にしてやるような政策に対してブレーキをかけることになる。

ですから、これが国民の生活を豊かにすることに繋がる運動なんです。そういう問題意識を、多くの中小労働運動、あるいは大企業の労働運動が共有できるかどうか、というのが問われているのではないのかと思います。

## 関生型労働運動に脈々と息づく
### ――沖縄・琉球弧の「反骨魂」

――さて、この五〇年を通じて次第に鮮明になってくることは、冒頭の武委員長のプロローグにあるように、徳之島から出てきた青年に宿る〈抵抗と闘いの琉球の島の遺伝子〉が、後に関生労働者の土性骨や魂と溶け合い、戦後の産別会議、ヴェトナム解放闘争、ポーランドの連帯、ベネズエラの協同革命、あるいはアメリカ・イタリアの労働運動などの闘いから学びながら、この関西の地で新しい関生型労働運動の創造と実践の中に息づいていることです。

つまり、戦後七〇年の節目の今日、安倍政権が日米安保同盟を戦争同盟に進化させ、戦後の平和憲法を投げ捨て、平和国家から「戦争国家」に大きく転換して、アメリカと共に世界中で「戦争のできる国」になろうとしています。この安倍政権の戦争政策、日米安保同盟の真っ芯に突き刺さる形で、「辺野古新基地反対」を掲げたオール沖縄の島ぐるみの闘いが自立・自己決定権を求めて真っ向勝負をかけているわけです。

その意味で、生コン産業内における関生支部の五〇年の闘いが、関生支部が下支えしてきた「沖縄意見広告運動」の大衆的発展とともに、この沖縄の闘いに呼応する形で位置しています。そこに武建一委員長、洋一書記長という「琉球弧の小さな島」に生まれたリーダーが立っている。こうした人を通じて「地下水脈」のようにつながる「琉球の魂」と闘いの流れが、関生型労働運動の他の本土の労働運動との質の違いをもたらしているように思います。

それは、決して関生支部を特化しようということではありませんが、欧米では普通である産別労働運動としての関生労働運動の、その「当たり前」の運動の深部に脈々と流れている重要な要素であることに間違いありません。それは、今後の沖縄と本土を結ぶ日本列島弧社会の変革を考える時に、重要な問題としてあるように思いますが。

## 巨大な力を「ゴミみたいな存在」と言える力の源はどこからくるか

**武**　まず、さっき話しましたように、権力、セメントメーカー、ゼネコンとかいうのは、巨大な力を持っているわけです。巨大な力を持っているが、我々からすると、奴らを巨大だと思っていない。あの三菱や住友とかの大手資本、「こいつ、吹けば飛ぶような会社やないか」と。実際に、われわれは組合員にそう発信し、相手側に対しても、お前らみたいなところはわれわれから見たら「ゴミみたいなもんやで」とはっきりと言ってきた。

こういう風に言えるのは何なのか。まさに総がかりで、彼らは攻撃を掛けてきた。口では簡単にこう言いますが、それは相当なエネルギーが無ければ言えません。そのエネルギーはどこから出るかなんです。それは、問題意識の立て方が、巨大な権力とか資本はその構造からみて必ず犠牲を伴うような構造になっていると。大手資本は、下請け・孫請け、沢山の労働者が存在しなければなり立たない、搾取・収奪ができない。だからこそ、その内部には彼ら同士の対立矛盾を絶えず抱えていると。だから強そうに、大きいように見えても、その彼らの持っている弱点に刺さりこむような闘い方をすれば、闘う側に勝利の法則がつかめる。そういう問題意識。一時的にやられても、だから諦めることはないわけです。

## 徳之島での苦しい者同士の助け会う力

同時に、われわれの徳之島の場合でも、戦後八年ほどアメリカに占領され、その前は島津藩の支配によって苦しい生活を強いられてきた島民です。それは、五〇〇年以上前に琉球が支配され、徳川幕府においても、明治政府によって「沖縄」とされて戦前・戦後を通じても、差別を強いられ続けきたのと同じ様な酷い目にあわされてきた。

幸い、アメリカ駐留軍はサンフランシスコ講和条約以降、徳之島から引き上げていくわけですが、しかし島に主要産業がない、島のものでは生活できない。従って島の人たちは出稼ぎみたいな形で都会に出てくる。だけど出稼ぎへ行って帰ってきても仕事がないものですから、やっぱりそこで定着してしまう。定着してしまうが、島に居る段階では同じ苦しい者同士が助け合うわけですよ。季節ごとに取れた大根とか色んな物を分け合って暮らしていく共同体が目に見えて分かるわけです。理屈じゃなくて実際に生活共同体が成り立っている。収入が低いのにどうしてあれだけ、そこそこ、豊かとは言えないけど生活できるかというと、もちろん仕送りもあるが、自給自足、助け合うというのがあるからです。

都会に出てきますとね、分断された中で、特に高度成長時代なんかをみたら、個々を分断する、良く言えば個を尊重するということでしょうが、利己的な考え方が、普通で。働いていてもなかなか共同体を作らせない。労務政策をする相手側のほうは。そして結果的には仲間のクビを切ったり、差別をする。というようなことを目の当たりにすると、抑圧されて育ってきた島の人たちの根底にあるのは、そういう強引な相手のやり方に我慢ならん。言葉で言えば正義感ですが、そんなことをいちいち口に出さなくても、なんで同じ様な思いで働いている人間にそんな酷いことをするんだという怒りです。

そういうのが、今の米軍の支配で苦しんでいる沖縄の仲間達と共通するのは、私らが大阪へ出てきた時の労務政策によって虐げられている者を一層虐げることを目の当りにして、これは許せないという気持ち。

ですから、私がこの関生支部を起ち上げていく前提も、やはり敵の攻撃ですから。北海道から出稼ぎに来ていた仲間の勝又さんのクビを会社が切った。それを目の当たりにするまでは、「いや、仕事は一生懸命やらなんだら、会社が儲かっていかなかったら成り立たないだろ」という考え方でした。それを変えたきっかけが、仲間の首切りだった。

私に対する攻撃があって労働組合に参加したわけじゃない。仲間に対する仕打ちが許せないと。ですから関生支部を育てたのは、敵の攻撃です。敵の攻撃があればあるほどね、仲間たちは団結する。沖縄の人たちとも共通してると思うんです。あんな酷いことをする、いくら言っても民意を聞かない。だから保革問わずオール沖縄という方向に団結して闘うスタイルになった。

敵の攻撃というのは理不尽ですから、それに対する皮膚感覚の怒り。同時にそれは、闘いの中でやがてもっと多くの人たちに共感を得るようなという形で、理論が作りあげられる。ですから実践の中で新しい理論を作り、さらに理論が新しい実践を生み出していくという、その継続が関生支部を作りあげてきたんじゃないかと思うんです。

## 沖縄もわれわれも必ず勝利する

ですからその怒りが、一つの主導性を形成し闘い、これが新しい理論を構築し、そしてその理論が新しい実践に導いていく。そういう一種の運動の弁証法というか、そういうものが、最初から意識したんではなくて、振り返ってみればそういうのが定着してきたんじゃないかと考えます。

だから今、アメリカと安倍政権が束になって沖縄に攻撃しているが、われわれが巨大な相手をして、相手の弱点を突いてきて基本的に勝利を獲得してきたように、沖縄の人たちの闘いは必ず勝利できる。

徳之島に海兵隊を一部移設するという二〇一〇年の時に、徳之島の人たちは、最初は反対側にも政府が決めたらもうこれはやむを得ないのかという人も居たが、そんなことはないと。島民がその気になったら、絶対に、権力、そういう政（まつりごと）をしているのはごく少数の者が握ってやっているわけだから、奴らになんで我々が負けるんだ、「我々が勝つよ」と。実際に政府にあれは諦めさせた。

今回も同様です。表向きは強そうに見えるが、アメリカ政府、日本の安倍政府にしてみても、安倍の戦争法案に対する国民の反応を見ても、彼らは追い詰められており、経済政策も破綻し、潮目は変わりつつある。

## 関生型労働運動は普遍の運動
### ――その「関生魂」と「理念」

――最後に、次世代の労働者に、今、伝えたいことは何でしょうか

**武**　労働組合というのは、労働者の経済的社会的地位向上のために存在しているわけです。それらを実現していくためには、どういう運動が必要か。現実の労働者の要求を基礎にしてスタートするわけですが、ちゃんとした思想性を持ってないといけない。ですから労働組合の性格は何かと問われた時に、これは大衆性と階級性を結合しなければいけない。それと労働組合の社会的な任務は何かと問われた時には、経済闘争もやるし、思想闘争もやるし、政治闘争もやると。

こういう基本がしっかり土台に備わっている観点に立てば、関生型運動は普通で当たり前の運動です。だから、われわれは、新しく目新しいものをやっているわけでも何でもないんです。ただ情勢を主導的に切り開いて展開しているという違いはあっても、特段変わったことをやっているわけじゃない。本当にまともなことをやっているに過ぎない。だから、私はこの『50年誌』の第Ⅱ部で木下先生が書いている「本来の労働運動」ということ、ああいうことを忠実にやっていけば、どこの労働組合でも成果は得られると考えています。

最後に、先のような特徴と成果に至った生コン支部の歴史と伝統を、一言で言えば、敵のいかなる攻撃に対しても体を張って不屈に闘う強固な意志力、先進的政策活動能力、電撃的反撃対応力にあると言えます。敵には強く、仲間には頼れる、求められる労働組合です。

私たちは、ここに「生コン支部魂」を見て、誇りにしているところです。この「生コン支部魂」と「運動理念」について、以下の点に要約することができます。次代を担う労働者のこれからの闘いの糧になれば幸いです。

**「生コン支部魂」**

①「他人の痛みを己の痛み」と感じられる労働運

2015年新春旗開きで50周年事業の成功を期す

関西労働者の祭典・連帯フェスタ（2015年）

動をめざす。

それは、敵と勇敢に闘う、仲間の心の声に耳を傾ける。「幹部は口は小さく、耳は大きく」。成果は皆の力であり、幹部はおごらず自慢しない。頼れる求められる組合をつくる。

② 人権に強く、人権侵害には組織あげて闘う作風。
関生支部結成時の関扇闘争では、日本セメント相手の闘いで全組合員月五〇〇円の固定カンパを行ったが、これは「争議分会は、後方の安全を確保するため最前線で闘っている」との理解の中から実践していた。

③ 不屈性。
いかなる相手であれ、理不尽なる攻撃を行う者に対しては、幹部を先頭に起ち上がり、身体を張って闘う。組織は全組織をあげて闘う。この不屈性の発揮は、幹部と組合員の強い、固い信頼の絆をつくっており、組合員のやる気を高めている。

④ 電撃的反撃根性。
電撃的反撃態勢を確立し、「敵にやられたら三倍にしてかえす」。この反撃根性が、困難な闘いを余儀なくされている仲間たちに、限りない勇気と確信を与えている。

⑤ 失敗を恐れるな、ピンチはチャンス。
失敗を恐れず、「リスク・困難は、成長の源である」との立場で挑戦する。「ピンチはチャンス、チャンスはピンチ」。事態からの法則を学び、そして反撃に移る。

⑥ 敵対矛盾は闘いによって解決し、内部矛盾は話し合いで解決する立場を堅持する。
「去るものは追わず、来るものは拒まず」で、責任を他人に転嫁することのないよう努める。

⑦ 目標実現に向けた行動力。
目標実現に向けた行動から学び、学んで行動する、行動して学び、新たな行動を展開する。一つの闘争の終結は、新たな闘いの始まりである。

⑧ 徹底した学習力
物事の本質を見る力、それは学習力である。独習の習慣化と大衆的学習の組織化に系統的に取り組むことである。

⑨ すべての争いの決定力は、大衆闘争。
裁判所、労働委員会など公的機関は、活用する場で

あり、それに依存してはならない。すべての争いの決定力は、大衆闘争だ。この大衆の集中力を高めるためには、幹部の知的レベルを日常的に高め、指導力向上が欠かせない。

⑩　多数民主主義をめざし、中小企業運動に主体的に関与するこの運動は、少数の特権階級本位の社会体制に異議をとなえるものであり、共生・協同の思想の発展である。これは人類の歴史上において法則的運動である。

**「関生支部運動の理念」**

①　日本の労働運動の弱点である、企業内労使協調、企業内本工主義（組合員を本工に限定し、幹部と会社の癒着体制）を打破するには、労働組合は資本から独立すること。水ぶくれ的ユニオンショップでなく、個人加盟を原則とした産業別労働組合であること。出入り業者で働いている労働者、非正規、パート労働者であれば、誰でも加入できる組織構造。つまり労働組合の原点に立った組織原則を堅持している。

個別企業に分断され、企業間競争に埋没する企業内労働組合の限界を実践的に克服することなく、日本の労働運動の前進はない。それには、産業政策のもとに団結し行動する産業別的・賃金・雇用・福祉、各政策要求の実現、交渉形態は集団交渉が企業の枠を越えた運動体にとって有効である。

②　大企業の無秩序な設備投資、一人勝ちの投資計画についての社会的規制力を持つ運動を強める。品質に問題のあるシャブコンなどの告発、原価公表等、消費者の立場に立った運動を展開する。

③　背景資本の責任追及（コスト引き上げ、取引関係改善、雇用保障など）。日本の社会構造にとってこの運動は重要性が高く、大企業と権力はこれを大変恐れている。

④　資本の不当労働行為のやり得を許さない。そうした闘いとして原状回復に加え、ペナルティーを課し、不当労働行為の抑止効果を作り出す。

⑤　優先雇用協定化は、労働組合の団結強化の手段であるとともに、非正規労働者の組織化、産別雇用協定化の道を開くことになる。

⑥　経済闘争・政治闘争・思想闘争を三位一体的に

追求する労働組合は、大衆性と階級性を持ち合わせることが必要である。

⑦　資本主義の行う労働者・人民へのあらゆる搾取、収奪・支配・抑圧・差別・低賃金・奴隷的状態を強制する独裁支配に反対し、またその環境破壊、戦争政策と対決して闘う。現在の保守政権の、一部特権階級の利権のために行っている「改革」と称する「戦争政策・憲法改悪・安保―米軍再編、国民弾圧システムづくりの共謀罪をはじめ、弾圧諸立法」と対決して闘う。

⑧　グローバリズム、新自由主義、市場原理主義による弱肉強食の大競争政策に対決し、被抑圧民族・労働者人民と国際連帯して闘う。世界の平和を希求するすべての人民は、自由・平等・自立・自主の基本的人権が保障されるべきであり、福祉の増進に加え、生存権の確保を求める。

⑨　各政党、各労働組合との共闘については、対等・平等・互恵の精神と自主性尊重を基本に共通したテーマによる共闘の実現に努める。

⑩　職場に自由と人権を。世界・日本・産業を人民が主人公の立場で変えること、社会発展の原動力を担っている労働者の労働組合にふさわしい社会的存在感のある労働組合。それは職場だけに組合があるのであってはならず、街角、人々の生活の中に存在できる労働組合として、他の社会運動団体との幅広い交流・共闘を追及する。

＊これは、武委員長が「国策弾圧」で一年数ヶ月にわたって長期勾留されていたとき、獄中でまとめたものである。

# 第Ⅱ部 関生労働運動の社会的意義

わが国で類例を見ない、労使約300名によるマンモス集団交渉

# 「産業別労働運動」を日本で切り開いた連帯労組関西生コン支部

労働社会学者（元昭和女子大学教授）　木下武男

日本の中でまったくめずらしい、しかし「本来の労働組合」、それが連帯労組関西生コン支部である。「本来の」と言うのは企業別労働組合ではないからだ。企業別組合は日本では普通だが、世界ではめずらしい。この世界標準の労働組合の視点から関西生コン支部の歴史をとらえ、その教訓を日本の労働運動の再生にいかすことが必要とされている。

そもそも戦前に、最初に持ち込まれた労働組合は欧米型の「本来の労働組合」だった。労働組合は輸入品だったのである。それは、欧米という地域の産物ではなく、近代資本主義に共通の社会制度として生まれた。近代資本主義で働く労働者にとって労働組合はなくてはならないものだった。貧しい虐げられた者たちが、身を守り、生きる術としてつくったのが労働組合である。だから日本にも資本主義の確立とともにもち込まれた。

しかし、もち込まれた労働組合という種は、日本の土壌で育つうちに、やがて世界で見ることのない土着の花を咲かせてしまった。その花は、旺盛に育つようにみえた時期もあったが、やがて、大きな花もしおれてしまった。これが日本の労働組合の現状だろう。

これからは、しおれた花を育てるのではない。本当の花を咲かせることが、貧困と過酷な労働が支配するこの日本で急がれている。関西生コン支部の五〇年史はたんなる歴史としてあるのではなく、「本当の花」の咲かせる方法としてある。歴史を追いながら、その咲かせ方をみていくことにするが、順に述べる四つのことが重要である。

## 1　産業別労働運動への道のり

関西生コン支部は一九六五年、全国自動車運輸労働組合（全自運）の一つの支部として誕生した。この結成の時期にすでに産業別組合を実現するために欠かせない方法を関西生コン支部は獲得した。それが支部の執行体制の確立である。結成された生コン支部には、これまで全自運に加盟していた五つの支部が参加した。これらの支部は、企業別組合が全国組織に加盟するやり方ではなく、全自運に個

**きのした・たけお**　一九四四年福岡生まれ。鹿児島国際大学福祉社会学部教授。二〇〇三年、昭和女子大学人間社会学部教授、二〇〇一年より特任教授。専門は労働組合論、賃金論、社会政策論。著書：『日本人の賃金』（平凡社新書、一九九九年）、『格差社会にいどむユニオン』（花伝社、二〇〇七年）他。

人加盟する方式をとった。だから企業別組合にはなりにくいはずだった。しかしながら、生コン支部に参加する以前、すでに実質的には企業内組合になっていた。現在でも、個人加盟方式をとっている労働組合の多くは、その末端組織は企業内組合になっている。個人加盟組織と銘打っていても、企業別組合の連合体でしかないのである。

それは何故か。企業単位の末端組織に、組合権限を与えているからだ。組合権限があれば企業組合として独立性をもってしまう。企業別組合を克服し、産業別組合に転換するためには、末端の企業組織がもっている組合権限を剥奪することが欠かせない。関西生コン支部は結成当初から、「統一的指導機関」を確立するために、権限を集中する支部執行機関を確立した。

このような画期的な労働組合組織が何故できたのだろうか。推測だが、欧米型産業別組合の流れが入り込んだと考えられる。武建一委員長は結成前に全自運の生コン担当だった石井英明のことを紹介している（『風雲去来人馬』）。彼は「私らをつかまえて次のように力説した」。企業の攻撃によって「各支部ごとに分断され各個撃破されてしまう」ので、「統一した指導機関」をつくっていこう、こう述べたという。

この石井は全日本海員組合の出身だった。海員組合は船員が直接加盟する産業別単一労働組合として注目されていた。産業別組合として各船主団体と交渉し、争議も統一闘争で行っていた。生コン支部の結成以前、一九六二年には労働時間短縮闘争で五七九隻の船舶がストライキに参加した。この産業別組合の経験が、生コン支部の組合組織に活かされたものと考えられる。

こうしてつくられた「企業の枠をこえた業種別統一司令部」は日本ではまれだが、欧米の産業別組合・一般組合ではこれが組織の原則である。組合員は産業（業種）別の地域組織に所属している。イギリスでは「ブランチ」、フランスでは「サンディカ」、アメリカでは「ローカル・ユニオン」という。その組織に執行権・財政権・人事権が集中している。集団交渉を確立するよりも先だって産業別組合の末端組織を作りあげたことが、生コン支部が産業別統一闘争を強力に推しすすめる組織的保障になったのである。

こうして強固な組織をつくり、統一闘争を展開していくのであるが、その前に検討すべきことがある。これからの日本の労働運動の再生にも関わるが、一般労働組合（ジェネラル・ユニオン）と関西生コン支部との関係である。

関西生コン支部は、結成当時は全自運関西地区生コン支部だったが、一九七八年に全自運が名称変更して運輸一般労働組合となり、その支部となった。これはたんなる名称の変更にとどまらず、背景があった。一九七〇年代になると一般労働組合という組織形態に対する関心が生まれた。「運輸一般」と同じ年、「化学一般」が結成され、七三年には「建設一般」もつくられていた。

労働組合組織論の重要性を強調した中林賢二郎は、当時「一般労組というかたちで、あらたな組織発展を考える組合がいくつも出てきた」、そして、それらの「キッカケのひとつとして思いあたるのは、イギリスの運輸一般労組の発展とそのわが国への紹介であろう」と述べている（中林賢二郎『現代労働組合組織論』労働旬報社、一九七九年）。それは、中林の尽力でもあった。筆者は一九七一年、法政大学の大学院に所属し、中林の演習（ゼミナール）で労働組合論を学んだ。中林は戦後の一時期、世界労連（世界労働組合連盟）のスタッフとしてプラハに常駐していた。そこから「本当の労働組合」の姿をハダで感じたことだろう。ゼミでも「本当の労働組合」や一般労働組合について解説していた。

日本の運輸一般は、当時のイギリス最大の組合であった運輸一般労働組合を参考にし、日本に移植しようとする試みであった。その一般組合を考えるうえで重要なことは、複数のトレード・グループ（業種別部会）で構成されていることである。それぞれの業種別部会が、対応する業種の経営者団体と交渉している。だから、客観的にみるならば、関西生コン支部は、一般労働組合のトレード・グループ（業種別部会）として位置づけ直されたことになる。

そして、関西生コン支部は、運輸一般のなかでも業種別部会のあり方を最も忠実に実践していたのである。武建一委員長の「新しい労働組合運動の模索」『賃金と社会保障』（一九八二年八月一〇日号）は支部の活動を詳しく紹介し、当時、運動家や研究者のなかでも注目されていた。

## 2 「本来の労働組合」としての関西生コン支部

「本来の」というよりも、そもそも労働組合とは何か、その核心が理解されなければならない。そのためにここで、労働組合が誕生したときの目撃者たちの指摘に注目しよう。カール・マルクスとフリードリッヒ・エンゲルスは社会主義者として有名であるが、ここではその目撃証人としてその指摘を考えてみたい。

一八二〇年代後半から三〇年代、イギリスで労働組合が爆発的に発展した。それを目撃したエンゲルスは、「労働者相互間の競争こそ、現在労働者がおかれている状態のなかで最も悪い面であり、ブルジョワジーのもっているプロレタリアートにたいする最も鋭い武器なのである。だからこそ労働者は、組合をつくってこの競争を排除しようとつとめる」と述べた（『イギリスにおける労働者階級の状態』一八四五年）。マルクスもまた「労働者のもつ唯一の社会的な力は、その人数である。しかし、人数の力は不団結によって挫かれる。労働者の不団結は、労働者自身のあいだの避けられない競争によって生み出され、長く維持される」（「労働組合――その過去、現在、未来」、一八六六年）と述べている。競争によって不団結が生じ、数の社会的力をきずけないと理解していた。

ここの要は「労働者の状態＝競争→競争規制＝労働組合」という命題である。彼らの分析は経営者が横暴で悪らつだから労働者の悲惨な状態が生まれていると、短絡的なレベルにとどまっていない。むしろ、敵ではなく、味方にこそ悲惨な状態を生みだす根源があると指摘している。それが労働者間競争であり、「本当の労働組合」の理解の大切なところである。

このことは、日本の労働運動に次のような難問を突きつけていることになる。日本の賃上げは、年功賃金を基盤にして企業内の従業員の賃金を引き上げることである。ある企業のある従業員の賃金が上がることはその生活を向上させたことになるだろう。しかし、企業内の賃上げはそこの労働者個人の問題であり、産業全体の労働者間競争を規制したことにはならない。ある企業のある従業員の生活を良くするのではなく、産業・業種の労働者が競争し合うことによって悲惨な状態が生まれている、その根源に目を向けること、これがマルクスやエンゲルスが理解した労働組合の根本的機能である。

ところで、この労働者間競争をどのように規制すればよいのかについて二人は詳しく述べていない。そのことをその後、ウェッブ夫妻が定式化した（『産業民主制論』一八九七年）。

その筋道はこうである。労働者の競争は「個人取引」から生じる。つまり、労働者が労働力商品を経営者にバラバラに売る。経営者は安く売る者を雇う。だから、「労働条件を個人取引によらず、ある共通規則（コモンルール）」をつくって売る。安売り競争をやめさせるためには基準・「共通規則」を定めて、それ以下では売ってはならないとする。

そして、個人がバラバラに経営者に売るのではなく、労働組合がまとめて売る。この「まとめ売り」が「集合取引」（コレクティブ・バーゲーニング）という団体交渉である。労働組合がこの「共通規則」を定めて、それを「集合取引」（団体交渉）で経営者に押しつける。これで労働者間競争を規制することができる。労働者の状態も改善できる。

ウェッブ夫妻は示したこの方向は極めてシンプルなものである。だが、日本という土壌のなかで「共通規則」も「集合取引」も実現させることは並大抵のことではない。労働条件が年功賃金にみられるように企業内で決まるので「共通規則」はつくれない。企業別組合だから企業を越えた「集合取引」は難しい。

この難事業に挑んだのが関西生コン支部だった。まず「集合取引」である。一九七三年、一四社を相手にした初の集団交渉が実現した。支部は産業別の統一要求を示し、統一交渉、統一行動を展開する一方で、集団交渉への参加を明確にしない企業に対しては指名スト、時限スト、波状スト、統一ストと闘争を拡大し、参加を強力に促していった。こうして今日まで続く支部主導型の「集団交渉方式」がスタートしたのだった。

次の「共通規則」は、企業を超えた職種別賃金によって明確化された。七三年の春闘では、大型運転手最低保障一〇万円を集団交渉参加企業とのあいだの労働協約で確認した。その後、生コン支部は、一九八二年に労使で確認した「三二項目協定約束事項」の「業種別・職種別賃金体系」のなかで、職種別賃金要求を明確にした。企業ごとの賃金格差のない統一賃金で、年齢間の賃金差も小さい。企業を超えるには属人的な要素を削ぎ落とさなければならない。関西生コン支部では「業種別・職種別賃金体系」として「共通規則」が具体化されたのである。

ところで、日本で「本来の労働組合」を定着させるために特別に考えなければならないことがある。それは日本の産業構造のことだ。頂点に立つ民間大企業が、重層的下請構造や中小零細企業の過当競争を利用して、下層を収奪している。公正な商取引が成りたちにくい日本特有の構造である。ここにメスを入れない限り労働者の賃金は大きく改善されることはない。この日本資本主義の構造に挑んだのが関西生コン支部であり、その方法が労働組合主導型の事業協同組合だった。

このようにして、「練り屋」とさげすまれ、劣悪な労働条件におかれていた生コン労働者は生活と働き方を大きく向上させることができた。それはたやすいことではなかったことは『五〇年史』の苦難の歴史が語っている。だが、困難な中でも実現することができたのは、「本当の労働組合」をつくる王道を歩んできたからにほかならない。

## 3　労働運動「暗黒時代」に道を照らす関西生コン支部

日本の労働運動はいま衰退の淵に立たされている。これをどのようにして切り返していくのか、これまでの労働運動や関西生コン支部の運動を担ってきた人びとの問題関心はこの一点に集中しなければならない。

はじめのところで、これからは、しおれた花ではなく、「本当の花」を咲かせなければならないと述べた。「本当の花」とは何か。それは、関西生コン支部の運動のようなものだが、ここでは業種別職種別ユニオンとしておきたい。「業種別」は業界を相手にした「集合取引」を、「職種別」は職種別賃金をめざす「共通規則」を意味している。この二つが「本来の労働組合」の根幹だった。

ところで関西生コン支部の歴史の教訓は、①業種別運動の「統一司令部」としての執行体制の確立と、②業界を相手にした「集合取引」、③職種を基準にした賃金である「共通規則」、④業界の中小企業をまとめる事業協同組合、この四つであった。この四つ教訓は「本当の花」を咲かせる「種」である。

いま日本の労働運動に必要なことはこの「種」を吟味することだろう。生コン業界が特殊だったのではない。中小企業を抱える多くの業種でも「種」を蒔くことができるに違いない。また膨大な未組織労働者も、組織化をつうじて、バラバラではなく業種別職種別にまとめて結集させることは可能だろう。そうすると、あちこちの業界で業種別職種別ユニオンが姿を現すことになる。

そうした時に、先に述べた、関西生コン支部がイギリス運輸一般のような一般労働組合（ジェネラル・ユニオン）の業種別部会として位置づけ直されたことの重要性が浮かび上がる。つまり様々な業種別職種別ユニオンが連携し合い、合同していくならば、ジェネラル・ユニオンの大きな全国組織が日本に出現することになる。ジェネラル・ユニオン全国組合である。これが日本の労働運動を衰退の淵から救い出し、再生していく唯一の方途となるだろう。

一九八九年、これまで労働運動をリードしてきた総評が解散し、連合・全労連・全労協の三つの全国組織がつくられた。それから四半世紀がたつが、三つの組織ともどもが勢力を減退させながらも分立したままである。ジェネラル・ユニオン全国組合の出現は、この言わば労働運動の「一九八九年体制」に一石を投じ、やがて克服することになるに違いない。日本の労働運動が、新しいユニオンの「種」を吟味し、「育て方」を関西生コン支部の歴史から学び、そして何よりもこの花を咲かせる多くの組合員を生みだすことができるならば、再び前進の歩みを始めることができるだろう。

# 連帯労組に見る「協同労働の発見」

京都大学名誉教授
本山美彦

## はじめに

本稿は、連帯労組が実現した「協同労働」の歴史的意味を、経済・経営学の立場から反芻したものである。

スタンフォード大学経営大学院教授のジェフリー・フェファーが、一九九八年に「報酬をめぐる六つの危険な神話」という論文を発表した（Pfeffer［1998b］）。従業員は、コストではなく、資本として見なされるべきである、というのがその内容である。

彼によれば、「賃金が高いとコスト高になる」というのは悪質な神話である。これは、企業全体の労働コストと、個々の従業員の賃金とを混同した錯覚である。従業員の個々の賃金が高くても、労働生産性が十分高ければ企業全体の労働コストは低くなることをこの神話は分かっていない(1)。

「従業員をやる気にさせるには、金銭的インセンティブを与えることがもっとも効果的な手段である」というのもひどい神話である。心ある従業員は、金銭のみで、働く意欲を高めるものではない。知的な仕事に従事する魅力、家庭生活を大事にできる環境、仕事を楽しむ機会、優秀な仲間と励まし合いながら能力を高めることができる環境、最先端の設備を利用できる環境、失業しないことの精神的安定感、等々の多数の要因が従業員の就業意欲を高めるものである(2)。

金銭的インセンティブによって従業員をやる気にさせようとすることは、裏返せば、従業員を監視するシステムを同時に用意することを意味している。多くの会社がコンサルタント会社に依存していることも、こうした報酬に関する神話を助長している。

「報酬制度を変更させることが、コンサルタント会社の飯の種である。報酬制度以外の改革手段があり得ることを、よしんばこれらコンサルタント会社が分かっていたとしても、報酬制度以外の改革手段を企業に提案するはずはない。報酬制度をいじることを提案する方が、組織文化、仕事の手順、従業員への信頼を得る提案をするよりもずっと簡単なことだからである」(Pfeffer [1998b])。

フェファーには、『人間の方程式：人的資本・人を最上位に置くことで利益を生み出す』(Pfeffer [1998a])という著書がある。従業員こそが資本である。フェファーに見られるこうした経営思想が、ますます希薄になってしまっている現在、連帯労組の関ナマ支部が実現した「従業員こそもっとも重要な資本である」という崇高な思想は、非常に価値あるものである。

## 1　協同労働・集合的能力の重視

近代株式会社を「所有と経営の分離」として定義づけたバーリとミーンズ（Berle, A. & G. Means［1932］）は、企業の所有者ではなく、株主利益を最大にするように行動する経営者こそが企業を支配すべきであると論じた。これは、企業経営には、所有者と株主との間で利害対立を発生させることを示した画期的な古典である。しかし、企業組織を経営者のみに代表させてしまうという点で不十分な考え方である。彼らは、経営者の意思が企業の意思であると決めつけすぎた。しかも、同じ株式会社であっても、大企業と中小企業とでは、企業統治の形において、質的な差があることを、認識していなかった。関ナマの運動は、この差異を強く意識したものである。

周知のように、新自由主義を標榜する現在の主流の経済学は、合理的判断力を持つ個人の合理的行動に市場経済の正しさを求めようとしている。しかし、新自由主義に対して批判的な非主流の経済学の分野では、個人が合理的に行動するという前提への疑問が大きくなり、それとともに、企業論にも大きな

**もとやま・よしひこ**　一九四三年生まれ。京都大学教授、大阪産業大学学長などを歴任。公益社団法人・国際経済労働研究所理事長。「変革のアソシエ」共同代表。専攻は、国際経済論。著書：『金融権力』（岩波新書、二〇〇八年）、『アソシエの経済学』（社会評論社、二〇一四年）他多数。

進展が生じている。

企業は、個人の連合体としての集団の特徴を持つとの認識が、いまでは強くなってきている（Cyert, R. & J. March［1963］）。多様な個人が集合的に活動する企業は、絶えず成員間の折り合いが重要になる。そうした折り合いをルール化しようというのが、新しく台頭してきた企業論である。ルール化は、経営者個人の狭い合理性ではなく、企業の成員間の妥協という点を基本に置く。

そうした企業論は、さらに従業員の資質を高める義務が企業にはあるという理論にまで突き進んでいる。たとえば、ペンローズ（Penrose, E.［1959, 1980］）は、企業を生物学的に理解した上で、企業は、諸資源を技術的に変換する生きた単位であると見た。企業は、広範な活動領域で自らの意思を持つ。所有者も経営者も企業という組織の一員でしかない。企業は、蓄積される諸資源を最大限に利用することによって社会的責任をはたせる。諸資源とは、経営者はもとより、個々の従業員の知識、技能、学習能力のことである。企業の成長が、成員の持つ環境適応能力の蓄積に依存するというこの理論は、経営者の統治能力だけではなく、企業の全成員の能力を高める企業のあり方を明示した。

## 2　水平的・垂直的に知識を互換

そして、集団による「暗黙知」の伝承の重要性が認識されるようになった。これこそ、連帯労組が打ち立てた思想である。そこでは、従業員の集合的能力が最重要視されている。

グラント（Grant, R.［1996］）によれば、知識には伝達できるものと、できないものとがある。伝達できる知識を「明白知」（explicit knowledge）という。それは、事実に関する知識であり、一種の公共財として市場において調達が可能である。科学的知識、発見された法則、様々の媒体によって学習可能なものが、明白知の範疇に含まれる。

反対に、伝達できない知識は「暗黙知」(tacit knowledge)である。この考え方は、マイケル・ポラニー(一八九一〜一九七六年)を下敷きにしたものであるが、[3] グラントのいう暗黙知は、職人が長い年月の末に獲得できた経験的熟練知などが典型例であり、口頭や活字媒体では伝達できないものである。この暗黙知は商品化されないので、市場で調達できるものではない。しかし、企業にとって、競争上優位に立つためには、できるかぎり、暗黙知を自己の影響下に取り込むことが、死活的に重要である。企業は、多様な専門知識を統合し、暗黙知の拡散を防止しつつ、暗黙知のさらなる集積に努めることを課題とする。暗黙知の伝達困難さを考えると、経営者の意思決定に企業全体を従わせることはかえって非効率になる。成員の特質に応じ、成員の能力を高め、成員の創意工夫を喚起するシステムが必要となる。そうしたシステムを作り出せる能力を持つものこそが企業である。そうしたことを目指す企業によって、従業員の集団的能力は高められるのである。

企業の主要な資源は知識である。知識を持つ従業員の活力を引き出すべく、株主と従業員との双方で企業を運営する方が、株主の専一的コントロールのみを重視することよりも良いという理論を提示したのが、青木昌彦(Aoki, M. [1990])である。

高度の生産システムは、組織内で水平的・垂直的に知識を互換することによって維持される。青木は、そうした機能を持つ組織こそ日本的システムを保持している企業であると論じた。しかし、青木の理論が出されて以降、日本経済は未曾有の危機を迎え、青木的暗黙知開発論は企業論の世界で軽視されるという逆流現象が生じてしまった。それでも、従業員の集団的能力を開花させることを企業の目標とした青木の理論は、必ず再評価されるであろう。事実、青木と根底の所で通暁する、冒頭で紹介したフェファーなどの理論が、米国式企業統治論全盛の現代において、登場しだしたのである。

## おわりに

最後に、本稿の表題である「協同労働」の意味内容を説明しよう。

同一産業の企業に雇用されている労働者たちが、個々の組合を組織しているが、この組合は、広範な規模の労働組合（センター）と連動して行動するのが産業別組合である。各企業の労働組合は、センターの支部ではあるが、けっしてセンターに従属せず自立している。この労働組合は、労働条件の改善を目的とするが、それで終わらない。労働者の社会との関わりを問い続けるべく、社会的活動を行うことはもちろんのこと、個々の労働者が「自覚した個人」になるための学習活動を深める。労働組合は、営利獲得を原則とする資本主義的企業に依存せず、国家に従属しない地域社会の必須の構成要素になることを目指す。

現代社会では、大企業が寡占的な連携を強化して下請けの中小企業を搾取している。大企業の横暴に対抗するためにも中小企業の経営者たちも経営者組合を組織しなければならない。中小企業経営者の組合を産業別組合が支援し、寡占的大企業に対する共闘を組織する。このような構造が「協同労働」である。

**［注］**

（1）　フェファーは、トヨタとＧＭの合弁会社、「ニュー・ユナイテッド・モーター・マニュファクチュアリング」の例を挙げている。一九八〇年代半ばに設立された同社は、従業員に雇用の安定と最高の賃金を約束した。労働生産性はGMの他の工場よりも五〇%も高く、高賃金を払いながらも利益率は一〇%高かった。一九九六年五月、有名な『ハーバー報告』が出された。それによると、普通乗用車一台生産するのに、トヨタは二九・四四時間、ニッサンは二七・三六時間しかかからなかったのに、GMは四六時間もかけていたという(Pfeffer, J. [1998b])。

(2) フェファーは言う。米国の経済学は仕事を苦痛としか見ていない。労働者は、賃金を誘因としてのみ働き、賃金が低ければ働かない、つまり、苦痛を償う以上に賃金が高くなければ労働意欲が湧かないとう認識で凝り固まっている。こうした誤った硬直的な考え方を持つ経済学は、実際の経済社会を乗り切るのは不向きである(Pfeffer [1998b])。実際、経験的に見て、従業員は、集団で働く意識を持つかぎり、ずる休みをしないものであり、互いに切磋琢磨して働くことの方が多いという研究成果も出されている。人間は、経済学が想定しているほどには「ただ乗り」はできないものである(Marwell, G. [1982])。

(3) 「暗黙知」は、もともと、カール・ポラニーの弟、マイケル・ポラニーの言葉、'tacit knowing'から出たものである。マイケル・ポラニー(Michael Polanyi)は、「暗黙知」を、「われわれは、言葉にて語り得るよりも多くのことを知っている」という意味で使ったが、経営学では、伝達が困難な組織の共有知として拡大解釈している。一八九一年三月一一日、マイケルは、ポラチェク家の三男としてブダペストに生まれた。ハンガリー名、ミハーイ。後に兄弟だけポラニーと改名した(『現代思想』、一九八六年三月号、vol. 14-3、「特集=マイケル・ポランニー」より、member.nifty.ne.jp/thinkers/plnymcv.htm)。

## [参考文献]


Aoki, M. [1990], "Toward an Economic Model of the Japanese Firm," Journal of Economic Literature, 28.

Berle, A. Jr. & G. Means [1932], The Modern Corporation and Private Property. 邦訳、バーリ、ミーンズ、北島忠男訳『近代株式会社と私有財産』文雅堂銀行研究社、一九六六年。

Cyert, R. & J. G. March [1963], A Behavioral Theory of the Firm, Prentice Hall. 邦訳、松田武彦・井上恒男訳『企業の行動理論』ダイヤモンド社、一九六七年。

Derega, V. J. & J. Grzelak (eds.) [1982], Cooperation and Helping Behavior: Theories and Research, Academic Press,

1982.
Grant, R. M. [1996], "Toward a Knowledge-Based Theory of the Firm," Strategic Management Journal, vol. 17 (Winter Special Issue).
Marwell, G. [1982], "Altruism and the Problem of Collective Action," in Derega & Grzelak (eds.) [1982].
Penrose, E. [1959, 1980], The Theory of the Growth of the Firm, Basil Blackwell Publishers. 邦訳、末松玄六訳『会社成長の理論』ダイヤモンド社、一九六二、一九八三年。
Pfeffer, J. [1998a], The Human Equation: Building Profits by Putting People First, Harvard Business School Press.
Pfeffer, J. [1998b], "Six Dangerous Myths About Pay," Harvard Business Review, May-June. 邦訳、「賃金の常識は信頼とモラールを損なう・報酬をめぐる六つの危険な神話」『ダイヤモンド・ハーバード・ビジネス』一九九八年九月号。

# 「社会的労働運動」としての連帯労組・関西地区生コン支部

甲南大学名誉教授　熊沢　誠

## 1　「社会的労働運動」とはなにか

労働組合運動の意義を軽視しがちな新自由主義という現代日本の風土と季節のなか、多くの企業別組合と連合体は今、特定企業の正社員の利益擁護だけに汲々とし、しかもたいていはそれすら十分に果たしてはいない。そんななか、サバイバルを願ういくつかの労働組合が、皮肉な言い方ながら、組合も社会全体のことを考えていますよと世間にアピールするために、闘いのプランも、身銭を切り身体を張った実践の用意もろくにないのに、広く国民生活に関わる政治・経済・社会福祉などへの取組みを組合のスローガンに加えることをもって「社会的労働運動」を標榜することもままある。だから私には、全日本建設運輸連帯労働組合関西地区生コン支部（以下、「関西生コン」と略）のユニークですぐれた営みを、安易に「社会的労働運動」のモデルとよびたくないという思いがある。

本来、なによりも組合員が痛感するニーズの上に立つ労働組合の営みが国民多数の生活向上と権利擁護に寄与する、すなわち偽りなき「社会的労働運動」になるには、労働組合に固有の、組合にしか辿れないルートというものがあるだろう。それは、労働組合が労働条件を標準化しようとする範囲を、個別企業の正社員だけではなく、競争企業・関連企業の労働者、多様な非正規労働者たちに執拗に広げてゆくことだ。それゆえ、みずからの傍らで働く非正規雇用者への差別やライバル企業の従業員の労働条件格差を放置したままの企業別組合が、集団的自衛権行使や秘密保護法や原発再稼働や社会福祉切り下げなどへの「反対」を掲げることは、掲げないよりはましという程度の意義しかないというほかはない。よく誤解されることだが、本当の「社会的労働運動」の性格は、本来の労働組合主義の強靱な展開の延長上に獲得されるのである。

## 2　関西生コン労組の独自的な組織と運動

以上を前提にしていうなら、関西生コンは、機関紙『くさり』などではさしてそう鼓吹しはしないけれども、その組織と運動において、まことに欺瞞なき「社会的労働運動」としての性格を誇ることができる。以下に、その性格のいくつかをピックアップしてみよう。

世間一般にはなお未知のことかもしれないが、この組合にはまず、日本の多くの労組にはみられない組織上の特徴がある。関西生コンは、独占的な発注先のセメント会社と独占的な受注先の建設ゼネコンの中間に群生する中小企業、生コン会社の労働者一七〇〇人を、個人加盟のかたちで、企業横断的に組織する欧米型の産業別組合である。

よくある企業別組合の連合体としての「単産」ではない。関西生コンは、建設連帯労組の「支部」ではあれ、ここでは支部が単位組合なのだ。それゆえ、交渉権、争議権、妥結権は企業ごとの分会ではなく、支部＝単組に集約されている。賃金も、八〇年代はじめ頃から、セメント・ローリー運転手、生コン工場の製造工、「圧送」の運転手と機械工など数種の職種別に交渉・決定されている（なお、この職種別賃金は基本的に企業横断的ながら、最近ではいくらか企業間格差も生まれているという）。

特徴的なのは組織形態ばかりではない。関西生コンは、この点でも現在の労働界ではすでに稀なことながら、本当にストライキのできる労働組合である。一般に限界投資単位の小さい中小企業が集中する産業分野で労働組合がストライキをするのはむつかしい。それができるのは、ひとつには、関西生コンが企業横断の単組という組織であり、労使関係にストはありうるというまっとうな認識をもって、収入途絶のスト参加者には月三〇万円の生活費を保障できるような闘争積立資金の用意を怠っていないからだが、いまひとつには、より注目すべきことに、この組合が労使交渉の枠組の構築にすぐれた創意性を発揮してきたからにほかならない。

**くまざわ・まこと**　一九三八年生まれ。甲南大学名誉教授。研究会「職場の人権」を一九九九年に設立、二〇一二年まで代表。専攻は、労使関係論、社会政策論。著書：『私の労働研究』（堀之内出版、二〇一四年）、『労働組合運動とはなにか』（岩波書店、二〇一三年）他多数

生コン中小企業の商売上の取引先は、上流がセメント会社、下流が建設ゼネコンという、いずれも価格交渉力のつよい大手企業である。ここでの企業間の価格競争が放置されれば、生コン企業の収益は危うく、その危うさはともすれば、この業界で働く労働者の労働条件へのしわよせを招く。そのビジネス環境を直視して、関西生コン労組は、業界が「構造改善事業」に指定された七〇年代半ば以降、独占大企業による関連中小企業への圧迫を抑制すべく、生コン業界がセメント会社に共同発注、ゼネコンに共同受注のできるような事業の協同組合づくりを促進したのだ。これは労働条件の直接の交渉相手である生コン会社に、賃金相場を守ることのできる「支払能力」をつけさせるという、中小企業との一種の共闘であった。その上で組合は、その協同事業体との間で、かねてから進めていた集団・統一交渉を展開して標準的な労働条件を獲得するとともに、組合の推薦する労働者を優先雇用させるという協定を結ぶのである。

もちろんその場合、協同事業体に属さず、ぬけがけで相場を割る低価格取引と労働条件切り下げで対応しようとする「アウト企業」は一定かならず現れるだろう。そこで組合の力量が問われる。関西生コンは、実際「アウト企業」に対して、ピケをふくむストライキやボイコットをもって報いる。その実践によって、組合組織率は約30％に留まるのに、この集団交渉の結果は、この業界の労働条件の規範となりえているのだ。日本ではほとんどない、ヨーロッパ型の労働協約の拡張適用がここにある。

このような営みはしかし、業界の製品価格設定に対する組合の介入を必然的にするだろう。とくにビジネスの下流、大手ゼネコンに事業協同体が供給する生コン価格を一定水準から下落しないようにさせることが、賃上げとともに当然の組合要求となる。それをめぐる大手ゼネコンとの確執が、二〇一〇年の一三九日に及ぶ地域（大阪、神戸）ゼネストの背景であった。数値が状況を明瞭にする。当時、生コン一立方メートルの価格は、アウト企業で八〇〇〇～九〇〇〇円、組合規制がさほどではない東京都内で一万二九〇〇円、大阪市内では、従来の協定では一万四八〇〇円であったが実勢では一万三二〇〇円ほどであった。この年、協同事業体と組合は一万八〇〇〇円を要求している。そして長期闘争の結果、妥結の水準は当面一万六三〇〇円（新契約では一万六八〇〇円）である。この組合は、労働条件の標準化を追求する帰結として、中小企業製品の価格維持をも闘いの視野に収めているのである。

関西生コンのこのような労働運動が、総じて高度経済成長期このかた、とくに70年代半ば以降の民間労使関係のありように高い「満足」を表明してきた政財界にとって許すべからざるものであったことはいうまでもない。かつて生コン業界には、労使関係のなんたるかをわきまえない無頼の経営者も少なくなかった。組合組織化の運動に対する暴力的な対応の波頭として、一九七四年と八二年には組合員が会社に雇われた暴力団の手で殺害されてもいる。一方、八一年には、ヤクザならぬ日経連会長の大槻文平氏も、要旨およそ、関西生コンの運動は資本主義の根幹に関わる、こんな組合は「箱根の山を越えさせない」と述べたものだ。司法の対応も偏っていた。代表的には、関西生コンの闘いにどうしても随伴するアウト企業に対するピケに対して、司法はビジネスを妨げる「威力業務妨害」適用の攻撃をかけ、ときにアウト企業からの損害賠償請求を認めさえした。しかるべき組合行動に対する刑事弾圧も頻繁で、この組合はこれまで延一〇〇人以上の逮捕者を出している。

これらは先進国では通用しない労働運動へのまぎれもない弾圧にほかならないが、この日本では、横断組合による個別企業の「経営権」への介入を異常（違法!?）とすることがまかり通っている。権力にとっては、企業横断的な産業別組合が実力をかけて中小企業の存続をも視野に入れた産業政策を追求することは、二重の意味で「反社会的」なのだ。ふつう企業の専権事項ともみなされる製品価格への介入など、彼らにはもってのほかであろう。だが、現代日本の権力の側が「反社会的」とみなす労働運動こそ、まさに労働者が誇るべき「社会的労働運動」ということができる。

## 3　関西生コン労組の社会的な意義

行論のこの地点で、あらためて関西生コン労組の社会的な意義を確認しておこう。

その一――ビジネス上の競争にしのぎを削る多くの中小企業と、どの企業でもその技能が通用する労働者たちが相い対する分野では、労働者はひとつの横断組合に結集して企業側と労使関係を結ぶことなしには、競争に勝ちぬこうとする個別企業の労働条件の継続的なダンピングに対抗できない。その場合、関連企業や親企業のしめつけの下にある弱小の中小企業が群生する業界ではいっそう、団交の相手側が組織された業界団体でなければ組合主義の成功は覚束ない。それゆえ、関西生コンが協同事業体の形成に尽力して、その協同体との間の集団交渉を慣行化していることの意義はとても大きいのである。

例えば港湾労働者は、どの先進国においても伝統的に、そして日本でも全港湾は、これと類似の労働組合と労使関係の形態を選んでいる。関西生コン型の営みは、だから考えてみれば、実に広汎な産業の労働者に適用されるべき必要性と可能性を孕んでいる。トラック運転手、タクシードライバー、観光バス運転手など、いまは組合組織率も低く、中小企業間の競争の圧力が過酷な労働条件に転嫁されている広義の運輸労働者には、関西生コンの労働運動はとくに大きな示唆を与えるはずである。

建設労働者にしてもそうだ。もし福島の原発労働者が、いくつかの単産やナショナルセンターの働きかけで単一労組を結成し、業界団体の結成はまだとしても、東電、元請企業、下請企業と団体交渉ができるようになれば、彼らのやりきれなさはどれほど軽減されることだろう。日本のユニオンリーダーはなべて、組合といえば企業別組合しかないという迷妄から脱したいものである。

その二——関西生コンの事業協同体との交渉が、製品の「適正価格」の維持に踏みこみ、ゼネコンにそれを認めさせるストライキを実行することの意義も、広く日本の労働者にとってきわめて深い。その意義を二点にわけて考えてみよう。

そのひとつ。現代日本では、広義の下請労働者が、親企業からの受注価格の切り下げをなんとかやりすごそうとする雇用主、すなわち下請企業の、ある意味ではやむをえない労務管理によって劣悪な労働条件にあえいでいる。さしあたり下請企業の労働者も、親企業系列ごとの企業別組合しかもたないか、または未組織のままであることが多いゆえに、ここにメスを入れるのは容易でない。とはいえ、中小企業の雇主が親企業に対する価格交渉力、ひいては一定の支払能力をもてるように労働組合が支援する、この関西生コン型の組合運動は懸命に模索されるべきであろう。その模索こそは、深刻な企業規模間賃金格差の根因である下請構造への労働組合の真摯な鍬入れになる。

今ひとつ。労働組合が中小企業の「適正価格」の維持に協力することの意義は、現代日本においては、下請問題を超えてより広汎である。「脱却」が唱えられる「デフレ」とはひっきょう、中小企業の提供する安価な製品・サービス価格と、そこで働く人びとの長時間労働や低賃金との相互補強関係を意味している。誰もがどこかで働いている。そのことを顧みれば、ともかく低価格を歓迎する消費者としての一般国民の願いは一定見直されるべきであろう。さしあたり「反国民的」とみなされようとも、労働組合運動は、劣悪な労働条件と直結する低価格の企業ビヘイビアを見過ごしてはならない。関西生コンの生コン適正価格維持の闘いを多くのマスコミは「逸脱」と批判したけれども、アウト企業へのピケは、労働条件の劣悪な、例えばブラック企業の製品やサービスの市民ボイコットと同じ行為であり正当なのである。

私の印象では、雇用保障については、関西生コンの営みは、ここでも全港湾と類似のものながら、雇用安定基金による共同雇用、登録労働者の就業斡旋、収入保障を組み合わせた全港湾の伝統的な制度とくらべると、なおシステム化は遅れ、不安定なように見受けられる。なおいくつかの困難が予測されるとはいえ、この点の充実が今後の課題であるように思う。とはいえ、全体として、これほどのなかま意識と創意をもって、ともすれば使い捨てられかねない中小企業のブルーカラー労働者の界隈に、定着できる居場所としての労働組合を構築しえたことに、私は深い感銘を禁じえない。強靱な関西生コンの実在は、長らく労働研究を続けてきた私には、日本の労働運動への絶望を見直させるたしかな希望である。

# 21世紀型の先駆的な労働組合と協同組合への提案

参加型システム研究所・客員研究員　**丸山茂樹**

## はじめに

本書の編集者から「連帯労働組合の50年を記念した歴史書をつくることになったので協同組合の研究者の目から見た連帯労組についてどう考えているか」寄稿してほしいとの依頼を受けた。たぶん『関西生コン産業60年の歩み　1953～2013』（一般社団法人中小企業組合総合研究所、二〇一三年九月）に掲載された拙稿「関西生コンの闘いが示した協同組合運動の新しい可能性」が目に留まったのでその続編を書けと言う意味であろうと思った。

上記の小論の中で私は労働組合と中小企業経営者たちが、目先の利害対立を超えて連携し、日本の社会・経済・政治において巨大な力を持つ建設業界のゼネコンと寡占化したセメント資本に対して「公正で正当な条件に基づく契約」を求めて闘ってきた関西生コン労組と生コン関連企業の事業協同組合を高く評価した。

同時に事業協同組合の指導者に対し、自分たちの利益を求める同業者組合の段階から、地域社会や消費者やそこで働く労働者の利害をも考える社会的な協同組合に脱皮・飛躍して社会的経済の担い手になって欲しいという希望を述べた。そして国際協同組合同盟（ＩＣＡ）が創立一〇〇周年に当たる一九九五年に採択した「協同組合のアイデンティティに関するＩＣＡ声明」の定義・価値・原則、特に「７つの原則」については全文を引用して、関係者がこの点に留意するよう喚起を促したのである。

## 1 「ソウル宣言の会」の発足

同書の出版記念の集いで私にも発言の機会が与えられ、その席で「経済は世のため人々の安定した生活のために活動すべきである。しかし今や利潤を求める投機マネー化した金融資本が世界経済を左右している。この現状に抵抗し、世直しをするためには人々もまた世界的規模で連帯しなければならない。それを具体的に提案している韓国・ソウルで採択された〈２０１３グローバル社会的経済フォーラム（ＧＳＥＦ）〉の「ソウル宣言」がある。その基本的な精神には関西生コン労組や事業協同組合の活動と互いに響きあうものがあると思う……注目して頂きたい」という趣旨のことを述べた。

思えばこの集いが「２０１４グローバル社会的経済協議会創立総会&記念フォーラム」への参加をめざす「ソウル宣言の会」（代表：若森資朗氏＝前パスシステム生協連合会理事長）の発足に繋がった。[1]

二〇一四年一一月一七～一九日に韓国ソウルで開かれたＧＳＥＦ総会には「ソウル宣言の会」から四

四名の実践家や研究者が参加し、日本における経験や意見を述べ、歴史的な意味を持つ「GSEF憲章」の採択へ積極的に参画した。(2)

そこで本稿では「ソウル宣言」の内容にふれ、我々が創ろうとしている未来社会を考えながら、21世紀型の労働組合と協同組合及び彼等をサポートする地方政府（自治体）の結集の必要性について述べることにしたい。ただ紙数が限られているので全面展開は別の機会に譲り、ここでは概略の指摘に止まることをご了解いただきたい。

## 2　歴史的意義を持つ「ソウル宣言」と「GSEF憲章」

「ソウル宣言」は二〇一三年一一月五～七日に韓国ソウルで開かれたグローバル社会的経済フォーラムで採択された。また翌二〇一四年一一月一七～一九日に韓国ソウルで開かれたグローバル社会的経済協議会創立総会で「GSEF憲章」が採択され、この憲章に基づいて恒常的な組織として総会、運営委員会、事務局が設置された。事務局はソウル市内の恩平区にある社会的経済センター内におかれ、二年後

**まるやま・しげき**　生活クラブ生協神奈川のシンクタンク・参加型システム研究所、農協中央会のシンクタンク・協同組合総合研究所（略称JC総研）の客員研究員。共著訳書：『協同組合の基本価値』（家の光協会、一九九〇年）、『生きているグラムシ』（社会評論社、一九八九年）、P・エキンズ『生命系の経済学』（御茶の水書房、一九八七年）他。

の二〇一六年の総会&フォーラムはカナダ・ケベック州のモントリオール市で開催されることになった。ここにグローバリゼーションの悪影響に対抗する具体的な実践のための陣地が構築されたのである。私が「歴史的な意義」があると強調するのは、この「宣言」「憲章」が世界を覆っている今日の危機的状況は、決して各国別々の問題ではなく、世界規模の問題であるとの認識から出発し、危機克服の具体的実践的な地球規模の連帯行動を社会的経済の担い手とこれを後押しする地方政府（自治体）の協働によって組織しようとする意味で画期的だと考えるからである。

「ソウル宣言」の特徴点について、二〇一四年一一月二日に明治大学で開かれた「GSEFプレ・フォーラム」で私が話した内容を採録しておきたい。

ソウル宣言の六つの特徴点を紹介します。

第一は、人々が直面している危機的な情勢の原因が世界共通であることを指摘し、出発点にしていることです。貧富の格差の増大、非正規雇用の増大、金融危機、財政危機、環境破壊の危機など、全て市場原理主義への過度の傾斜と、ほとんど規制のない金融の世界化の結果であるという事実を否定することはできません。

第二は、これに対抗する協同組合をはじめとする「社会的経済」「連帯経済」と呼ばれる大小数々の事業体の活動が世界中に生れつつある。これらは未来社会への希望、人類に希望をもたらす贈り物であると述べています。

第三は、社会的経済がなぜ人類に希望をもたらす贈り物であるのか、理由を明快に述べています。すなわち公平で公正な社会をめざす事業であり運動であること。その方法が草の根の参加型民主主義であり、地域循環型の持続可能な社会経済を目指していることです。

第四は、このような活動がバラバラであってはならない。ネットワークし、連帯することによってお互いの力量を強めることが必要であると述べています。それも一国内だけでなく世界的にネットワークを創ろう、相手がグローバルである以上、我々もグローバルに繋がろうと呼びかけています。

第五は、グローバルに繋がるために、具体的に何をなすべきか。きわめて実践的・具体的な一〇項目の提案をしています。その中には世界中の人々が一瞬のうちに情報や意見を交換できるシステムを構築することや、世界共通の市民教育、学校教育、社会的経済の教育用テキストづくり、人材養成のトレーニングを実行することも含まれています。

「ソウル宣言」は宣言文を出しただけの一回限りのイベントとは異なります。グローバル社会的経済協議会をつくり恒常的、持続的に活動を続けることを二〇一四年のGSEF憲章を採択して決めるのです。ソウルに事務局を置き、人的、財政的にこれを支援することをソウル市社会的経済基本条例で定めています。世界を新自由主義に任せないことを本気で実行しようとしているのです。

第六に、社会的経済・連帯経済の諸団体とそれを後押しする地方政府（自治体）が連帯して事に当たるという内容です。すなわち財政的基盤と事務局機能とコミュニケーション能力を備えた実力をもつ世界組織を誕生させるのです。

このようなイニシアティブが発揮できた背景には格差社会が広がる韓国の状況と、これに対抗する政治的・社会的な運動があることは言うまでもありません。二〇〇七年に「社会的企業育成法」が成立しました。社会的弱者のための企業または社会的弱者自身による起業を手厚くサポートする仕組みです。次に二〇一二年に「協同組合基本法」が制定され、一般協同組合は五人以上の人々が届出制で組合をつくることが出来るようになり、税制上の優遇もある社会的協同組合は認可制であるが一定の条件を満たせば設立出来るようになりました。これは協同組合陣営と社会運動諸団体や知識人が連帯して与野党・政府当局との協議の場を作り、意見を反映させる努力をした結果です。小異を乗り越えて協働を惜しまなかった連帯の賜物でありますが、保守政党が国会で絶対多数を占める中で、一定の妥協を余儀なくされたことも事実です。(3)

ソウル市は『ソウルを協同組合が沢山ある町、誰もが組合員である協同組合都市にする』政策をつくり具体化している。協同組合活性化支援条例、社会的経済基本条例も制定された。今、韓国は空前の協同組合設立ブームである。毎月約二〇〇以上の新しい協同組合が創立されていると報じられている。そして二〇一四年六月四日のソウル市長選挙においてこの政策を推進してきた朴元淳(パク・ウォンスン)氏が約六〇%の圧倒的支持を得て市長に再選された。朴元淳市長のイニシアティブ抜きに『ソウル宣言』も『グローバル社会的経済協議会』の創設もありえなかったと思う。

## 3　注目すべき労働者の生産協同組合

さて韓国の協同組合設立ブームのなかで注目されているのが労働者による生産協同組合である。これまで韓国では日本同様に行政によって縦割りに管理された法律に基づく農協、生協、水産協同組合、信用協同組合、セマウル金庫、人蔘協同組合、森林組合などがあったが、労働者が自ら出資し労働してモノやサービスを生産・販売・管理運営する労働者生産協同組合は法律もなく認められていなかった。しかし、協同組合基本法によって如何なる種類の業種でも協同組合を組織できるようになったので、職員協同組合と分類されている労働者生産協同組合が次々に誕生している。興味深いことにこれまで株式会社であったものを協同組合に転換させた事例もある。「皆で相談しながら民主的に管理運営する方が活き活きした職場が出来る。利益を株主が独り占めするのではなく共有資産として積立てたり社会的目的に使おうではないか」というのである。

思い起こすべきはレイドロー博士が『西暦二〇〇〇年の協同組合』で指摘した「第Ⅴ章　将来の選択」の協同組合運動が優先すべき四つの分野の第二に挙げた「生産的労働のための協同組合」である。以下その一部分を引用する。(4)

「労働者協同組合の再生は、第二次産業革命の始まりを予想することが出来る。第一次産業革命では、労働者や職人は生産手段の管理権を失い、その所有権や管理権は企業家や投資家の手に移ったのである。つまり資本が労働を雇うようになった。ところが労働者協同組合はその関係を逆転させる。つまり労働が資本をやとうことになる。もし大規模にこれが発展すれば、これらの協同組合は、まさに新しい産業革命の先導役をつとめることになるだろう……」(同書一五九頁)

「労働者協同組合は、各種協同組合の中のたんなるもう一つの組織だということではなくなっている。つまり労働者が同時に所有者になるという新しい産業民主主義の基本的構造を形成している。そして、この種の協同組合は東西ヨーロッパのいくつかの国々や第三世界全体にわたって、また南北アメリカのいくつかの地域で取り入れられ、まさに世界的なものとなりつつある…」(同書一六一頁)

ここで重要な点は労働者の生産協同組合は他の協同組合とは違い、「新しい産業民主主義社会の入り口」に立っているという指摘である。資本主義以前の文明、資本主義の産業社会文明、ポスト資本主義の新しい社会文明というふうに類別すると、新しい文明社会の突破口を切り開いているというのである。

## 4　レイドロー、グラムシ、ポランニーの新しい文明創造論

イタリアの革命家・思想家のアントニオ・グラムシは、革命を担うのは知的・モラル的改革者である。つまり新しい文明の創造者こそが真の変革者であると述べている。革命とは権力奪取であると考える輩とは違う人である。僅か一％の支配者達・富者たちが九九％の人々への支配を維持できているのは伝統的知識人の活動に守られているからだ。彼等は政治権力・経済権力によって支配しているだけでなく学校・宗教・マスコミなど市民社会の様々な装置を総動員して知的・モラル的なヘゲモニーを掌握しているからに他ならない。現在の世界で従属的地位に貶められている社会階層（サバルタン）が社会的・歴史的に指導的な地位を獲得するためには新しい知的・モラル的改革者としての有機的知識人にならなくてはならない。…とムッソリーニに投獄された中で書き綴った『獄中ノート』に記している。彼は新しい革命を担うのは有機的知識人の党であるとも述べている。

ハンガリーに生れイギリス、カナダへ亡命して研究者となったカール・ポランニーはその著書『大転換』や『人間の経済』で、一九世紀に生れた資本主義文明は人間社会を崩壊させたと指摘している。労働（人間）、土地（自然）、貨幣（交換手段）は本源的な存在であって決して「商品化」してはならない。しかるに資本主義文明はこれらをすべて「商品化」して「市場経済」を勃興させた。この非人間的、反自然的、投機主義的な文明に正当性はない、これは一時的な悪魔の引き臼のような文明であると論破し、人間の経済と社会を復興させる新しい文明の創造を提唱している。(5)

レイドローの協同組合論、グラムシのヘゲモニー論、知的・モラル的改革論、ポランニーの新しい文明創造論は、まさに現代社会変革の核心を射ているというのが筆者の考えである。実際、二〇一六年のグローバル社会的経済フォーラム（ＧＳＥＦ２０１６）を招聘しているカナダ・モントリオール市は、コンコーディア大学カール・ポランニー政治経済研究所と密接に連携しつつ準備を開始している。同大学のマーガレット・メンデル教授（同研究所長）とナンシー・ニームタン女史（シャンティエ社会的経済組織の最高経営責任者）の二人は朴元淳ソウル市長と共にソウルのＧＳＥＦ２０１４における主要演説者であった。ソウル市の朴元淳市長はポランニーの著作にも詳しく、韓国で最も影響力のある市民団体である参与連帯の第二代事務所長。公選で選ばれたソウル市の曺喜昖（チョ・ヒヨン）教育監は参与連帯の初代所長であり、グラムシ思想の研究者でもある。彼等は一九八〇年代の学生運動以来の盟友であり、ソウルの新しい政策と実践は彼等抜きには考えられない。旧態依然のプロレタリア革命をレーニン型革命党によって実現しようと夢見てきた人々が韓国社会の中で著しく影響力を喪失する中で、次代を担う能力をもち知的モラル的ヘゲモニーを発揮しているソウル市の指導者たちに注目すべきだと思う。

## 5　労働組合と中小企業の事業協同組合の新しい地平

最後になったが生コン労働組合と生コン関連の事業協同組合の協力・協働による大企業ゼネコン、セメント資本、彼等と癒着した行政当局に対する「対等取引をめざす」活動について幾つかのことに触れたい。先にも述べたが「経済活動は地域にすむ人々の幸せのために行われるべきである。巨大な資本や権力にものをいわせて一方的な商取引を強制することは許されない」という主張には正義がある。この正義を貫くためには中小企業者が孤立分断されることの無いように事業協同組合をつくってきた。労働者もまた孤立分断されて不利益を押し付けられないように労働組合をつくってきた。事業協同組合と労働組合には対立する面があることは否定できないが、より大きな対抗者であるゼネコンやセメント資本に対して共通の利害を自覚して協働することは道理だ。これは誰しも納得できる正論である。現実の世の中では経営力や相手との力関係で残念ながら敗北したり倒産することはある。だが正義は我にありと団結してあらゆる領域で闘う以外に生きる道はない。また闘うだけでなく、今行っている仕事の方法や内容や技術レベルが世のため、人のため、後世のために良いものであるか否かを冷静に吟味し、創意工夫、研究開発を協働して行う事も大切である。このように歩んできた労働組合と事業協同組合は今日の日本で先駆的な組合であると思う。心から敬意を表したい。

さてでは如何にしたら先駆者は挫折することなく勝利をわがものにできるかである。地域にすむ大勢の人々を味方につけ、仲間を増やすこと。生コン産業の関係者は勿論のことであるが、地域の中小企業者、勤労者、学生など若い世代、知識人にも正義が組合側にあり巨大資本の側には正義がないことを周知させて味方にする。地方政府（自治体）への働きかけも欠かせない。地方政府には国家や都道府県の出先という側面があることは否定できないが、地域住民の自治体として地域の人々の仕事や暮らしや環境を守る責任を負っている。主権者は住民自身である。「地方自治は民主主義の学校」と呼ばれる由縁でもある。もし、自治体がソウル市、ボローニャ市、モントリオール市などのように協同組合と共に歩むならば非常に大きな可能性が拓けてくることに目をふさぐべきではない。

またつくるべき組織としては労働組合と事業協同組合だけではなく、地域社会の必要に応じて労働者生産協同組合（ワーカーズ・コレクティブ）を組織することも視野に入れるべきである。また倒産企業を放置せず労働者生産協同組合に転換し再組織して再生させることも視野に入れるべきだ。つまり一言で云えば、受け身の人間から参加行動し経営する人間になり、参加型経済や参加型政治をはじめ、教育、福祉、スポーツ、文化でも、レストランや飲み屋でもおよそ人間が生きてゆくうえで必要な全ての領域において参加型システムを創ることである。そうすれば人間や環境に害になる選択肢をえらぶことはしない。

私はそのモデルとして日本では山形県の置賜地域（県南部の三市五町）において自治体の首長も社会的経済団体も知識人も参加して作った置賜自給圏推進機構をあげたい。[6]

また、外国の例としては「自治・協同組合の都市」として知られるイタリアのボローニャを挙げたい。故井上ひさし氏が愛情をこめて書き綴った「ボローニャ紀行」にはそこに生きる人々が活き活きと描かれている。またスペインのモンドラゴン協同組合企業グループ、オーストラリアのマレーニ協同組合、カナダのゴマスチール従業員所有企業など多くの現地を調査研究され、未来社会を予示する事例の数々を紹介されている津田直則氏の著書も参照されたい。

韓国の地域づくりで著名なソンミサン・マウルも是非とも参考にしてほしい事例である。ソウル市の中心部に近い麻浦区のソンミサン地域に創られた様々な参加型の市民事業グループは朴元淳市長が常に模範として推奨している事例である。ソンミサン・マウル（マウルとはムラ・町・部落を意味する韓国の固有語）のリーダーの一人であるユ・チャンボク氏はかつて「ソンミサン劇場」の代表者であり人気のある俳優でもあったが、今は全ソウル市のコミュニティ・ビジネスを指導するセンターの所長である。[7]

# おわりに

「21世紀型の先駆的な労働組合と事業協同組合への提案」といういささか大上段に構えた表題にしては竜頭蛇尾に終わった印象をぬぐえないが、云いたい事は批判や抗議や抵抗に止まらない新しい経済・文化・文明の創造者になっていただきたい。その可能性を協同組合はもっている。とりわけ働く人々自身が所有し、管理運営する労働者生産協同組合は巨大な可能性を秘めている。そのことを先駆者である労働組合と事業協同組合の担い手たちに考えて頂きたかったのである。

新しい文化や文明は空から降って来るものでも、誰か偉大な科学者や文化人だけが生み出すものでもない。環境や生命を害する原発・農薬などを使わないエネルギーや農法は既に数多ある。地域循環型の経済システムも無数の実践事例がある。それらは画一的なものではなく、地域の気候風土、自然資源、人的文化的資源に合わせて創られた独特の個性を持っている。猿真似では作れないところに困難さと面白さがある。地域自立型社会に相応しい開発をしてこそ未来があるのだ。これ等を真面目に真剣に力を合わせて実践する中から明るい持続可能な未来社会がつくられる。そのためには互いの経験を持ち寄り交換し合い、闘うべき相手に対しては共に闘い勝つ必要がある。それを共通の広場―プラットホームと呼ぼう。地球規模の相手には地球規模の仲間同士で共通のプラットホームを創ろう。私はグローバル社会的経済協議会（ＧＳＥＦ）がその突破口を切り開いたと考えている。

**【注】**

（1）「ソウル宣言の会」の趣旨、活動内容については同会のホーム・ページを参照されたい。URL:http://www.seoulsengen.jp/

（2）「ソウル宣言」「GSEF憲章」は（注1）のホーム・ページの他に「ソウル宣言の会」編集の出版物である『社会的経済って何？』（社会評論社、二〇一五年二月）に全文が掲載されている。

（3）丸山茂樹「韓国の『協同組合基本法』について―その特徴と意義」（日本協同組合学会「協同組合研究」第33巻第1号（通巻90号）二〇一二年一二月）

（4）日本協同組合学会訳編『西暦2000年の協同組合――レイドロー報告』（日本経済評論社、一九八九年）

（5）一般社団法人「置賜自給圏推進機構」http://okitama-jikyuken.com/ を参照。

（6）カール・ポランニー『新訳・大転換』（東洋経済新報社、二〇〇九年）、カール・ポランニー『人間の経済』Ⅰ・Ⅱ（岩波書店、二〇〇五年）、岡本好廣「カール・ポランニーとロバアト・オウエン」（『ロバアト・オウエン協会年報38』、二〇一三年）を参照されたい。

（7）井上ひさし『ボローニャ紀行』（文春文庫、二〇一〇年）、津田直則『連帯と共生―新たな文明への挑戦』（ミネルヴァ書房、二〇一四年）、日本希望製作所編『まちの起業がどんどん生まれるコミュニティ』（日本希望製作所、二〇一一年）などを参照されたい。

# 建設人材の育成と「大阪労働学校」再生の今日的意義

## ―「経済民主化」から「産業社会化」へ―

東北大学名誉教授　大内秀明

### 1

日本経済のバブルが崩壊し、長期の慢性的デフレ、東日本大震災からアベノミクスの異次元金融緩和が続く中で、とくに建設関連の人材育成・確保（とくに建築躯体三職種：とび・土工、鉄筋、型枠）が緊急な課題となって浮上してきた。少子高齢化などが背景にあるとされ、すでに高齢者雇用、「建設小町」や「建設なでしこ」の女性活用、さらにベトナムなど外国人研修生の大幅利用など、人材確保の政策が全面的展開となっている。特にマイナンバー制度導入とも関連し、「建設作業者の就労履歴」三四〇万人の一元管理など、戦時下の「徴用工」の復活を思わせる動きさえある。

こうした人材不足は、生コンなど、建設資材の不足とともに、二〇一一年東日本大震災の復旧・復興需要の急増、二〇二〇年東京五輪の施設建設などの需要拡大によるものであり、一方では需要の急増に対する期待の高まりとともに、同時に他方では、震災復興の終息やポスト五輪の需要急減、それに伴うバブル崩壊への不安が重なり、建設業界には複雑な動揺も広がっている。

今日の建設人材の不足の遠因となったのは、一九八〇年代末の日本経済の高度成長の終焉に当って、プラザ合意による大幅な円高・ドル安、ならびに内需拡大のためのバブルとその崩壊による長期不況だった。九〇年代初めのこの時期、内需拡大のための財政面からの公共事業の急拡大が、建設需要による建設雇用の急激な拡大をもたらした。もともと建設業は、高度成長期の産業基盤整備、つづく住宅需要など生活基盤のインフラ整備など、中央・地方の公共投資に伴う官公需依存型であり、とくに東北など地方建設業は、地域の民需が弱いだけに公共事業への依存が大きかった。

こうした高度成長経済からの転換の中で、建設業の雇用構造も、大きくて変化せざるをえなかった。簡単に振り返ってみよう。

もともと占領下に始まる日本経済の「経済民主化」は、労働三法（労働基準法、労働災害補償保険法、職業安定法）など、労働条件の改善を図ろうとするものだった。とくに建設業は、戦前からの前近代的な

おおうち・ひであき　一九三二年東京生まれ。マルクス経済学者。東北大学教授（教養部）、東北科学技術短期大学学長を経て、東北大学名誉教授。著書：『ウィリアム・モリスのマルクス主義』（平凡社新書、二〇一二年）、『恐慌論の形成』（日本評論社、二〇〇五年）、『知識社会の経済学』（日本評論社、一九九九年）

労働・雇用制度の象徴とみなされ、建設作業員などの「直用化」(直接雇用化)も図られた。しかし、建設産業の産業特性からも、下請け制度の温存を余儀なくされ、業界団体の強い要請なども加わり、一九五二年(昭二七)には職安法の規則も「労務下請」を復活せざるを得なかった。

しかし、高度成長が始まり、建設投資による雇用拡大の中で、とくに公共事業の受注については、中央大手ゼネコンを中心に、直用化による雇用の拡大も進んだ。その限りでは、建設業の近代化も進んだわけで、職業安定法を中心に雇用の近代化が図られた。にもかかわらず、建設業に特有な下請け制度は温存されたし、むしろ下請けの重層化・多様化として拡大・強化されたのであった。①雇用と請負との複雑な共存関係、②賃金は「手間賃」「請取り」と呼ばれる成果報酬、さらに③不規則・不安定な労働時間などの日銭稼ぎの労働、など非近代的な雇用と労働関係が構造的に定着してしまったのだ。

こうした建設業の体質が維持・温存されたまま、上記のバブル経済とその崩壊を迎えた。バブル崩壊による長期不況への転換は、単にバブルで水脹れした建設業の雇用拡大にブレーキが掛かり、人手不足を過剰に転換しただけではなかった。建設産業の近代化のスローガンで進められていた、雇用面での近代化もさまざまな点で、挫折や転換を余儀なくされることになる。とくに高度成長の中で、近代化の一環としてすすめられてきた建設技術者や建設技能者(職人)の直用=直接雇用による拡大が止まり、むしろ逆に技能者を中心に直用から下請け企業の非正規雇用に移され，さらに「一人親方」として独立させるなどの対策が強行されたのである。建設業の近代化路線は、こうしてバブル崩壊と長期慢性不況とともに破綻し、重層多角型下請けと職人・技能者の不安定雇用や「一人親方」への移行をもたらすことになった。まさに近代化の挫折に他ならない。我々はいま、建設業の近代化路線の挫折の現実に立って、はじめに挙げた建設関連の人材育成・確保の緊急課題を検討しなければならない。すでに建設業の就業者数は、阪神・淡路大震災の一九九五年（平七）の六六三一千人をピークに急速に減少し、二〇一〇年（平二〇）には、四、四七五千人へと三〇％以上の減少となった。また下請け比率も、六〇％から七〇％にまで上昇した。二〇〇〇年（平一二）以降は、財政悪化を理由に大幅な公共事業の削減が進み、長期デフレによる民間投資の縮小とともに、建設投資はピーク時のほぼ半減まで落ち込み、賃金水準の大幅な低下と大量の離職者を生んでいる。

とりわけ若年層の職人・技能者が大量に転職を余儀なくされるとともに、建設労働者の高齢化や生産効率の低下に拍車をかけた。例えば二〇～二四歳層の入職者が激減し、また在職率が一九九五年の六・四％から二〇一〇年二・四％に低下している。まさに構造的危機であり、若年層の不足は技能者から技術者にも及び、被災地では技術系土木書の人材不足も深刻化した。たんに賃金・手間賃や休日確保などの労働条件の改善のレベルを超え、労働力の世代間再生産そのものを根本から検討せざるを得なくなったといえる。

## 2

現代日本の少子高齢化に伴う若年労働力の減少を背景に、建設労働力の人材確保については、人材の育成と確保、とくに教育・訓練との関係が重要になっている。緊急課題として、職業訓練施設の見直しと共に、今や教育改革として、職業教育の重視などが提起されている。職業高校、とくに工業高校のインターンシップや技能者「育成カリキュラム」の重視，さらに技能者訓練の「専門大学の創設」といった、思い切った教育改革の必要性が叫ばれている。一方で、少子化による一八歳人口の減少、東京一極集中など、地方の公立・私立の大学では、軒並み定員割れによる危機的状況を迎えている。同時に、若年労働力の減少による人材の育成・確保にも直面している。

ここで教育改革を、全般的に取り上げて論ずることはできない。ただ、当面の建設労働力の育成・確保という点に絞れば、すでに若年労働力が構造的かつ絶対的な不足の状態を迎えた現実を踏まえねばならない。したがって、労働力の世代間の再生産そのものを問わざるを得ないのであり、たんに短期的な訓練施設の利用拡大や、場当たり的なカリキュラムを準備すれば済む話ではない。短期的な対症療法をこえた、建設産業の産業特性を十分に踏まえ、さらに戦後の「産業民主化」など、近代化路線が挫折し、その破綻の経緯を踏まえた構造的な対策が要請されているのだ。

いうまでもなく近代社会の学校制度は、日本では明治維新の近代化の一環として開始された。それ以前の封建制度の下では、いわゆる寺子屋などの私塾で教育されていたが、近代的な工場制度の導入に伴い、若年労働力を組織的・社会的に確保するための学校制度が必要だった。欧米先進国と比べ、日本の近代化は遅れてはいたが、むしろ後進的なるがゆえに、先進的な教育制度の導入が積極的に進められた。「後発の利」は、教育の近代化で発揮され、義務教育とされた初等教育が急速に普及した。児童の就学率、識字率など、明治の日本はきわめて高い水準であり、こうした近代的教育制度が、殖産興業政策などと共に日本経済の工業化の急速な発展をもたらしたのだ。

しかし、国際的にも二〇世紀を迎える時点で、産業構造の重化学工業化を迎えた。それまでの軽工業段階では、工業化に対応する労働力は「単純労働力」が中心だったし、初等教育の義務教育で対応することができた。ところが第二次産業革命と呼ばれた重化学工業化により、いわゆる金融資本の産業組織に転換し、それにより工業化の労働力の構成も大きく変化した。つまり、単純な労働力だけでなく、高度な技術者の労働力が必要だし、金融資本による株式会社制度の普及は、管理部門の労働力を雇用することになった。このように重化学工業化への産業構造の転換が、産業組織の変化とともに、労働力の質的転換をもたらした。こうした変化が、たんに工業部門にとどまらず、広く建設産業にも及ぶことになったのはいうまでもない。

こうした産業構造の変化は、教育制度の面でも、改革を迫ることになった。つまり、近代的な学校制度による初等教育の義務教育化にとどまらず、中等教育や高等教育の普及、拡充である。日本でも初等教育が四年から六年、さらに尋常高等小学校などの制度改革、さらに一部の国家指導層の養成に過ぎなかった大学も、帝国大学の拡充や私立大学、さらに工業や商業の高等専門学校の制度創設により、技術労働力や管理労働力の確保が図られた。こうした近代的な教育制度の改革は、言うまでもなく上からの国家による行政的・官僚的な教育改革だが、こうした改革の動きが広く民間在野のレベルにも拡大するのは当然だった。むしろ、在野の民間の教育改革の動きに触発され、それと連動して上からの行政的な教育改革も進められることになった。

ここで国際的な教育改革の動向に広く立ち入ることはできないが、すでに一九世紀の末から北欧や英国などを中心に、上からの近代的な教育制度を超えた在野の動きが進み始めていた。日本への影響が著しかった動きとしては、デンマークの「国民高等学校」(フォルケ・ホイスコーレ)が大正から昭和にかけて、いろいろな形で全国各地に設立された。これは「名前こそ学校だが、国の規則や法令には縛られない、教科内容も授業方法も、教師の任免もまったく自由」、したがって「自由学校」とも、「生活学校」とも呼ばれた。例えば、岩手県では一九二六年(大一五)に、宮沢賢治の花巻農学校にも併設され、農村青年の訓練施設として開設、賢治も兼任講師として「農民芸術論」を講義した。賢治はそれに満足せず、自ら

「本物の百姓」を目指し、独立した「自由学校」が有名な花巻「羅須地人協会」に他ならない。近代化の矛盾と犠牲になった東北農村の救済を目指し、賢治はまた伊藤七雄の伊豆「大島農芸学校」、松田甚次郎「最上協同村塾」などの農村芸術教育の地域ネットワーク形成にも熱心に動いていた。

宮沢賢治が花巻・羅須地人協会を立ち上げる際にも、デンマークの「国民高等学校」だけでなく、イギリスなどで拡大していた「労働学校」の動きにも注目していた。とくにJ・ラスキンやW・モリスが関与し協力していたロンドンの「労働者大学」が花巻でも話題になっていて、そうした国際的動きに触発されての羅須地人協会の旗上げだった点を看過してはならない。農民学校や労働学校、それらがさらに労働運動や生協運動、さらに地域福祉活動の草分けとも言える「セツルメント」の活動とも結びつきながら、当時ロシア革命などの影響を受けつつ社会運動として拡大していた。中でも「ブルジョアに大学あり、プロレタリアは労働学校へ」のキャッチフレーズで全国的に有名になったのが、「大阪労働学校」に他ならない。「独立労働者教育を目指した自由学校として、当時一〇年以上継続して大きな影響を与えたのは、東京と大阪の労働学校だけだった」と評価されている。

大阪労働学校については、平山昇氏との共著『土着社会主義の水系を』において具体的に紹介したので、ここでは繰り返さない。その歴史的意義をまとめるだけにとどめるが、こうした動きが国際的なものであり、それに呼応して近代社会の発展とともに進められてきた、いわゆる教育の近代化路線を乗り越えようとした点がとくに重要であろう。設立は一九二二年(大一一)で一六年間存続したが、学生数は述べにして二〇〇〇人ほどの「少人数教育」、しかも夜学だった。そして「会社が作った養成所や政府や自治体が経営した労働学校ではない、いわゆる〈独立労働者教育〉を目指した」のである。こうした在野の労働学校が、豪華メンバーとも言える教授陣を擁し、学生の自主的参加を最大限生かして運営されていたのだ。

まず、学校創立の中心になったのが、当時関西を中心にキリスト教社会主義の運動家の賀川豊彦だった。戦前日本の労働運動、農民運動、労農党などの無産政党運動、さらに「日本一のマンモス生協」神戸・灘生協など、多彩な社会的活動を行っていた。賀川が校長として創立し、代表していたことは、たんに学校の性格を幅広く、著名なものにしただけではない。政府や財界などから自立した「独立労働者教育」の性格を明確に提起することになった。しかも、彼は学校の創立資金として、自著の印税などを含め多額の出資をしていたのであり、その点でも学校の自立性を確保できた。

つぎに、その後の学校の発展にとって重要な役割を果たしたのが、当時、大阪・天王寺にあった大原社会問題研究所のバックアップであり、その所長だった高野岩三郎の協力である。自ら学校の運営委員長を引き受け、そのため研究所全体が労働学校の運営や教育に協力することになった。大阪だけでなく、東京のメンバーも協力したのであり、高野岩三郎を中心に大原社研は、当時のいわゆる労農派の教授グループの全面協力が得られた。労農派の活動や存在は、いわゆる日本資本主義論争における講座派との対立だけに理解されがちだが、一方で戦前の共産党と対立した無産政党の政党活動、さらに日本資本主義論争に参加した「教授グループ」研究活動、加えて花巻・羅須地人協会の宮沢賢治も労農派シンパとして活動したが、大阪労働学校もまた、賢治の羅須地人協会とともに、労農派の社会活動の一つでもあった。

また、当時の大阪労働学校の活動で看過できないのは、労農派グループの森戸辰男の協力である。森戸は、東大のいわゆる森戸事件で有名だが、大原社会問題研究所のスタッフとして、高野所長を助けて大阪労働学校の経営にも非常な力を注いだ。「彼は第一〇期以降第四五期まで一三年間に亘って一回の休みもなく無給で講師を続け，また運営委員会にもほとんど皆出席です。彼がいなかったら大阪労働学校はもっと早くつぶれていたかも知れません。」森戸はアナーキストのクロポトキン研究で東大を追われて、大原社研ではR・オーエンやW・モリス研究を続けた。とくにモリスのハマスミス社会主義協会の活動を重視し、「教育史上におけるモリスの地位」を評価している。こうした森戸の大阪労働学校での研究・教育の実践活動が、戦後の社会党・片山内閣の文部大臣として、教育基本法などの教育民主化、さらに広島大学長としての「平和教育」にも生かされたのではなかろうか？

もう一点、戦前の労農派といえば、山川均と並んで堺利彦を外すことはできない。堺は、モリスの『ユートピアだより』を日本で初めて抄訳の形で紹介して有名だが、晩年には故郷の福岡県の豊津で「労働農民学校」を立ち上げていた。一九三一年二月、現在の行橋市で開校し、旧豊津町に校舎を建設、五期に亘って短期講習会などを開催したと伝えられている。当時の運営主体は、労農派地方同人、文芸戦線読者委員会、キリスト教的青年グループ、独立系水平者同人などであり、堺の没後一九三八年に「九州農民学校」と改称された。

## 3

以上、19C末から20C初頭の重化学工業への産業構造の高度化、それに対する労働力の再生産としての人材育成と教育改革の流れを整理した。こうした流れも、政府や自治体など、上からの制度改革にとどまらず、むしろ下からの労働運動や農民運動とも結び付いた、いわば自主的な「独立労働者教育」を目指した「自由学校」であり、また「職人学校」だった点を見逃してはならない。そして日本の場合、そうした戦前の改革運動の発展として、戦後行われた教育改革が実現されたのである。

ここで話を戻すことにするが、今日の若年労働力の不足をめぐる人材育成・確保の問題は、たんにバブル崩壊による景気循環など短期的な問題ではない。長期構造的な問題であり、すでに建設産業そのものの存否が問われている。若年技能者、さらに技術者の構造的不足は、農業の後継者問題と同様に、建設産業の後継者問題に連結している。震災復興や東京五輪の一時的ブームの後に、職人の確保ができず事業継続の展望が見通せないとすれば、ブームを利用して、今から転廃業のチャンスを狙っている事業者も少なくない。まさに産業そのものの構造的危機といえる。

建設産業の産業特性は、同じ第二次産業に属していても、工場における製造業に一般的な大量生産、そして大量宣伝、大量販売、大量消費型の業態とは、根本的に異なる特性なのだ。列挙すると、

① 近代的な市場メカニズムには馴染みにくい工事量が不安定な「受注産業」であり、現場での単品生産で屋外労働が主流を占める生産特性である。ここから建設雇用も生産現場単位になるし、経営安定のための元請、下請の関係が生ずる。元請会社―専門工事業者―労務下請け業者の多重下請け構造となる。

② 市場メカニズムに対して不安定な受注環境や雇用条件のため、景気変動に対する雇用や賃金の弾力的対応も困難であり、近代的な雇用関係、社会保険制度、休日などの労働条件が確保できない。三K職場が恒常化する。

③ 近代的なライフスタイルからみて、とくに職人技能の継承は困難であり、近代的な学校教育制度でも、科学技術の習得はともかく、技能の世代間継承を進めにくい。職人の高齢化と慢性的不足が構造化する。

このような産業特性から、第一次産業の農林水産とは別の意味で、市場原理による産業の近代化や合理化が浸透できない構造的限界があった。というより元来、建設産業は農林業との協業関係が強く、建設土木の作業は農業の合間に、いわゆる農閑期を利用して行われてきた。戦後日本でも、東北農村の出稼ぎ労働力が三大都市圏など太平洋ベルトの工業開発のための基盤整備に従事してきた。農業と建設土木は、いわば兼業・副業の関連を持っていた。農業、農村、農家の崩壊から、そうした農村の出稼ぎ労働力を利用できなくなり、建設産業の近代化も限界を迎え、建設産業の構造的危機が始まったともいえる。

戦後日本の建設産業も、GHQなどの「経済民主化」の一環として、市場原理に基づく近代化路線を進めて高度成長も実現した。しかし、高度成長が終わり、長期慢性化した不況の中で、農業など第一次産業部門と共に、建設産業も技能者などの人材確保、重層的下請制など、構造的矛盾が噴出した。また、六・三・三制を踏まえた戦後の教育制度も対応できず、いまや抜本的制度改革を迫られている。「経済民主化」の近代化路線を超えて、「産業の社会化」に取り組む時代を迎えたのではないか？

「産業の社会化」については別に論じなければならないが、戦後の「経済民主化」と対置して議論されてきた。市場原理による経済の近代化路線に対して、産業組織の社会的転換による今日の「ソーシャルビジネス」など、各種の非営利組織の協同組合や労働団体、消費者団体など「協同」の組織原理による、新たな社会改革を志向していた。今、ポスト冷戦を迎え、近代社会の資本主義経済が新たな歴史的限界を迎える中で、農業や建設業など地域産業の再生のためには、今こそ「産業社会化」の視点から構造転換を目指す必要があるだろう。

その際、構造改革を担う主体形成は、新たな「教育改革」によるものであり、それは既存の行政組織や企業団体の上からの改革ではありえない。農家・農民の農業改革とも連動しなければならないが、下からの「独立労働者教育」による実践であり、それこそ宮澤賢治の花巻「羅須地人協会」や賀川豊彦の「大阪労働学校」などの教育実践の歴史的経験を継承し、それを現代に生かす実践的営為であると信ずる。


**参照文献**

1）建設経済研究所「転換点に立つ建設投資と担い手不足に直面する建設産業」（「建設経済レポート」№63　二〇一四年一〇月）

2）大内秀明・平山昇『土着社会主義の水脈を求めて―労農派と宇野弘蔵』（社会評論社刊二〇一四年）

3）宇野弘蔵「経済民主化と産業社会化」（『新生』一九四六年一二月、『著作集』第8巻所収）

# 第Ⅲ部 連帯のメッセージ

世界内外の、30以上もの友好団体との共闘交流を重ねて

全日本建設運輸連帯労働組合
顧問・元労働大臣

## 永井孝信

創立50年本当におめでとう！「どっこい生きている」、失われてしまった労働者の闘いが、連帯ユニオン関西地区生コン支部で見事なまでに生きている。戦前は全てが聖戦、東洋平和の名のもとに、人権も労働運動も否定され、学徒動員まで強行、近隣諸国を蹂躙し、三〇〇万人もの尊い生命を代償に敗戦による平和を取り戻した。戦後労働運動は、真の民主化、失われた人権の回復めざし果敢に闘いを展開したが、占領軍の命令でゼネスト中止など、苦難の道を歩んできた。その闘いの歴史も、今は昔話し、再び戦争への道、憲法改正へと安倍政権は暴走している。にもかかわらず、日本の労働運動は手をこまねいているとしか思えない。野党もバラバラ、闘う意志もないのか。いやどっこい連帯ユニオン関生支部の闘いは生きている。関生支部の弾圧を跳ね返してきた50年の歴史がその成果を誇らしげに証明している。すばらしい。

和歌山県生コンクリート
協同組合連合会代表理事

## 中西正人

全日本建設運輸連帯労働組合関西地区生コン支部ご結成50周年にあたり、衷心よりお慶び申し上げる次第です。

生コン業界の健全な発展と社会的地位向上に邁進される貴労働組合のご活躍の歴史に心より敬意を表し、また感謝申し上げます。「50年」と一言では申せ、その道のりは長く、決して平坦で容易なものではなかったはずであり、幾多の試練や困難との闘いの積み重ねであったことは想像できるところであります。

あらゆる艱難辛苦と粘り強く闘い、時代を切り拓き、歴史を紡いでこられました貴労働組合の皆さま方のご苦労を思えば、自ずと頭の下がる思いが致します。

貴労働組合が、今後とも益々充実ご発展され、私たち生コン業界の地位向上と成長に一層のご活躍をされることを祈念申し上げまして、お慶びの辞とさせて戴きます。

大阪兵庫生コン経営者会会長

## 小田　要

貴労組が50周年を迎えられること、心よりお慶び申し上げます。私自身も深く関わらせて頂きましたことも多々あり、まさに感無量です。

私は、一九六五（昭和四〇）年に関西の地へ第一歩をしるしました。50年の傘寿を目前にして、胸に迫るものがあります。中味の濃い、味わいのある人生として誇りに思っています。

我が国が敗戦後、焼土から立ち上がり努力した結果、豊かさを享受できるようになりました。そして、復興の力となったのは、鉄・石油・セメントです。特にセメントは、生コンのプラント稼働により効果的に復興の主役となりました。

私は、生コン産業の創生期より今日に至るまで成長と急激な没落を眺めて参りました。

生コン産業は、あくまでも地場産業です。その特殊性から協同組合法に則り、共同・共生の理念で、労使一体の力を以て安定的発展が望ましいと考えます。

貴労組をはじめ、労使一体の協力によって安定的協組運営がなされましょう願います。尚、今後更なるご発展をお祈り申し上げます。

部落解放同盟中央本部
中央執行委員長
## 組坂繁之

貴組合創立50周年を心よりお祝い申し上げます。様々な困難や、妨害を乗り越え、労働者の働く権利と人間としての尊厳を守り抜いた武委員長をはじめ、役員の皆様や執行部をしっかりと支えられた組合員の皆様に敬意を表するものであります。この数年、世界ではヘッジ・ファンドの理不尽な横行がまかり通り、一握りの富裕層と圧倒的多数の貧困層の格差が益々拡大して、弱いもの同士がいがみ合わされる状態が続いています。この様な時こそ貴組合の存在意義は大であると思います。最後に、貴組合の益々の御発展を祈念し、創立50周年のお祝いと連帯の御挨拶とさせていただきます。

前参議院議員
## 山内徳信

### 輝く関生支部の闘い

関西地区生コン支部創立50周年、誠におめでとうございます。闘いの記念誌発行を心から喜びお祝い申し上げます。さて、長年にわたって関生支部の組合運動を牽引指導された武建一委員長のご奮闘に心から敬意を表します。尚、沖縄のあらゆる闘争に対し、関生支部からの御協力・御支援に対し心から感謝申し上げます。日本の政治は再び戦争国家へと暴走を強め、労働者の尊厳を無視し続けています。国家権力の暴走を許すな！　関生支部の資本・権力を相手にした闘いに勝利しよう。沖縄における理不尽な辺野古新基地建設阻止闘争を勝利するまで闘い抜きましょう。関生支部の益々のご発展を祈念申し上げます。

辺野古・ヘリ基地反対協議会
共同代表

## 安次富浩

関西生コン労組結成50周年、おめでとうございます。想えば貴労組との出逢いは二〇〇三、四年頃に開催された沖縄連帯と銘打った関西での大きな集会だったのではと思い浮かべます。当時の川村賢一副委員長、さらに武委員長とも親交が深まりました。同氏らの何気なく話す言葉の中に、階級的労働運動へのコペルニクス的大転換時には相当な苦労が伴ったと推測されます。

その〇四年の辺野古海上ボーリング調査阻止闘争からの支援、また一四年からの第二次阻止闘争ではカヌー隊などへの人員派遣も行われ感謝に耐えません。

沖縄はイデオロギーを超えたオール沖縄で、植民地政策を推し進める日米両政府と全面的対決を行ってます。自衛隊の増強をはかる安倍サタン政権に対し、沖縄の未来はウチナンチュが決めると自己決定権を掲げ、七〇年にも及ぶ軍事基地との共存を拒否し、東アジアの平和的共同体を作り上げるため、韓国の人々との連帯も深まっています。貴労組との連帯は日本の未来を切り開く道標になるでしょう。共に闘い抜きましょう。

パルシステム生活協同組合
連合会初代理事長

## 下山　保

半世紀にわたる関西地区生コン支部の闘いが一冊に纏められ、広く世に出るようになったことを心からお祝い申し上げます。人々が敬愛込めて呼ぶ「関生」を私が高く評価するのは、労働運動で卓越しているだけでなく、協同組合運動でも優れた実績を残しているからです。市場経済が手詰まりになってきた今日、求められるのは、市場経済の中で競争しつつそれを乗り越える力を持った新しい経済システムです。私たちはそれを仮に「社会的経済」と称していますが、協同組合はその有力な一翼です。未だ非力な経済力ですが、近未来の大きな可能性を秘めています。そのためにも「関生」グループが次の半世紀に向け一層活躍されることを期待してやみません。

元国立市長

## 上原公子

関生支部創立記念事業として、「関生支部50年の闘いの軌跡」刊行されますことを心からお祝い申し上げます。

敗戦後70年という節目に、皮肉にも安倍政権が再び戦争の国への舵を切ってしまうかもしれないという、日本史上極めて危うい時代の到来が迫っています。この同時期に、「関生支部50年の闘いの軌跡」が刊行されることは、私たちの希望という道しるべとなるものとして、大きな意義があると思います。

私自身は、学生生活を送るために上京して以来、五〇年近く東京に住み、活動の拠点は東京でしたので、関生支部の皆様の活動は、全く知りませんでした。

50年、60年代の労働組合の活動は、父親の組合運動を通して社会の民主化のために牽引役として光を放っていたとの認識をしていました。80年代に消費者運動が盛んになり、私も生活協同組合の組織を国立に作り、時には労働組合との連携も図りながら社会運動に取り組んでまいりました。ところが、巨大化した連合に連なる労働組合に対し、運動の路線と選挙時の路線に矛盾をきたしているのではないかと不信感を抱くようになっていきました。

特に、貧困が大きな社会問題となり、さらに原発事故という過酷な現実が起こったのちの連合の対応は、矛盾の本音が、選挙という場面で鮮明に出てきたのです。日本の現状を生み出してきた一方の責任に、労働組合の在り方があるではないかという思いが一層強くなっていました。

しかし、東日本震災後の東北の復興支援活動で関生支部の皆様と出会い、労働組合にようやく光を見出した気がいたしました。それは、協同と連帯によるオルタナティブな社会づくりという理想を持ち、その実現のためのまさに血のにじむような闘いを続けている人たちがいたということでした。武委員長から、結成50周年記念事業で、新しい時代を拓く人材育成のための「労働学校を作りたい」とのお話を伺ったときは、この日本の立て直しは、ここに始まるという衝撃を感じました。労働者としての尊厳を取り戻し、人としての復興を果たす。この熱い思いを形にするために「大阪労働学校・アソシエ」設立準備会で議論を重ねています。また、仙台。東京の復興共同センターでも学校を開催し、学びの講座をすでに開催しています。今後、「大阪労働学校・アソシエ」を起点に各地域が連帯しながら、人が育ち、協同労働による社会的経済という新しい社会構造を創造していくことは、間違いないことだと確信しています。

「関生支部50年の闘いの軌跡」を教科書として、希望ある未来が若い人たちにバトンタッチされますことを、祈念いたします。

部落解放人権研究所・名誉理事

## 大賀正行

今年は、一九六五年八月に内閣同和対策審議会答申が出されて満五〇年。

同じ年の一〇月一七日に「連帯労働組合」が生まれたということは偶然とはいえ何かのめぐりあわせを感じます。「答申」以後では部落の姿も一変し、人権に対する国民の意識も大きく向上したように、生コン労働者も組合結成以前の「タコ部屋」的、長時間徹夜労働、日曜祭日なしの労働から解放されていく年月であったと思います。組合つぶしの攻撃のなかで、企業の枠を超えた個人加盟の産業別組合に脱皮したこと。また真の敵は、セメントメーカーと大手ゼネコンであることを見抜き、労働者と経営者が共生・協同の思想のもと共同購入、共同受注の道を見出し実現していった50年でもあります。この「関生型」労働運動は、企業別の「連合型」ではない、真の労働組合の在り方を示しており、関生支部の皆さんのこれまでのご苦労に心からの敬意を表します。

50年の経過と実践を正しく総括し、また権力の分断・弾圧に対する警戒心をもって、共々新たな闘いに邁進したいと思います。

全国中小企業団体連合会会長
元・日本社会党衆議院議員
## 和田貞夫

連帯労働組合の皆さんの栄えある50周年を祝い、今更ながらこの年月の歴史的意義を感じております。30年ほど以前、社会党衆参議員団一一名で「全日建運輸連帯労組特別対策委員会」を構成しお手伝いした頃からのお付き合いかと懐かしく思いかえすものであります。当時圧倒的な資本権力に単身対峙し、日夜血みどろの抵抗闘争を続けていた武委員長始めとする組合員諸氏の姿が、今も鮮明に眼に焼きついています。

あの、土井たか子委員長が早朝、現場でピケを張る諸君に励ましの声を響かせた時の皆さんからの湧き上がる歓声。それは、何より魂で産業運動に打ち込む気高い男達ならではのモノであり、労働者こそ世界の主人公との強固な信念を感じさせるものでした。

わが国の歴史でこれからの50年、〈関西に連帯あり〉から〈日本に、世界に連帯あり〉が実現されますよう、多くの人々の苦しみを解き放ってくださるよう、衷心からお願いし、今後の前進拡大を祈念申しあげます。

人材育成コンサルタント
## 辛 淑玉

「労働組合の旗に誇りを持っている」そう胸を張る人にここで出会った。驚いた。ここ数年、組合費は何のために払うのかという質問が出てくるほど多くの労働組合は弱体化し、労働者は近視眼的に自分のメリットになるかどうかで加入を決めている。そんな中、労働組合とは社会資源で労働者全体の利益を守るために権力と対峙するのだという、関生支部の変わらぬ姿勢には脱帽する。カッコイイなぁ、体を張るって、こういうことなんだな、と思った。労働組合が形骸化していっても、ここでは額に汗して働くものの「旗」に誇りを持つ人たちが、企業を変え、社会を変え、政治を変える。これからの50年も、先頭を走り続ける姿が見える。その姿は、キラキラ、キラキラ輝いている。

弁護士
## 里見和夫

**継続は力なり**

安部独裁政権による憲法破壊のクーデターを阻止する闘いの真っ最中の年に創立50周年を迎えられる貴組合に対し、心から連帯の挨拶を送ります。多くの虐げられている者が益々虐げられ、一握りの富める者が益々肥え太ることを許さない、より次元の高い闘いを展開していくためには、これまでの運動の検証、得られてものの教訓化、運動の質の向上を図るとともに、革命的警戒心の強化を怠らないなど不断の努力が不可欠です。貴組合が進めている組合員のレベルアップを目ざす学習活動は重要な意義を持っています。継続は力、更なる飛躍を期待します。

参議院議員

## おだち源幸

全日本建設運輸連帯労働組合関西地区生コン支部が創立50周年を迎えられ、心からお祝い申し上げます。誠におめでとうございます。今日に至るまで歴代役員はじめ関係者の皆様が、大変なご尽力をなさったことに敬意と感謝を表します。この間、大きな困難は勿論、多くの犠牲もあったことと存じます。しかしながら、それら幾多の困難と試練を乗り越えた歴史と経験があるがこそ、今の組織力と団結力があるのだと確信しております。

皆さんの行動と歴史は労働者や中小企業にとり、そして何よりも生コン業界にとって大変大きな足跡になっています。このたびの50周年を契機として、これからの五〇年、一〇〇年に向けて皆さま方がさらに団結され、飛躍・発展されることを心より祈念申し上げ、お祝いのご挨拶とさせて頂きます。

元衆議院議員

## 服部良一

組合創立半世紀の歩みと闘いに、心からの敬意と連帯のご挨拶を申し上げます。多くの労働組合が労使協調化し体制内化する中で、権力や独占資本によるあらゆる弾圧にも屈せず、原則的で戦闘的な闘いを貫いて

いる貴労働組合は、私たちの、いや日本の希望と言っても過言ではありません。しかも大局に立ち、独占資本の搾取に抗する中小同業者の協同組合との確固たる連携事業を確立されたことは、産業別闘争のまさに見本を示していると思います。弱者に犠牲を強い、平和憲法を捨て去ろうとする今日の政治堕落を糾弾し、労働者にとって生きやすい平和な共生社会の実現に向けて、共に奮闘しましょう。50周年を契機に貴労働組合の今後の歴史的飛躍を祈念致します。

元衆議院議員・弁護士

## 辻　恵

関生支部が創立以来、高度成長期、バブル崩壊後の失われた20年、そして現在の戦争遂行に傾斜する政治的激動の各時代を貫いて、50年間常に日本の労働運動の未来を切り拓くポールとしての役割を果たし、存在感を示して来られたことに心から敬意を表します。

戦後体制の転換という言葉は安倍政権の専売特許ではなく、働く人々を中核とした政治社会体制に造り替えるという意味で、本来私たちが実現すべき課題です。平和と共生をキーワードに新たな政治勢力を結集して安倍政権を打倒し、今度こそ本物の政権交代を実現します。その牽引力となるのが、社会的経済を掲げた共生・協働・連帯の関生運動であることを確信して、共に闘い抜くことを誓います。

全日本建設運輸連帯労働組合会長

## 長谷川武久

半世紀にわたって、組織攻撃や不当弾圧を克服し、

働く人々の生活と権利擁護に全力を挙げ闘い、日本労働運動に敢然と輝く「関生型運動」を確立させての50周年に心よりお祝い申し上げます。戦後70年の今年、安倍自公政権の反動性は強まり、戦争法案や憲法改悪も俎上にあがり、さらに沖縄の辺野古新基地建設の強行や多くの労働者の反対を押し切って「派遣法改悪」等自公政権の傲慢さは最悪な状況で、日本社会全体に危機感が強まっています。この危機的状況にもかかわらず、日本の労働運動がその役割を果たさず、労働者と国民の信頼を大きく裏切り続けています。戦後70年の節目の年に結成50周年を迎えた関西地区生コン支部に労働者・労働組合の期待は一層大きくなっています。50周年を期に「他人の痛みはわが痛み」とした関生運動の更なるご発展を心から期待します。

連合・交通労連関西地方総支部
生コン産業労働組合書記長

**岡本幹郎**

組織結成50周年おめでとう。今日まで、山あり谷あり、組織を取り巻く諸情勢がめまぐるしく変化する中で、ゆるぎない組織方針を基に諸闘争に取組み、大きな成果を着実にあげてきた運動、活動に対し、心より敬意を表します。今日、我が国の労働組合の組織率が年毎に低下している中で、その要因には、労働組合への期待が薄れているのも一つだが、労働組合自体が働く者の為の組織だという基本が欠落しているのが大きな原因ではないだろうか。「一人は皆の為に、皆は一人の為に」という、組合の合い言葉を柱としてた、貴組合の運動が点から線につながり、近い将来、面の運動に発展してゆくものと確信し、友誼組合として、協調、助力していきたいと思います。頑張れ！連帯！

全日本港湾労働組合
関西地方大阪支部執行委員長

## 山元一英

### 荒波の中の労働運動

組合結成50周年、おめでとうございます。50年前と言えば、私たちの先輩達は、60年安保改定闘争を闘い、岸首相を退陣に追い込んだ。この様な時代背景の中で、関生支部が結成され、果敢にセメント資本と対峙し、職場に労働者・労働組合の権利を打ち立てる闘争が続けられたことは想像に難くない。中小企業の協同組合化と労組共闘による集団交渉の確立により、労働運動は西高東低と呼ばれ、日経連をして「箱根の山を越させない」と言わしめた。しかし、資本・権力は関生型労働運動を許さなかった。

不当労働行為に対する解決金を強要・恐喝とデッチ上げ、激しい弾圧が加えた。この過程で日本共産党の支配介入もあり、関生支部は運輸一般と決別し、全日本建設運輸連帯労働組合関西地区生コン支部として再結成される。

50周年に際して、関生支部の評価を下せば、関西の生コン関連協組をまとめ、中小企業を擁護し、独占大資本との「公正な取引」を目指す、生コン政策運動を大きく前進させたことにある。資本主義の枠の中にあって、新たな社会の萌芽を発展させ、二一世紀の労働運動を牽引されることを祈念して、お祝いのメッセージと致します。

近畿コンクリート圧送労働組合
執行委員長

## 桑田秀義

「創立50周年」おめでとうございます。これまで数々の苦難を乗り越えて、産業政策を推し進め、産業別労働組合として闘い、全国でも類を見ない成果を上げられてきたことに敬意を評します。関生支部の闘いは、他の労働組合では真似のできないほど画期的なものがあります。生コン業界のみならず、中小企業とそこに働く労働者を守るために、一般の労働者の組織化を積極的に行い、組織を創り上げた実績が物語っています。新しい会館も建てられ、また新たな50年に向けて出発されることと思います。産業別労働組合の先陣を切って、益々のご活躍を期待し、激励の挨拶とします。

全日本建設運輸連帯労働組合
近畿地方本部執行委員長

## 垣沼陽輔

関生支部結成50周年おめでとうございます。一九四五年の敗戦から二〇年、日本が高度成長の真っ只中の一九六五年に生コン運輸労働者を中心に産業別労働組合として関生支部が結成されました。

当時は、昼夜二四時間操業が当たり前、労働時間も二〇〇時間を超える過酷な労働実態を改善させるため、残業なしでメシが食える賃金を！　週一回休日の確立を！　など要求を掲げて闘い抜かれました。セメント資本の組合つぶしも熾烈を極め、権力弾圧も繰り返されましたが、これに抗してストライキを背景に要求の実現を勝ち取ってきました。

産業政策運動では、生コン業界再建への指針を示し、中小企業の経営安定と労働者の賃金・労働条件向上に取り組み、今では全国に秀でる水準を維持しています。新しい会館、学働館・関生の竣工も間もなくです。関西地区生コン支部が50周年を期にさらなる発展を遂げることを祈念して、お祝いのメッセージとします。

関生支部OB会会長

# 吉田　伸

一九八四年、運輸一般と決別し、11月に東京で全日建連帯労組の結成大会が行われ、私は初代議長を務めました。その後、近畿地方本部を結成し、初代委員長を務めました。

その後の近畿地本が大阪総評、南大阪地区評、交運労協への加盟は、今日の業界または労働組合のリーダーとして関西地区生コン支部の先を見据えたものと思えます。

50周年を契機に新会館を砦として、組織強化、業界の安定に資するものとして祈念するものです。創立50周年誠におめでとうございます。

関生支部の闘いの歴史は、一九六五年から一九七五年の10年に集約されるのではないかと思います。

関扇闘争、大豊闘争はアサノセメント、三菱資本を相手に勝利しました。

一九七八年には、生コン業界に政策を提言し、政策闘争に入る。当時書記長であった武建一氏の政策力・指導力の成果です。

＊——肩書きは、すべて本稿執筆時（二〇一五年五月）のもの。

# 第Ⅳ部

# 50年の歩み（年表・歴代役員一覧）

70年代に始まった連帯フェスタ―４月最終の日曜日
万博公園を支部組合員・家族約１万人が埋める

# セメント産業、戦後の歩み

## 1945（昭和20）年

### セメント産業

**敗戦・戦後復興へ**

**6月** 大同洋灰社と撫順セメント社は合併し、満州浅野セメント（株）と改称

＊大阪セメント研究所（現・住友大阪セメント研究室の前身）設立

＊この年に登場した40トン積バラセメント運搬用ホッパー車は、日本車輌で製造され、全国各地で戦後復興に活躍した

**10月** 小野田セメント、津久見工場を大分第一工場に

### 労働〜政治運動情勢

**3月**6日 国民勤労動員令公布

**5月** 出勤率が低下し、東京で70％に

**6月** 秋田県花岡鉱山で、強制連行の中国人労働者850人蜂起

**9月** 「大日本労務報徳会」解散

**10月**5日 全日本海員組合戦後初となる全国単産組織を結成

11日 マッカーサー五大改革＝憲法改正・女性解放・労働者団結権・教育自由化・経済民主化を口頭指令

23日 読売新聞社 第一次読売争議

**11月**2日 日本社会党、結成

**12月**3日 共産党第4回大会で部落解放全国委員会結成の準備状況を報告

### 国内外の情勢

**3月** 東京大空襲

**4月**1日 米軍沖縄上陸、沖縄戦開始

**7月** 米英中、日本の無条件降伏求めるポツダム宣言

**8月**6日 広島に原爆投下

9日 長崎に原爆投下

14日 政府、ポツダム宣言受諾

15日 天皇、受諾宣す「玉音放送」

30日 GHQマッカーサー、厚木に

**9月**2日 米戦艦ミズーリ号で降伏調印。第2次大戦の集結

**9月**11日 ホーチミン、ベトナム政府樹立

**11月**20日 ニュルンベルグ国際軍事裁判の開始

## 1946（昭和21）年

### セメント産業

**セメント、配給制時代**

**2月** セメント、政府による配給販売制に

**3月** 小野田セメント労働組合連合会結成

**6月** セメント工業会設立、セメント統制会解散

**7月**23日 全国セメント労働組合協議会結成

**8月** （社）日本セメント技術協会が設立

＊磐城セメント、常磐鉱業（株）八茎営業所を設置

### 労働〜政治運動情勢

**1月**1日 天皇、〈神格否定〉宣言

4日 GHQ軍国主義者の公職追放と右翼団体解散指令

17日 日本労働組合総同盟結成

27日 関東地方労働組合協議会

**2月**27日 国鉄労働組合51万人組織

**3月**1日 労働組合法が制定

**5月**1日 第17回メーデーが11年ぶり復活で東京50万、全国2百万集結

**9月**14日 国労14万人首切り撤回成功

### 国内外の情勢

**1月** 米ソがソウル会談

**2月** 第2次農地改革実施

**4月** 沖縄民政府が発足

**7月** 米ビキニ環礁で原爆実験

**7月**4日 フィリピン共和国正式に独立

**12月**6日 極東委員会、労働組合に関する16原則を決定

**12月**19日 第1次インドシナ戦争始まる

**12月**21日 南海道大地震、死者1万数千人

## 1947（昭和22）年

### セメント産業

**3月** セメント懇話会設立

**5月** 浅野セメント、日本セメント株式会社に商号変更

**8月** セメントの民間輸出、国家管理の下に再開

**11月** 磐城セメント株式会社から分離独立し、常陸セメント株式会社が設立（後に日立セメントと商号変更）

＊日本セメント技術協会、第1回セメント技術大会

### 労働〜政治運動情勢

**2月**1日 マッカーサー命令で産別会議ゼネストが中止（涙のラジオ声明）

**2月** 大阪で労働者病院・西淀病院設立

21日 東京住民、日立労組・日本製靴労組提携し電力罰金不払同盟結成

**3月**17日 世界労連、日本視察団来日

**6月**8日 日本教職員組合結成

15日 沖縄民主同盟結成

**12月**18日 50数団体、皇居前広場で生活権確保人民大会で参加者30万人

### 国内外の情勢

**4月** 6・3・3・4の新学制実施

**4月**20日 第1回参議院議員選挙

**4月**25日 第23回総選挙、社会党第1党（社会143・自由131・民主121）

**6月** 英インド総督、印パ分離計画発表

1日 片山哲内閣成立。社会・民主・国協3党による連立で

**10月**5日 NHK、日曜放送が人気

**10月**13日 初の皇室会議、11宮家51人の皇室離脱決める

## 1948（昭和23）年

**2月**　セメント協会設立、セメント懇話会、セメント業経営者連盟解散

＊セメント協会＝後にセメント技術協会、セメント輸出協力会を統合し現在、全国のセメント製造メーカー17社が加盟

＊敦賀セメント社、過度経済力集中排除法の適用を受けて磐城セメントから分離

**6月**　セメント工業会解散

日本セメント輸出協会設立

**8月**　三河セメント産業社、富士セメントと改称

**1月**6日　ロイヤル米陸軍長官、日本を共産主義（全体主義）の防壁にすると演説

**1月**19日　社会党大会、自由党などとの4党協定破棄を決定

**2月**10日　片山哲内閣、社会党の左右両派内部対立により9ヵ月で総辞職

**3月**10日　芦田均内閣成立（民主・社会・国民協同3党の連立内閣）

**8月**24日　電産労組、GHQ命令で停電スト中止

**9月**10日　GHQ、全逓の傾斜闘争方式に警告

**1月**　ガンジー、ヒンドゥー教徒に暗殺される

**3月**1日　東京都、都内3百数十ヵ所の「八紘一宇」など戦意高揚碑銘撤去

**3月**6日　米・英・仏など西側6ヵ国会議で西独の西側組み込み決議。東西ドイツに分裂

**4月**1日　ベルリン封鎖が始まる

**4月**10日　イスラエル、パレスチナ村民を虐殺

**4月**24日　在日朝鮮人数千が朝鮮人学校閉鎖抗議で兵庫県庁包囲。GHQ非常事態宣言

**11月**12日　極東国際軍事裁判所、A級戦犯25名有罪判決（東条英機ら7被告絞首刑求刑）

## 1949（昭和24）年

**2月**　第一セメント設立、日本高炉セメント社の事業継承

**3月**　三井鉱山、大牟田セメント工場を電化社に返還

**6月**　雑用セメント統制撤廃

**9月**　日本セメント、尼崎工場閉鎖

わが国初の生コン製造工場！

**11月**10日　わが国初生コン製造工場「東京コンクリート工業㈱業平橋工場」が東京墨田区・業平橋に開設。地下鉄三越前駅補修工事への生コン出荷を初とする

**2月**8日　全国機械工業労組結成

**3月**27日　産別会議・民擁同・朝連・全農など、大阪・扇町公園で吉田内閣打倒大会開催

**4月**12日　日経連、労組法改正につき政治スト禁止など6項目の改正点を提示

**7月**1日　国鉄、組合に計9万5085人の行政整理を通告。国労左派中闘17人を解雇

**7月**下山事件、三鷹事件が発生

＊第1次解雇発表の翌5日　下山定則国鉄総裁、線路上で轢死体で発見され、GHQ謀略によるとの説が

**1月**　毛沢東の中国人民解放軍が、北京（北平）市人民政府を樹立。14日中国共産党、国民党政府に向け全面降伏を要求

23日　第24回衆議院議員選挙。民主自由党が過半数（264議席獲得）。社会党は惨敗

＊これにより「保守安定政権」が誕生

**4月**　対米国ドル為替レートで360円実施

米国中心に北大西洋条約NATO、発足

**6月**　工業標準化法で日本工業規格JIS制定

**8月**　ソ連が初の核実験に成功

**10月**　湯川秀樹（京大）日本人初のノーベル賞に

# セメント産業、戦後の歩み

## 1950(昭和25)年

1月　価格調整公団によるセメントの価格ならびに配給統制撤廃
3月　セメントの日本工業規格JIS制定
4月　八幡製鉄設立、日本製鉄社セメント工場を継承
5月　磐城コンクリート工業、米国からAE剤を輸入し、わが国初のAEコンクリートを製造
＊コンクリートポンプの国産化・大型バッチャープラント採用始まる
6月　朝鮮動乱によるセメント特需ブームに沸く
＊セメント割当て・配給・価格統制、セメント紙袋の配給統制を撤廃

## 1951(昭和26)年

3月　セメントJISに雑用セメント、石灰スラグセメントの規格追加
＊参議院建設委員会でセメント品不足問題取上げられる。朝鮮特需に沸く日本各地での建設ブームと、戦後復興のインフラ再開発が重なり、セメント需要急増の気配のため、品不足に
4月　小野田セメント　藤原工場3号キルン完成
磐城コンクリート工業　池袋工場竣工
東邦特殊自動車　アジテータ付ダンプ車開発
6月　経済安定本部長官、セメント再統制に言及
＊通産省セメント価格の急騰でメーカー勧告
＊地下鉄丸の内線着工　池袋―御茶ノ水間の工事で生コン大量使用
11月　八幡セメント　前田工場セメント製造再開

# 労働〜政治運動情勢

## 1950(昭和25)年

1月14日　日農主体性派・正統派2派合同大会
3月5日　全日本金属執行委、全労連中心に賃上げ共闘懇談会結集の全労働者と階級的統一をめざすと決定
6月6日　マッカーサー、共産党中央委員24人の公職追放指令
＊共産党中央委員会は徳田球一・野坂参三ら多数派と宮本顕治ら少数派に分裂
7月　日本労働組合総評議会、結成
12月2日　全闘労働者大会、越年資金・賃上げ、地方公務員法反対など強力な国会闘争決議

## 1951(昭和26)年

1月24日　日教組、「教え子を戦場に送るな」の運動方針
3月10日　総評第2回大会、「平和4原則」を決議　事務局長に高野実
5月24日　法務府、共産党の「アカハタ」同類紙4紙を発禁。千ヵ所を捜索3百人検挙
7月12日　左派系新聞「連合通信」無期限停刊
8月4日　奄美大島住民8千人、日本復帰要求し24時間断食
10月16日　共産党第5回全国協議「新綱領(51年テーゼ)」で武装闘争方針を具体化
24日　社会党第8回臨時大会、講和・安保条約に対する態度をめぐり左右両派に分裂
11月22日　国鉄労組中央闘争委員会の5人が年末手当を要求し東京駅の屋根で座り込み

# 国内外の情勢

## 1950(昭和25)年

1月　千円札、発行
6月25日　朝鮮戦争勃発。
＊朝鮮半島38度線で警備隊と韓国軍衝突。28日ソウルの陥落後は、米軍が前面に。中国義勇軍も加わり戦線は膠着。
7月　マッカーサー、警察予備隊創設を政府に要求
8月　警察予備隊を創設
9月1日　公務員のレッドパージを決定
12月　吉田内閣の池田勇人蔵相、国会で「貧乏人は麦を食え」発言で非難の渦

## 1951(昭和26)年

1月4日　国連軍、ソウルを撤退
3月26日　米国務省、中国本土攻撃示唆のマッカーサーに、重要声明の事前連絡を要請
4月1日　琉球臨時中央政府(行政主席・比嘉秀平)設立
＊米国連邦裁判所、ソ連に原爆機密情報を渡した罪でローゼンバーグ夫妻に死刑判決
11日　トルーマン大統領、マッカーサー解任
7月1日　北朝鮮と中国、国連軍との間で休戦会談提案を承諾
＊この朝鮮休戦交渉の進展で東証の株価が急落
9月8日　対日講和条約(サンフランシスコ平和条約)と、日米安全保障条約を調印
11月1日　米、ネバダ州で初の地上部隊5千人参加による核攻撃実験

## 1952年(昭和27)年

**2月** 小野田セメント 八幡工場3号キルン完成
**3月** 電化セメント 大牟田工場セメント製造再開
**6月** 大阪セメント 滋賀県坂田郡伊吹村に建設の伊吹工場操業開始
**7月** 小野田セメント 津久見第一工場4号キルン完成
**11月** 日本セメント、上磯工場にわが国初の全溶接キルン設置
**11月** 小野田セメント、初のセメントバラトラック(ダンプトラック改装)神戸SSで運行
＊打ち放し工法、盛んになる
＊(株)金剛製作所でドラム型アジテータトラック開発
＊(株)犬塚製作所で傾胴型トラックミキサー車を開発(下写真)

**2月**19日 青梅線で貨車暴走(青梅事件)
＊共産党員ら逮捕後に偶発事故と判明
**3月**1日 総評主催、弾圧法粉砕総決起大会
**3月**20日 YWCAなど婦人5団体、婦人団体連絡委員会の名で破防法反対を声明
**6月**4日 国労、夏季手当問題で総裁室前で座り込み
7日 労闘、破防法反対第3波第1段階スト、54万人参加
16日 全日本土建労組総連合・土建総連結成大会
**9月**9日 共産党、社会党に選挙共闘を申入れ
＊社会党、共産党の武力闘争方針理由に拒否
**11月**26日 石川県内灘村の主婦、内灘射撃場接収に怒り金沢を抗議デモ

**1月** 韓国大統領・李承晩が海洋主権宣言を行い、漁船立入禁止(李承晩ライン)
黄変米問題、発生
**2月**6日 英国、エリザベス2世女王に即位
**2月**28日 日米行政協定に調印
**3月**18日 農業改良目指す「4Hクラブ」(会員73万人)、初の全日本大会を開催
**5月**1日 皇居前で血のメーデー事件
**6月**23日 米空軍、北朝鮮の鴨緑江上流の水豊ダムを爆撃。下流域一帯に大水害
**11月**1日 米国が人類初の水爆実験
**11月**20日 池田勇人通産相、衆議院での「中小企業の倒産・自殺やむなし」発言で辞任
**12月**4日 ロンドンスモッグ事件。激しい大気汚染で数千人が死亡

## 1953(昭和28)年

**1月** 東洋曹達工業(株)とセメントの工場建設
**5月** 旧大阪セメント㈱が全額出資して近畿地区初の生コン製造工場「大阪生コンクリート㈱」が大阪市西淀川区・佃で開設(現・新淀生コン㈱で操業中)
**7月** セメントJISに中庸熱セメントの規格追加
**8月** セメント工業、合理化促進法指定業種となる
東海地区初の生コン製造工場「宇部コンクリート工業(株)名古屋工場操業
**11月** レディミックストコンクリートの日本工業規格=JIS―A5308制定
＊宇部火力発電所、国産初のフライアッシュ製造
**12月** 初の生コン事業として小野田レミコン(株)設立

**1月**5日 昭和電工川崎労組、生産報償金要求でスト
10日 沖縄教職員会など6団体、沖縄諸島祖国復帰期成会を結成
**4月**3日 琉球米民政府、布令で土地収用令公布
政府、石川県内灘村に米軍試射場無期限使用申し入れ、石川県議会が反対決議
**6月**7日 浅間山演習地化反対県民大会
12日 内灘村民、試射場内に座りこみを開始
**7月**4日 総評、スト規制法案反対第1波スト
**8月**7日 三井鉱山、6739名の人員整理案を発表
8日 ダレス米国務長官、防衛力の増強要請
**12月**5日 沖縄小禄村村民、武装米兵の土地取上げブルドーザーの前に座り込み

**2月** NHK初のTV放送開始
**3月** 衆議院解散(バカヤロー解散)
**5月** ヒラリー、エベレスト初登頂
**6月** 反東ドイツ政府市民デモがソ連軍に弾圧される
米軍輸送機が東京都小平市に墜落、米軍死者129名
エジプト共和国、ナセル革命
**7月** 朝鮮戦争の休戦成立
**9月** 独禁法改正(不況カルテル、合理化カルテル容認)
＊熊本県水俣周辺で猫の不審死=水俣病の発生
ソ連第一書記にフルシチョフ
**12月** 奄美群島が日本に返還

# セメント産業、戦後の歩み

## 1954（昭和29）年

2月　三菱セメント、設立
4月　小野田セメント労働組合結成
9月　徳山ソーダ、わが国初のロングキルンを設置
10月　小野田セメントバラ貨車、藤原工場～名古屋SS間に運行
　通産省、セメント工業合理化3カ年計画策定
11月　磐城・アサノ・東京・日立・小野田5社で生コン懇話会を結成
　北陸地区初の生コン製造工場「栗原レミコン㈱」新潟工場操業
＊全自動式バッチャー初生産（東京都庁舎用に使用）

### 労働～政治運動情勢

1月　造船疑獄強制捜査開始
4月　尼崎製鋼争議
　全日本労働組合会議（全労会議）の結成
5月　第25回メーデー
　24日　名鉄労組が初めて年間臨時給与協定を締結
6月　日鋼室蘭争議
　政治的中立に関する教育二法を公布
～9月　近江絹糸争議
8月31日　日教組が教育委員会制度改廃絶対反対を決議
10月21日　海員組合が初の産業別ユニオンショップ制を締結
11月24日　日本民主党結成（鳩山一郎総裁）

### 国内外の情勢

1月7日　アイゼンハワー大統領、沖縄の無期限所有を教書演説で表明
　英国航空コメットジェット機が墜落。4月も連続し発生
2月　造船疑獄拡大、各社に捜査
3月1日　第五福竜丸が米国ビキニ水爆実験死の灰あびる
　8日　日米相互防衛援助協定を調印
4月　犬養健法相、造船疑獄で指揮権発動
5月7日　仏軍、ベトナム人民軍に降伏
6月27日　ソ連、世界初の原子力発電所
　防衛庁設置法・自衛隊法公布
7月5日　尼崎製鋼所争議で全員解雇
12月　鳩山一郎内閣成立

## 1955（昭和30）年

3月　日本セメント輸出協会解散
4月　小野田、各工場でQC制度を導入
　アサノコンクリート（株）田端工場で天然軽量骨材コンクリート製造設備完成
5月　第1回安全管理者会議
7月　電化セメント社、電気化学工業社に合併
11月　第一セメント川崎工場に生コン製造設備完成、操業を開始
12月　セメント輸出協力会（18社）、発足
＊道路用コンクリート資材製造企業団体による「全国コンクリート協会」の前身組織、30社で発足

### 労働～政治運動情勢

1月1日　日本共産党、アカハタで〈極左冒険主義と決別〉と発表
　16日　全日本中小企業労働組合連合会結成、124単産、6万人で
2月2日　近江絹糸労組、身分制で実力スト
5月1日　第26回メーデー、全国108万人参加
6月　第1回日本母親大会
　全国軍事基地反対連絡会議を結成
7月25日　全国一般合同労組連絡協議会結成
8月1日　トヨタ車体労組、退職金引き下げ人員整理反対で無期限ストに
11月　自由党・民主党合同し、自由民主党結成
＊「55年体制」
11月9日　看護婦労組、付添制度廃止等に抗議し、反対デモ

### 国内外の情勢

2月27日　民主党、自由党に逆転大勝―革新勢力改憲阻止に必要な3分の1を確保
3月13日　武装米兵ら、沖縄伊江島の土地を取り上げ、耕作の島民を全員逮捕の暴挙
　27日　北富士演習地返還期成同盟が発足―山梨県知事を会長に
5月6日　東京砂川町で砂川基地拡張反対総決起大会―砂川闘争の始まり
6月　米軍輸送機が東京都小平市に墜落、米軍の死者129名
7月　朝鮮戦争の休戦が成立
8月　森永ヒ素ミルク中毒事件（死者130名、障害含めて1万3千の乳幼児が犠牲になった大惨事）

## 1956（昭和31）年

2月　宇部社、ポゾランセメント販売
3月　セメント用天然石膏のJIS改正
4月　宇部興産㈱　わが国初のフライアッシュセメントを販売
7月　雑用、石灰スラグセメント規格廃止
9月　アサノコンクリート（株）白木屋（現東急百貨店日本橋店）に生コン納入。生コン1万m³余りを圧送工法で納入
10月　八幡化学工業、八幡社セメント部門継承
11月　スエズ運河航行停止となり輸出引合活発
＊暦年でのセメント輸出、212万トンで世界一位と成る

1月　9日　総評、春闘合同闘争本部設置
2月　3日　総評、春季賃上生活防衛総決起大会に3千人
　15日　56春闘第1波～第3波、私鉄出改札拒否24時間ストなど
　24日　全労第2回評議会、週42時間労働制立法化で闘争方針
3月　9日　海員組合、太平洋での水爆実験中止を米大統領に要請
4月　21日　総評、最低賃金制討論集会
5月　1日　第27回メーデーに全国200万人
6月　20日　全繊同盟、婦人年少労働者の深夜業撤廃、拘束8時間制の方針決定
10月　1日　農民7団体、農民戦線統一で懇談会
12月　農民戦線統一協議会

3月　パキスタンが最初のムスリム（回教国）における共和国建国
　18日　東京で沖縄返還要請の国民大会開催―沖縄返還国民運動協議会
　ソ連「プラウダ」初めてスターリン批判の論説
6月　大阪市営地下鉄四つ橋線花園町駅―岸里駅間開業
10月　鳩山一郎自民党内閣で、日ソ共同宣言
　イスラエル軍がエジプトに侵入し、第二次中東戦争、勃発
12月　カストロがキューバに上陸、ゲリラ作戦を開始
　日本、国際連合に加盟

## 1957（昭和32）年

3月　八幡セメント、前田工場を閉鎖
4月　セメント協会ブラジル調査団を派遣
生コンに脚光、初の大型物件へ
4月　アサノコンクリート（株）東京千代田ビル（現・三菱商事ビル）工事で約4万m³の大量生コン納入。大規模建築物件端緒となる
7月　四国地区初の生コン工場、赤松土建徳島工場が操業開始
8月　通産大臣セメントメーカー各社に輸出促進を要請
10月　小野田セメント八幡工場4号キルン完成
＊砕石を使用する生コン実用化、この頃から始まる

1月　16日　労農党解党、全員社会党に入党
2月　9日　米国共産党第16回大会、ゲーツ派など大量離党で勢力衰退
3月　1日　全労、最低賃金法要綱試案決定
　2日　総評、第2回臨時労働者全国集会、本工化組織拡大などを宣言
5月　1日　第28回メーデーで全国380万人
6月　砂川基地準備測量阻止闘争、学生の一部、基地内に入る
7月　都内商店1千軒従業員平均労働時間12時間12分、日本橋で初の週休制実施
9月　10日　日本農民組合全国連合会結成
10月　10日　総評・原水協・消団連など生活と権利と平和を守る国民集会で30万人
12月　5日　大阪で部落解放同盟第12回大会

1月　9日　英、スエズ戦争責任で首相辞任
　17日　原子力調査団、英発電設備導入をとの報告書
2月　石橋湛山内閣総辞職、岸信介内閣成立
3月　18日　東京と近郊の開業医2万人健保法改悪反対で半日休診
4月　4日　関西主婦連第1回近畿消費者大会
6月　岸首相・アイゼンハワー大統領首脳会談「日米新時代」を宣言
7月　東京都人口がロンドン抜き世界一に
10月　ソ連、世界初の人工衛星
12月　1日　百円硬貨発行

# セメント産業、戦後の歩み

## 1958（昭和33）年

### セメント産業

3月 セメント混和材用フライアッシュのＪＩＳ制定
関門国道トンネル開通

5月 黒部第四ダム工事の最難所・大町トンネル開通、発電所建設本格化（殉難者171名、コンクリート打設1日8653㎥にも達した難工事の末に）

**セメント製造に新規参入続く**

6月 明星セメント（株）設立

7月 川崎セメント㈱設立、磐城セメント㈱と川崎重工業㈱の共同出資（1960年、磐城セメントに吸収される）

11月 高知県、高知生コンクリート工業が操業開始

### 労働～政治運動情勢

1月4日 全繊同盟、化繊5社6500人の解雇を再雇用条件付きで認める

3月 炭労、賃上げで4社15支部でスト

4月28日 全逓、春闘大量処分に抗議声明

5月18日 百里基地反対同盟、資材搬入強行にすわり込みで抵抗

8月 中国、人民公社運動始まる

9月 藤山・ダレス共同声明、日米安保条約改定に同意
総評・日教組「勤務評定」に反対の全国統一百万人行動

10月30日 鐘紡労使、賃金引下げを含む不況対策協定に調印

11月14日 群馬県教組、勤評阻止で、授業放棄による座り込み

### 国内外の情勢

3月9日 関門トンネル開通式、世界初の海底道路技術に注目
31日 ソ連、原水爆実験での一方的停止を宣言

4月 同和地区住民120万（厚生省）

5月5日 ロンドンでバス労働者スト

6月20日 原水協平和行進、広島を出発

7月 日本住宅公団設立
14日 イラクで共和国樹立宣言

8月 中国人民解放軍、金門島を砲撃

10月 岸首相、米記者に9条廃止を発言
21日 ダレス・蒋介石会談

12月1日 1万円札発行

12月2日 神戸に主婦の店ダイエー開店
23日 東京タワー完成（世界最高333ｍ）

## 1959（昭和34）年

### セメント産業

1月 小野田セメント、余熱ボイラーの高圧化（35kg／㎠）

4月 東海道新幹線工事、着工

6月 首都高速道路公団、発足

6月 小野田セメント藤原工場改良焼成法工事が完成

9月 中国地区初の生コン工場、広島宇部コンクリート工業海田工場が操業

10月 沖縄県唯一のセメント製造工場・琉球セメントが資本金67万2千ドルで宇部興産関連社として創立（現在、出資比率引き下げで関連関係は解消したが、代理店業務と宇部興産ＯＢを取締役に受け入れ）

### 労働～政治運動情勢

1月3日 全日自労〈戦争と失業に反対する国民大行進〉延べ500万人が参加

2月 東電結婚退職制反対闘争

3月6日 港湾労働審議会、手帳制度実施を建議

5月1日 第30回メーデー480万人参加

6月 総評議長ら共産党と原則的共闘を強調
25日 安保改定阻止第3次統一行動、全国164カ所、400万人参加

9月10日 総評、炭鉱失業者を救う募金で黒い羽根運動始める

10月 米大西洋岸港湾労働者スト8日のタフト＝ハートレー法緊急条項でスト中止

11月 安保阻止統一行動デモ隊約2万人が国会構内に突入

12月 三池炭鉱で争議始まる

### 国内外の情勢

1月1日 カストロ指揮でキューバ革命
計量単位メートル法に統一

3月3日 英マクミラン首相、ソ連と共同声明

3月24日 日本基督教団、靖国神社護持に反対

6月30日 沖縄県石川市宮森小学校に米軍機墜落（学童ら21人死亡、負傷者121人）

7月15日 米、鉄鋼労組12社スト、全米生産能力の85%が停止
22日 熊本大学、水俣病原因は水銀と特定

8月 全国から原水禁大会を妨害で右翼広島集結

9月26日 伊勢湾台風で死者・不明総計5千人超犠牲

11月 水俣病問題で漁民1500人警官隊と衝突

## 1960（昭和35）年

**3月** 九州地区初の生コン工場、福岡アサノコンクリート福岡工場が操業
磐城セメント、川崎セメントを合併
東亜セメント設立
**6月** 東亜セメント多賀工場、操業開始
**8月** 小野田、カラーセメント販売開始
**10月** 北海道地区初の生コン工場、北海道生コンクリート工業真駒内工場が操業
**11月** セメントＪＩＳ改正、高炉セメント1種を3種に
**11月** 韓国生産性視察団来日しセメント関係視察
＊全国で全自動ワンマンコントロール式バッチャープラント導入が進む

**1月**6日 日米安保条約改定交渉、藤山外相と駐日大使会談で妥結
15日 安保調印全権団渡米反対で全学連、羽田空港ロビー占拠
**5月**19日 警官導入で自民党日米新安保条約・行政協定を強行採決
**6月** 安保阻止行動、全国で６００万人以上
15日 全学連主流派４千人国会に突入、東大生樺美智子死亡
23日 全学連、樺美智子葬のち２５０人が共産党本部デモ
**7月**15日 岸内閣総辞職
**10月**12日 社会党委員長浅沼稲次郎演説中に右翼少年に刺殺さる

**2月** 米・北カロライナ州で人種差別撤廃坐り込み運動
**3月**28日 三井三池で新旧労組衝突、労組員久保清、暴力団に刺殺される
**4月**2日 毎日新聞の暴力団記事に憤慨の松葉会会員、印刷を妨害
韓国で学生不正選挙を糾弾――李承晩大統領辞任「韓国4月革命」
**9月** キューバ、ハバナ宣言で中ソとの友好を確認
**10月** 米、キューバの米資産国有化に対する報復措置で輸出禁
**11月** チリ60万人労働者のゼネスト
**12月** 南ベトナム解放民族戦線結成

## 1961（昭和36）年

**1月**5日 全国自動車運輸労働組合（全自運）梅田イワキ支部第2回定期大会（此花文化会館に50名参加）
16日 寺沢喜代治氏、大阪地本初代生コン専従となる
**2月**2日 生コン共闘会議・東海運支部統一交渉。最低賃金確保運動方針決める
27日 全自運東海運・京都支部が結成
**3月**20日 生コン共闘会議集団交渉がスタート
**4月**2日 完全公休の実施を求めストライキ 東海運10台、此花生コン60台、梅田イワキ70台完全ストップ。生コン関連外、16支部 計３１００名が参加
**5月**18日 全自運ツルガ生コン運送支部が結成
**9月**3日 梅田イワキ支部大会＝此花市民会館にて
**11月**5日 全自運此花生コン支部第4回定期大会
**12月**6日 ツルガ生コン争議で7名逮捕（内2名起訴される）・此花署の逮捕理由―威力業務妨害として
10日 生コン共闘会議に京都港湾支部加盟・年末一時金闘争の総括・労働協約について討議深める運動を確認
＊共闘会議の現勢＝東海運１７６、梅田イワキ95、此花生コの総括・労働協約について討議深める運動を確認

**1月**19日 炭労中央政策変更対策委、閉山条件付賛成へ政策転換
社会党大会で構造改革路線
**3月** 動労、2人乗務制などを要求、拠点10割休暇闘争へ
**4月** 沖縄・那覇で祖国復帰県民総決起大会開催、2万人が参加
**5月** 合理化反対、安保条約廃棄などで第32回メーデーに６００万人
**9月**9日 炭労、政策転換闘争方針に
11日 部落解放要求貫徹請願で大行進、福岡出発
**10月** 炭労行進団4千人が入京
**11月** 全逓、4万人増員の要求闘争
**12月** 第５回世界労働組合大会

**1月**13日 米、キューバと国交断絶
17日 アイゼンハワー米大統領〈産軍複合体〉の危険を告別演説
**2月** キャラウェー沖縄高等弁務官に
**3月**25日 アラビア石油、原油の日本向け積み出し開始
**4月**12日 ガガーリン少佐の乗るソ連の宇宙船、地球一周に成功
17日 米政府の支援をうけたキューバ反革命軍侵攻、撃破される
**5月** 韓国、朴正煕軍事クーデター
**7月** ケネディ米大統領、西ベルリンの断固防衛を言明
**12月** 旧軍人らによる、内閣要人暗殺計画発覚「三無事件」

# 1962（昭和37）年

## セメント産業、戦後の歩み

**1月**8日　京都港湾支部、会社の懐柔工作により脱退者出始める（62春闘後消滅）

**5月**1日　第32回メーデー奉加　東海運10名、此花生コン80名、梅田イワキ16名

**7月**1日　三黄通運組合結成（日本労働組合総同盟全交同盟関西地方本部三黄通運通新労働組合＝佃一丁目アパート＝九七名参加、内44千・53佃）

**8月**11日　全国生コン共闘会議発足会議＝市立労働会館にて

16日　石井英明氏、生コン共闘専従

22日　三黄通運、組合の切り崩しを目的とした勝又他、計7名の首切り通告

**9月**1日　東海運支部職場集会（配転業務命令問題、この結果配転4名出す）

25日　東海運支部団交＝自動車会館にて、さらに6名の配転出す

**10月**7日　此花生コン支部第5回定期大会（浪速市民会館にて96名参加）

24日　全自運三黄通運佃生コン運輸支部結成大会（妨害10余名）

**11月**2日　三黄通運・佃、団交にて、若松・石井・宇都宮、他への暴力的行為の会社責任を追及

9日　三黄通運団交で暴力団を今後入れない事への保証

**12月**22日　福本博州川委員長、会社側の組合潰しを狙った謀略により三黄通運労組千島支部、総同盟を脱退（謂ゆる「テープ謀略事件」）

## 労働～政治運動情勢

**2月**　沖縄解放県民大会　立法院の施政権返還決議支持宣言

**3月**13日　総評主婦の会、物価値上げ反対・高校全入要求

25日　福岡県安保共闘会議、板付基地撤去大集会10万人

**4月**26日　全日本労働総同盟組合会議3団体25組合１４０万人

**5月**14日　三沢市で初の米軍基地反対のデモ

**10月**2日　交運共闘会議結成

**11月**　動労、運転保安対策要求し超勤拒否闘争へ

**12月**　豪州の基地反対闘争と連帯して茨城県百里集会開催

## 国内外の情勢

**2月**1日　東京都人口1千万突破

**2月**　米、南ベトナムに軍事援助

**5月**　国鉄駅構内で列車二重衝突、１６０人死亡（三河島事故）

**7月**　台湾のコレラ騒動で厚生省、台湾バナナの輸入禁止

**10月**22日　ケネディ米大統領キューバにソ連ミサイル基地建設中と発表（キューバ危機、核の恐怖）

**11月**9日　高碕達之助、北京で廖承志と日中貿易に関する覚書調印

**11月**　東京・世田谷区の電話ボックスで火薬爆発、草加次郎と名乗る

## 1963（昭和38）年

2月1日　三黄通運千島労組結成、全自運加盟
3日　関西地区生コン運輸労働者協議会（関西労協）結成、府立労働センターにて
3月19日　生コン共闘会議4社（東海運、梅田イワキ、関扇運輸、三黄通運）統一団体交渉始まる
21日　春闘スト権確立
4月30日　三黄通運で時間外労働に関する協定書成立
同日　全自運カネミ倉庫支部結成、生コン共闘に加盟
5月21日　生コン共闘学習会　労働者教育協会から講師を招き、45名で合理化問題学ぶ
8月24日　生コン共闘会議、退職金労働協約で統一要求方針
11月16日　全自運三生運送千島支部に対し、社より時間外業務緩和で申し入れ
12月31日　三生佃・勝又十九二教宣部長、就業規則違反との理由で解雇される

1月9日　米国大使、原潜寄港を申し入れ。政府、安全性・損害補償を照会
1月26日　東京平和委、F105D、原潜反対で横田、板付など40カ所集会
2月11日　沖縄原水協、演習抗議集会
3月10日　社会党・総評、日韓会談阻止行動
4月4日　日経連、公労協4・17ストに対し政府に断固たる措置求める
5日　町田市で米軍機墜落、住民4人死亡
8日　共産党、4・17公労協ストに反対声明
17日　春闘共闘全国統一行動、電機労連など民間24単産44万5000人が実力行使
7月2日　早大構内で革マル派・中核派武装のうえ乱闘（初の内ゲバ）
11月10日　全日本労働総同盟（同盟）結成大会

1月　パナマ運河地帯で米軍とパナマ学生が衝突
2月　吉田元首相、台湾を訪問、蔣介石総統と反共政策を協議
3月　経済企画庁、所得上昇により〈中流意識〉の広がりを指摘
4月　求人中卒3・6倍で〈金の卵〉と大阪駅前に初の横断歩道橋
5月　埼玉県で狭山事件起る
7月　老人福祉法公布
8月　全国戦没者追悼式始まる
11月　ケネディ大統領がテキサス州ダラスで暗殺される

## 1964（昭和39）年

1月6日　三生佃、勝又の初出勤を門前拒否
2月11日　生コン共闘会議、春闘統一要求書提出
4月4日　生コン共闘会議への経営側春闘対策で4社打ち合わせ会立ち上げ
6月7日　全自運・三生運送佃労組大会で勝又問題取り上げ支持が上回る
8月13日　関西宇部生コン解雇撤回15日間闘争貫徹、労組側が全面勝利収める
9月7日　三生佃・千島労組、日曜公休制で臨時大会
10月13日　三生、第二組合結成される（その後、第七組合まで結成される）
17日　関扇運輸で労働争議激化、組合員の残業停止通告―兵糧攻めの始まり
11月25日　緊急生コン共闘会議（妥結最低ラインに合わせる欠陥を是正）
＊64年2月よりこの6カ月間で組合員60名から30名に減

4月27日　炭労大手8社、全面無期限スト
5月2日　米国最初のベトナム戦争反デモ
6月11日　昭和電工川崎工場爆発、出稼ぎ労働者17人死亡
7月　炭労、夏季闘争で無期限ストへ
9月6日　全港湾、日曜・祝祭日完全休日闘争で5大港の日曜休日
9月　松下電器完全週休2日制決定
11月1日　建設業界、初の労務者退職金共済制度を創設
11月10日　全日本労働総同盟結成
13日　原潜反対の佐世保デモ、楢崎社会党衆院議員逮捕
12月2日　米、カルフォルニア大学で学生1千人大学占拠、大量逮捕

1月　政府、公共料金値上げの1年間凍結を発表
2月　社共両党首ら日中国交回復国民運動呼びかけ
4月　日本人の海外観光渡航自由化
7月　日本、OECDに正式加盟
8月2日　米国、トンキン湾で北ベトナム艇を撃沈し、北爆始める
第18回オリンピック東京大会、94カ国5541人の選手
10月　池田勇人首相、咽頭癌で辞職
11月17日　公明党結成
12月1日　佐藤栄作内閣成立
16日　春闘共闘委、中小企業労働者の生活と権利を守る中央集会
トヨタ季節労務者を初採用

# 1965（昭和40）年

## 関生支部に関する主な出来事

**1月**23日　関扇運輸支部、就業規則未達成を口実で九名解雇
**3月**5日　三生運送千島支部機関紙「雑草」創刊。
　同日　淡路警察署、関扇闘争中のビラ貼り組合員7名を不当逮捕（8～9日に全員釈放）
　16日　東海運支部〝会社押しきせ労働協約〟（時間内組合活動の制限）巡り全体投票（反対30、賛成10）
**4月**12日　東海運支部、坂本委員長・山本書記長、出勤停止10日間処分（会社の一方的就業規則実施に反対し残業を拒否したため）
**5月**20日　東海運支部、組合切り崩し猛攻撃始まる（会社の意を受けた一部労働者を時間内に車から降ろし、他車の横に乗せ、切り崩しを図る）
**6月**1日　東海運支部「会社押しきせ労働協約」をめぐり票決（17対18の一票差でついに会社案のむ）。
　同日　坂本委員長、山本書記長に対する出勤停止処分白紙撤回される
　9日　関扇支部、団体交渉
　15日　65夏季一時金、統一要求書提出
　23日　関扇運輸㈱、地裁へ「自己破産申立仕立」
**7月**13日　関扇運輸支部全日運大阪地本・総評大阪地評は、淡路警察署長等を収賄事件で大阪地方検察庁に告発
**8月**　三生佃・千島で希望退職に名を変えた大量人員整理
**10月**17日　全国自動車運輸労働組合関西地区生コン支部結成
**＊企業別支部から産業別支部へのスタート**
　第1回定期大会（大阪市西淀川労働会館）、5分会（三生佃、三生和歌山、豊英生コン、三生千島、三生神戸）180名参加
**11月**　65年末一時金統一要求書提出

## 全自運（運輸一般）関係

**1月**29日　第30回中央委員会（労金ホール）、春闘方針統一要求について討論
**2月**8日　定期路線合理化研究会（名古屋）
**3月**10日　第19回臨時大会（文京区）
　29日　安保共闘再開で社・共・中立労連・総評に申し入れする
**5月**13日　産別最賃31社が承認、賃上2500円以上42社に
**6月**17日　第31回中央委員合（私鉄会館）
**7月**3日　中央委員会続会（名古屋）
＊組織問題討議の中で、14名の中央委員と議長2名が退席。議長を再選し「活動方針」を23対保留1で決定する
**8月**6日　第4回夏季労働学校（東西2カ所）参加者感想文集「帝国主義論を学んで」
**9月**15日　第20回定期大会（浜松市）
**11月**8日　東京地本、組合費の上納停止する
　9日　東京地本に対し組合費上納停止の取消を申し入れる
　27日　全ト労連参加の全自運十数支部に質問状出す
**12月**28日　春闘討論集会（熱海市松涛館）、90名参加

## 国内外の情勢

**1月**11日　中教審「期待される人間像」発表
　13日　佐藤首相訪米、ジョンソン米大統領と共同声明発表
**2月**7日　アメリカ軍、北ベトナム爆撃本格化
　10日　衆院予算委にて「三矢研究」で、政府追求される
**6月**9日　ベトナム侵略反対で社・共の一日共闘
　12日　家永三郎東京教育大教授が教科書検定で違法と国を相手に民事訴訟を起す
**7月**4日　第7回参議院選挙
**8月**19日　佐藤首相沖縄訪問沖縄祖国復帰実現要求10万人集会（那覇）
**9月**30日　インドネシアで軍事クーデター
**10月**1日　公務員制度審議会初会合
**11月**27日　海員組合、賃上げスト突入
**12月**4日　日韓条約参院で強行可決（自・民社で成立）

# 1966(昭和41)年

**1月**15日　春闘討論集会＝近鉄あやめ池
　30日　三生神戸分会機関紙「あざみ」発行
**2月**1日　三生佃分会機関紙「夜明け」創刊（関生支部初の分会機関紙）豊英分会、偽装閉鎖による組合破壊闘争始まる
　16日　豊美分会、偽装閉鎖による組合破壊闘争に勝利
　27日「物価メーデー」に支部からも多数参加
**3月**15日　66春闘統一要求書提出
**4月**26日「ベトナム侵略反対・交通ゼネスト連帯」の二四時間スト決行
**6月**6日　66夏季一時金闘争方針出る
**8月**21日　大生運輸分会結成
　27日　三生佃・新谷分会長、食事改善要求（会社側「懲戒委員会」呼びかけ）
**9月**2日～4日　三生佃、新谷処分案撤回抗議スト
**10月**5日「10・21」ストの件で、三生運送が全自運関西地区生コン支部武委員長）に対し、「警告書」を出す
　15日　西淀川警察署、三生佃分会の新谷分会長・木村支部執行委員を不当逮捕
　16日　支部第二回定期大会
　19日　三生佃、武・木村・川口に対し懲戒解雇処分（大衆扇動・業務妨害を理由として）、中川・水谷・山川三名に出勤停止処分
　21日「10・21闘争」ベトナム人民支援連帯スト
**11月**10日　66年末一時金、統一要求書提出
　14日　ベトナム侵略反対・三生不当解雇反対大決起集会（約900名参加）、西淀川警察前公園までデモ行進
　15日　三生佃分会、分会事務所で盗聴器発見さる

---

**1月**21日　東京地本の組合費上納停止に再度申し入れ、全ト労連参加支部に再質問状出す
**2月**28日　東京の27支部、全自運より脱退、東京貨物自動車運送労組となる
　29日　在京の青年婦人により新年青年交流集会開催、150名参加
**3月**3日　第21回臨時大会（静岡）
　13日　全自運信州名鉄支部委員長・書記長解任される。
＊全日運138名で再建大会
　16日　会館建設準備委員会設置一口500円の出資金募集
**6月**17日　第22回中央委員会（東京・全金労働会館）、全自運会館の建設、通信員の登録制
**7月**18日～21日　第1回全自運幹部学校（松本市美ヶ原温泉）
**9月**15日　第22回定期大会（淡路島・洲本市民会館）、自運会館建設決定
**10月**21日　10・21統一スト（ベトナム反戦）2時間から半日で
**12月**12日　全自運会館落成式
　19日　春闘討論集会（熱海）

---

**2月**27日　第1回物価メーデー
**3月**31日　日本の総人口、一億人突破
　同日　社会・民社・公明・共産の4党、小選挙区制反対での共闘共同声明
**4月**28日　初の交通ゼネスト
**5月**30日　米原子力潜水艦、横須賀初入港
**6月**1日　公職選挙法改正公布〈永久選挙人名簿の作成〉9・30施行
**8月**1日　中国、文化大革命始まる
　同日　第2次佐藤内閣成立
**10月**21日　アメリカのベトナム侵略に抗議して実力行使集会行われる（総評加盟の54労組で）
**11月**27日　物価メーデー
　30日　南ベトナム駐留米軍25万人を突破
**12月**17日　総評加盟民間29単産、民間単産会議結成

# 1967（昭和42）年

## 関生支部に関する主な出来事

1月11日 支部旗開き、30名参加
21日 関西春闘討論集合、8名参加
3月1日 六七春闘統一要求書提出
4月27日 全自運開扇運輸支部「ビラ張り事件」、大阪地方裁判所刑事三部で無罪の判決
＊労働運動弾圧については、反動的な判決が多い中、この判決は、労働組合法の「刑事免責」を糾し適用したこととして注目された。と同時に「使用者概念の拡大」の観点に立ち、親会社大阪アサノを社会的に批判
6月4日 第1回支部野球大会（大東市）、三生千島が優勝
17日 67夏季一時金統一要求書提出
21日 神戸生コン分会、不当解雇撤回闘争全面勝利
30日 第1回支部野球大会（堺臨海センター）
10月15日 第3回定期大会（大阪港湾労働者福祉センター）
21日 「10・21闘争」ベトナム人民支援連帯スト参加
11月6日 67年末一時金統一要求書提出

## 全自運（運輸一般）関係

2月3日 第32回中央委員会（全自運会館）
14日～16日 第2回幹部学校（静岡）
3月25日 第23回臨時大会（国労会館）
＊『トラック運輸労働』で「2・9通達」問題特集
4月13日「2・9通達反対」署名にとりくむ
6月22日～23日 第35回中央委員会（京都・教育文化センター）
7月24日～27日 第3回幹部学校（石川県粟津温泉）、56名参加
11月16日～18日 第4回幹部学校（熱海大場旅館）、58名参加

## 国内外の情勢

1月6日 沖縄教職員会、教公2法反対闘争で非常事態宣言
9日 南ベトナム駐留米軍47万を突破
29日 衆議院選挙（自民党の得票率50％割る、公明党初進出）
2月24日 沖縄県「教公二法」廃案
3月16日 明るい革新都政つくる会発足
4月16日 美濃部亮吉・革新都政誕生
5月9日 文部省が道徳教育の手引書を配布
7月21日 公害対策基本法成立
8月19日 米機209波の北爆
24日 健康保険法臨時特例法公布
11月12日 佐藤首相訪米、16日ワシントンで「沖縄・小笠原」共同声明
19日 創価学会池田会長、公明党系労働組合組織の検討を提唱
12月27日 経済共同体（ECC）発足

# 1968（昭和43）年

## 関生支部に関する主な出来事

1月6日 大和分会、活動家3名不当解雇撤回闘争始まる
2月 全自運匿名加盟・公然化の後、益田・東井2名の首切り、さらに第2組合を作り、全自運潰しを策する会社に対抗
3月1日 68春闘統一要求書提出
4月8日 三生千島、交通違反を理由に組合員を不当逮捕（大正警察）
12日 争議支部支援の全国的統一行動
5月18日 豊中レミコン、労働協約獲得
6月28日 大和分会、不当解雇撤回闘争全面勝利
7月22日 尾崎運送分会、大倉野「配転業務命令に服従しない」との理由で解雇され、撤回闘争始まる
9月27日～10月1日 支部役員選挙

## 全自運（運輸一般）関係

2月17日 青年婦人部第8回総会
3月13日～15日 第5回全自運幹部学校
22日 第25回臨時大会（国労会館）、全日運争議団会議 33支部・3地本参加
5月1日 ベトナム人民へ連帯あいさつ
15日「各政党の政策をきく会」
30日 第37回中央委員会＝伊香保
6月9日 引間委員長日本労組代表団長としてベトナム民主共和国訪問

## 国内外の情勢

1月21日 エンタープライズ入港反対で社共2万人集会（佐世保）
3月16日 米軍がソンミで大虐殺
5月8日 イタイイタイ病を公害病と認定
13日 ベトナム和平会談開始。フランス全土で1カ月にわたるゼネスト闘争

# 1969（昭和44）年

**10月**2日　激戦の役員選＝委員長／橋本史郎、副委員長／伊与田好明・上田　勲・今村和方／書記長・谷岡洋（152）—浅野幸義（114）／専従執行委員・武建一（141）—石井英明（130）財政部長　木村文作

＊日本共産党の路線対立によるもので、石井英明排除を目的に日共の指示の下、武が専従執行委員の対立候補として出る

13日　支部第四回定期大会＝港区労働者福祉センター

24日～11月30日　不当解雇撤回闘争強化日間

＊解雇者を中心に職域オルグを強化して大量の宣伝と最大の取組を強化する

**11月**31日「10・21闘争」ベトナム人民支援連帯スト参加

**11月**6日　68年末一時金統一要求書提出

7日　アメリカのベトナム侵略反対、沖縄3大選挙革新統一候補勝利集会、動員署名カンパ活動、17名参加

**1月**18日～19日　関西春闘討論集会

**3月**1日　69春闘統一要求書経出

**4月**2日　尾崎分会支援抗議行動

**5月**25日　第3回青年部主催野球大会

**6月**27日　東海運分会支援抗議行動、50名参加

**7月**27日　原水禁大会署名カンパ活動

＊8月8日に向け、関生支部代表として尾崎分会の大倉野派遣

**8月**2日　東海運分会、東海運㈱を不当労働行為の当事者として地労委に提訴

26日　堺宇部分会、永田・水吉、二重就職を理由に懲戒解雇される

**9月**21日　支部主催第一回生コン労働者大運動会（服部緑地）、約200名

25日　三生佃分会、武・木村・川口解雇撤回闘争裁判勝利

---

**8月**5日～8日　第7回西日本夏季労働学校

**9月**18日～20日　第26回定期大会（箱根）、70年安保廃棄闘争強化決定

**10月**6日　第9回青年婦人部結合

21日　ベトナム人民支援、沖縄全面返還

＊各支部独自要求でスト

**11月**14日　第6回全自運幹部学校（熱海）

**1月**30日　第38回中央委員会（全自運会館）

**2月**12日～14日　第7回幹部学校（伊東市）

**3月**25日　第27回臨時大会（国労会館）

**4月**24日　青年婦人部安保廃棄青年行動結成、トロツキスト学生集団と共に断固闘うの声明出す

**5月**29日　第39回中央委員会（宮城県松島）

**8月**15日　「過積み酷書」（試案）出る

21日～24日　西日本労働学校（大阪）

**9月**18日～20日　第28回定期大会（福井県）

**10月**21日　安保廃棄、沖縄全面返還、アメリカのベトナム侵略反対のための「10・21」スト

9日～31日　第8回幹部学校（滋賀）

---

**7月**1日　小笠原諸島復帰する

30日　沖縄立法院、戦争行為停止を決議

**10月**23日　政府、明治一〇〇年祭記念式典挙行

**11月**10日　沖縄立法院選挙、初代公選主席に屋良朝苗氏当選、立法院議員那覇市長選で革新勝利

**12月**10日　三億円事件東京府中市で発生

**2月**4日　沖縄県民共闘、嘉手納基地へデモ5万5千名参加

**4月**28日　全国で「沖縄デー」社・共共催中央集会、22万名集会

**5月**26日　東名高速道路が全線開通

**6月**10日　南ベトナム臨時革命政府樹立

11日　自民党、靖国神社法案提出

**7月**1日　東京地裁で定年制の女性差別が敗訴する

**9月**　イタリア全土でゼネスト（イタリアの「暑い秋」）

3日　ホー・チミン大統領死去

**10月**21日　日米安保条約廃棄、沖縄の即時無条件返還などをスローガンに「統一実行委員会方式」で集会

**11月**26日　政府、米作調整基本方針

＊減反を奨励

27日　総選挙（社会党惨敗、自民・共産が伸びる）

## 1969（昭和44）年

### 関生支部に関する主な出来事

10月3日　第一審無罪の関扇「ビラ貼り事件」大阪高裁は検察の控訴を却下

12日　支部第五回定期大金＝大阪港湾労働者福祉センター

21日　「10・21闘争」ベトナム人民支援連帯スト参加

22日　関扇運輸支部闘争全面勝利宣言

11月1日　69年末一時金統一要求書提出

11日　関扇闘争勝利報告集合（中之島公会堂）に1000余名参加

21日　大豊分会支援集会、約450名参加

### 全自運（運輸一般）関係

11月9日　第11回青年婦人部定期総会（大阪市）

12月30日　過積みトラック追放ビラ作成

### 国内外の情勢

## 1970（昭和45）年

### 関生支部に関する主な出来事

1月10日　支部旗開き（府立労働センター）

17日～18日　関西春闘討論集会、31名参加

20日　三生佃分会、武・木村・川口、不当解雇撤回原職復帰闘争全面勝利

2月14日　三生佃分会闘争勝利報告集会、160名参加

21日～22日　生コン共闘学習会、50名参加

3月2日　70春闘統一要求書提出

25日　全国生コン共闘会議、「万博合理化」問題を協議する

4月23日　交通共闘・公労協統一ストに関生支部79名、植田組19名、近畿生コン4名参加

27日　大豊支援決起集合、300名参加

6月1日　70夏季一時金統一要求書提出

7月5日　第4回青年部主催野球大会（泉尾高校グランド）

8月15日　大豊運輸分会、24名全員解雇撤回闘争始まる

9月20日　支部主催第2回生コン労働者大運動会

10月18日　支部第6回定期大会（大阪港湾労働者福祉センター）

### 全自運（運輸一般）関係

1月11日～12日　春闘討論集会（伊豆長岡）

29日　青年婦人部、青年婦人の要求実現と安保廃棄、沖縄全面返還の「毎月23日の統一行動」決める

2月3日　第40回中央委員会（全自運会館）

12日～14日　第9回全自運幹部学校（愛知蔵王荘）

3月25日　第29回臨時大会、38アピール運動の拡大、沖縄全軍労支援、京都知事選勝利のための闘争推進を決議

4月8日　地下鉄工事ガス爆発（大阪市北区菅栄町）死者88名、うち全自運組合員1名死亡

5月21日～22日　第41回中央委員会（山梨県公立学校共済組合）

8月1日～3日　第16回原水爆禁止世界大会、7月29日～8月1日の予備会議ともに玉木政治部長派遣、30名参加

27日　西日本労働学校（神戸）

9月21日～23日　第30回定期大会（伊東観光旅館）、全自運創立20周年行事（案）

### 国内外の情勢

1月1日　創価学会の出版妨害が社会問題に

14日　第3次佐藤内閣成立

22日　全国民間労組委員長懇談会結成

3月15日　日本万国博覧会開催（9月30日まで）

4月12日　京都府知事選、蜷川氏6選

6月22日　政府、安保条約自動延長声明

23日　全国で反安保行動、77万人参加

8月7日　69年度の日本のGNP世界第2位へ

22日　自動販売機が全国で100万台突破（自販機時代）

9月　国鉄「マル生運動」を強行

21日　和歌山生コン分会不当解雇撤回全面勝利「10・21闘争」ベトナム人民支援連帯スト参加
25日　生コン労働者スポーツ祭典、250名参加
**11月**4日　70年末一時金統一要求書捗出
6日　尾崎闘争、西協北港工場、尾崎運送に大倉野の解雇撤回求める抗議を組織、71名参加

## 1971（昭和46）年

**1月**9日　支部旗開き、65名参加
16日～17日　関西春闘討論集会、32名参加
**2月**14日　生コン労働者学習会（中山寺）、50名参加
**3月**1日　71春紺統一要求書捗出
25日　全自運結成20年記念職場新聞コンクールで「よあけ」熱心賞獲得
29日　尾崎闘争、大衆行動の高まりを恐れた会社は解雇撤回についての小委員会を捷案
**6月**7日　71年夏季一時金統一要求書提出
**7月**15日　神戸生コン、21名の人員整理発表
25日　支部第5回野球大会
**8月**5日　過積追放推進委員会第1回会議、交通行政全般についての政府自民党に対する闘いとして位置づけ、これを単に一部悪徳業者追放だけにしぼらず、生コン会社の競争の犠牲にさらされている労働者を支援する立場で、運動の第一歩として4社にしぼり、徹底底調査の上、世論に訴える。
**9月**24日　大豊運輸分会、家族交流会
**10月**17日　第7回支部定期大会（西淀川労働会館）、代議員60名、役員17名参加
21日　インドシナ人民支援「沖縄協定」批准反対闘争（カンパ・支部で11万3422円）
31日　支部主催第3回生コン労働者大運動会（堺市泉北グランド）、18分会から家族含め400名参加
**11月**1日　71年末一時金統一要求書捻出

---

**10月**21日　安保廃棄、沖縄全面返還、アメリカのベトナム侵略反対のための「10・21」スト
**11月**25日　創立20周年祝賀会（椿山荘）
**12月**20日　春闘中央討論集会（大伊豆ホテル）

**1月**29日～30日　第42回中央委員会（全自運会館）
**3月**7日　3月26日統一行動成功と東京都知事選勝利で100円カンパ取りくむ
25日　第31回臨時大会（国労会館）
**4月**6日　「過積」「個人償却制」「有毒排気ガス」「道路運送法の一部改正」などで運輸大臣に申し入れ
**5月**30日　青年婦人部全国交流のつどい（名古屋）、100名参加
**6月**2日～3日　第43回中央委員会（静岡県戸田村）、春闘総括ほか
**8月**26日～29日　西日本労働学校（大阪箕面勝尾寺）
**9月**19日～21日　第32回定期大会（石川県山中温泉）
**10月**21日　沖縄協定批准反対、インドシナ人民支援などで1時間時限スト
24日～25日　青年婦人部第一三回定期大会＝亀山ハイツ
**11月**8日～11日　第11回幹部学校＝熱海市潮音荘
**12月**19日～20日　春闘中央討論集会＝伊東市

---

**11月**3日　チリ、アジェンデ政権成立
29日　全国で公害メーデー実施
**12月**28日　政府「環境保護庁」の設置へ

**1月**23日　成田空港強制執行始まる
**2月**25日　労働戦線統一拡大世話人会初会合
**4月**12日　統一地方選、大阪で黒田革新知事
**6月**17日　沖縄返還協定調印
30日　イタイイタイ病判決、原告勝訴
**7月**1日　環境庁発足
**8月**15日　ニクソン米大統領、ドル防衛措置を発表（ニクソンショック）
**9月**23日　国鉄「マル生」運動中止
29日　新潟水俣病訴訟、原告勝利
**10月**8日　公労委、国鉄「マル生運動」を不当労働行為に認定
11日　国鉄総裁、国会で謝罪
25日　国連総会、中国の国連加盟決議
**11月**10日　沖縄復帰協、返還協定反対ゼネスト

# 1972（昭和47）年

## 関生支部に関する主な出来事

**1月**4日　大豊運輸分会支援、三菱初出抗議行動、100名規模

10日　支部旗開き（府立労働センター）、61名参加

**2月**12日〜13日　生コン共闘学習会（中山寺）、28名参加

**3月**21日　東海運分会、地労委の決定出る＊会社側の不当労働行為を基本的に認める

**4月**5日　生コン8社の代表と懇談（大阪運送、三生運送、大生運輸、東邦運輸、大阪宇部生コン輸送、近畿生コン輸送、堺宇部生コン・東海運）。①関西における生コン関係の共販体制、②セメント生コンメーカーの合理化と労務政策、③メーカーの支配に対する共通課題についての共闘

13日　「関扇運輸事件」、最高裁で検察側の上告棄却、無罪確定。組合員7名の不法逮捕、内2人が「建造物侵入・損壊・暴力行為」として起訴されたが、事件発生以来7年目の勝利

**5月**10日　北摂ツルガ分会、中岡解雇闘争勝利

**6月**1日　72夏季一時金統一要求書提出

**8月**31日　全自運近畿生コン輸送支部・親会社西脇生コン立合いの下、近畿生コン輸送会社と協定、勝利。①暴力課長は追放、②近畿生コンは謝罪文を出す、③解決金として45万円出す、との内容。

**10月**15日　第8回支部定期大会（大阪港湾労働者福祉センター）

21日　インドシナ人民支援国際反戦統一行動（カンパ・支部で12万4920円）

22日　支部主催第4回生コン労働者大運動会（大東市南郷グランド）、600名参加

**10月**　北村組分会・前川、会社の一方的賃金切り下げに抗議解雇さる。撤回闘争へ

## 全自運（運輸一般）関係

**1月**28日〜29日　第44回中央委員会（全自運会館）、春闘方針決定、全国オルグ団10名決定他

**2月**25日　「過積、個人償却制、労働時間」について対政府交渉おこなう

**3月**25日　第33回臨時大会（国労ホール）

**6月**2日〜3日　第45回中央委員会（長野県大町）

3日　青年婦人部研究集会（静岡）

**7月**4日　大豊闘争について三菱セメント・豊国生コンへ申し入れする

**8月**20日　西日本労働学校（滋賀県雄琴）

**10月**21日　ベトナム人民支援統一行動、1時間以上スト

22日　青年婦人部第24回定期総会（東淀川区コロナホテル）

## 国内外の情勢

**1月**14日　日本海員組合16万人の大ストライキ

24日　元軍曹横井庄一グアム島で発見

**2月**7日　第4次防衛力整備計画大綱決定

**3月**15日　山陽新幹線（新大阪—岡山）開業

**5月**8日　米国が北ベトナム全港湾を機雷封鎖

15日　沖縄施政権返還、沖縄県発足

**6月**22日　沖縄県知事選、屋良朝苗氏当選

**7月**7日　田中角栄内閣成立

24日　イタリア三大労組、連合組織の設置決定

**9月**25日　田中首相訪中し、共同声明調印、日中国交回復

**10月**2日　自衛隊沖縄移駐を開始

17日　ベトナム・ハイフォン爆撃さる

# 1973（昭和48）年

11月8日　尾崎分会・大倉野不当解雇撤回闘争裁判勝利
11月　神戸宇部分会、日雇労働者松尾氏・仲氏解雇さる
12月5日　東大阪興産分会（寝屋川ツルガ）解雇撤回闘争勝利支援決起集会
15日　泉北宇部分会、松下解雇撤回闘争勝利
28日　東大阪興産、遠藤解雇撤回裁判勝利で原職復帰

1月5日　大豊運輸分会支援、三菱初出抗議行動（第一生命ビル）
15日　73年支部旗開き（尼崎労働福祉会館）、98名参加
31日　73年春闘分会闘争委員会結団式（159名）
2月17日　第4回生コン労働者春闘学習会（中山寺）、39名参加
3月4日　第1回支部臨時大会（春闘推進について）
15日　大豊運輸分会、中労委和解。①新工場（尼豊運輸）を設立し、全員を雇用する、②新設用地は尼崎で6月20日を操業開始めどにする、③操業開始まで生活保障として1カ月8万円支払う
17日　北摂ツルガ分会、会社より工場閉鎖の提案
22日　ライオン分会・佐藤解雇さる
24日　第1回集団交渉（14社）
4月1日　港分会・久米解雇さる
4日　北摂ツルガ分会、工場移転に伴う闘い勝利
17日　年金統一スト（支部半日）嘉麻・北村・阪和開発を除いて全分会突入
22日　北村組分会・前川解雇撤回
5月12日　東海運分会差別反対闘争中労委和解
25日　大生分会「合理化」反対闘争勝利
6月8日　全体ストは中止し、和歌山生コンに集中動員（19分会・64名）を行い、頑強に集団交渉不参加を表明していた会社側も参加態度
15日　73夏季一時金集団交渉（18社）

---

11月9日～11日　第12回幹部学校（静岡県弁天島保養所）
12月22日　春闘中央討論集会（伊東観光会館）

1月26日　第46回中央委員会（全自運全館）
3月28日　第35回臨時大会（国労会館）
4月9日　個人償却問題で労働者・運輸省合同交渉でつめる。解決内容①生活最低保障の金額は、時間外賃金で表し、基準時間を50時間分とする、②実施期間は、73年12月度より74年3月度迄とする、③保障対象者は所定労働日出勤者、④組合要務、争議行為は適用除外としないほか
6月4日　第47回中央委員会（北海道北海通湯の川）

---

12月10日　衆議院第33回総選挙、共産党躍進（第三党）
26日　パクチョンヒ韓国大統領就任

1月27日　ベトナム和平調停で調印
2月1日　公労協・公務員共闘スト権奪還統一スト
14日　円が変動制に移行
3月29日　南ベトナムの米軍撤退を完了
4月17日　年金統一スト
27日～28日　公労協中心にストライキ闘争発展
5月15日　小選挙区制反対闘争高まる、統一行動中央集会12万人参加

## 1973（昭和48）年

### 関生支部に関する主な出来事

**6月** 神戸宇部分会・下請運送部門の最低保証を親会社（小野田）にさせる
25日 三共分会・組織破壊の日干シ政策粉砕
**7月**11日 夏季一時金闘争決起勝利・生コン労働者総決起集会（尼崎労働福祉会館）、支部375名
14日～15日 生コン支部第1回幹部学校（白浜）、61名
**8月**2日 太陽物産分会・企業倒産・全員解雇反対闘争終結
8日 東海運分会・6年ぶり同盟から9名の仲間が復帰
**9月**3日 東海運分会・権利闘争始まる（14分会・尼崎福祉センター）
23日 支部主催第5回生コン労働者大運動会（浜寺公園）
**10月**6日 大阪ライオン「浦上」解雇撤回、本採用化、継続
14日 第9回支部定期大会（大阪港湾労働者福祉センター）
**11月**15日 年末一時金集団交渉（18社）
**12月**10日 第1回犠牲者救援委員会（神戸）
同日 大豊運輸分会・解雇撤回・企業再開闘争全面勝利
**12月** 生涯最低保証制度確立の要求提出

### 全自運（運輸一般）関係

**8月**4日 西日本労働学校（兵庫御殿山）
**9月**20日～22日 第30回定期大会
**11月**8日～10日 第13回幹部学校（片瀬向洋荘）

### 国内外の情勢

**7月**6日 政府・生活関連物資の買い占め
**8月**8日 金大中事件・韓国前大統領候補金氏、東京のホテルから拉致
**9月**7日 札幌地裁・長沼訴訟で自衛隊に違憲判決
11日 チリ、右派軍事クーデターによりアジェンデ大統領殺さる
**10月**5日 米空母ミッドウェイ横須賀に入港
14日 石油ショック、物不足
**12月**6日 フランス、全土で高物価に反対ゼネスト

## 1974（昭和49）年

### 関生支部に関する主な出来事

**1月**4日 小野田初出抗議行動（第一生命ビル）、197名
14日 生コン支部旗びらき（90名）尼崎労働福祉会館
同日 港分会・吉永解雇さる
17日 第一回生活最低保障集団交渉＝市立労働会館
**2月**2日～3日 生コン労働者春闘学習会（神戸多聞寺）、80名参加
12日 生活最低保障制度確立する
**3月**20日 74春闘集団交渉（21社）
**4月**4日 同盟（生コン）全体としての24時間スト
**5月**20日 尼崎運送・大倉野 解雇撤回原職闘争、全面解決
**6月**9日 第3回支部ソフトボール大会（弁天町）、22チーム

### 全自運（運輸一般）関係

**1月**25日 第48回中央委員会（全印刷会館）
**2月**9日～11日 青年婦人部第1回スキー祭典
**3月**16日 第37回臨時大会（国労会館）
**4月**3日 貨物共闘中央総決起大会（共会文化会館）。各省へ団体交渉実施する
**4月** 「個人償却制白書」発表
**5月**30日～6月3日 第49回中央委員会（小豆島）
**6月**22日 青年婦人部交流集会

### 国内外の情勢

**2月**4日 インフレ阻止国民共闘会議第一波行動
19日 公取委、石油連盟と元売り値上げ協定独禁法違反で告発
27日 イタリア労働者、1300万人ゼネスト
**3月**31日 全動労・札幌で結成大会
**4月**8日 京都蜷川知事7選勝利
25日 韓国「民青学連事件」金芝河ら大量逮捕

**7月**14日　北大阪菱光の暴力による組織破壊攻撃粉砕
**7月**14日〜15日　第2回支部幹部学校（加太）、70名参加
22日　昭和レミコン分会・公然時の解雇撤回闘争勝利
23日　第1回退職金闘争集団交渉（尼崎労働福祉会館）
25日　昌和工業分会・組合のシンボルである組合旗の撤去等の暴力的行為に抗議、兵庫生コン輸送協会会長を通じて謝罪と解決金
**8月**2日　大虎分会・解雇撤回闘争勝利
3日　退職金規定制度確立
13日　阪和分会支援決起集会（千名規模）
15日　支部主催第6回生コン労働者大運動会（服部緑地公園）、千名参加
26日　大虎分会三役が「社風に合わぬ」として解雇さる
**10月**6日　鳥飼分会・解雇撤回闘争勝利
15日　支部10周年記念式典（尼崎国際飯店）、330名
17日　第1回青年部定期総会（滋賀県湖琴荘）
20日　第10回定期大会（扶桑会館）
**10月**　日幡運輸の労組否認との闘い勝利
**11月**7日〜9日　全自運中央幹部学校（伊豆）
18日　74年末一時金集団交渉（25社）
25日　交渉時の所要時間・交通費・駐車料を全面保障
**12月**16日　辰己商会分会・暴力と不当解雇反対闘争始まる
20日　東海運分会・日雇い運転手（4名）の本採用闘争解決
27日　アウトサイダー部門に対する8社協定の延長確認。但し「週休2日制等、組合要求を否定しないこと」を条件

**8月**1日〜4日　西日本労働学校（和歌山）、127名参加
**9月**19日〜21日　第38回定期大会（蒲郡ホテル竹島）
27日　大阪合同片岡運輸の植月副分会長行方不明
**10月**12日〜13日　第16回青年婦人部定期総会開く
**11月**7日〜8日　第14回幹部学校（伊豆長岡）、104名参加
**11月**19日　植月殺害事件・山口系暴力団2名逮捕
**12月**10日　植月氏の追悼式（大阪中央公会堂）、二千名参加
16日〜17日　春闘討論集会（静岡県伊東）、202名参加

**7月**7日　参議院選挙、与野党接近する
23日　ギリシア軍事政権崩壊
**8月**8日　ニクソン米大統領辞任（ウォーター・ゲート事件）
**9月**1日　原子力船「むつ」原子炉から放射能もれ、漁民は帰港拒否
**10月**　田中金脈問題公然化する
**10月**7日　サリドマイド原告家族と大日本製薬が和解（11年目）
**11月**16日　田中首相退陣
**12月**9日　三木内閣発足

# 1975（昭和50）年

## 関生支部に関する主な出来事

**1月**6日　小野田初出抗議行動（第一生命ビル）、198名参加
12日　北大阪菱光箕面分会・早川問題起こる
14日　75年支部旗びらき（尼崎労働雇祉会館）、104名参加
18日　全自運関西春闘討論集会（びわこツーリスト）
22日　小野田闘争、武・西岡・坂本不当弾圧第1回裁判始まる
**5月**1日　三光生コンの日雇い労働者の本採用と労働基本権確立、暴力排除の闘い勝利
14日　菱江建材分会・解雇撤回闘争勝利
**6月**1日　第4回支部ソフトボール大会（服部緑地）、36チーム参加
9日　古賀ポンプ分会・解雇撤回、就労権確保の闘い始まる
17日　鳥餌生コン分会・企業閉鎖との闘い始まる
同日　75夏季一時金集団交渉（24社）
**6月**18日　洒直生コン（和歌山）の解雇撤回原職復帰闘争勝利
**7月**9日　京都近畿生コン分会・合理化提案等、攻撃がかかる
11日　安威川生コン・解雇撤回、労働基本権擁護の闘い勝利
12日～14日　第三回支部幹部学校（加太）、64名参加
**8月**1日　生コンおよび輸送関係経営者との政策懇談会（労働福祉会館）。政策内容は、①セメント資本・ゼネコン・商社に対する主体制の確立、②共同雇用責任制の確立、③自由と民主主義擁護
13日　青年部主催・国鉄労組との職場交流会

## 全自運（運輸一般）関係

**1月**21日　第50回中央委員会（東卜健保）
**5月**25日　第1回チューター試験結果、合格者26名
**6月**6日～7日　第51回中央委員会（大分県日田）
14日　青年婦人部・第5回研究集会（福岡）
**7月**27日～30日　西日本労働学校（和歌山高野山）

## 国内外の情勢

**2月**11日　英国保守党党首にサッチャー（初の女性党首）
**3月**10日　山陽新幹線・岡山～博多間開業
**4月**17日　カンボジア解放軍全土を解放
30日　サイゴン陥落によりベトナム戦争終結
**6月**19日　初の国際婦人年世界会議（メキシコ）
**7月**4日　政府、公選法・政治資金規正法の二法改悪強行
16日　日本化工の六価クロム汚染表面化
20日　沖縄海洋博覧会開催（～翌1月18日まで）
27日　共産党と創価学会が協定発表
**8月**28日　興人が倒産（負債500億円）

23日　根来生コン分会・労働組合否認企業閉鎖との闘い始まる

9月1日　明石生コン分会・企業閉鎖、全員解雇撤回闘争始まる

14日　支部主催第7回生コン労働者大運動会（服部緑地）

18日　第11回支部定期大会、サヤマ分会闘争争勝利記念レセプション（尼崎国際飯店）

10月27日　三生「合理化」―和歌山工場を閉鎖・97名希望退職募る

11月　昭和レミコンの暴力に依る組合潰しとの闘い始まる

18日　75年末一時金集団交渉（24社）。明石方面ミニ集交へ三社

12月4日　熊取生コン分会・企業閉鎖の提案出される

13日　鳥飼生コン分会・企業閉鎖との闘い勝利

15日　明神運輸企業閉鎖との闘い始まる

26日　支部団結もちつき大会（根来生コン）

9月15日～18日　第40回定期大会（岡山県児島）

11月1日～2日　青年婦人部第17回定期総会（静岡）

10日　第15回幹部学校（伊豆長岡）

12月18日　30年史編集委員会

20日　春闘中央討論集会（熱海）、207名参加

10月1日　天皇記者会見で「原爆投下やむなし」の発言

11月15日　スペインの独裁者・フランコ死す

11月　中小企業の倒産、1万1千件越す

26日～12月4日　公労協スト権回復スト

## 1976（昭和51）年

1月17日　76年支部旗びらき（尼崎労働福祉会館）、150名参加

30日　泰生コン分会・企業閉鎖との闘い解決

2月4日　生コン共闘会議春闘学習会（信貴山）、105名参加

3月3日　中小生コンプラント経営者との懇談会（14社）

23日　76春闘集団交渉（25社）。関西生コン労働者福祉雇用基金制度要求提出

4月5日　賃金労働条件専門委員会設置

7日　太陽生コンの暴力に依る組合潰し反対の抗議行動（五割動員）

同日　明石生コン闘争勝利報告集会（ニューポートホテル）

1月22日　第52回中央委員会（全印刷会館）

2月10日　職業病問題代表者会議（静岡）

18日～20日　第16回幹部学校（京都三条大橋）、106名参加

22日　青年婦人部、婦人交流会（愛知）

3月26日　第41回臨時大会（国労会館）

1月8日　周恩来中国首相死去

27日　民社党・春日委員長衆院で日本共産党「スパイ調査問題」質問

2月4日　米上院外交委員会、多国籍企業小委で「ロッキード事件」暴露

3月3日　ロッキード疑獄追求世論起こる

# 1976（昭和51）年

## 関生支部に関する主な出来事

**5月**27日　タイコー生コン、タイコー運輸・京都タイコー運輸・大阪運送で、減車を含む43名の希望退職
**6月**17日　76夏季一時金集団交渉（27社）
**7月**4日　第5回支部ソフトボール大会（服部緑地）、48チーム参加
8日　製造関係労働者交流会（此花会館）
20日「セメント生コン部門における労働者の闘いの前進をめざして」政策パンフ発表
22日　支部・救対委員会設置
23日　10台の減車を希望するが、当面5台減車とし、それに伴う希望退餞を募る
**8月**1日　あさひ分会結成、日々雇用共闘会議。新運転、自運労、阪神労組と運輸一般
**8月**　昭和レミコンの組織暴力団に依る組合つぶし粉砕
**9月**5日　村野興産の親方制度と解雇撤回闘争勝利
7日　和歌山生コン企業閉鎖反対闘争勝利
12日　支部主催第8回生コン労働者大運動会（服部緑地）
**9月**　いづみ運輸・企業閉鎖、全員解雇撤回闘争始まる
**10月**16日　第12回支部定期大会（大正区民ホール）
21日　統一行動（支部から353名参加）
**11月**4日　辰巳商会分会解雇撤回反対腕争勝利
30日　関西豊国・ナニワ工場閉鎖、守口工場での就労保障
**12月**　昌和興業分会・企業閉鎖、全品解雇撤回感争勝利

## 全自運（運輸一般）関係

**5月**28日　第53回中央委員会（岐阜）
**6月**19日～20日　青年婦人部研究交流集会（淡路島）
19日　訪欧代表団を編成。30周年記念事業として英・伊・仏運輸労組と交流代表団5名、自主参加6名
**9月**22日～25日　第42回定期大会（神奈川湯河原）
**11月**20日「運輸一般をめざす1億円カンパの訴え」発表
**12月**14日　全自運30周年記念前夜祭（東京全電通会館）、550名参加、日本フィル友情出演
15日　全自運30周年記念祝賀レセプション（東京・京王プラザホテル）、121団体205名参加

## 国内外の情勢

**7月**22日　総評第53回定期大会（議長・槙枝元文、書務局長・富塚三夫）
27日　田中前首相、外為法違反で逮捕（東京地検）
**9月**6日　ソ連のミグ25が函館空港に強行着陸
10日　中国共産党・毛沢東主席死去（82歳）
**10月**12日　中国で江青ら「4人組」逮捕
**11月**3日　米国大統領選、カーター勝利
**12月**5日　総選挙・自民党大敗、新自由ク躍進
24日　福田内閣成立
**12月**　76年の倒産（負債1千万以上）1万6000弱で史上最悪

# 1977（昭和52）年

**1月**13日　昌和興業分会闘争勝利報告集会（尼崎国際飯店）
14日　支部旗開き（尼崎労働福祉会館）
**2月**20日　支部労働学校開催（3月12日まで、各ブロック毎）
26日～27日　生コン共闘会議春闘学習会
**3月**5日　第5回支部臨時大会（大正区民ホール）
7日　ナニワ大阪生コン企業再開、雇用保障の闘い始まる
16日　関西豊国・昭和レミコン・北神コンクリート三分会合同勝利報告集会、170名参加
23日　77春闘集団交渉（輸送29社・製造4社）、製造関係ブロック集交「特徴的回答」政策を要求
**4月**11日　支部ミキサーパレード（桜島～神戸）84名
17日　第1回支部文化祭（尼崎文化センター）
27日　京都近畿生コン「合理化」および一方的協定破棄攻撃との闘い勝利。北浦商事の親方制度廃止、組合否認との闘い勝利
**5月**13日　小野田闘争（旧東海運分会・泉北近議レミコン分会）解決
**6月**　富士コンクリート、企業再建のための政策対応、組合員6名の一時退職
**6月**5日　第6回支部ソフトボール大会（服部緑地）、予選制度により32チーム参加
15日　77夏季一時金集団交渉（輸送28社・製造4社）
29日　土藤生コン分会、組合つぶし攻撃粉砕勝利。太子タクシー分会、組合否認・差別・企業閉鎖撤回闘争始まる
**6月**　北兵庫生コン分会、組織破壊攻撃との闘い勝利
**7月**11日　根来生コン分会、企業閉鎖・全員解雇撤回闘争勝利
**8月**20日　淀川生コン企業再建のための政策対応、労働条件を日々雇用化に
**9月**11日　いづみ運輸分会、企業閉鎖・全員解雇撤回闘争始

**1月**30日　第54回中央委員会（東ト健保会館）
**2月**5日　青年婦人部スキー祭典
28日　運輸一般諸条件・検討委員会
**3月**　ガソリンスタンド政策発表
**3月**26日　第43回臨時大会（東ト健保会館）
**5月**20日　運輸一般準備会打合せ会（静岡県熱海）
27日　第55回中央委員会（三重県鳥羽）
**6月**3日　大阪此花闘争で秩父セメント抗議行動（東京）
**7月**　機関紙・紙名変更『トラック運輸労働』は『うんゆ一般』に
12日　第1回運輸一般結成準備会
19日　新しい労使関係をめざす共同セミナー（浜松市）
**8月**12日　第2回運輸一般準備会（山梨山中山荘）

**1月**　「日韓癒着問題」暴露
**2月**21日　鬼頭判事補弾劾裁判はじまる
**3月**　フランス地方選、左翼連合が躍進
17日　総評・共産党原水禁運動統一へ
**4月**9日　スペイン共産党38年ぶりに合法化
**5月**1日　第48回メーデー全国で700万人
19日　原水協・原水禁両代表統一で合意
27日　独占禁止法改正
**6月**10日　政府「君が代」の国歌扱い決定
**7月**10日　参議院選挙、与野党差縮まる
**8月**3日　原水禁統一大会

## 関生支部に関する主な出来事

### 1977（昭和52）年

まる。第9回生コン労働者大運動会（服部緑地）

**9月** 北大阪菱光猪名川工場一時休止の対応（箕面・豊中の二工場で就労保障）

明神生コン企業再建のための政策対応、一部退職とクローズドショップ制締結

**10月**16日～17日 第13回支部定期大会（地之坊満月城）

21日 「10・21国際反戦デー」（支部から406名参加）

**11月**17日 年末一時金集団交渉（輸送29社・製造5社）。阪生会との懇談会機会を拡大する

19日 過積追放推進委員会設立（三者構成）。運輸一般・同盟交通労連生コン部会・輸送協議会

20日～21日 支部青年部全自運第4回運輸一般第一定期総会、36分会37名参加

### 1978（昭和53）年

**1月**13日 支部旗開き（国際飯店）

**2月**12日 関西生コン共闘会議・春闘学習会、127名参加

18日～20日 第6回支部幹部学校、45名参加

**3月**4日 第6回支部臨時大会（川西市民会館）

12日～14日 全国セメント生コン部会学習交流会（伊豆長岡）

19日 ダンプ政策懇談会場（尼崎産業会館）

21日 第2回支部文化祭（毎日ホール）、1200名参加

22日 78春闘集団交渉（輸送28社・製造5社）、時間外・休日および深夜労働における賃金割増率を3割とする、生活最低保障45時間について延長。4つの集団交渉体制を確立（メイン33社・ミニ4社・バラ3社・ミニミニ3社）

**4月**1日 支部ミキサーパレード（桜島～神戸）200台。雇用失業問題研究集会（勤労会館・坂本）

**5月**9日 北浦商事分会、組織破壊攻撃との闘い勝利

**6月**9日 安威川生コン分会・組織否認と臨時日雇い本採用

## 全自運（運輸一般）関係

### 1977（昭和52）年

**9月**16日 全自運全国交流支部交流集会（館山）

19日 運輸一般第1回定期大会（館山）

**12月**14日～15日 全国生コン共闘総会

15日～16日 春闘中央討論集会（熱海ホテルニューアサヒ）

### 1978（昭和53）年

**2月**3日 第1回中央委員会（東京）

21日 合同労組研究会（熱海）

**5月**7日 「倒産させない経営問題」研究集会（伊豆長岡）

## 国内外の情勢

### 1977（昭和52）年

**9月**28日 米軍機横浜で墜落（幼児死亡・8人重軽傷）

**10月**30日 社会市民連合結成さる（代表・江田五月）

**11月**4日 三全総を正式決定

28日 福田改造内閣発足

**12月**14日 飛鳥田社会党スタート

31日 共産党・里見前副委員長を処分

### 1978（昭和53）年

**2月**20日 永大産業倒産（負債1800億円）

**4月**9日 京都府知事選、革新候補・杉村氏敗れる

**5月**20日 成田空港開港

14日 日韓大陸だな協定成立

の闘い勝利

16日　78夏季一時金集団交渉（輸送28社・製造5社）

**8月**10日　支部主催第10回生コン労働者大運動会（服部緑地）

同日　京都・福田生コン分会、不当解雇撤回、労働基本権確保の闘い解決

**8月**　退職金制度交渉（15年まで要求を上まわる）、制度のあり方で改善交渉、2年間凍結し検討

**9月**11日　大阪・兵庫地区工業組合との構造改善事業に伴う雇用保障念書交わす

**10月**　組合否認との闘い勝利／宮滝運輸分会・田中資材分会

**10月**13日～14日　第14回支部定期大会

17日　関西生コン輸送協錬会・阪生会合同セミナー、①運輸一般の方針について②交通労連生コン部会の方針について

**11月**12日　第7回支部ソフトボール大会（服部緑地）

17日　78年末一時金集団交渉（輸送29社・製造5社）

**11月**18日～19日　第2回関生支部青年部定期総会（潮琴荘）

**12月**11日　太子タクシー分会企業休止、全員解雇撤回闘争勝利

23日　いづみ闘争、企業閉鎖・全員解雇撤回闘争勝利

## 1979（昭和54）年

**1月**18日　支部旗開き（府立労働センター）

11日　支部幹部学校（三田アスレチック）

24日　京都近畿生コン分会、権利侵害反対闘争全面勝利

**2月**6日　第2回15年史編集委員会

**3月**　支部結成15周年記念映画「喜びは鉄拳を越えて」完成

**3月**3日　第7回支部臨時大会（大正区民ホール）

4日　第2回支部文化祭（豊中市民会館）、1500名

20日　79春闘集団交渉（輸送29社・製造5社）、製造その他の職種についての賃金是正の実施期日を79年4月度賃金より行なう

---

**6月**2日　第1回中央委員会（和歌山）

**7月**21日～22日　第2回労使共同セミナー（京都）

22日～24日　第1回運輸一般研究集会（京都）

**9月**19日　運輸一般3回定期大会（神奈川）

**10月**20日　第1回中央労使協議会（東京グリーンホテル）

21日～22日　青年婦人部第2回定期総会

**12月**15日～16日　春闘中央討論集会（熱海市）、187名参加

**1月**26日～27日　第3回中央委員会

**2月**10日　青年婦人部スキー祭典

**3月**24日　第4回臨時大会（東京・国鉄労働会館）

---

**6月**19日　公共企業体会議、スト権認めずの答申

**7月**10日　Ｎｏｘ環境基準大幅緩和

19日　粟栖統幕議長が自衛隊の緊急時における超法規行動言明（有事立法の問題化）

**8月**2日　ドル安、円は欧米で180円台へ

12日　「日中平和友好条約」調印

**9月**5日　「大須事件」騒乱罪確定

9日　有事立法粉砕全国共闘会議（社会党、総評ブロックの62団体代表で）

**10月**22日　中国・鄧小平副首相来日

**11月**3日　ソ連・ベトナム友好条約を締結

**12月**7日　大平内閣発足

15日　米中国交正常化を発表

27日　年末の郵便、空前の滞貨

**1月**11日　カンボジア、ポル・ポト政権崩壊

13日～14日　国公立大学、共通1次試験実施

**2月**17日　中国、ベトナム侵略を開始

**3月**26日　エジプト、イスラエル平和条約調印

# 1979（昭和54）年

## 関生支部に関する主な出来事

30日　豊嶋運送分会、日光分会、植田生コン分会支援決起集会（武庫交通公園）、５００名以上参加

**4月**19日　兵庫日本交通観光バス分会、組合否認との闘いに勝利

**5月**10日　生コン会館・起工式

11日～25日　主催ヨーロッパ労働視察（47名参加）、イタリア・フランス・イギリス三カ国労働視察交流

**6月**10日　昭和レミコン分会、武書記長・監禁暴行傷害事件起こる

18日　79夏季一時金集団交渉（輸送31社・製造5社）、79年4月からの積立金㎥１００円は労働者雇用福祉基金的性格、完全週休2日制環境つくりに努力

22日　大阪・兵庫工業組合、阪生会、輸送協議会、全港湾大阪支部、同盟交通労連、生コン連合会、関生支部合同懇談会

**7月**4日　武書記長監禁暴行事件勝利

**8月**2日　支部イメージアップ映画「夢はるかに」完成試写会

18日　生コン会館建設竣工式

**10月**9日　生コン支部15周年記念レセプション（東洋ホテル）、四〇〇名参加

13日～14日　第15回支部定期大会（生コン会館）

26日　大阪市長選挙担当者会議（10月29日告示）

**11月**1日　生コン関係労働組合協議会総会（ニュージャパン）

**12月**3日　79年年末一時金闘争委員会、48万円妥結確認

10日　「雇用確保・労働条件維持向上・生コン産業近代化推進」総決起集会（中之島）、２１００名参加。

16日～17日　関西生コン運輸労使共同セミナー

20日　大阪府・市と生コン労協話し合い

同日　鶴菱運輸敗訴する

## 全自運（運輸一般）関係

**7月**5日　労使共同セミナー（伊東）、経営側85名・組合側86名

8日　第1回青年幹部学校（京都）、テーマ「労働組合運動と経済学」

28日　関西地協婦人労働者交流会（神戸）

**9月**1日　運輸一般第5回定期大会

**10月**16日～17日　故植月一則氏追悼式・墓祭（徳島）

**12月**14日　80春闘中央討論集会（伊東市）

## 国内外の情勢

**4月**3日　中国、中ソ同盟条約廃棄を通告

8日　東京都知事選、大阪府知事選で革新系太田・黒田両氏敗北

**5月**4日　英国総選挙、保守党圧勝（サッチャー党首で）

**6月**6日　元号法案成立

28日　東京サミット開催

**7月**20日　国連・難民会議開催

**11月**4日　イランで、アメリカ大使館占拠・人質事件

12日　海上自衛隊・米海軍と東シナ海で初の共同演習

18日　総評・日本消費者連盟など15団体、合成洗剤不買運動へ

21日　イタリア3大労組、１２００万人統一スト

26日　円急落1ドル＝２５０円台に

## 1980（昭和55）年

### 関生支部に関する主な出来事

1月16日　関西生コン労協新春祝賀会（大阪グランドホテル）
30日　籾井事件判決・労使紛争で名誉毀損、2人に有罪
2月10日　民法協討論集会（大津ツーリストホテル）
15日　第12回支部幹部学校はじまる
21日　関西生コン運輸共済会理事会（有馬）
3月1日　支部第8回臨時大会（生コン会館）
9日　支部第4回文化祭（豊中市民会館）、1700名参加
18日　敦賀労働学開校式（敦賀センター）
31日　新関西豊国・大豊運輸、ロックアウト
4月3日　鶴菱支援、三菱セメント本社抗議、300名参加
27日～5月12日　労教協ヨーロッパ視察
5月7日～9日　80春闘24時間スト反復行動
6月28日　80年夏季一時金、48万円で妥結確認、継続審議事項協定は40社
8月26日　バラ・SS・政策懇談会（10社参加）
9月18日　日交不当裁判決定に対する宣伝キャンペーン始める
25日～27日　大阪府警による強行捜査・不当逮捕。早朝、400名機動隊により組合員逮捕。
**＊日本労働運動史上類のない組合潰しの大弾圧**
10月1日　不当弾圧糾弾・諸闘争勝利緊急10・1総決起集会（西宮市民会館）
20日　組織防衛不当逮捕対策会談（中央関係・地本・支部）
11月2日～4日　武委員長・矢富執行委員逮捕さる（5日釈放）。阪南協事件での暴力行為等に関する容疑。
3日～7日　大阪地検・堺北署への抗議宣伝行動展開
9日　大阪・兵庫工組主催スポーツハイキング（六甲山）
11月14日　不当弾圧粉砕・秋季闘争勝利総決起集会（茨木市）、1400名参加
27日　小野田裁判勝利（3名無罪、親会社の使用者責任明確に）
12月9日　秋季一時金、55万5000円＋α回答で妥結

### 全日建中央／地本関係

1月18日　関西地協第18回定期大会（ビワコツーリストホテル）
18日～20日　関西春闘討論集会
2月5日　中央組織オルグ講座（山中湖）
25日～26日　中央幹部学校（三河ハイツ）
4月3日　統一懇中央行動日
7月20日～22日　西日本夏季労働学校、支部21名参加
30日～31日　第4回労使共同セミナー（犬山市）
31日～8月2日　第3回運輸一般研究集会（岐阜県）
10月2日　第七回全国セメント生コン部会
11月2日　東京地区生コンは地域支部から業種別支部として結成する
4日　中央組織機能調査会議
28日　「軍事費けずってくらしと福祉、教育の充実を」中央行動
12月12日～13日　81春闘中央討論集会

### 国内外の情勢

1月15日　イタリア三大労組、1400万人経済政策転換と国民的統一政府を要求、全国スト
2月18日　政策推進労組会議自民党と会談
4月25日　モスクワオリンピック政府不参加決める
5月1日　第51回メーデー、580万人参加
18日　金大中氏逮捕・韓国非常戒厳令
31日　国鉄、春闘で9万8000人処分
6月12日　大平首相死去
22日　衆参同時選挙、自民勝利
7月14日　国連婦人の10年世界合議・婦人差別撤廃条約71カ国署名
17日　鈴木内閣発足
8月15日　ポーランド、スト広がる政労交渉で自主労組結成など合意
9月17日　金大中氏に死刑判決
10月24日　81春闘共闘会議発足
12月18日　労働4団体81年賃上げ要求、基準10％を決定

# 1981（昭和56）年

## 関生支部に関する主な出来事

**1月**22日　大飯・兵庫工組、各地区協組と労働4団体との交渉、苦情処理委員会・雇用保障・適正シェア・人員・車輌など
　29日　大阪・兵庫工組、研究センター起工式（六甲）
**2月**7日　支部幹部学校
**3月**3日　81春闘要求提出、賃上げ5万円
　12日　労働組合4団体意志統一（81春闘に対する各労組考え方）
　21日　支部第5回文化祭（豊中市民会館）
**4月**6日　諸要求貫徹関西生コン労働者総決定集会（扇町公園）、2200名参加
　13日　81春闘要求実現無期限ストライキに
　15日　生コン支部闘争委員会意見統一（賃上げ1万500円他）
**5月**9日　一時金要求決定（年間150万円・配分各50％）
　11日　大阪府警、再度不当弾圧、鳳生コン2名逮捕さる。以後、大阪地検・堺署・北署への抗議宣伝行動数カ月間続く
**6月**13日　第1回雇用対策委員会
　18日　第2回共同集団交渉（生コン123社・輸送36社、計159社）
　29日　一時金闘争第5回集団交渉、回答年間100万円、配分各50％他で妥結
**7月**1日　原発分会結成する（183名で）
　28日　鶴菱闘争勝利報告会
**8月**4日　雇用福祉委員会、政策課題、100億円構想の資金調達
　28日　日交闘争、大阪地労委、組合主張認め勝利の命令
**9月**15日　第13回ファミリースポーツフェスティバル（万博公園）

## 全日建中央／地本関係

**1月**　前年の中小企業倒産が史上二番目に（2万7800件）
**1月**23日　第19回関地協総会
　24日～25日　関西81年春闘討論集会（ビワコツーリストホテル）
**2月**29日～30日　第7回中央委会（東京）
**5月**22日　中央本部新館落成式
**6月**4日～5日　第5回中央労使共同セミナー
　24日　全国生コン部会神奈川鶴菱闘争全面勝利
**7月**12日～14日　運輸一般研究集合（松本市）
　19日　ワシントン反レーガン50万人集会
　26日～27日　全国セメント生コン部会学習交流会（65名）
**9月**2日　運運輸一般第9回定期大会（伊東市）

## 国内外の情勢

**1月**19日　米とイラン人質解放で合意
**2月**11日　市川房枝さん死去
　27日　蟻川虎三さん死去
**3月**1日　全国で物価メーデー
　30日　レーガン大統領狙撃される
**4月**1日　日本原電・敦賀2号炉の放射能もれ認める
　9日　米原潜「日昇丸」を沈没させ逃亡
　12日　米国、スペースシャトル打ち上げ
**5月**1日　第52回メーデー、650万人参加
　9日　ライシャワー元駐日大使、米艦船の核持ち込みを明かす
**6月**10日　イランのホメイニ師、バニサルド大統領を解任
**8月**10日　ワインバーガー米国防長官、中性子爆弾を製造中と発表
**9月**5日　ポーランド連帯第1回大会

**10月**9日　支部事務所強制捜査及び工藤副委員長宅不当捜査さる

11日～12日　支部第17回定期大会（池田市）、2800名。組織拡大の成果

21日　新増設問題について、大阪公取委申し入れ

**11月**7日　勤通大・第5期労組コース入学式、生コン支部400名受講生を組織

19日～20日　関西生コン労使共同セミナー

**12月**2日　工組および政策委員会・新春トップ対談

## 1982（昭和57）年

**1月**11日　大阪・兵庫工組名刺交換会（芦屋技研センター）

21日　特別政策委員会、①新増設・ドライ政策、②生コン会館4月着工など確認

**2月**15日　政策委員会82春闘要求、賃上げ3万円、年間一時金150万円など

25日　コンクリート圧送ポンプ協議会設立総会

**3月**1日　支部事務所、大阪・兵庫工組はけじめ強要、名誉毀損で8カ所強制捜査

2日　日交・甲田書記長暴力事件で不当逮捕。以降長田署抗議、本人激励行動展開

27日　全職場無期限ストライキ（4月8日まで）、全体参加2300名・支部1800名

29日　各セメントメーカー抗議行動（参加180名）

**4月**4日　ダンプパレード（参加ダンプ160台・210名）

14日　高田建設分会・野村雅明書記長殺害さる。翌日より一週間、抗議として全職場半旗上げる

16日　82春闘に関する小委員会で妥結、①賃上げ1万7000円、年間一時金118万円、②42時間保障を未組織企業にも適用、③100億円構想協定など

22日　支援と連帯4・22総決起集会、3520名参加

25日　勤通大第14期基礎コース入学式（170名）

29日　82年支部文化祭（万博公園）、7000名参加

---

**10月**20日　安保廃棄・ニセ行革粉砕・革新府政奪還府民集会（扇町公園）

**1月**23日　関地協82春闘討論集会（ビワ湖ツーリストホテル）

29日～30日　全国セメント生コン部会幹事会

**2月**4日　中央第9回中央委員会（技研センター）

7日～9日　中央第6回幹部学校（みのたにグリーンスポーツホテル）

---

**11月**10日　82国民春闘共闘発足、880万人

18日　総評加盟10単産が「統一準備会」へ参加を決めるよう総評議長に要請

**1月**26日　東京地裁、ロッキード事件若狭らに有罪判決

**2月**9日　羽田沖で日航DC8機墜落

**3月**26日　米国防長官来日、千海里・シーレーン防衛強化要望

**4月**　イギリスとアルゼンチンでフォークランド戦争

# 1982（昭和57）年

## 関生支部に関する主な出来事

**5月**11日　故・野村雅明君組合葬（高砂文化会館）、2000名参加

**6月**13日　キクヤ交通分会員2名「暴力事件」デッチ上げ逮捕、二三共分会不当捜査

18日　淡路第一生コン関係「威力業務妨害」デッチ上げで5名不当逮捕

25日　京都・大阪府警、不当捜査13カ所

**7月**2日　大阪・兵庫工組、協定・約束事の不履行宣言する

12日　兵庫県警、支部事務所不当捜査

14日　「原発はいま」映画完成試写会（敦賀勤労福祉センター）

**8月**3日　工組と労働四団体の第1回労使代表者会議、協定・約束事32項目前進せず

10日　ソ連訪問団出発、教育・医療・福祉問題交流（参加20名）

25日　生コン支部書記長・京都府警に不当逮捕さる

**9月**7日　支部委員長以下13名、大阪府警不当逮捕

16日　大阪府警、2名の執行委員不当逮捕

**10月**2日　ミキサーパレード、車輌160台・400名参加

5日　関地協ビラ宣伝統一行動、支部100名参加

8日　不当弾圧粉砕・野村書記長殺害事件究明市民集会、参加36団体（2400名）

15日～16日　支部第18回定期大会（有馬グランドホテル）

22日　野村雅明君殺害事件に対する全国一斉抗議行動

24日　生コン支部ファミリーフェスティバル（万博公園）、7000名参加

25日　協定遵守求め、ストライキに入る

**11月**26日　中央・東京生コン支部・関生支部、他強制捜査、東京生コン支部幹部3名逮捕

**12月**11日　運輸一般・東京地本および東京生コン支部強制捜査さる

17日　運輸一般中央本部「12・17声明」赤旗新聞に発表

## 全日建中央／地本関係

**5月**21日～22日　全国セメント生コン部会

**6月**3日～4日　中央第6回労使共同セミナー

**7月**10日～11日　第5回運輸一般研究集会（三河ハイツ）

**8月**28日～30日　中央青婦部幹部学校「みの谷」

**9月**3日～5日　第11回中央定期大会

**11月**8日　全国セメント生コン部会定期総会

14日～15日　中央総行動

**12月**14日～15日　全国セメント生コン部会幹事会

15日～16日　運輸一般中央春闘討論集会（熱海）

16日～18日　統一労組懇総会（熱海）

## 国内外の情勢

**5月**22日　東北新幹線開通

**7月**23日　西日本に集中豪雨、長崎死者多数

24日　中国、教科書検定の批判キャンペーン

**8月**11日　日本海北部で最大規模の日米合同演習

13日　ポーランド「連帯」支持者が抗議デモ

**9月**　イスラエル、レバノン侵攻で難民大虐殺・犠牲者数千

12日　台風18号東日本縦断被害甚大

17日　サッチャー英首相来日

**11月**　中曽根内閣発足

10日　ソ連・ブレジネフ書記長急死

# 1983（昭和58）年

**1月**31日　組合員2名不当逮捕される同日　支部委員会「12・17声明」以後の経過と職場討議資料提出

**2月**15日　第5回関西生コン運輸共済会理事会

17日　野村雅明君殺害犯人4名に実刑判決

同日大阪・兵庫工組新役員体制確認されるが、メーカー・全生工連の圧力で承認されず

**4月**1日　阪南・南大阪合同、82春闘・知事選勝利学習会

4日　バラSS17社春闘でストライキ（参加118名）

**5月**2日　セメント各社に抗議・要請行動、83春闘早期解決せよ

**6月**8日　小野田高勝利・刑事弾圧粉砕集会（1640名参加）

**7月**8日　通産省・公取委申し入れ行動

27日　運輸一般中央機関紙「号外」で支部幹部への予断と偏見に満ちたキャンペーン行う

**8月**10日　全国セメント生コン部会「12・17声明」及び7・27付「号外」で中央に質問状

**9月**26日　第12回支部委員会、支部団結の攪乱者統制処分について分派グループ35名に4カ月～6カ月間の権利停止

**10月**10日　引間平岡分派・分裂一派が「支部大会」なる集会を開催

10日～11日　第19回生コン支部定期大会（宝塚グランドホテル）、平岡義幸他88名除名処分決定

**＊新生関生支部の出発**

**11月**15日　労働四団体と代表交渉、83春闘、一時金出口一本化問題

**12月**8日　労働四団体調整、代表者・交渉・専業69社。83春闘、基準内1万7400円＋α（2600円）は各ブロックで対応、一時金120万円は夏冬各50％他で合意確認

15日　「日本共産党と引間一派の関生支部つぶしを粉砕し12・15総決起集会」（吹田市民会館）

---

**1月**10日～11日　中央執行委員会（東京）

20日～21日　全国セメント生コン部会、幹事会、権力弾圧に関する中執委発表内容について

21日　関地協総会

**2月**5日～6日　全国セメント生コン部会、83春闘学習会

6日～8日　中央幹部学校（三河ハイツ）

**3月**4日～5日　中央執行委員会

14日　第2臨調で中曽根首相に行革に関する最終答申（第5次）提出

15日　第2回臨調解散

17日　中央執行委員会

18日　中央第12回臨時大会（東京）、「関西生コン支部の団結強化について」採決される

**5月**19日～20日　中央組織委員会

24日～26日　関地協幹部学校

28日　全国セメント生コン部会幹部会

**6月**20日　東京生コン支部三役7カ月ぶりに全員保釈さる

**7月**7日～9日　西日本夏季労働学校、神戸みのたに

10日～12日　第6回運輸一般研究集会（山中湖）

**9月**1日～3日　運輸一般第13回定期大会（箱根湯本）、「武中執権利停止」「全国セメント生コン部会活動停止」などの報復措置を強行採決

---

**1月**11日　日経連臨時総会「労問研委報告」発表

26日　「反金権・政治倫理確立・田中角栄即時辞職要求、中曽根内閣糾弾2・26中央集会」

**2月**4日　社・公・民・新自連共同で田中元首相辞職勧告案提出

5日　全民労協・1兆円減税要請

**3月**1日　総評三顧問呼びかけ「労働運動研究センター」発足

**4月**11日　北海道・福岡で革新知事誕生

**5月**1日　第54回メーデー全国277会場（390万人参加）

27日　イタリア3大労組・時短でゼネスト

**6月**10日　英国総選挙・保守党圧勝

**7月**21日　ブラジル労働団体、賃上げ抑制でゼネスト

**8月**21日　フィリピン・アキノ氏暗殺さる

**9月**1日　大韓航空機・ソ連領空で撃墜きる

**10月**2日　米「原子力空母カールビンソン寄港抗議集会」社党・総評等の主催

11日　衆議院・行革関連6法案可決

21日　国際反戦デー中央集会（社会党、総評）

22日　ヨーロッパ各地で反核・平和集会

**11月**4日　ビルマ政府、北朝鮮との国交断絶

**12月**4日　ECサミット開催（アテネ）

18日　第37回衆院選挙、自民過半数を割り与野党伯仲となる

21日　ベイルート（レバノン）連続爆弾テロ、死傷者約600名

# 1984(昭和59)年

## 関生支部に関する主な出来事

1月8日　甲寅陸運暴力事件デッチ上げで、関戸・井出執行委員が不当逮捕される
9日　初出、支部事務所不当強制捜索される
24日　佐藤副委員長他5名、不当逮捕される(支部事務所他6カ所捜索)
2月15日　関西生コン運輸共済会理事会で運輸共済会解体、各企業代行・条件は従来通りと通告あり
3月2日　大阪・兵庫工組との話し合い①工組連合会事務所の閉鎖・生コン会館予定地売却提案②支部、閉鎖・売却の拒否、32項目ビジョンを求める
4月1日　84国民春闘勝利・生活危機突破総決起集会(扇町プール)、482名参加
7日　ミキサーパレード(参加車輌216台)
6月16日　朝日分会事務所びらき
8月7日　支部教科書「働く書のガイドブック発刊記念レセプション」、参加706名
9月2日　「ピースボート84」出発、参加者7名
10月1日　土藤事件結審、懲役10年執行猶予2年の判決
23日　84春闘勝利・未解決分会対策会議
同日　反戴平和集会(扇町公園)、参加者136名
11月5日　全国組織準備会(東京)
14日　中央総評との懇談会
18日　第15回全日本建設産業労働組合臨時大会及び全日本建設運輸連帯労働組合結成レセプション、参加者69名
30日　第2回中央委員会、提出議案すべて承認される
12月7日　支部労働学校開校、参加者94名
18日　「国鉄分割民営化反対・雇用確保・田中機械破産宣告6周年抗議」官民連帯権利集会(港区民センター)

## 全日建中央/地本関係

2月18日　全国セメント生コン労働組合共闘会議結成、北海道から四国3500名結集
4月10日　1兆4000億円の減税要求に対し、政府は所得税など約1兆650億円の減税を実施、反面大幅を見返り増税を措置する
10月30日　東京地区生コン支部・鈴木生コン刑事事件、罰金7万円の判決
11月5日　東京地区生コン支部・横山生コン事件、懲役2年執行猶予4年の判決
17日　総評春闘要求8%と決定
18日　全日本建設産業労働組合を発展的に全日本建設運輸連帯労働組合に改称、5万名単産をめざし出発

## 国内外の情勢

1月18日　三井有明鉱で火災、死者83名、一酸化炭素中毒患者13名、組合は「生産第一、人命軽視の結果」と声明
2月10日　アンドロポフソ連共産党書記長死去
22日　登山家・植村直己氏、北米大陸マッキンリーで世界最初の冬季単独登頂後消息を絶つ
3月12日　「財田川事件」の谷口繁義さんに無罪判決
同日　イギリス炭労が無期限ストに突入
18日　江崎グリコ社長誘拐さる
5月11日　日米防衛首脳会談
6月7日　ロンドンサミット開幕
9日　反トマホーク「ザ・ディ・ビフォー」大阪行動84(3万人参加)
7月11日　「松山事件」の斉藤幸夫氏、無罪判決
12日　臨教審法案可決
29日　第23回ロサンゼルス・オリンピック開幕、ソ連圏不参加
9月6日　全斗換韓国大統領来日
25日　「かい人21面相」を名乗る犯人、青酸カリ混入菓子で森永を脅す
10月31日　第2次中曽根内閣発足
同日　インド・ガンジー首相暗殺さる
11月6日　レーガン大統領再選さる
12月2日　スペイン、NATO脱退要求で50万人デモ
8日　総評呼びかけ「反核千人委員会」が設立総会
9日　米空母「カールビンソン」横須賀入港

# 1985（昭和60）年

**1月**12日　支部新春旗びらき
**2月**8日　「ユシ協定に基ずく解雇の取り扱いについて」関係企業と交渉
12日　イギリス炭労代表ジョン・バローズ氏との懇談交流会
19日　箕島生コン闘争支援共闘会議結成式（大阪総評主催、ＰＬＰ会館）
**3月**24日　北大阪Ａブロックソフトボール大（浜甲子園）、参加者２００名
同日　大阪労働学校設立開校、参加者１１１名
**4月**2日　支部労働学校京都・神戸教室はじまる
11日　大阪府警による不当弾圧、菱木生コンの労使紛争を「傷害容疑」として6名が逮捕・勾留される
19日　85春闘集中統一行動はじまる、特に4・26、30の2日間で84職場・８９２名が行動に参加
**5月**29日　第9回執行委員会、春闘総括、4・15日以来5月28日までの集中統一行動として十波、述べ約２５００名以上が参加。
**6月**2日　未組織の組織化シンポジウム（解放会館）
**8月**4日～6日　第40回原水爆禁止世界大会（広島）
22日　生コン支部20周年記念事業実行委員会
**9月**20日　大阪労働学校第2期スタート、参加者40名
21日　近畿労働学園開校式（参加者１３０名）
**10月**13日　生コン支部第21回定期大会、「闘いが人間を変え歴史を創る―５０００人支部建設へ」
**12月**23日　三団体懇談会（全日建関生支部・同盟・全港湾）

---

**1月**7日　中央本部旗びらき
29日　近藤地方本部結成大会
**2月**2日～3日　第1回中央組織オルグ講座
6日　近畿地本大阪総評加盟承認される
14日　兵庫県評加盟承認される（2日15日より正式加盟）
23日～24日　中央春闘討論集会（熱海）
**3月**3日　東京地区生コン支部、運輸一般から連帯加盟、また静岡県生コン支部も連帯加盟する
9日～10日　第1回中央幹部学校（静岡）、連帯労組のあゆみ
17日　近畿地本トラック労働者討論集会
19日　中央各省庁要請行動
**4月**11日　全日建運輸連帯労組特別対策委員会、社会党国会議員11名で構成
25日　中央各省庁要請行動
**5月**11日～12日　第2回中央幹部学校（六甲）、職場からの労働運動を
26日　横浜合同支部運輸一般から連帯に加盟
**7月**13日～14日　第3回中央幹部学校（愛知）、未組織の組織化
15日　総評第73回定期大会
20日～21日　中央第2回定期大会（愛知）、日本労働運動の命運かけて
**9月**22日　近畿地方本部第2回定期大会

---

**1月**2日　日米首脳会談、レーガンのスターウォーズ構想に中曽根首相理解を示したとして国内野党一斉に反発
**2月**8日　金大中氏「母国の民主化に参画する」と2年振り米国より帰国
13日　韓国総選挙で新党・新韓民主党が野党第一党になる
**3月**10日　チェルネンコ・ソ連書記長死去、後任書記長にゴルバチョフ氏
19日　総評、年金改悪反対全国統一行動！
27日　専売公社が民営化、「日本たばこ産業」に
**4月**10日　臨教審第2部会「学歴社会は存在しない」と報告
**5月**1日　メーデー全国で４２３万人参加
14日　法務大臣は指紋押なつ方式の変更と拒否者の告発徹底を指示、韓国政府は不満表明、居留民団と朝鮮総連は「ギマン策」と非難
17日　男女雇用均等法成立
**6月**26日　臨教審「個性重視」を教育改革の基本原則とする第1次答申を首相に提出
**8月**12日　５２４人乗り日航ジャンボ機、郡馬県御巣鷹山で墜落、航空史上最悪被害
15日　中曽根首相初の靖国神社公式参拝、18閣僚が追随
**9月**18日　北京市天安門広場で学生による反中曽根デモ
**10月**3日　雇用審議会が60歳定年の法制の答申を総会でまとめる
11日　国鉄の87年4月の六分割民営化をと閣議決宝
**12月**20日　衆院内閣委員会理事会、国家秘密法案廃案

## 1986（昭和61）年

### 関生支部に関する主な出来事

**1月**10日　地本・支部主催新春旗開き、参加198名
20日　奈良・香芝のプラント撤去、労使共通課題として取り組んでいた新増設反対運動が実現。「奈良方式」の典型として注目される。
**2月**18日　4団体懇談会、全化同盟も新たに加わり、年間休日の厳守など確認
**3月**5日　86春闘要求提出
**4月**8日　春闘統一行動
13日　86春闘勝利・セメントメーカーの中小企業つぶし・組織破壊攻撃粉砕自動車パレード（南港出発）273台
**5月**8日　沖縄平和行進出発
**6月**2日　訪中団出発
22日　大阪労働学校総会
23日　反安保統一行動大阪集会（扇町）
25日　新幹線保線分会公然化
**8月**5日　総評長期争議組合支援「関経協提言」糾弾統一行動、公正取引委員会と大阪府労働部に対し「メーカーと協組が一体となった不正を独禁法に基づいて厳しく指導せよ」と申し入れ。同日夜、決起集会（剣先公園）
**9月**1日　高砂宇部生コン闘争支援行動
**10月**6日　新幹線保線分会の社会党水田衆院議員による現地調査
**11月**4日　政治活動委員会・体制を確認し地方選の候補者を検討
**12月**2日　フィリピン人民党国際部責任者ジュリエッタ・シソン氏来館

### 全日建中央／地本関係

**2月**23日　中央本部第1回中央委員会、86春闘方針・要求を討議
**3月**2日　近畿地本春闘討論集会
19日　中央行政交渉4省（建設・通産・運輸・労働）に、産別雇用保障制度の確立、中小企業主導の業界立て直し、時短など要請
**4月**15日　中央統一行動、全日本トラック協会、日本建設業団体連合会、全国生コン工業組合連合会と交渉・要請
24日　中央行動、鹿島レミコン・日商宇部への抗議行動と全生工組連への抗議行動
同日　建設・通産・労働・運輸各省との第2回交渉
**5月**14日　衆議院商工委員会で水田稔議員が大阪兵庫の生コン業界不正行為を追求
16日　中央本部春闘闘争委員会と暴力団ぐるみで中小企業と労働者いじめの実態を告発
**6月**4日　中央統一行動
21日～22日　近畿地本幹部学校（敦賀）
**7月**20日～21日　中央本部第3回定期大会（静岡富士見ハイツ）
**9月**28日　近畿池本第3回定期大会（地本機能の充実へ）
**10月**15日　中央行政交渉（通産・労働省）
同日、大木正吾氏を委員長とする全日建運輸対策特別委員会が新メンバーで発足
**11月**9日　東海地区生コン支部結成大会（愛知県豊川）
**12月**7日～8日　87中央春闘討論集会
13日～14日　近畿地本春闘討論集会（六甲）

### 国内外の情勢

**1月**22日　社会党大会、新しい綱領となる「新宣言」採択
28日　米、スペースシャトル爆発、乗務員7人全員死亡
**2月**14日　フィリピン大統領選、国会集計ではマルコス当選するも不正選挙の声高まる
24日　市民抗議でマルコス逃亡、コラソン・アキノ臨時政府樹立
**4月**1日　男女雇用機会均等法、国民年金法改正施行
11日　60歳定年法成立
28日　ソ連のチェルノブイリ原子力発電所で大事故、日本でも放射能検出
29日　政府主催、天皇在位60年記念式典、各地で反対行動
**5月**4日　東京サミット開催
22日　「8増7減」の衆院定数是正法案成立
**6月**4日　中曽根首相、大型間接税「やる考えはない」と言明
**7月**6日　衆参同日選挙、衆院で300議席、参院で72議席で自民党大勝
22日　第4次中曽根内閣
**8月**15日　新自由クラブ解党決定
**9月**6日　社会党、土井たか子委員長を選出
29日　日教組の組織率、49・5%と初めて半数割れ（文部省調査）
**10月**11日　レーガン、ゴルバチョフ、レイキャビクで首脳会談、SDI問題で物別れ
31日　中央公害対策審議会、大気汚染指定地域の全面解除など答申
**11月**8日　中曽根首相訪中、平和友好平等互恵など4原則を確認
28日　国鉄分割・民営化関連8法が成立
**12月**1日　鉄鋼不況で新日鉄、川崎製鉄、神戸製鋼で初の「一時帰休」
5日　公明党大会、委員長に矢野絢也氏

# 1987（昭和62）年

1月12日　近畿地本・関生支部主催87年新春旗開き（生コン会館）、256名参加

2月1日　平和工業園田分会長、不退去罪、威力業務妨害で不当逮捕される

3月1日　税制改悪・売上税反対5万人西日本集会

同日　湖東ブロック家族激励集会（彦根）

15日　87春闘・統一地方選勝利、売上税導入反対自動車パレード（八日市）

4月10日　バラSS政策行動！過積載追放・春闘前進

13日　生コン経営者会議交渉①残業補償の支給条件は75％出勤を基本に慶弔休暇は除外する②条件改訂に伴う減収保障額60万円は4月、8月の2回支給とするなど。

5月8日　沖縄平和行進代表派遣

6月27日　写真集「軌道」出版記念集会

7月4日　奈良生コン産業近代化委員会

20日　朝鮮「友好親善の船」出発

29日　中央委員会、安威川生コン闘争支援行動

8月10日　経営者会議との交渉で同盟の低額妥結を突破

9月1日　京都集団交渉共同委員会

30日　中央委員会、安威川生コン14名全員、島本の仲間の連帯復帰を報告

10月26日　中央委員会統一行動、灰孝闘争支援行動、ブックローン闘争支援、大阪セメント支店要請行動

12月2日　KMU議長クリスピン・ベルトラン氏、フィリピン共産党議長夫人・ジョセフィナ・サラスさんとの懇談

17日　京都生コン産業近代化促進懇談会（支部）

同日　奈良生コン産業近代化委員会（奈良）

---

1月14日　中央本部新春旗開き

25日　関東地本新春旗開き

2月22日　中央本部第2回中央委員会で売上税粉砕・統一地方選勝利を柱とする87春闘方針を採択

3月30日　通産省交渉、①輸入セメントによるセメント価格引き下げ予測②連帯労組に業界安定をめざした諸施業・意見を期待③全生工組連との共同テーブル設置、恵廃業者への指導④大阪兵庫工組への指導を約束

4月4日　連帯労組小千谷支部結成大会（新潟県・小千谷市）丸山建設、小杉土建、小千谷生コンの3分会で練成し36名の支部として出発

6月6日　中央本部組織対策会議（静岡）

7月26日〜27日　第4回中央本部定期大会（新潟県ホテル木の芽坂）組織強化特別資金の確立へ全組合員1人5000円カンパ）決議

8月25日　小千谷配管設備工業分会（新潟）結成、公然化

9月27日　近畿地本第4回定期大会

11月1日　東京地区生コン支部定期大会

12日　中央行政交渉へ通産・建設）へ指導要請①大阪セメントの一方的輸送形態変更に対する指導②神戸協同組合の不当労働行為への指導③輸送供給ストップへの指導⑥西沢生コン争議解決への指導

29日　近畿地本・トラック部会

12月6日〜7日　中央本部春闘討論集会（岐阜）①88春闘の基本構想②「交運労協」に対する考え方③政策闘争⑥権利侵害反対闘争

7日　岐阜松栄運輸支援行動

---

1月19日　東京外為市場ではじめて1ドル150円を突破、円高が急速に進む

2月4日　政府、売上税法案を提出

9日　NTT株上場、119万7000円で一般放出開始、2週間で倍の240万円

3月8日　売上税争点の参院岩手補選で社会党・小川仁一氏が圧勝

13日　指紋押捺の義務を原則として1回とする等、外登法改正案を閣議決定

4月1日　国鉄分割・民営化JRグループ11法人と国鉄清算事業団発足

12日　第11回統一地方選挙、北海道・福岡の知事選で革新系圧勝、道府県議会選挙でも自民不振

23日　売上税法案が事実上の廃案に

5月3日　朝日新聞阪神支局に覆面男が侵入し発砲、記者1人死亡1人重症「赤報隊事件」

20日　防衛費5・4％増でGNP比1％枠突破の予算案成立

6月8日　ベネチアサミット開催

15日　広島高教、男女間の定年年齢格差の段階的解消は違憲と判決

7月4日　生産者米価31年ぶりに5・95％引き下げ

29日　東京高裁、ロッキード裁判で田中角栄に懲役4年の判決

10月12日　利根川進、ノーベル医学生理学賞受賞決定

11月6日　竹下内閣発足

18日　日本航空が完全民営化

20日　全日本民間労組連合会（連合）が発足、55単産、約540万人が参加

29日　大韓航空機ビルマ上空で行方不明

# 1988（昭和63）年

## 関生支部に関する主な出来事

**1月**12日　近畿地本・生コン支部共催新春旗開き（生コン会館230名）
19日　大阪労研センター会議、総評労働運動の継承・発展、国労連帯支援
**3月**16日　第1回集団交渉、参加企業53社、委任2社
**4月**5日　大阪総評中小共闘要請行動、トラック協会、労働基準局へ産別最賃制確立への要請行動
20日　バラSS政策統一行動、5グループへの要請、88番闘前進、輸送コスト切り下げ追放。
**5月**9日　北大阪菱光闘争支援行動
**6月**10日　フィリピン・アンヘルス市エドガルド・パミントウアン副市長来館
**7月**8日　88年「非核・平和行進」
**8月**1日　中央観光バス分会解決報告集会（支部）
7日　北大阪菱光闘争解決、安威川生コン闘争支援集会（安威川）約300名参加
**9月**2日～4日　機関紙部全体会議兼、西沢生コン闘争支援行動（徳島）
**10月**7日　25周年記念事業として、ラジオ関西で連帯労組関西地区生コン支部提供「ミス花子の聞けばなっとーく」放送開始（毎週金曜日）
**11月**11日　「組織運営」活性化学習会（生コン会館）41名
**12月**3日～7日　訪中団出発（共済事業の拡大・充実）
20日　ミス花子の「聞けばなっとーく」ラジオ関西収録・座談会
28日　中央委員会、争議分会の現状と当面の課題、奥野建材への抗議行動

## 全日建中央／地本関係

**1月**14日　中央本部旗開き（東京）
15日　中央本部執行委員会
**2月**20日～21日　中央本紙第3回中央委員会（六甲）①88春闘要求②政策闘争、組織拡大、争議支援等の闘争方針③「交運労協」加盟
**4月**10日～11日　全日建運輸連帯労組主催総評後援、建設生コン労働者全国交流集会（伊豆伊東温泉）21都道府県から109名が参加・産業・業種の認識の一致をはかる・業界の民主化をはかる・一致する課題で共同行動を展望する
**6月**10日～11日　中央本部執行委員会、88年運動総括案、組織問題、労戦問題
**7月**2日～3日　労研センター全国総会（湯河原、「全労協」構想討論）集会
24日～25日　第五回中央本部定期大会（長野県戸隠）
**8月**23日～24日　中央本部執行委員会（生コン会館）活動総括、年間計画、労戦問題、消費税反対
24日　灰孝小野田分会激励、調査活動
25日　通産省交渉、①徳島生コン協組の出荷調整の実態調査促進②生コン協組の安全保障体制＝「赤黒調整」の撤廃を指導すること③構造改善事業の実施にあたっては、関係労働者の雇用確保と労働条件・福利の向上を第一義とすること④関係労働組合との協議を行ない円滑な業界秩序の確立に努めること
**10月**30日　東海地区生コン支部定期大会（サンシティ豊川）
**11月**6日～7日　中央執行委員会（水上温泉）、秋季・年末闘争、89春闘準備、灰孝闘争支援統一行動
19日～20日　長野県建設・生コン労働者交流会（浅間温泉）
**12月**10日　全日建連帯労組、灰孝闘争勝利・労組法改悪阻止代表者会議（大津市）
11日～12日　全日建連帯労組89春闘討論集会（大津市）、89春闘構想の提案、灰孝小野田闘争支援行動

## 国内外の情勢

**1月**3日　原子力発電に不安抱く人、過去最高の88％
**2月**12日　愛媛県伊方町の四国電力原発2号機の出力調整実験に全国から反原発市民が集まり抗議
**3月**16日　東京地検、地上げの最上恒産と早坂会長、万木社長を国土利用計画法違反で起訴
**4月**1日　「マル優」制度を廃止国土庁発表の公示地価、東京圏住宅地は前年比68・6％と史上最高
**5月**11日　東京株式市場の平均株価、2万6769円と史上最高値を更新
**7月**3日　和歌山県日置川町長遠で原発推進派の現職を破り、反対派新人が当選
**9月**8日　社民連の楢崎弥之助代議士がリクルート疑惑にからみ、コスモス社社長室長・江副前会長ら3人を告発
17日　ソウルオリンピック開催（10月2日まで）
**10月**5日　チリの軍事独裁者ピノチェットに対し、大多数が国民投票で「ノー」の意思表示
12日　石橋前委員長を団長とする社会党代表団、初の韓国訪問
**11月**4日　三菱重工・川崎重工など日本企業9社がSDI初発注
8日　共和党ブッシュ、米大統領に当選
15日　パレスチナ民族評議会、パレスチナ独立国家の樹立を宣言
22日　韓国全斗煥前大統領光州事件、一族の不正など一連の責任を問われて、国民に謝罪、山寺に落郷
**12月**24日　消費税法案・参議院で成立

# 1989（平成1）年

1月1日　年始統一行動
12日　近畿地本・関生支部共催、89新春旗開き（生コン会館）参加215名
2月3日　バラSS職場代表者会議
22日　バラSS政策行動日、過積載・適正運賃の確立・先方引き取り車の排除など
23日　訪中団出発
24日　平和と人権を使う2・24の集い（なにわ解放会館）
3月4日　バラSS政策行動（兵庫県庁）
25日　中小企業労働者デー、春闘情宣活動
26日　89春闘大阪労働5団体総決起集会（扇町プール）
4月2日　89連帯文化祭（万博公園）
3日　89春闘懇大阪決起集会（府立労働センター）
9日　4・9自動車パレード（南港インテックス東口駐車場）計198台、544名
27日　西ドイツ訪問出発（反戦平和の集い＝日独平和フォーラム）
28日　中央委員会、89春闘中間総括と今後の闘いの方針
5月1日　第60回メーデー（大阪、兵庫、北兵庫、徳島、和歌山、福井、フィリピン・マニラ、西ドイツ・ベルリン）
6月6日　生コン経営者会議政策懇談会
7月7日　生コン経営者会議との懇談会
10月15日～16日　第25回支部定期大全（宝塚グランドホテル）
11月17日　25周年記念レセプション（なにわ会館）
26日　新入組合員歓迎集会（生コン全館）参加85名
12月26日　灰孝小野田闘争支援行動、「建造物侵入」デッチあげ不当逮捕される
27日　徳島・西沢生コン分会激励集会（海部）

---

1月14日～15日　中央本部旗開き、執行委員会
22日　近畿地本トラック春闘討論学習会（生コン全館）
2月4日～5日　長野県全日建センター開設．組織化対策会議
19日～20日　中央本部第4回中央委員会（静岡）、幹部論講座、89春闘方針、労戦問題
24日～25日　建設・生コン労働者全国交流集会代表者会議（静岡）
25日　市川誠顧問、77歳を祝うレセプション（総評全館）
4月5日　全日建連帯労組中央全国オルグ（長野）
11日　中央行政交渉、全日建連帯労組特別対策委員会と懇談会（東京）
9月10日～11日　中央定期大会
11月19日～20日　長野県建設・生コン労働者交流会（浅間温泉）
12月10日　全日建連帯労組90春闘討論集会（東京）
11日　中央行政交渉

---

1月7日　昭和天皇死去、新天皇即位
31日　「島田事件」の元死刑囚赤堀正夫さんに対し静岡地裁、再審無罪を判決
2月2日　竹下首相訪米、ブッシュと首脳会談
3日　総務庁発表の去年の失業率は2・5％、完全失業者は155万人で、83年以降最も低い数字となった
19日　竹下首相、第2次大戦について「侵略戦争だと定義し難い」と発言、世界中から猛反発を受ける
3月17日　労戦線一問諺から、自治労から統一労組懇糸の7府県本部が分裂組織を結成
4月1日　消費税実施
25日　竹下首相、退陣を表明
5月1日　メーデーは37年ぶりに中央が分裂するなど27都府県で分裂
20日　北京の学生を中心とする中国の民主化運動に対し、北京全域に戒厳令布告
6月3日　宇野内閣発足
4日　天安門事件、中国北京の戒厳軍、天安門広場など市中央部を武力制圧、中国政府発表で200名、西側情報筋で数千名が死亡
7月3日　東京都議会選挙で、自民党20議席を減らす惨敗、社会党は議席を3倍に増やす
23日　参議院選挙投票、自民党惨敗、社会党大勝で、参議院は、自民党が過半数割れ
11月9日　ベルリンの壁崩壊
21日　総評解散
12月16日　ルーマニア、チャウシェスク政権崩壊

# 1990（平成2）年

## 関生支部に関する主な出来事

1月1日　年始行動（260人参加）
　13日　近畿地池本・関生支部合同旗開き（生コン会館）来賓43名、組合員201名、計244名
2月9日　新幹線大阪保線分会闘争終結報告集会
3月14日　全港湾・同盟産労・全化との懇談会（北区）
4月1日　「消費税廃止、米の自由化阻止、JRの不当差別粉砕、90春闘勝利！」4・1自動車パレード（南港）
　26日　「日独平和フォーラム」訪問団出発（福井）
5月10日　沖穐平和行進（灰孝分会2名）
　同日　近畿労働学園「関生教室」開校
6月3日　「チームスターズユニオン」交流訪問団、出発
　14日　フィリピン・BAYAN代表、マリオ・ペレス氏来館
　19日　総評センター中小共闘発足集会（PLP）
7月30日　社会党生コン品質管理実態調査（岡山）
9月21日　秋季要求生コン集合交渉、「3点セット」・日々雇用・傭車等、要求の主旨説明
10月5日　ソビエト・レニングラード建設労組代表との懇談
　21日　第26回定期大会（生コン会館）
11月9日　権利侵害反対闘争支援、統一行劫、灰孝小野田闘争支援、箕島生コン闘争支援行動
　25日　争議対策会議、学習会、①秋季闘争②90春闘総括③91春闘に向けての条件づくり
12月13日　箕島生コン闘争支援行動
　17日　訪中団出発（共済事業の拡大を目的として）
　23日　灰孝小野田グループ闘争、家族激励会（大津）

## 全日建中央／地本関係

1月20日　中央本部旗開き（東京）
2月27日　東海地区生コン支部西運輸闘争支援行動
3月4日～5日　第5回中央委員会（熱海）
　5日～6日　建設・生コン労働者全国交流集会（熱海）政策研修セミナー「中小企業の安定と魅力ある建設・生コン労働力の確立を求めて」（社会党中小企業局、全日建連帯労組共催）
4月22日～23日　中央執行委員会（東京）
5月31日　中央常任委員会（東京）
6月17日～18日　中央執行委員会（熱海）
7月22日～23日　全日建連帯労組第7回定期大会（犬山館）
8月24日　中央常任委員会
9月15日　近畿地方本部第7回定期大会
　26日～27日　中央執行委員会（熱海）
10月14日～15日　中央本部教育担当者会議
11月2日　全日建連帯労組鎮西運輸支部定期大会（博多）
　9日　中央本部要請行動・通産省交渉
　11日　小千谷支部定期大会（新潟）
　29日　近畿地本執行委員会
12月1日～2日　全日建連帯労組争議分会中央交流集会（六甲YMCA）
　2日～3日　91春闘中央討論集会

## 国内外の情勢

1月18日　木島等長崎市長、右翼に銃撃され重傷負う
　24日　衆議院解散
2月18日　第39回衆議院総選挙、自民党安定多数確保、野党は社会党ひとり勝ち
　28日　第2次海部内閣発足
3月9日　国鉄清算事業団、国労など5組合に対し、再就職未定者（合計1051人）の4月1日での解雇を通告、国労などは最長72時間の抗議ストライキ
4月7日　春闘、金属大手で一斉回答、電気・トヨタが5・93％、6％に届かず
5月1日　連合発足後、初のメーデー
　9日　日銀、地価高騰一因は金融緩和策にあると自己批判
　25日　日本の対外純資産、89年末で2932億1500万ドルで過去最高、5年連続世界一
7月2日　日米構造協議、公共投資総額を10年間で430億円とすることで決着
8月2日　イラク軍がクウェートに侵攻、全土制圧
　6日　国連安保理、イラクに対する全面経済制裁を決議
　30日　政府、米多国籍軍に10億ドルの資金提供など、中東支援策を発表
9月14日　政府、米多国籍軍に10億ドル、エジプト・トルコ・ヨルダン3国に20億ドルの中東支援策第2弾を発表
10月1日　東京株式市場、3年7カ月ぶりに一時2万円の大台を割る
　3日　東西ドイツ統合

# 1991（平成3）年

**1月**1日　元旦行動
14日　近畿地本・生コン支部共催、新春旗開き
20日　バラSS新春学習交流会
29日　近畿労働学園「関生教室」新春旗開き学習会

**2月**2日〜3日　神戸・神明・西播・北B合同組織オルグ
23日〜24日　地本・支部幹部学校（六甲技研）

**3月**1日　91春闘統一要求書一斉提出
17日　91春闘勝利・権利侵害一掃・地方選挙闘争勝利自動車パレード（南港・インテックス）217台・476名

**4月**19日　大阪兵庫工組代表交渉・和解の確認
30日　大阪兵庫工組代表交渉、箕島生コン闘争解決①協組と組合は、双方が各々の立場でその責任と役割を認識

**5月**16日　東大阪協組との懇談会、業界の経営環徒改善、労使共通芸の推進へ具体策を提起

**6月**11日　箕島生コン闘争勝利・権利侵害反対闘争激動集会（生コン会館）107名

**7月**16日　全日建特対調査団、永井孝信衆議院議員・谷畑孝衆議院議員・村田誠醇参議院議員①小野田セメントなどを視察。

**8月**3日　大阪今津（堺建材）分会闘争勝利・組合事務所開き（小野田セメント大阪今津SS）

**9月**16日〜18日　フィリピン・マニラ国際平和行進（マニラ）

**10月**2日〜11日　日中労働者交流協会訪中団

**11月**15日　韓国労働運動女性労働者会代表、表敬訪問
同日　「暴力団規制法」学習会（永嶋弁護士）

**12月**10日　大阪府知事、東大阪協組正常化要請
21日　湖東生コン集交（太陽コンクリート）

---

**1月**19日　中央本部旗開き（東京）
24日　トラック政策会議
同日　近畿地本執行委員会

**2月**6日　常任中央執行委員会
9日〜10日　トラック関係分会、春闘交流・学習会（技研センター）
16日　中央執行委員会（静岡県・浜名荘）

**4月**22日　近畿地本執行委員会
25日〜26日　中央執行委員会（新潟）

**5月**25日　近畿地本執行委員会

**6月**13日〜14日　中央執行委員会
27日　近畿地本執行委員会

**7月**30日〜31日　中央執行委員会（伊豆長岡・富士見ハイツ）

**8月**4日〜5日　近畿地本執行委員会
31日　中央執行委員会（富士見ハイツ）

**9月**1日〜2日　中央本部定期大会（富士見ハイツ）

**10月**29日〜30日　中央執行委員会（伊豆網代）
30日〜31日　教育部担当者学習会

**11月**9日〜10日　鎮西運輸支部定期大会・小千谷支部定期大会
11日　近畿池本執行委員会
17日　静岡県セメント生コン支部定期大全
26日　中央執行委員会—中央行政交渉（参議院議員会館）通産・建設・労働省出席①セメントの適正を販売価格設定②生コンの適正価格の確立③過積載追放と車両総重量規制緩和の反対④品質管理の強化⑤東大阪協組正常化
30日〜12月1日　中央本部争対会議（小千谷）

**12月**1日〜2日　中央討論集会①92春闘構構想案②労戦問題の討論の進め方③闘争報告、小千谷支部陪争支援行動
9日　近畿地本執行委員会

---

**1月**17日　米多国籍軍による対イラク「湾岸戦争」勃発
24日　政府・自民党、湾岸載争支援策として、米多国轟軍への90億ドル追加支出、政令改正によって被災民輸送に自衛隊幾使用等を決定

**2月**3日　山梨知事選で「反金丸」候補が当選
4日　91春闘、新日鉄など鉄鋼三労組、賃上げ8・05％、時短重視の要求書提出
24日　米多国籍軍、イラク・クウェートへの地上戦に突入、28日、クウェート解放により戦争終結

**3月**18日　統一地方選がスタート、東京都知事選では自民党本部と党東京都連が分裂

**4月**24日　政府・ペルシャ湾への海上自衛隊掃海艇派遣を決定

**6月**3日　長崎県普賢岳で大規模な火砕流が発生、死者37人ほか
17日　南アフリカ連邦、人口登録法廃止、デクラーク大統領がアパルトヘイト終結を宣言
30日　文部省、新指導要領に基づく検定結果発表、「日の丸・君が代は国旗・国歌」を明記

**8月**19日　ソ連、保守派がクーデター、モスクワ市内で市民と衝突、クーデターは失敗

**9月**17日　南北朝鮮、バルト3国など国連加盟を承認
19日　政府、PKO協力法案国会提出

**11月**5日　海部内閣総辞職、宮沢内閣発足

**12月**3日　PKO協力法案を衆議院強行採決するも、国民の強い反対行動で参議院で採決できず、継続審議に

# 1992（平成４）年

## 関生支部に関する主な出来事

**1月**1日　権利侵害反対闘争支援・元旦統一行動、①真壁組社長抗議宣伝活動など。
3日　ラジオ関西「河内音頭でおめでとう」河内家菊水丸による「連帯労組」宣伝番組放送
14日　近畿池本・関西地区生コン支部共催、92年新春旗びらき、計255名参加
**2月**5日　オランダ社会・政治・経済研究センター、オブスタンド代表との懇談会
**3月**6日　92春闘第１回集合交渉
29日　92春闘勝利・政治反動阻止・参議院選挙闘争勝利自動車パレード（南港南）計２０６台
**4月**4日　「留学生」終了式
28日　フィリピンＫＭＵ訪問団出発
**5月**11日　部落解放共闘韓国交流団出発
**6月**11日　日本一生コン・国土一生コン社への「業務妨害行為」を口実とした不当捜索20カ所「欠陥商品であるが如く放送し、もって虚偽の風説を流布し、偽計をもち業務を妨害した」との説明
**7月**7日　春闘総括・権利侵害一掃・参議院選挙勝利、総決起集会（大正区民ホール）
**8月**4日　日本一生コン「偽計による業務妨害容疑」で不当逮捕
**10月**4日～5日　機関紙部責任者会議、年間活動総括
**11月**18日　灰孝小野田グループ闘争和解
24日～27日　小千谷支部旭コンクリート闘争支援行動
**12月**1日　中国全国総工会訪日団歓迎集会
11日～12日　中企連・業者懇談会、全日建連帯特対・谷畑孝参議院議員参加、生コン業界の現状と問題点、解決方向について共通認識深める。

## 全日建中央／地本関係

**1月**24日　近畿地本執行委員会
**2月**16日　中央委員会、92春闘方針確立、「留学生」制度、国政選挙闘争、労働戦線の動向と当局の方針
**3月**23日　通産・建設・社会党との政策懇談会、参加者、窯業建材課長・長田直後、課長補佐・片山啓、労働・資材対策室長・尾見博武、課長補佐・建設技官・山元茂樹／社会党＝永井孝信、水田稔、谷畑孝、村田誠醇
**4月**19日～20日　中央執行委員会（伊豆）
24日　地本執行委員会
**6月**2日　全日建特別対策委員会、中央行政要請行動（東京）
**7月**29日～30日　中央執行委員会（石川県粟津）
**9月**12日　中央執行委員会（石川県粟津）
13日～14日　中央本部第９回定期大会（石川県粟津）
20日　近畿地本執行委員会
**11月**5日　全日建連帯労組中央行政交渉①建設省　時恵問題、過積載問題、砂利・砕石業界の改善、生コン発注・積算価格②通産省　生コン業界再建間者、ＪＩＳ違反行為対策③労働省　労基法違反行為に対する監督行政の徹底、建設現場での労災事故発生予防
6日　中央執行委員会
13日～14日　全日建連帯労組弁護団会議（熱海）
27日　近畿地本執行委員会
**12月**3日　全日建連帯労組特対要請行動、セメント協会
6日　中央執行委員会
6日～7日　中央討論集会、93春闘構想
16日　中央本部、通産省との懇談会

## 国内外の情勢

**1月**16日　宮沢首相韓国訪問、韓国国会で慰安婦問題を謝罪
**2月**19日　南北朝鮮第６回首脳会談、「南北の和解と不可侵および交流・協力の合意書」と「朝鮮半島の非核化協同宣言」を発表
**3月**1日　暴力団対策法施行
**4月**6日　江沢民・中国共産党総書記が訪日、宮沢首相との会議で「ＰＫＯ協力は慎重に」と要請
同日　ユーゴスラビア、ボスニア・ヘルツェゴビナで非常事態宣言、内戦状態に
**6月**14日　ブラジルで地球サミット
15日　ＰＫＯ協力法案、自公民三党の賛成により強行可決、成立
16日　米ロ首脳会談、ＩＣＢＭ全廃などで合意
**7月**6日　政府、従軍慰安婦問題で政府の直接関与を認める、強制連行は否定
26日　第16回参議院選挙、投票率50・７％で参院では最低、自民復調、社会不振、日本新党４議席で健闘
**9月**17日　自衛隊のＰＫＯカンボジア派遣、出発強行
30日　米軍、フィリピン・スービック海軍基地から撤退、東南アジアから米軍常駐基地消滅
**10月**7日　米国・カナダ・メキシコ、北米自由貿易協定（ＮＡＦＴＡ）に仮調印
23日　天皇訪中
30日　大蔵省、都市銀行などの不良債権額は９月末で12兆３０００億円と発表
**11月**3日　米国大統領選挙、クリントン候補が圧勝、12年ぶりに民主党政権に
26日　佐川急便問題から竹下政権誕生時に暴力団関与の事実が暴露、竹下元首相と金丸前自民党副総裁、証人喚問・臨床尋問

# 1993（平成5）年

**1月**1日　権利侵害反対闘争支援
12日　近畿地本・開西地区生コン支部共催、93年新春旗びらき、計264名参加
31日　近畿地本・関西地区生コン支部共催、93幹部学校、①93春闘の条件と闘いの方向について②93春闘の特徴と展望について
**2月**16日　近畿通産局・協組懇談会
**3月**5日　93春闘第1回集団交渉（参加企業、生コン59社、バラ一2社、トラック10社、一般1社）
20日　93春闘勝利自動車パレード（南港）、209台参加
31日　三荒尼崎工場専業化交渉、大阪アサノ生コン尼崎工場は尼崎生コンとして再スタート
**4月**6日　93春闘前進ストライキ行動
**5月**1日　第64回メーデー、各地域で実施
13日〜16日　沖縄平和行進
20日　神戸協組との懇談会
**6月**19日　大阪労働者弁護団「新たな船出と出版記念の集い」
**7月**28日　中央委員会、①93春闘・一時金闘争は、平均2万円以上、基準内賃金41万円は20数社で到達
**8月**7日　五洋一（立商）分会三役不当弾圧事件、軽犯罪法・広告物条例違反で3名を不当逮捕
10日　インド労働組合代表来館
**10月**28日　中国勤労者研修訪問団出発（西宮地労協主催、11月4日帰国）
**12月**5日　30周年記念事業・海外旅行結団式
12日　東傑グループ、土地強制収用に反対する自動車パレード、参加台数500台

---

**1月**14日〜15日　中央執行委員会、93年旗びらき（東京）
23日　大阪交運労協幹事会、正式に近故地本の加盟を確認
25日　中央本部、組織強化・対策会議
26日　近畿地本執行委員会
**4月**23日　近畿地本執行委員会
25日〜26日　中央執行委員会（伊豆大川）
**6月**11日　中央本部、建設省交渉
**7月**14日　近畿地本執行委員会
**8月**8日　小千谷支部旭コンクリート闘争勝利報告集会
**9月**12日〜13日　中央本部第10回定期大会（静岡県・リゾート伊豆）
**10月**20日　近畿交運労協第4回総会、近畿地本新規加盟確認
**11月**15日　全国一般生コン部会との懇談会、①全国一般生コン部会では広島・福岡で組織活動しているが、生コン部門としての組織政策を持っていないので同業種・他組織との交流を深めたい
24日　通産省・セメントメーカー・社会党との想議会、①出席者、セメント協会尊者理事、日本セメント・小野田セメント・三菱マテリアル・宇部興産代表、②生コン業界再建について、深刻な事態について認識一致、今後セメントメーカーに対して具体的な再建案を求めていくと一致
**12月**7日　中央執行委員会（東京）
8日　全日建連帯労組中央討論集会（東京）

---

**1月**1日　EC市場統合、12カ国、3億5000万人
**2月**17日　佐川急便事件で衆議院予算委、小沢元自民党幹事長と竹下元首相を証人喚問
**3月**6日　金丸元自民党副統裁、脱税の疑いで東京地検に逮捕、数億円の債券運用益隠しも発覚、13日に起訴
**4月**2日　フィリピン元従軍慰安婦18人が1人2000万円の損害賠償を提起
**5月**4日　カンボジアPKO、日本人文民警官5人死傷、4月のボランティア死亡とあわせ撤退論議盛んに
**6月**5日　ソマリアで武装勢力と国連PKO部隊衝突、PKO側に死者22人、武力衝突激化
**7月**18日　衆議院総選挙投票、自民党過半数割れ、社会党半減、新党躍進
**8月**5日　首相に細川護熙氏、7党8会派による連立政権発足、衆院議長に土井たか子氏
10日　細川首相初会見で、「侵略戦争、間違った戦争」と明言、支持率70％超える（各社世論調査）
**9月**25日　社会党委員長に村山富市氏
27日　細川首相、国連で演説、国連改革で日本が常任理事国入りする希望を表明
**11月**1日　中堅ゼネコン村本建設（大阪・奈良）倒産、負債5900億円は戦後最大
11日　小野田セメント・秩父セメントの合併を発表、業界一位に
**12月**7日　南ア連邦、暫定執行評議会発足、白人支配が終えん

# 1994（平成6）年

## 関生支部に関する主な出来事

**1月**1日　権利侵害反対元旦行動、計406名が参加しシュプレヒコールを響かせた。
12日　中国訪問団が出発
14日　第4回執行委員会、近畿地本・関西地区生コン支部共催、94新春旗びらき
19日～25日　生コン支部結成30周年記念オーストラリア訪問旅行
**2月**28日　第5回中央委員会、94春闘要求確立
**3月**2日　近畿地建交渉、2月2日の中央本部の建設大臣交渉をうけ、「値戻し・再建」に向け交渉。
13日　94春闘自動車パレード（南港）、211台538人
30日　大阪兵庫工組主催、会員および員外社による合同研修会、イン・アウト計約120社が参加。
**4月**18日　片岡生コン社傷害事件不当弾圧・兵庫県警福崎署が「傷害」容疑で政木・磯部両氏名を不当逮捕。
**6月**16日　94春闘政策闘争勝利、権利侵害一掃、政治反動阻止総決起集会。
**7月**14日　通産省交渉連帯労組・交通労連生コン産労・全港湾大阪支部の各代表と業者を代表して大阪広域協組設立準備委員会の各協組代表3名参加。
31日　生コン産業危機突破自動車パレード、生コン産業政策協議会（連帯生コン支部、生コン産労、全港湾大阪支部）主催参加台数・ミキサー車268台
**8月**9日　生コン産業政策協議会と大阪広域協組設立準備委員会の代表が大阪の代表と交渉。
**10月**17日　第30回定期大会、大阪市三井アーバンホテルで30年の歴史的教訓から新たな前進誓う
**11月**7日　支部結成30周年式典を大阪市三井アーバンホテルで開催。記念レセプションには国政・地方議員、行政、業界、友好労組・団体、組合員家族代表ら計六七七人が詰めかけ、更なる飛躍への実感を確かめ合った。

## 全日建中央／地本関係

**2月**1日　中央行政交渉、五十嵐建設大臣出席、①生コン業界の現状について、価格割れを起こし倒産が続出していることを充分認識した、②近畿地建に対し、実態粛査するよう伝える
**3月**9日　全日建特別対策委月会・ゼネコン申入れ行動
**5月**24日　中央本部要請行動、過積載排除等についてゼネコン5社・全生工組連・運輸省・建設省に要請
**6月**2日　近畿地本執行委員会
15日　通産政務次官との懇談会（旭堂小南陵参議院議員出席）
**7月**22日　全日建特対委員会、①新役員体制、②第3次構造改革事業について討議
**11月**4日　大阪府下の「大阪、北大阪・阪神、東大阪、阪南」4協組が合併した大阪広域生コンクリート協同組合が発足。ホテル阪神での設立総会では、大阪・兵庫から46社、52工場の参加による
17日　セメント協会幹部と業界問題について要請・行政交渉
18日　交通労連生コン労組とともに、全生工組連と初の懇談。共通課題の推進に向けた適切な処置を講じるよう要求。工組連は石松専務理事が応対。労組側から不毛な労使対立を終わらせ、第三次構造改革事業などでの対話テーブルの設置などが提案された

## 国内外の情勢

**2月**3日　細川首相、記者会見で税率7％の「国民福祉税」構想を発表
**4月**8日　細川首相、佐川グループからの1億円借り入れ問題などから辞意表明、後継首相をめぐり政局混乱
**5月**2日　全人種が初めて参加した南アフリカ選挙でアフリカ民族会議勝利、マンデラ議長が大統領に就任
**6月**10日　IAEA（国際原子力機関）が核査察問題で北朝鮮への制裁を決議
29日　羽田政権下での連立与党の新生・公明両党などが推す海部元首相との争いとなり、村山氏が第81代首相に決まる（261対214）
**7月**9日　朝鮮民主主義人民共和国・平壌放送は9日正午、金日成国家主席が8日午前2時、死去
**8月**5日　キューバの首都ハバナで、1959年以来35年ぶりとなるフィデル・カストロ政権に対する抗議デモ
**10月**1日　小野田セメントと秩父セメントが合併し、秩父小野田（現：太平洋セメント）に商号変更
**11月**13日　スウェーデン、国民投票でEU加盟を承認
28日　ノルウェーのEU加盟が国民投票の結果、1972年に続き否決

# 1995（平成７）年

**1月**13日　近畿地本・関西地区生コン支部共催、95年新春旗びらきに計255名が結集。

17日　兵庫県・淡路島の深さ20kmを震源とした阪神大震災、発生。連帯関西生コン支部員関係者も大きな人的被害を受けた。

**2月**3日　全日建対策議員団を中心とする国会議員により、阪神・淡路大震災で蒙った公共建造物被害調査究明活動が活発に展開された。

**3月**12日　生コン産業政策協議会（【政策協】連帯労組・生コン産労・全港湾大阪支部）三団体主催パレード

**4月**6日　政策協三団体共闘で新たな局面を見せる95春闘では、工組・協組による集団的労使交渉の確立を求めた。

21日　大手ゼネコン10社にも同様主旨での交渉を呼びかける。

24日～28日　春闘前進に向けた政策行動の一環として、住友大阪セメントの8つのSSでストライキを敢行。

**5月**29日　運輸一般および平岡グループが、連帯労組に対し加えて来ていた不等請求に対する組合「継承権裁判」で、原告の請求をいずれも棄却するとの勝利判決

30日　日中労働者交流協会の招待で来日中の中国最大の労働団体・総工会がこの日、関生支部を訪問

**8月**1日　構造改革推進と近代的労使関係の確立を求めて、経営者側の新組織「飛鳥会」が発足。

**9月**17日　ファミリースポーツフェスタを吹田市万博公園東の広場で開催。100m走や障害物競走など終日、組合員家族の歓声が響いた。

**11月**30日　日本社会党全日建運輸特別対策委員会が衆議院会館で開催された。永井孝信衆議院議員を委員長に。

---

**2月**12日　中央本部第10回中央委員会（東京セシオン杉並）で、今回大震災が示した社会全体を見直す闘いが今年春闘の中心的課題であることを確認

**3月**23日　大阪ユニオンネットワーク春闘統一行動

**4月**16日　長谷川武久中央執行委員長を代表とする大震災対策委員会を設置

**8月**　中央本部が製作指揮した大震災・検証ビデオが完成。ビデオ「公共建造物はなぜ壊れたか」（54分）完成

**9月**10日～11日　第12回定期大会が静岡県舘山寺で開催された。大会では政策闘争を始めとした闘いの大きな成果と前進点を総括。今後「1万人組織建設」実現に向けて重点課題達成へ組織の集中力を発揮させることを誓い合った

23日　近畿地方本部第12回定期大会を生コン会館で開催。96春闘、政策闘争、組織強化と拡大、権利闘争の各分野での飛躍的前進を誓いあった

**12月**1日　交運労協セメント・生コン担当者会議を開催。96春闘要求課題を、①労働時間短縮、②適正運賃・適正単価（バラセメント・生コン単価）、③過積載、④不実企業の公共工事らの排除、以上4点を中心に交渉行動を2月下旬を目途とする

10日～11日　愛知県蒲郡市で96春闘中央討論集会を開催。主催者の長谷川中央執行委員長は、激動の世界史の中で財界側からの労働者団結権の侵害や弱肉強食的行為を容認する規制緩和などの策動が続いていると問題を提起。1万人組織建設を通して権利侵害の一層、基地撤去、安保廃棄を目指す政治課題等を結合して全国的に運動を展開する必要性を訴えた

---

**1月**4日　オウム真理教によってオウム真理教被害者の会会長VX襲撃事件発生

17日　午前5時46分、明石海峡を震源とする直下型地震、「兵庫県南部地震（阪神・淡路大震災）」が発生

**2月**22日　ロッキード事件の丸紅ルート裁判で、最高裁が田中角栄元首相への5億円賄賂の受け渡しを認めた1、2審の有罪判決を維持

**3月**20日　オウム真理教による地下鉄サリン事件発生。13人が死亡、5510人が重軽傷

**4月**19日　東京外国為替市場で1ドル＝79・75円の1947年以来の高値を記録。（2011年3月16日に破られるまで最高値）

同日　オクラホマシティ連邦政府ビル爆破事件発生

**5月**16日　オウム真理教の教祖、麻原彰晃こと松本智津夫を逮捕

**6月**29日　韓国ソウル市の三豊デパートが崩壊し502人死亡

**7月**10日　ミャンマーの軍事政権が1989年以来続いていたアウンサンスーチー氏の自宅軟禁解除を発表

**8月**15日　村山首相、アジア諸国に植民地支配と侵略を謝罪（「村山談話」）

**9月**4日　沖縄県で米海兵隊員3名による13歳の少女暴行事件が発生

**10月**21日　沖縄県宜野湾市で、沖縄米兵少女暴行事件に抗議する県民総決起大会が開催

**11月**19日　大阪にて第4回APEC首脳会議開催（日本での開催は初）

**12月**3日　韓国最高検察庁、全斗煥前大統領を逮捕

8日　高速増殖原型炉「もんじゅ」でナトリウム漏れ事故が発生

# 1996（平成８）年

## 関生支部に関する主な出来事

**1月**1日　恒例の年始行動では、真壁組グループ、計573名が参加

12日　近畿地方本部と関西生コン支部共済による新春旗開きでは、生コン会館に225名が参加。

25日　『阪神大震災の教訓――』出版記念講演会

**2月**11日　岐阜・福井。湖東ブロック家族交流会が彦根

**3月**3日　「新幹線公害を考える会」と関生支部代表が、大阪工業大学二村誠二純教授と共に新幹線高架の現状を調査

8日　第1回集団交渉が生コン会館で開かれ、経営側74社80名を迎え、これまでの弥生会の低額路線を打破する

20日　96春闘自動車パレード（南港）175台のミキサー車

29日　第4回大阪兵庫生コン集団交渉で双方は、6項目の合意事項を確認した。

**5月**　業界再建を敵視する毎日新聞（4月30日付け）の報道姿勢を正す抗議行動を毎日新聞大阪本社前で連日敢行。

**6月**22日　近畿地本主催で第3回日々雇用労働者交流集会が開かれ、総勢150名もの仲間の参加があった。

**10月**20日　第32回支部大会で、この大会が2期目の大躍進基礎を築いた成果の元で迎えたことと、生コン集交での賃金格差是正や年間休日125日、完全週休2日制の獲得など画期的な産別協定の締結に漕ぎ着けた事を確認。

**12月**1日　近畿地区トラック支部定期大会が「再建大会」との位置づけで開催された。

8日～9日　公共工事を担う中小企業と労組の共通課題を探り、生コン産業の新たな挑戦をテーマとする「労使共同政策セミナー」が兵庫県の有馬兵衛向陽閣で開かれた。

## 全日建中央～周辺産業関係

**2月**4日　東京都杉並区立商工会館で開催の第11回中央委員会で96春闘方針が討議。決定された

5日～6日　第1次統一行動で、ゼネコン・全生工組連に対し、週40時間労働制と時短、公正な労働基準確立、生コン価格の適正化などを重点施策として要請した

**3月**6日　大阪広域生コンクリート協組が臨時大会を開催し、松本光宣理事長の留任と、副理事長に田中裕（シンワコーポレーション社長）氏を選出

**4月**22日　大阪広域生コンクリート協組発足会「打てば、響く」で、関連業界・労働組合代表ら1200名もの列席者が大阪市北区サンケイホール会場を埋めた

**4月**　近畿生コン輸送協同組合、設立。

**6月**　厚生省が生コンスラッジを安定型廃棄物に変更

**10月**17日　大阪周辺地区のセメント輸送業者の団結体である近畿バラセメント輸送協同組合が設立された

**12月**8日～9日　労使共同政策セミナーが業者団体、行政、学識経験者、労組などの300名以上の参加で、有馬温泉向陽閣で行われ産業界での一大トピックとなった

## 国内外の情勢

**1月**5日　村山富市首相、退陣を表明。

11日　橋本龍太郎内閣発足

同日　NASAのスペースシャトル「エンデバー」が打ち上げ、若田光一が日本人初の搭乗運用技術者として乗船する

19日　日本社会党が党名を社会民主党（社民党）に改称する

**2月**16日　菅直人厚相、薬害エイズ事件で血友病患者に直接謝罪

**3月**23日　李登輝、台湾初の総統直接選挙で当選

29日　太平洋銀行破綻

**5月**8日　全人種の平等などを規定した南アフリカ共和国憲法が施行される

31日　2002FIFAワールドカップにおける日本と韓国の共同開催が決定

**6月**25日　サウジアラビアの米軍基地宿舎で爆発し、米国人ら7人が死亡

28日　ベトナム共産党第8回党大会、ドー・ムオイを書記長に再選、「工業化・現代化」を提唱

**8月**14日　橋本龍太郎首相が、従軍慰安婦問題でフィリピンに謝罪

29日　薬害エイズ事件で東京地検が安部英元帝京大学副学長を逮捕

**9月**18日　北朝鮮ゲリラ、韓国東海岸に侵入（江陵浸透事件）

28日　民主党結成、代表人は菅直人・鳩山由紀夫

**10月**20日　第41回衆議院議員総選挙、小選挙区比例代表並立制が採用された初の選挙

**11月**5日　アメリカ大統領選でビル・クリントン再選

同日　第2次橋本内閣が発足

**12月**17日　在ペルー日本大使公邸が地元住民ゲリラにより占拠される事件発生

# 1997（平成9）年

1月1日　年始行動で近畿17カ所で、計552名が参加

10日　近畿地方本部と関西生コン支部共済による97新春旗開き（生コン会館）に236名が参加。

13日　大阪府警と堺南署は、「暴力行為」などのデッチ上げで執行委員1名とコーイキ分会員2名を不当逮捕。

2月9日　近畿地本、生コン支部、近畿地区トラック支部共催による幹部学校が生コン会館で開かれ、関係各役員とブロック担当者、専門部責任者が結集した。

16日　政策協加盟の交通労連生コン産労役員不当逮捕の流れとして、大阪府警は同労組本部や連帯関生支部など36カ所を強制捜査した。

3月2日　96年以降に加入、公然化・企業内拡大の全組合員を対象に新入組合員歓迎交流会が開催した。

4月13日　97連帯フェスティバルが万博公園で盛大に開催され、連帯の提供番組「遊わーくウィークリー」のメインパソナリテイでもある旭堂小南陵さんが総合司会。

6月23日～24日　組合潰しに狂奔する日本セメントの社会的責任を問う国会内シンポジウムが開かれた。

9月21日　近畿地本第14回定期大会が生コン会館で開かれ、各分野における運動成果と教訓を総括。

10月1日　近畿2府4県のSS、バラ輸送でこの日付けからの土曜休日、完全週休2日制の完全実施を求め要請活動を

11月4日　大阪兵庫生コン経営者会が臨時総会で正式団体として決定。

30日　近畿セメント支部結成大会が生コン会館で開催され、セメント運輸労働者の仲間が新たな業種別支部を確立

---

1月　全生工組連、高流動コンクリート製造マニュアル作成部会の初会合

2月12日　大阪兵庫生コン経営者会設立。大阪地域を中心に業界の新しい労務対策窓

6月　通産・建設両省「セメント・生コン流通改善方策検討委員会」から報告書

8月　交運労協（20単産85万人）が、「日本セメント合併での失業問題」で共同行動

品監会議、生コン工場への立ち入り検査で丸適マーク制度が本格運用

11月13日　全生連で、第9回理事長会議を開催。約200人の工組、協組理事長は業界の構造的危機の認識共有と組織結集の必要性を改めて確認した

15日　奈良県生コンクリート工業組合は業界の近代化の象徴として組合会館建設を決定、この日起工式を迎えた

12月3日～4日　東京と大阪で下請けいじめ相談活動に電話が殺到。相談内容を分析し、大手ゼネコン・メーカー・荷主による下請けいじめの実態や労働者切捨てを規制する中小企業との共同作業を追及することとなった

7日～8日　中央本部主催による98春闘討論集会が愛知県三谷温泉で開催され、行革・規制緩和路線に基ずく政府政策と弾圧と闘い、政治・経済の民主化を目指す運動で雇用と労働条件の安定、さらに中小企業経営の安定化実現を追求することが誓われた

---

1月2日　ナホトカ号重油流出事故

2月19日　神戸連続児童殺傷事件（通称・酒鬼薔薇事件）

23日　世界初のクローン羊開発の成功が判明

3月30日　三井三池鉱山が閉山、124年の歴史に幕を下ろす

4月1日　消費税増税実施（3％から5％に）

2日　最高裁判所大法廷が愛媛県靖国神社玉串訴訟で違憲の判決。政教分離が争点となった訴訟で最高裁判所が初の違憲判決

11日　衆院で駐留軍用地特措法が改正

22日　ペルー日本大使館公邸に特殊部隊突入、人質全員解放（ペルー日本大使公邸占拠事件）

5月1日　イギリス総選挙で労働党18年ぶり勝利。トニー・ブレアが首相に

7月1日　香港がイギリスから返還される

2日　タイ政府によるタイバーツの変動相場制導入により、アジア通貨危機が始まる

4日　米国の火星探査機が火星に着陸

8月1日　連続ピストル射殺事件の死刑囚で小説家として活動していた永山則夫の死刑が執行される

31日　ダイアナ元イギリス皇太子妃、パリで事故死

9月18日　オスロでの政府間会合で対人地雷全面禁止条約が採択される

10月16日　臓器移植法施行

11月3日　三洋証券破綻。証券会社の倒産は戦後初

12月1日　地球温暖化防止京都会議開幕。11日、京都議定書が採択される

# 1998（平成10）年

## 関生支部に関する主な出来事

**1月**1日　年始行動で近畿17カ所で、計568名が参加
14日　近畿地方本部と関西生コン支部など四支部共催による98新春旗開きは、生コン会館に各界来賓多数
**2月**4日　近畿労働学園再校にあたり、関生教室が開校。
27日　支部中央委員会で98春闘における労働5団体（連帯、生コン産労、全港湾、CSG連合、運輸一般）統一要求として10項目提案を確認。
**3月**15日　98春闘の山場を迎えたこの日、交通労協生コン部会・生コン産業政策協議会共催で「生コン業界再建・雇用確保」をメインスローガンにミキサーパレード159台
**4月**2日　経営者会との第6回共同交渉では、賃上げ8500円・一時金昨年実績プラス7万円・福利厚生資金、昨年実績で合意妥結した。
**6月**11日　交通労協に結集する三単産などによる「セメント産業の経営民主化を求める株主会」が結成された。
**9月**20日　近畿地本第15回定期大会が生コン会館で開かれ、業種別支部の機能強化による5000人組織の早期実現が呼びかけられた。
**10月**18日　第34回支部大会では、世界大恐慌を予感させる政治・経済危機の進行に対置し組織の主体的力量強化を通じて、労働者と中小企業、各国人民との共闘と連帯を構築する筋道を確認しあった。
**12月**3日　新しい生コン会館建設を迎えて、OB会主催による「生コン会館の思い出を語る夕べ」が開かれた。
22日　176団体188名の来賓を迎え、新会館竣工披露パーティが盛大に開かれた。
＊日々雇用の問題で関連性のある10の単産で「関西労供労組共闘会議」を結成受給要件の緩和、建退協への加入促進、就労保障など要求を決定
土木学会「高流動コンクリート施工指針」制度打ち出す

## 全日建中央〜周辺産業関係

**1月**9日　大阪広域生コンクリート協組の新年互例会が開かれ、労働5団体代表も参加。共に業界発展をを目指す年にするとの認識を共有した
**2月**　東京生コンクリート卸協同組合が共販事業を開始
**2月**11日　第13回中央委員会が東京・損保会館で開催され、幅広い共闘で産業民主化を展望しうる98春闘方針を確立した
**3月**　関西5労組による24年ぶりになる全産業ゼネスト3日間決行、業界再建で統一要求行動を打ち出す
**6月**　日本コンクリート工学協会「コンクリート診断士」資格創設
**6月**27日　奈良県生コンクリート協組は、業界のさらなる発展を目指しての初のフォーラムを開催。石松義明全生工組連専務理事の課題提起による業界現状の説明、また労働四団体を代表して武執行委員長が「集団的労使関係への意識改革」が不可欠であることが示された
**8月**2日〜3日　福岡市で第2回労使共同セミナー開催、15都道府県160人の代表が参加し、労使協調の道とセメント合理化・再編下の生コン産業での多くの課題が論議された
**9月**6日〜7日　第15回定期大会が熱海市で開かれ、政・財界の政策が矛盾を拡大させ、闘いのための新たな発展条件となっている情勢を分析。産業民主化を具体化し反動諸法案を粉砕する組織構築が誓われた
**10月**　宇部三菱セメント（株）発足

## 国内外の情勢

**1月**14日　参議院において押しボタン式投票での初採択
**2月**2日　郵便番号の7桁化が開始される
7日　長野オリンピック開幕
25日　金大中、韓国大統領に就任
**3月**10日　自由民主党、10兆円規模の追加景気対策表明
**4月**5日　明石海峡大橋開通
27日　民主党に民政党、新党友愛、民主改革連合が合流。のちに政権与党となる新しい「民主党」が結成
**6月**3日　ドイツで超高速列車ICEが脱線。100人以上が死亡
22日　金融監督庁発足
27日　クリントン米大統領、北京訪問
**7月**12日　第18回参議院選挙。自民党が敗北し、橋本龍太郎は敗北の責任を取って首相から退陣。民主党と共産党が大健闘
30日　小渕内閣発足
**8月**20日　米国、アフガニスタンとスーダンのテロ関連施設をミサイル攻撃
**10月**1日　秩父小野田と日本セメントが合併し、太平洋セメントに商号変更
8日　金大中韓国大統領、日本訪問。日韓共同宣言が採択される
**11月**25日　江沢民中国国家主席、日本訪問
**12月**1日　特定非営利活動促進法（NPO法）施行
16日　国際連合の大量破壊兵器査察を拒否したイラクを米英が空爆

# 1999（平成11）年

**1月**1日　年始行動で近畿17カ所で、計512名の仲間が参加。
14日　近畿地方本部と関西生コン支部など4団体共済による99新春旗開きは、生コン会館に257名が参加。
**2月**13日　中央本部春闘要求決定を受けて、99春闘幹部学校が近畿地本主催で開かれ、121名参加者。
21日　不況打開・生コン業界危機突破雇用と生活確保をめざす総決集会
**3月**1日　99春闘統一要求書を各社一斉に提出
3日　生コン支部第1回集交始まる
26日　経営者会との第4回共同交渉で大阪・兵庫地域は3点セットの合意・妥結を見た。
**4月**11日　笑顔いっぱい、夢いっぱい99連帯フェスティバルが、万博公園で盛大に開催され、叶麗子、宮川大助・花子の人気タレントの登場で会場の熱気は上がった。
22日　尼崎リサーチインキュベーターセンターで開催された経営者会と5労組の第5回共同交渉で、双方は「共同雇用保障」協定を確約した。
**6月**24日　経営者会と5労組の第6回共同交渉で、日々雇用労働者の賃上げガイドラインを1日当たり200円とし、継続事項を先送りすることなしと確認。
**7月**29日　支部中央委員会で今年前半の闘いを中間総括。春闘継続要求の取り扱いと組織活性化と拡大など今秋に向けての闘いの重点が提起された。
**9月**1日　人員補充と就労確保に向けた個別交渉を展開。
20日　大阪市内合同学習会に186名が集結し、組織と運動の発展に向けた変革指針を互いに学んだ。
**10月**17日　第35回支部大会で、労働5団体共闘による政策闘争など1年間の運動の前進と成果の要因を総括。

**1月**8日　大阪兵庫工組、大阪広域協、神戸協、生コン経営者会四団体共催による新年互例会が開かれた
**2月**「不況打開・業界危機突破・雇用と生活確保総決起集会」関連11労組と企業代表多数による総計2500名の参加で大きな反響
**3月**　生コン産業第3次構造改善事業終了、近代化促進法案廃止へ。
**4月**22日　春闘交渉で、大阪・兵庫生コン経営者会と「共同雇用保障」協定を締結
**5月**15日　関西の日々雇用関連11労組で構成する関西労供労組共闘会議は、労働者派遣法改悪阻止を訴える共同宣伝行動を展開した
**5月**24日　新しい日米防衛協力のための指針（ガイドライン）関連法がこの日、参議院で強行採決された。この「戦争法案」に抗議する集会が、21日の東京5万人集会に続いて、大阪・中之島でも4000人が集結し、抗議の声をあげた
**6月**　新幹線福岡トンネル、コンクリート崩落事故。
「太平洋セメント協議会」発足、相次ぐセメントメーカー合併・合理化に抗して関係労組が運動指針を確認
**7月**28日　大阪府警による不当な労働組合弾圧が発生した。これは1月19日の佐野南海タクシーで従業員の口論トラブルを口実に、それから6カ月も経過したに関わらず、組合員1人を自宅で逮捕
**9月**5日～6日　第16回定期大会が石川県山城温泉で開かれた
**10月**　東京エスオーシー（株）業平橋工場で創業50年式典（記念碑除幕）
**12月**「コンクリート構造物の安全を考える」シンポジウムを関連5労組ほか共済で開催、労使320名の参加を得る

**1月**1日　欧州連合に加盟する11カ国でユーロが銀行間取り引きなどの通貨として導入される
14日　自自連立により、小渕1次改造内閣が発足
**2月**28日　臓器の移植に関する法律に基づく初めての脳死臓器移植
**3月**3日　日本銀行、ゼロ金利政策実施
23日　日本海で不審船発見、威嚇射撃をするも北朝鮮の清津港に逃走（能登半島沖不審船事件）
24日　1998年からのコソボ紛争への制裁のため、NATO軍がユーゴスラビアを空爆
**4月**1日　日本、コメを関税化（市場開放）
6日　朱鎔基中国首相、訪米
11日　石原慎太郎、東京都知事に当選
**5月**24日　周辺事態法・日米新ガイドライン関連法が成立
**6月**23日　男女共同参画社会基本法が成立
**7月**22日　中国、法輪功を非合法化
**8月**9日　国旗国歌法成立
**9月**30日　茨城県東海村の核燃料施設JCOで日本初の臨界事故、2人死亡
**10月**5日　自自公連立により、小渕2次改造内閣が発足
30日　上信越自動車道が全線開通
**12月**13日　横山ノック大阪府知事強制わいせつ容疑で起訴。31日に辞任

# 2000（平成12）年

## 関生支部に関する主な出来事

**1月**14日　新春旗開き（生コン会館）。２６３名参加。

**2月**26日　「警察・検察・裁判所をただす2・26シンポジウム」開催（東洋ホテル）。槙枝元文総評議長、辻元清美議員、評論家・佐高信らが代表呼びかけ人となり、３００名が集結。

**3月**5日　ミキサーパレード。67台の参加で

9日　失業者ユニオン結成総会。

**4月**7日　第3回奈良春闘4労組共同交渉

21日　第7回共同交渉で妥結。全日空ホテルにて、7委員会による産別制度の確立。

**5月**10日　近畿労働学園　紀泉教室開校式

**6月**13日　政治活動委員会・８つの選対チーム

大阪地裁　団体交渉正当との判断「太平洋セメントと、その子会社、専属輸送会社従業員との間には実質的な労使関係がある」と認定

29日　太平洋セメント株主総会で追求。

**7月**11日　社民党大阪懇談会（ユニオン会館）

12日　セメント・生コン政策調査活動

**9月**10日　「慰安婦制度の責任を問う集会」部落解放センター会合に労組員20名が参加

**10月**15日　第36回定期大会（有馬向陽閣）。武委員長は冒頭挨拶で①35年の支部闘いの総括

**11月**9日　第2回執行委員会。組織拡大への取り組みの一環として、支部ブロック政治地図の作成が提議

**12月**22日～26日　バラ輸送SS25カ所政策スト敢行。連帯労組・近畿セメント支部、生コン産労は、バラ輸送業界の健全化を訴え

27日　これを受け、大阪兵庫工組、広域協、神戸協組、生コン経営者会と協議し、２００１年月までに労使各代表による専門委員会（バラ専）を設置することで合意

## 全日建中央～周辺産業関係

**2月**　奈良県生コン卸協組、共同購買事業を開始

**5月**21日　大阪圧送労組結成（大阪港湾労働者福祉センター）。5労組共催による「圧送業界危機突破・雇用と生活確保をめざす総決起大会」に２００名以上の参加

**6月**　大規模小売店舗立地法が施行

**8月**20日　第1回大圧労組定期大会（大阪港湾労働者福祉センター）

**9月**　太平洋セメント、韓国最大手の双龍セメントを事実上買収、経営一体化進める（買収された韓国企業労組が抗議のため来日）

**10月**　「バラ輸送・圧送業界の危機突破」総決起集会１２００名が参加

**12月**2日「圧送業界危機突破　雇用と生活確保めざす兵庫県総決起集会」県民会館で開催４０８名

**12月**　大阪コンクリート圧送労組が、「圧送協組への加盟促進」を要請

16日　圧送業界の危機打開再建にむけてストライキ実施。圧送協組へ加盟44社、車輌台数は３６１台。府下の４５５台のポンプ車の8割に大圧協マークが貼られることとなった

## 国内外の情勢

**1月**　ボリビアでコチャバンバ水紛争勃発

**2月**6日　大阪府知事選で太田房江当選（日本初の女性知事誕生）

**3月**18日　台湾の総統選挙が行われ、民進党の陳水扁が当選

**4月**5日　森喜朗が首班指名され、第1次森内閣発足（密室での政権移譲としてその謀議性が非難される）

14日　4月に脳梗塞で緊急入院した小渕前首相、死去

**5月**1日　第一火災海上保険が経営破綻、日本初の損保会社の倒産

**6月**　新紙幣二千円札発行、表＝沖縄県首里城の守礼門

13日　朝鮮半島の分断後55年で初の韓半島南北首脳会談

**7月**　そごうが民事再生手続開始

**8月**12日　ロシア原潜事故、乗員１１８人全員死亡

**10月**20日　協栄生命保険が更生特例法申請し経営破綻、負債総額４兆５２９７億円と戦後最悪の倒産

**11月**　ペルーのフジモリ（日系）政権が崩壊、日本大使公邸事件で投降のゲリラ射殺容疑ほかで訴追さる

**12月**1日　BSデジタル放送の開始

## 2001（平成13）年

1月12日　21世紀最初の旗開きに各界269名

13日　明神生コン団交で兵庫県警が不当弾圧

＊土曜休日稼動調査活動、経営者会不正防止委員会へ参加

2月12日　全日本港湾労組・全日建運輸連帯労組・全国一般労組全国協議会による〈中央本部第16回中央委〉で産業別闘争の展開を柱に2001年春闘方針を確立

21日　衆議院第二議員会館で、交運労協加盟三単産主催「太平洋セメント闘争の勝利をめざすシンポジウム」

3月18日　関連産業の生活権確保かけ167台のパレード

28日　生コン・バラ・圧送、大阪兵庫で無期限ゼネストに突入。

4月4日　政策問題などに関する確認＝4・4協定。

5月29日　生コン関連労組第9回集団交渉賃上げ3000円など3点セットでの妥結

6月28日　太平洋セメント株主総会。経営民主化求め株主会で閉鎖的体質を追求する

7月30日　神明協組対策会議（ユニオン会館）。暴力団が値引き物件をアウトに流し1000円仲介料

10月14日　第37回定期大会。三単産組織統合を視野に中小企業との共同闘争促進など決議

11月15日　白浜の有名旅館「古賀乃井」ほかで組織化

27日　日韓労働連帯！民主労総代表ら表敬訪問。

---

1月　大阪生コンクリート圧送協同組合（児島正一理事長）共同配車事業を開始。組合が車輌の斡旋に取り組み、大型ポンプを保有の企業ほぼ全社が加盟

2月　セメント各社の離合集散続く。宇部興産・三菱マテリアル、セメント生産3年内に統合で合意。麻生・ラファージュ（フランス）資本提携（初の海外資本）

3月　生コン全国出荷1億5千万立メートルの大台割れ。セメントメーカー主導で、首都圏流通の再編進む。

28日　生コン・バラ・圧送、大阪兵庫で無期限ゼネストに突入。①適正生産基準に基づく工場集約化の指針②実行ある新設、アウト対策③適正価格の収受④赤黒調整⑤販売店対策の実行⑥「7項目の各専門委員会」による議決と解決などを求めて

4月4日　「政策問題および各種委員会に関する確認＝4・4協定」。大阪兵庫生コン経営者会と関連労組の間で、3点セットなど妥結

5月17日　兵庫県中央生コンクリート協同組合連合会設立総会（神戸ハーバーランド　ニューオータニ）、加盟県下4地区、43社45工場の広域を対象に、会長は三好康之氏（神戸協理事長）。

8月5日　近畿バラセメント輸送協組主催「共注・共販を学ぶ」シンポジウム。セメント・生コン関連業界関連労使279名が参加、バラ協が労組運動により組織率80％を成し遂げ、この成果を元に関連業界に新たな枠組みを構築する方針の立案・実践へ

12月1日　生コン関連協同組合連合会結成。設立総会を開催（三井アーバンホテル）。初代連合会会長に関口賢二大圧協理事長が就任

---

1月26日　インド西部地震、約2万人が犠牲の大惨事に

日本の中央省庁が大再編。従来の1府22省庁が、1府12省庁に再編された（第2次森内閣）

2月9日　ハワイ沖で日本の宇和島水産高校実習船「えひめ丸」と米海軍潜水艦が衝突、9人が行方不明に対応のまずさで森首相に非難が

3月　ユニバーサル・スタジオ・ジャパン（USJ）、大阪市此花区に開業

4月26日　小泉純一郎が日本の第87代首相に就任した（第1次小泉内閣）

6月8日　附属池田小事件、小学生8人が犠牲

7月　小泉首相、特殊法人改革の一環として石油公団廃止明言

松下、上場来初の営業赤字

インドネシア大統領にメガワティ・スカルノプトゥリ氏就任

8月　小泉首相が靖国神社を参拝

＊中国や韓国政府が反発

9月11日　米国のNY世界貿易ビル、国防総省などへのハイジャック機での同時多発テロ事件、約3千人が犠牲。

10月7日　アメリカ軍によるアフガニスタン侵攻開始。9・11報復を口実にタリバン政権に対する戦争

12月　ムーディーズ、日本の国債を格下げAa2からAa3（4番目）へ

アルゼンチン政府が対外債務の一時支払い停止を宣言

# 2002（平成14）年

## 関生支部に関する主な出来事

**1月**11日　近畿地本、各支部共催新春旗開き。21世紀2年目旗開きに各界272名。

**3月**12日　政策協春闘で11項目の業界対策要求。関連業界再建をめざし、11項目の業界対策の実行と春闘要求を経営者側に提起

**4月**14日　RENTAI　FESTA2002開催（万博公園お祭り広場）。出演者に八代亜紀さん

22日　史上最大最長の58SSでの共同行動展開始める。

**5月**16～18日　沖縄平和行進で反基地・平和訴え。

20日　有事法制反対集会。

24日　STOP！有事法制大集会。

**6月**23日　韓国全国建設運送労組代表団来日。

27日　太平洋セメント株主総会で韓国代表団始め、関連労組代表が集結。

29日　日韓労働者共同シンポジウム（全日空ゲートタワーホテル大阪）。

**7月**6日　日韓生コン労働者共同行動

**10月**18日　対生コン経営者会「第7回共同交渉」で決着。2002春闘の最終的決着求め、格差是正へ賃上げ6000円と解決金1人6万円の組織還元の確約で妥結を見た。

20日　第38回定期大会（生コン会館）。関連業界全てが共生し得るシステム確立を参加組合員に訴えた。

**12月**27日　安威川生コン賃金支払い請求。大阪高裁判決で紛争当初の89年2月以降、毎月の賃金を支払うよう高裁命令があり組合側全面勝利、15年間の闘争を勝利解決

## 全日建中央～周辺産業関係

**1月**　生コン01年度出荷、第1次石油不況時の需要水準に低迷

**3月**　販売店3年間で1割減　撤退・統廃合の波が加速された

**4月**4日　全国生コン青年部協議会設立。初代会長に大阪兵庫工組青年部有山泰功部長が選出される

**5月**22日　知っておきたい「生コンのいろは」発刊。近畿生コン輸送協同組合責任編集による生コンの初歩的知識を学ぶための唯一の教科本として全国的話題に

**7月**20日　経済産業省　エコセメントのJIS化制定。エコセメントの標準化を進め、「環境JIS」第1号の業者認定も

**9月**5日　全生協組連　現金取引推進へ取引先への要請で全国統一行動とる

**11月**　生コン企業4000社割る。グループ企業統合などが全国的に進み、8月末時点で3993社、4508工場と発表あり

15日　「生コンクリートの日」と制定。1949年のこの日、生コンが日本で初めて市場に出荷されたとして高品質・安定供給・適正価格の三原則の実現を図り、社会の発展と国民生活の向上に貢献することを期し全国生コンクリート工業組合連合会が制定したと発表

**12月**25日　生コンクリート製造業、不況業種に指定経済産業省告示第429号により、期間2003年1月～3月31日まで

## 国内外の情勢

**1月**29日　ブッシュ大統領がイラン・朝鮮など各国を悪の枢軸発言

同日、田中真紀子外相が更迭

ユーロ紙幣とユーロ硬貨の流通開始

UFJ銀行誕生

**2月**　マイクロソフトが家庭用ゲーム機「Xbox」を日本国内で発売

**3月**8日　中部銀行破綻

**4月**　みずほ銀行、みずほコーポレート銀行誕生ATMトラブル多発

成田国際空港全長2180mの暫定B滑走路が供用開始

**5月**28日　経済団体連合会（経団連）と日本経営者団体連盟（日経連）が統合、日本経済団体連合会（日本経団連）が発足

**6月**　日石三菱、新日本石油に社名変更

**7月**　住民基本台帳ネットワーク開始

南アフリカのヨハネスブルクで持続可能な開発に関する世界首脳会議（地球サミット2002）

**8月**　丸の内ビルディング（新丸ビル）が竣工

27日　ソニーが「ベータマックス」の生産終了を発表

**9月**10日　スイスが国連に加盟

27日　東ティモールも加盟し国連の加盟国は191カ国に

**10月**12日　バリ島で爆弾テロ事件発生190人以上が死亡

25日　石井紘基議員刺殺事件

**11月**　アルゼンチン政府が対外債務の一時支払い停止を宣言

**12月**19日　韓国の第16代大統領に盧武鉉が当選

## 2003（平成15）年

**1月**1日　元旦行動　近畿各地四県13カ所で仲間625名

**2月**23日　春闘幹部学校で03春闘要求を決定。

**3月**12日　政策協春闘で共同購入、共同販売、赤黒調整徹底によるシェア配分の適正化求める。

**4月**18日　第4回共同交渉で新たな枠組み実行を条件に合意・妥結。

＊統一地方選挙で連帯推薦候補34名が当選を果たす。組織内候補・戸田ひさよし門真市議、トップ当選、労組員らと喜びを分ちあった。

**5月**1日　韓国留学中の組合員2名の動き、坂田、西山の2執行委員が現地で取材を受けた

18日　関西生コン「創業50周年記念シンポジウム」。関西の生コン産業に携わる全ての労使双方が主催・後援

**6月**15日　韓国レミコン労働者権利闘争で連帯労組員も共同行動。

27日　太平洋セメント株主総会に韓国労働者代表が株主権を行使。

**7月**6日　日韓生コン労働者共同行動。連帯と生コン産労の代表団が訪韓

**9月**20日　連帯ユニオン結成20周年シンポに288人。

**11月**6日～10日　「生コン労働者03年訪韓団」36名中、連帯29名が参加。昨年来の日韓労働者交流促進を目的に共同での抗議行動を展開。

27日～12月3日　武委員長、日越友好でベトナム訪問。連帯支部支援の社民党議員として永く連携を保つ、和田貞夫氏を代表理事におく日越関西友好協会の友誼勲章返戻訪問団の一員として、武建一委員長も参加。

---

**2月**　アジア諸国との人々との共生・共存を目指し、これまでベトナムのドクさん支援交流などで実績を重ねた南大阪連帯会議がNPO法人格を取得。

**3月**6日　大阪広域協8工場を廃棄、製造設備の削減で体質強化図るとの説明で。

**5月**18日　「関西生コン50周年シンポジウム」開催。

＊関西の生コン産業創成50年を祝し、参加250名にのぼる経営・労働者が一体となり次なる50年への展望と取り組みを協議確認した記念碑的な催事。

**10月**1日　イン&アウトの交流組織・関西生コン関連中小企業懇話会が設立。

同日　イン&アウトの交流組織「関西生コン関連中小企業懇話会」が設立。ウェスティンホテル大阪で百数十名の関係者が出席、門出を祝した。

**11月**　「○適マーク取得工場から選定する必要がある」と大阪府が基準を適用

26日　「不法加水」摘発など法令遵守運動。長妻昭衆議院議員が国会に「道路公団をはじめ、公共事業でのシャブコン使用等に関する質問主意書」提出

---

**1月**　名古屋高裁、高速増殖炉もんじゅ設置許可を無効とする判決

**2月**1日　スペースシャトル、テキサス州上空で空中分解、飛行士7名死亡

**3月**　中国で新型肺炎サーズ大流行、死者700人超

**4月**1日　郵政事業庁が日本郵政公社に

日経平均株価が7607円の大底を記録

**5月**3日　小惑星探査機「はやぶさ」打ち上げ

23日　個人情報保護法が参議院本会議で可決

**6月**　盧武鉉（ノ・ムヒョン）韓国大統領、国賓として来日

**7月**　宮城県北部地震。震度6クラスの地震3回発生

1日　香港50万人デモ行進、中国自治政策に対する抗議

イラクの暫定統治機関としてイラク統治評議会が設置

**8月**14日　アメリカ・カナダで東部を中心に大規模な停電

フランス全土の記録的な猛暑による熱死者続出

**9月**　ボリビアガス紛争が激化、国内は広範囲に渡って麻痺状態

**10月**15日　中国が初の有人宇宙船「神舟5号」の打ち上げ

**12月**2日　武富士盗聴事件で自ら指示を出したとして同社会長を逮捕

13日　アメリカ軍がサダム・フセインイラク元大統領を拘束

# 2004（平成16）年

## 関生支部に関する主な出来事

**1月**　近畿各地で「元旦行動」、12カ所で618名

　9日　近畿地本、各支部共催新春旗開き各界来賓98名を迎え計242名が結集。「大義ある生身の闘い！」戸田久和地本執行委員長「政治・社会・産業の変革へ」

**2月**8日　「神友闘争勝利報告集会」に関係者192名結集

**3月**12日　政策協春闘で11項目の業界対策要求。関連業界再建をめざし、11項目業界対策の実行と要求を経営者側に提起

　14日　米国の侵略戦争と自衛隊イラク派兵に反対、183台で自動車パレード

**4月**18日　RENTAI　FESTA2004、出演者に夏川りみさんら沖縄ミュージシャン出演

**7月**20日　「生コンクリートユーザーフォーラム」開催。阪神淡路大震災から10年目を前に、建設・生コン業界が消費者と初めて向き合い、「安全」と「安心」な社会をめざして話し合ったフォーラム。生コン関連業者や労働組合から392名が参加、「社会の共生」を掲げ討議した。

**10月**17日　「第40回定期大会」国政、府議・市議など来賓祝辞。「組合員を主人公とした活性化運動推進」「新たな時代の共生・共存策」「幅広い連帯で憲法改悪阻止」

**11月**2日　日韓FTA交渉反対で連帯西山執行委員逮捕。これに対し、韓国労働者ソウル日本大使館に抗議

　10日　関西清掃労働者支援大集会、堺市民会館に350名の仲間が結集。

　13日　安威川生コン分会激励集会、143名関係者が参加

## 全日建中央～周辺産業関係

**1月**24日　懇話会主催「経営者セミナー」開催。昨年10月の設立以降、57企業会員獲得の成果と、員外社は工組・協組に加入団結なしに生き残れないなどを確認

　同日　圧送（ポンプ）業者が、初めての労使セミナー開催。労使の力で圧送業界の危機打開と安定に向けた運動、共同受注～基本料金の収受確立などを確認

**2月**22日～23日　中小企業組合研究会主催「資格制度確立と学校設立」のためのシンポジウム。労使200名がシンポに参加、教育事業推進へ労組側代表として、武執行委員長見解

**3月**4日　和歌山県紀北地域、生コン製造設備を70％削減する大規模集約化。13工場を4工場へ

**5月**20日　セメント大手過去最高益。04年3月期決算で、太平洋は純利50％増の165億円と合併後過去最高、住友大阪は108％増の48億4千万円

**7月**31日　「週刊現代」に加水行為を告発する記事掲載。連帯労組の調査の結果を受け、神戸業者による不法加水行為を告発したスクープ。東大教授小林一輔氏がコメント

**9月**1日　中小企業組合総合研究所「組合総研」が設立。機関紙「提言」の発行はじめ、各種研修会やシンポ、フォーラムなどを開催してきた中小企業組合研究会が、活動をより社会性のあるものに発展させるため有限責任中間法人として改組

**11月**　大阪域内の17社18工場が広域協加入の方向を決定。アウト企業など17社は、この時点での協組意義を認めて加入を表明

## 国内外の情勢

**1月**19日　自衛隊イラク派遣開始

**2月**27日　オウム真理教の麻原彰晃被告に一審で死刑判決

**3月**11日　スペイン列車爆破事件発生

　中国人活動家が尖閣諸島に上陸

　日本で製造業への人材派遣が解禁

**4月**　政治家の年金未納問題が発覚

**5月**7日　年金未納問題で、福田康夫官房長官が辞任

　22日　小泉首相が北朝鮮を再訪問し平壌で日朝首脳会談、拉致被害者の家族5人が帰国

　欧州連合（EU）に新たに10カ国が加盟、合計25カ国

**8月**　アテネオリンピック開幕

　沖縄国際大学に米軍普天間基地のヘリコプター墜落

**9月**　朝鮮脱出者29名が北京の日本人学校に駆け込む

　NY商業取引所で原油先物相場が1バーレル50ドル突破の新高値

**10月**23日　新潟県中越地震発生、断続的に震度6級の余震、死者68名

**12月**3日　イラク北部で日本大使館公用車襲撃され、外交官2人が死亡

　26日　スマトラ島沖地震発生（M9・3）、津波などで14カ国以上で22万人以上が死亡

# 2005（平成17）年

**1月** 「大谷生コン強要未遂及び威力業務妨害事件」勃発
13日　早朝、大阪府警は関西地区生コン支部に刑事弾圧を加え、武委員長ら計4名逮捕。
23日　「関西地区生コン支部にかけられた業種別運動つぶしを目的とした不当弾圧に対する緊急抗議決起集会」、経営者・労働者併せて73団体から1124名が参加

**3月**9日「旭光コンクリート強要未遂及び威力業務妨害事件」、大谷生コン事件に続く弾圧事件、武委員長再逮捕される
13日　弾圧粉砕・05春闘勝利訴え286台で自動車パレード

**4月**7日　「大谷事件」第1回公判で権力弾圧糾弾緊急抗議行動。

**5月**10日　「大谷事件」第2回公判、大谷生コン常務が証人で、運動への誹謗と中傷
23日　第2次弾圧「旭光コンクリート事件」第1回公判

**6月**27日　日韓労働者総決起集会「日韓労働者連帯で弾圧をはね返そう」をテーマに千余人が扇町公園に集結

**7月**10日　「女性部・あさがお」が誕生、働く女性の地位向上目指し内外80名が参加。

**10月**16日　結成40周年の集いを祝い「第41回定期大会」。拘留中の武委員長からメッセージが読みあげられる。
22日「国営住宅の住民」拘留中の仲間からメッセージが

**12月**3日　「生コン産業の中小企業運動つぶし反対」「長期拘留者早期釈放」決起集会に1306名の熱気
15日　「第1次、第2次弾圧」から長期拘留を受けていた武委員長以外の仲間5人が保釈

---

**2月**8日　「連帯議員ネット」結成大会。連帯ユニオンが、情報交流などを通じ公共工事・契約から不正行為や悪質な企業や業者を排除し、行政や地元中小企業の健全化を進め、地域住民の生活・労働条件の向上を進めることを目的に結成
28日　KU会設立。連帯労組への不当弾圧に抗議する経営者らの支援活動始まる

**6月**3日　中小企業組合総合研究所主催「マイスター塾開講記念セミナー」。

**7月**10日～11日　2005中央幹部学校（総評会館）

**12月**8日　「第3次弾圧」で、戸田ひさよし連帯近畿地本委員長（門真市議）が政治資金規制法で逮捕
16日～17日　連帯労組中央執行委員会「反弾圧・産業政策推進」で全国統一スト、150の職場で武委員長はじめ6名の長期拘留者の奪還を誓い、全国13都道府県7支部の仲間が決起

---

**1月**29日　中華人民共和国と中華民国（台湾）を結ぶ航空線が分断以来56年ぶりに開通

**2月**　京都議定書発効
中部国際空港が日本の愛知県常滑市沖合に開港

**3月**　自然との共生謳う愛知万博＝「愛・地球博」が開幕
島根県議会で「竹島の日」条例が成立、韓国の反日感情高まる

**4月**9日　北京で1万人規模の反日デモ
JR福知山線脱線事故、乗客ほか107名が死亡
10日　中国浙江省で3万人を超える農民暴動発生

**6月**　主要国首脳会議（サミット）の財務相会合がロンドンで

**7月**7日　「ロンドン同時爆破事件発生死者は五五人

**8月**26日　ハリケーン「カトリーナ」がアメリカフロリダ州に上陸、政府対応の遅れで1200人の死者

**10月**27日　フランス・パリで警察に反発する若者ら全土で暴動、フランスだけでも死者や千人を超える逮捕、同政府は非常事態宣言

**11月**　歌舞伎がユネスコの無形文化遺産に登録
アンゲラ・メルケルがドイツ首相に就任（初の女性首相）

**12月**14日　第1回東アジアサミットがマレーシアクアラルンプールで開催

## 関生支部に関する主な出来事

**1月**13日　弾圧で広がる支援「06新春旗開き」。294名、友好団体から過去最多の来賓133名

**3月**7日　業界崩壊か、雇用と生活確保の破壊か「関連5労組第1回共同交渉」。

8日　武委員長、420日ぶりに保釈、戸田近畿地本委員長も。

12日　両委員長を久々に迎え運動再構築誓い中小企業への不当弾圧を許さず200台で不当弾圧はね返し・自動車パレード

**5月**20日　武委員長著作「労働運動再生の地鳴りがきこえる」の出版記念シンポジウム（エルおおさか）に700名結集

**9月**19日　「ILO・国際労働機関から書簡」。政府が加える連帯への権力弾圧に関するILOへの申立てに対し、Cカーティス国際労働基準局局長代理から日本政府へ申し入れをしたとの内容

**10月**22日　「第42回定期大会」（生コン会館）、当日、武委員長の10月19日付け獄中声明での「刑務官への過度の同情心から、金銭を貸し与えた件で、権力の罠に落ちたという事への思想上の弱点を自己批判したい」との反省から始まるメッセージ

**12月**2日　第7回共同交渉、約束履行求め決裂

6日～7日　**「大相撲、徳之島場所巡業」**

連帯労組が全面支援。横綱朝青龍ら力士らの迫力に、闘牛の伝統ある島の活気が高まり、関西生コン業界と相撲後援のつながりに発展した話題の催事の2日間

14日　10数年ぶりの全面スト「春闘勝利、権力弾圧粉砕総決起集会」をタイコー枚方工場で近隣組合員が参集し、確約事項の誠実な履行を迫った。

## 全日建中央～周辺産業関係

**1月**17日　「第3回大阪圧送労使セミナー」企業の社会的責任（CSR）宣言

**2月**　月刊「世界」（岩波書店）2月号で特集「生コン業界は再び危機に直面」

**3月**8日　「関西地区生コン支部事件とは何か～『国策捜査』による労働運動弾圧の深層を明らかにする関西シンポジウム」。

20日　テレビ朝日「ワイド！スクランブル」が耐震偽装問題で「欠陥コンクリート恐怖の実態」を特集

**4月**6日　「中級・ミキサー乗務員学校」開校。近畿生コン輸送協組がミキサー車乗務員の一段の資質向上を目指し開設した

**7月**15日　KU会第4回勉強会、「検察の実像」と題して元大阪高検公安部の三井環氏

**11月**　週刊「金曜日」で6弾・警察の闇特集「現代の特高」記事。生コン価格は下落、またぞろ粗悪生コンを使う業者もでてきたとの業者インタビュー

## 国内外の情勢

**1月**　ライブドアグループ証券取引法違反事件で、東京地検特捜部は堀江貴文社長ら幹部4人を逮捕

12日　サウジアラビアでメッカ巡礼の回教徒が将棋倒しで345名圧死

20日　農水省「輸入再開したアメリカ産牛肉にBSE危険部位混入と判明」と発表。再び全面禁輸

**2月**3日　紅海でエジプト船籍フェリーが沈没、1千人以上の遺体

17日　フィリピン・レイテ島で大規模な土砂崩れ、2千人が犠牲になる

**5月**1日　アメリカ合衆国各地で、ヒスパニック系住民らが不法移民規制法案抗議デモ。約100万人が参加

インドネシアジャワ島で地震発生し、同国で5782人が死亡

27日　イラクのサマーワで、日本の自衛隊車列を狙った爆弾が爆発

**8月**　国連安全保障理事会、イスラエルとヒズボラの停戦決議を採択

**9月**20日　第21代自民党総裁に安倍晋三官房長官が就任

22日　ドイツの磁気浮上式高速鉄道試運転中のリニアモーターカーで事故、21人が死亡

**10月**9日　朝鮮が咸鏡北道吉州郡で核実験を行なう

**11月**11日　共和党の敗北を受け、ラムズフェルド国防長官がイラク政策の責任をとって辞任

**12月**30日　サダム・フセイン元イラク大統領の死刑執行

# 2007（平成19）年

**1月**12日　近畿地本・各支部共催新春旗開き（中之島NCB）、3年ぶりに全役員揃い「自公腐敗政権打倒へ反撃の狼煙を」

**2月**9日　NTT解雇反対、世界産業組合弾圧糾弾「労働者・市民の人権を確立する大阪集会」

**3月**11日　弾圧粉砕！ゼロ回答打破、団結と行動力、200台車両と千人結集で自動車パレード

**4月**9日　第4回共同交渉で賃上げ6500円獲得。過剰サービス（袋洗浄、土曜稼動）の廃止で前進。経済要求3点セットほか6項目で妥結

22日　史上最大最長の58SSでの共同行動展開始める

25日　戸田久和近畿地本委員長と武委員長へ大阪高裁が不当判決

**5月**8日　大阪府警による第5次弾圧「斉藤建材事件」

16日～18日　沖縄平和行進で反基地・平和訴え

20日　有事法制反対集会　24日の全国集会に先立ち

**6月**23日　韓国全国建設運送労組代表団来日

**7月**1日　「ええかげんにせぇ！警察・検察・裁判所」弾圧・人権蹂躙を許さぬ集会

26日　関西系テレビ報道で生コン加水問題摘発

**10月**18日　対生コン経営者会「第7回共同交渉」でマラソン決着。

**11月**29日　「第1回中央委」年末闘争重点テーマ打ち出し「組織改革・業界再生・政治課題・人員補充」

**12月**27日　安威川生コン賃金支払い請求。大阪高裁で勝利判決

---

**1月**16日　大阪圧送労使セミナー、基本料金制と現金収受が定着した成果を共有

**3月**17日　組合総研第1回歴史教養ツアー「奈良明日香村」

**5月**19日　組合総研第一回経営者セミナー、近畿一円の生コン関連経営者や各団体代表が集まり、大阪兵庫生コン工組六甲技研センターで人権派法曹グループの坂本団弁護士、武建一総研代表理事が協組原理と展開への理念を近畿から集まった70名参加者に講演。

**7月**4日　大阪広域協の民主化を求める会

**9月**　大阪広域協　理事会で員外社加入促進を決議

**11月**20日　KU会、NPOへ組織換え

27日　中小企業懇話会、員外社会議で大同団結への気運盛り上がる

**12月**19日　組合総研第1回異業種交流会、建設・生コン業界以外で広く意見の交流を図る、30社50名の企業幹部やスタッフが異なった視点での見方を育てた

---

**1月**24日　EU委員会、三菱電機・日立・東芝など11社カルテル認定で総額7億5千万ユーロ制裁金

25日　中国国家統計局、2006年中国の国内総生産実質伸び率が10.7％と、4年連続で2桁成長

同日　アメリカフォード・モーター、2006年決算が創業以来最大の127億万ドル超の最終赤字

**2月**　潘基文氏（韓国）が国際連合事務総長に就任

3日　イラク・バグダードでイラク戦後最大の自爆テロ130人以上死亡

中国の海洋調査船が尖閣諸島・魚釣島付近で海洋調査、日本政府の抗議に中国政府は同諸島領有権主張

**3月**8日　アメリカ3M、リチウムイオン電池の特許を侵害したとして、ソニー、日立、松下、聯想レノボなど11社を国際貿易委に提訴

**4月**　中国・上海証券取引所で株価が前日比約9％マイナスの大暴落欧州、米国など世界も連鎖株安

アメリカ商務省、経常赤字で8566億USドルと初めて八千億の大台超す

**5月**17日　朝鮮半島分断以来、初めて韓国ムン山と北朝鮮・開城を結ぶ列車が試験運行

**8月**1日　アメリカ・ミネソタ州ミネアポリス高速道路橋が崩落、多数の死傷者が出る

**11月**14日　ロンドンとユーロトンネルを結ぶ高速鉄道路線CTRL開通

**12月**19日　韓国大統領選挙で、李明博が次期大統領に選出

29日　中国全国人民代表大会常務委員会、香港行政長官の直接普通選挙での選出を2017年以降と決定

# 2008（平成20）年

## 関生支部に関する主な出来事

**2月**23日　春闘幹部学校で03春闘要求を決定、中小企業経営と雇用を確保、平和と人権擁護
**3月**12日　政策協春闘で業界対策要求
**4月**23日　管理職ユニオンと関生支部の協力で非正規労働者のための相談センター開設
28日　女性部「団結交流会」（和歌山県・ホテル古賀の井）
**5月**1日　韓国留学中の組合員2名の動き、現地から
10日　武委員長著作「労働者の未来を語る」出版記念パーティ
13日　朝日、毎日、読売、日経、TV各局で加水問題報道
**6月**15日　韓国レミコン労働者権利闘争で連帯労組員も共同行動
**8月**　「品質管理委員会」を正式に立ちあげ
**9月**15日　ワシンレミコン分会闘争勝利報告集会が生コン共同・ワシンレミテック御坊工場で開かれ、100名が結集。
20日　連帯ユニオン結成20周年シンポに288人
**11月**6日　日韓建設労働者共同闘争委員会第7次共同行動で連帯17名含む22名が訪韓団
同日　関生支部3000名組織目指し、第1回関生オルグ団研修会。
**12月**12日　人権問題講演会で組坂部落解放同盟委員長と武委員長が共同講演

## 全日建中央～周辺産業関係

**2月**　近畿の生コン、値上げ表明相次ぐ、セメントの大幅値上げが契機となる
**4月**1日　大阪・神戸で生コン大幅値上げ、奈良1300円。大津1500円
4日　阪神地区生コン会結成　大阪・兵庫地域で員外で営業してきた50数社を対象に任意組織として集まり、正式な協組化への移行準備期間となった
**9月**8日　連帯中央本部第25回定期大会とレセプション。関東においても拡大する生コン・セメント業界での組織化と「ガテン」系連帯と連携による非正規労働者取り組みなど実績を総括、「自公」連立政権打倒をめざす体制作りが提起された
**10月**24日　阪神地区生コン協同組合（阪神協）設立認可。事業区域は大阪府全域と兵庫・明石以東に置き、先行8社で「中小の、中小による、中小のための」生コン専業者主体の運営を目指すと幸森俊夫理事長が声明
28日　中小企業の砦「協同会館アソシエ」起工式。生コン関連8団体（当時）代表、関係者労使231名が工事の無事を祈願し、次年6月への竣工に期待を寄せた
**11月**17日　近畿生コン圧送協第5回圧送技術研究会、労使、自治体、学会、ゼネコン関係者ら300人での研究の場を
**12月**4日　阪神協設立式典、阪神地区で地域協組に加盟せず活動してきた有力48社53工場が、大同団結した式典には関係者・政官来賓430名が出席し、華やかな船出を祝した

## 国内外の情勢

**1月**2日　原油先物相場が急騰止まらず、NYでは1バレル100ドルを記録し、7月半ばまで断続的に価格が上昇
米FRB、前日からの世界同時株安に対応するため、連邦ファンド金利の0・75％緊急利下げ。祝日明けNY証券所でも暴落
**2月**11日　沖縄県沖縄市で発生したアメリカ海兵隊兵士による14歳少女への強姦事件で島民の怒りが頂点に
19日　キューバ国家評議会、フィデル・カストロの後継となる議長に実弟のラウル・カストロ
**5月**12日　四川大地震（M8・0）、四川省・甘粛省・重慶市・雲南省内の建造物倒壊で約4万人の犠牲者
韓国で李明博政権の米国産牛肉の輸入再開に対し反発する市民が集会、数カ月の抗議デモ続く
**8月**8日　北京オリンピック開催
**9月**15日　アメリカの大手投資銀行リーマン・ブラザーズが、経営破綻、リーマン・ショックの始まり
アメリカの最大手保険会社AIGの破綻回避のために米連邦準備制度理事会同社へ約850億ドル融資を承認
**9月**1日　日本の福田康夫首相が就任後1年足らずで辞意
**11月**4日　アメリカ合衆国大統領選挙でバラク・オバマ（民主党）が共和党候補に圧勝、第44代アメリカ大統領に初のアフリカ系
**12月**17日　ブラジルで開催されたラテンアメリカ・カリブ首脳会議で、米国の支配から自立した平和地域統合をめざし「サルバドル宣言」が採択

# 2009（平成21）年

**1月**　元旦行動、近畿各地域８カ所で６５０名の仲間が集結。関西宇部プラントでのコンプライアンス違反操業など厳しく追求
　16日　近畿地本、各支部共催新春旗開き。過去最多の来賓１７０名含む３４０名以上が参集
**2月**12日　大阪府警またも弾圧、関西宇部事件役員３名・組合員２名不当逮捕。拘置理由示さず、約束履行求めた執行委員らを強制拘引。
**3月**15日　３００台車両と１５００人結集でパレード。
**4月**5日　新入組合員歓迎交流会（70の職場から新しい仲間１５０名が参加）
**5月**15日　平和行進・沖縄に共闘参加
　27日　２００９「日韓共同闘争」で５名の仲間が訪韓
**6月**24日　２００９「日韓共同闘争」で韓国から４名の仲間が来阪
**7月**　09春闘の合意内容の履行求めて3労組による検証委員会。12項目業界再建の具体策
　18日　関西宇部事件、拘留の仲間の保釈勝ち取る
**8月**26日　第４回中央委員会。今年春闘で勝ち取った本勤１万５０００円、日々雇用１０００円／日額の成果と協同会館アソシエ建設に見る業界再建への具体的道筋など路線の勝利性の方式を委員長が総括。
**10月**18日　第45回定期大会。資本主義を打倒し、公平平等な社会へ。
**11月**11日　労使一体での生コンクリート関連16団体が、衆議院第二議員会館ほかで関係省庁担当者に政策提言を手渡し

---

**2月**19日　ＮＰＯ法人非正規労働者のための協働センターが、神戸、大阪、京都で「雇用破壊なんでもホットライン」を開設、初日に83件もの相談を受ける
**3月**29日　尾上部屋関西後援会、大阪市内のホテルで打上げ会を開催。
**6月**6日に「変革のアソシエ」発足総会及び記念講演シンポジウム開催（東京・総評会館）。
　30日　協同会館アソシエ竣工式。中小企業の砦『協同会館アソシエ』の竣工式が、来賓・関係者３５０名出席のもと盛大に開催。白亜の建物には中小企業の自立自尊の魂が込められており、生コン関連事業者が力を合わせて完成させた初めての会館で３００社を越える中小企業が出資協力した中小企業の『血と汗の結晶』の誕生。
**7月**10日　変革のアソシエ関西発足。
**9月**1日　ＧＣＲＣグリーンコンクリート研究センター開所（中西正人理事長、協同会館アソシエ１階に）。
**10月**1日　ＧＣＲＣ「第1回シンポジウム」（協同会館アソシエホール）。
**12月**20日　「社会資本政策研究会」発足。生活道路や耐震補強など人間本位の社会資本整備、コンクリート舗装など

---

**2月**17日　自民党中川昭一財務金融担当大臣が辞表提出。14日ローマで開催されたＧ７の財務大臣・中央銀行総裁会議後会見での意識もうろう状態での答弁での責任と不明を詫びて（中川氏は、10月に謎の多い死を遂げた）
**3月**1日　東京地検特捜部、西松建設によるトンネル政治献金疑惑で、民主党小沢一郎代表の公設秘書逮捕
**4月**　国際通貨基金ＩＭＦ、実質経済成長率を日本はマイナス６・２％とする経済見通しを発表
**5月**　裁判員制度施行
**6月**4日　国内98番目で最後の地方空港と目される静岡空港が開港
**7月**12日　第17回東京都議会選挙で民主党、改選議席を上積みして54議席を獲得、初の第一党に
**8月**30日　「第45回衆議院総選挙」期日前投票制度を利用した有権者は約１４００万と最高を更新する中、民主党が圧倒的民意の３０８議席を獲得。戦後続いて来た自民党一極支配による政治体制は、一先ず終止符が打たれた。
**9月**9日　第45回衆議院総選挙を受け民主党・社民党・国民新党３党による連立政権成立
**11月**1日　太陽光発電の余剰電力を従来価格2倍の48円／ｋｗｈで電力会社が10年間すべて買い取る制度を開始
**11月**　２０１１年３月までの時限法である中小企業金融円滑化法案（別称・亀井法案）が成立

# 2010（平成22）年

## 関生支部に関する主な出来事

**1月**　元旦行動、近畿11カ所600名が街頭行動に

15日　近畿地本、各支部共催新春旗開き（中之島NCB）。組織に勢いと熱気、来賓197名含む363名が参加「敵の攻撃が我々の団結を強める」

**2月**26日　支部中央委10春闘方針決定。これまでの約束実行を求める27項目要求を提起

**4月**25日　RENTAI　FESTA2010開催。つじあやのほか人気ゲスト参加で一般の関心も高く盛り上がる

**6月**27日「生コン関連業界危機突破！　6・27総決起集会」が全国生コンクリート工業組合連合会・全国生コンクリート協同組合連合会近畿地区本部集会実行委員会により開催（スイスホテル南海大阪）。

**7月**2日　生コン産業政策協議会10春闘の解決めざしゼネスト突入。ストはこの後、139日続きわが国では国鉄以来の本格的なゼネラル・ストライキの様相を呈し関西圏ではテレビニュースでも報道され、マスコミも連日注視した

**8月**11日　関西の生コン産業協組・労組12団体代表らとともに、業界正常化に向け関係先聴取の要請書を、当該官庁の役人に手渡した。

**9月**11日　関西生コン関連産業労使、経済産業省に要請。

**10月**　機関紙「くさり」10月号で、9月8日の集団交渉を取材に訪れていた外国紙ジャパンタイムズのE・ジョンストン記者（米国人）を逆取材。同記者は、「関生型運動こそ、世界基準」だと断言。

31日　歴史初！　世界遺産である真言宗総本山高野山で、お寺の私物化を続ける経営側住職の責任と雇用保障を求める抗議デモ

**11月**17日　139日ストライキ、ゼネコンが新価格応諾

## 全日建中央〜周辺産業関係

**1月**14日　「近畿圧送労使セミナー」開催。近畿圧送経営者会・労働組合・協同組合　の共催で、団結して技能向上・共注共販課題を乗り越えようと呼びかけ

六会コンクリート問題、神奈川協組が補償のスキーム決定

**4月**1日　大阪広域協組、100億円を投じ、25工場廃棄、商工中金から35億円借入れ、組合員工場は104から78と25%も減少

**5月**20日　故二村誠二先生を偲ぶ会。2月11日急逝されたグリーンコンクリート研究センター・スーパーアドバイザー二村誠二氏に対し、会場の協同会館アソシエへ大学関係者、建設設計関係者も含む多数の参列者が詰めかけ氏を偲んだ

31日　「団体交渉での地位確認」および「損害賠償」求める。近畿バラセメント輸送協同組合が訴訟を大阪地裁に起こす

**9月**11日　関西のセメント・生コン産業各協同組合・工業組合の代表らは、経済産業省を訪れて生コンクリートの「適正価格化に向けて関係者からヒアリングを行うなど大阪府下の事態の円満な解決に資する施策を講じる」要請

**10月**21日　大阪広域卸販売協同組合と湖東生コンクリート販売協同組合が解散。この頃、生コン卸協組、解散・休止相次ぎ、組織活動の停滞感が広がる

**12月**2日　太平洋セメント、直系生コン社6割減。9月末で54社に。1998年発足時からは72社もの減

## 国内外の情勢

**1月**5日　米駐留軍普天間基地移転を問う名護市長選挙で基地移設反対派の稲嶺進が当選

**3月**26日　黄海で韓国哨戒艦「天安」が沈没46名死亡。韓国は朝鮮側の魚雷を原因とする（4月）

**5月**30日　社民党、沖縄普天間基地問題での福島瑞穂党首の閣僚罷免に反発、連立を離脱

**6月**2日　総理大臣鳩山由紀夫が民主退陣を表明、小沢一郎民主党幹事長も同時に辞任

8日　第94代総理大臣に民主党代表選で小沢一郎を破った菅直人が就任

24日　農水省、宮崎県口蹄疫問題で、感染の疑いある牛や豚、約20万頭を殺処分

16日　中国が日本を抜き、実質GDP世界2位に

**9月**7日　尖閣諸島で中国漁船と海上保安庁巡視船衝突事件発生

**10月**2日　中国で尖閣諸島抗議デモ、数千人規模の反政府デモに拡大

**11月**2日　株価は、日経平均株価とTOPIXとマザーズ指数以外は、全て年初来安値更新

23日　韓国国境線を挟み、延坪島砲撃事件が勃発　朝鮮人民軍が砲撃

# 2011（平成23）年

**1月**　元旦行動、11企業15カ所で480名が街頭アピール。不当労働行為を働く各企業と経営陣を厳しく糾弾

**1月**14日　近畿地本、各支部共催新春旗開き（中之島NCB）。「政策闘争の大躍進で業界安定へ」

**2月**28日　生コン支部第2回中央委。春闘テーマ「共生型社会の構築」と昨年までの春闘合意事項の完全実施、経営者会脱退企業への復帰などを求める

**3月**11日　**東日本大震災**。「東北地方太平洋沖地震」によってもたらされた甚大なる災害を、日本政府は「東日本大震災」と命名。時間が経つにつれ、津波被害の大きさと被災した東京電力福島第1原発の事故の深刻さが関西にも伝わり東北・関東での企業や働く仲間たちの安否が気遣われた。

13日　280台車両と1500人結集で粛々と自動車パレード。

23日　関連9団体337社との11年春闘大規模集団交渉。大阪兵庫生コン経営者会から新人事（会長・小田要氏）

**5月**11日　関西宇部と結託した大阪府警は支部ほか21カ所の家宅捜査を行い、組合員13名を不当逮捕。

15日　平和行進・沖縄に共闘参加

**7月**22日　拘留の仲間13名の保釈勝ち取る。関西宇部の件で2度、05年から数えて8回の弾圧に耐え抜いた組合員の姿に、生コン支部の底力を証明した。

**8月**27日　近畿生コン関連14団体、宮城県南三陸町に支援訪問。同地の福興市イベントに大相撲尾上部屋の把瑠都

**12月**1日　5・11関西宇部事件で、大阪地裁は高副委員長らへの実刑という不当判決。暴力を一切使っていないのを認定しながら、団体での要請行動だけで威力妨害という憲法28条での団体行動権を無視した異様な判決

---

**2月**14日　2・14国会請願・院内集会。近畿生コン関連協同組合連合会、関西生コン産業政策協議会、連帯労組の3団体は衆議院議員会館で院内集会

17日　太平洋・徳山セメント値上げ。徳山1300円、太平洋1000円以上、4月出荷分から。宇部三菱、住友大阪も値上げへ

26日　中央本部第26回中央委員会。国民の側に立った社会民主主義勢力の拡大を呼びかける

**3月**28日　大阪地裁、近バラ協から請求のあった団体交渉への応諾義務がセメントメーカーにあるとする歴史的な勝利判決を下す。

**4月**7日　大阪広域協新理事長に木村貴洋氏。3月29日臨時総会での決定を受け。木村氏は、関西宇部社代表取締役

**6月**　工場数前年同期に比べ91工場減の3662に。1992年ピーク時（5034）に比較して約3割減に

4日～5日　近畿生コン関連業界労使14組織代表が東日本大震災被災地の宮城・福島を現地視察

16日　近圧協、ゼネコンに品質保証書発行。

**8月**7日～8日　連帯ユニオン2011中央幹部学校で政治学者講演会や支部討論会

**10月**11日　近畿の生コン関連団体代表による国会要請。

**12月**8日　販売店大手・藤成商事が自己破産。関西生コン業界に激震。連鎖の波広がる

---

**1月**1日　ブラジルで初の女性元首ジルマ・ルセフ大統領が就任

31日　土地購入疑惑で民主党小沢元代表を東京高検が強制起訴

**3月**11日　東北地方太平洋沖地震（M9・0）。日本周辺における史上最大規模で東北沿岸部に大津波による壊滅的被害（死者・行方不明1万8559人）。東京電力福島第1原発は、津波で全電源を喪失し原子炉を冷却できなくなるという基本的ミスで3機が炉心溶融（メルトダウン）し、大量の放射性物質が飛散する史上最悪の原子力事故に

**4月**1日　福島第1原発事故を受け東海地震の予想震源域上にある浜岡原発（静岡）の全機発電停止を菅首相が中部電力に要請

**6月**2日　東京電力の株価が一時上場来最安値の282円に

**7月**23日　中国高速鉄道の杭州－福州線で脱線・追突事故、死者40人

29日　ベネズエラで行われたラテン・カリブ首脳会議で、ラテンアメリカ・カリブ諸国共同体が実現

**8月**1日　米ロードアイランド州のセントラルフォールズ市、連邦破産法9条の適用を申請

23日　内戦状態のリビアで、反体制派陣営が首都を制圧しカダフィ体制が事実上の崩壊

**10月**15日　「ウォール街を占拠せよ」の呼びかけに応えて世界中で占拠が行われた

**11月**27日　大阪府知事選で松井一郎が、大阪市長選で橋下徹が当選

**12月**17日　朝鮮民主主義人民共和国指導者の金正日総書記が死去

# 2012（平成24）年

## 関生支部に関する主な出来事

**1月**　元旦行動で近畿一円で労働者の権利侵害を続ける13の職場に向けて、470名が怒りの一斉行動を展開した。

13日　新春旗開き（リーガロイヤルNCB）、各界来賓を交え360名が参集。

**2月**15日　近畿経済産業局へ「中小企業の定義変更」要請書提出。連帯労組と社会資本研ほか近畿生コン関連事業者と14団体は近畿経済産業局を通じ、表記の要請書を提出

**3月**29日　春闘交渉で大きな成果。近畿業界4労組による政策協議会と近畿の経営者側窓口大阪兵庫生コン経営者会との交渉第4回目で妥結。賃上げ1万円・一時金年額10万円増で決着

**4月**13日　第3期沖縄意見広告運動関西集会で、元宜野湾市長の伊波洋一氏を講師にNYタイムズ、Wポストへの英文意見広告の意義、基地問題での現況などで運動の前進を確かめた。

**7月**3日　アソシエ職員組合・婦人クラブと合同で女性部学習会「橋下政治の欺瞞と真実」を開いた。

15日　これまでの日韓交流の礎をもとに、産別労組色を鮮明にした韓国民主労総建設運送労組が訪日。近圧労組との意見交換会

**12月**27日　ナンセイ社による一方的解雇無効と地位確認請求訴訟で神戸地裁で組合員の勝利確定。

30日　釜ヶ崎越冬物資カンパ＆パトロールで、組合員20名以上が集まり、現地で路上生活を余儀なくされている労働者に毛布とカイロなどをカンパし、組合への参加を呼びかけた。

## 全日建中央〜周辺産業関係

**1月**19日　近畿生コン関連団体合同新年互礼会初の開催。近畿の生コン関連団体・機関、実に24もの組織が参集した

**5月**10日　中小企業協同組合についての学習会。業界のオピニオンリーダー・百瀬恵夫明治大学名誉教授を講師に招き、近畿各府県187名の参加者

**6月**1日　大阪兵庫生コン経営者会第15回総会。小田要会長は、参加者にむけ近畿2府4県327社側窓口として労務問題解決機能を果たすと決意表明

**7月**24日　ベトナム在大阪総領事夫妻、アソシエ来訪。レー・クオク・ティーン同国総領事が、日越関西友好協会会員である当アソシエ会館へ初の国際VIPによる表敬訪問行う

**8月**24日　社会資本研・国政要請行動で復興庁など幹部らと交流。民主党・辻恵衆議院議員の仲介の労で関西生コン業界による東北復興プラン（ポーラスコンクリート活用要請など）と地元生協関係者らの直接請願で成果期す

**10月**30日　大阪広域協の現・前理事長を組合員が告訴。同協組組合員が、各個別組合員に損害を与えた背任のかどでこの日、両氏を告訴した件で当局が、捜査に着手の動きと伝わる。

**12月**11日　社会資本政策研究会（高井康裕会長）、「戦後中小企業政策の変遷と中小企業基本法」「事業協同組合が行う共同等業の現状とこれからの方向性」の2大テーマで学習会を開催

## 国内外の情勢

**1月**24日　金融庁は、AIJ投資顧問に1カ月間の業務停止命令と業務改善命令を出した

**2月**29日　東京都墨田区に東京スカイツリーが完成（高さ634mの地上デジタルテレビ放送用集約電波塔）

**3月**15日　IMF、ギリシャへ4年間に280億ユーロ（約3兆円）の資金融資を承認

**4月**11日　朝鮮・朝鮮労働党第4回党代表者会において、金正恩が第一書記に就任

**5月**5日　北海道電力泊原発が定期検査で運転停止、日本における原発すべてが42年ぶりに稼働停止に

27日　資金管理団体「陸山会」の土地購入疑惑事件で、4月に東京地裁で無罪判決を受けた民主党の小沢一郎元代表を、検察官役の指定弁護士が東京高裁へ控訴

**6月**27日　東京電力株主総会で公的資金投入決まり、同社は実質上国有化されることに

**7月**3日　民主党は、常任幹事会で消費税増税法案採決時、小沢一郎元代表ら離党届を提出した造反の衆院議員37名を除籍処分などに

11日　無所属の小沢一郎元民主党代表が新党「国民の生活が第一」を結成、衆参計49名が参加

**8月**10日　社会保障と税の一体改革関連法案が参院で採決され、賛成188票、反対49票で可決。2014年4月から8％、15年10月から10％の2段階で増税へ

**11月**14日　野田首相が解散表明

**12月**16日　衆議院議員総選で、自民党・公明党の保守勢力325議席を獲得し、政権復帰を果たす

## 2013（平成25）年

**1月**　元旦行動で近畿一円労働者の権利侵害を続ける13の職場に向けて、470名が怒りの一斉行動を展開。
　11日　新春旗開き（リーガロイヤルNCB）、各界来賓を交え350名が参集。
**2月**19日　第4期沖縄意見広告運動、オスプレイ配備・訓練反対、辺野古基地建設やめろなどを訴える全国キャラバン隊が出発。
**3月**17日　自動車パレードは業界再建パレードと銘打って、250台が集結。
**4月**28日　RENTAIFESTA2013で、8500人以上の参加者が集まり
**6月**15日　第4期沖縄意見広告運動報告集会で賛同者、市民団体200名が集結。沖縄国際大学の前泊博盛教諭の講演があった。
**7月**4日　フランスのテレビ局が大相撲尾上部屋を来訪。力士の中で武委員長、洋一書記長が取材を受けた。
**8月**31日　20年を超える長期紛争である千石生コン闘争が勝利解決した。
**9月**11日　関西宇部社不当労働行為が大阪府労働委員会で認定、勝利命令勝ち取る。
**10月**13日　第49回定期大会。13春闘での大幅な賃上げ獲得、また20年に渡る真壁、千石生コン闘争の勝利など
**11月**7日～11日　日韓建設労組共同闘争委員会行動で、3名の支部の仲間が訪韓団に参加。
　23日　高英男副執行委員長が逝去（56歳）。労組活動とともに世界平和活動、また民族の自尊を胸に権力の差別と抑圧政策に体を呈して闘ってこられた。

---

**1月**10日　セメント値上げ発表。住友大阪4月から1000～1500円、再投資可能な価格にとのメーカー側表明
　29日　2013近畿生コン関連団体合同新年互礼会（大阪市北区ホテルウェスティン大阪）。近畿一円の生コン関連14団体と大阪兵庫生コン経営者会の傘下327社などを代表する総勢500名の関係者が一堂に会して
**2月**6日　近畿生コン関連団体懇談会。
**6月**8日　近畿生コン圧送協・第7回安全大会（リーガロイヤルNCB）。130名の関係者が集まり、日常施工での一層の安全化への意識を向上させる
**10月**16日　社会資本政策研究会で、「国土整備に関する講演会」が開催され
　25日　和歌山県生コンクリート協同組合連合会10周年記念パーティ開催（和歌山市ホテルグランビア）。
**11月**20日　「関西生コン産業60年の歩み」出版祈念パーティと「オルタナティヴとしての協同組合運動」シンポを東京御茶ノ水連合会館で開催
　21日　新聞労連・全港湾・連帯労組主催で、国会議員に要請し「特定機密保護法反対」集会を首相官邸前で開いた

---

**1月**16日～20日　アルジェリア天然ガス関連施設をイスラム系武装勢力が襲撃、日本人技術者を始め多数の死傷者
**3月**5日　ベネズエラのウゴ・チャベス大統領が死去（58歳）
　31日　日本国債（いわゆる「国の借金」）が2012年度末時点で1000兆円の大台を突破
**4月**24日　バングラデシュ首都ダッカ近郊で8階建の商業ビルが崩壊。死者400人以上
**6月**6日　ブラジルで、公共料金値上げに反対するデモ発生
**7月**3日　エジプトで軍部によるクーデター発生
　15日　インド北部豪雨で行方不明5700人
**8月**1日　ロシア、元CIA職員で、政府による情報監視を暴露してアメリカ政府より訴追されたE・スノーデン氏の亡命を認める
　5日　沖縄県宜野座村のキャンプ・ハンセン内で訓練中のアメリカ空軍ヘリが墜落
**9月**7日　IOC総会にて、2020年夏季五輪開催が東京に決定
**10月**1日　アメリカ上院、下院の医療保険制度改革提案を否決、予算案が成立せず、政府機関が17年ぶりに閉鎖
**11月**23日　中国、尖閣諸島を含む上空を防空識別圏に設定。26日、アメリカは日本に通告の上で尖閣諸島周辺上空に、空軍B52を中国に非通告のまま飛行させる
**12月**14日　中国、無人月探査機「嫦娥3号」が月面着陸に成功。アメリカ、ソビエトに次ぎ3カ国目

# 2014（平成26）年

## 関生支部に関する主な出来事

**1月**　近畿15カ所で元旦行動―権利侵害を行う12企業に対する闘いのアピールを五〇〇名の仲間が行った
　10日　旗開き（リーガロイヤルＮＣＢ）。50年目を迎え新たな気持ちで取り組み、中小企業活性化求める。
**2月**15日　近畿地本・３支部合同幹部学校開催
**3月**８日　沖縄意見広告・キャラバン出発集会に労組、市民活動家が１００名集合。
　16日　大阪市港区海遊館臨時駐車場に２５０台のミキサー車、バラ車などが結集。
　24日「沖縄辺野古に基地は作らせない＆オスプレイＮＯを訴える全国キャラバン集会」
**4月**26日～29日　福島「被災地の子ども保養プロジェクト」で同県から６家族18名の親子を招待。
**6月**14日　沖縄意見広告運動報告集会（協同会館アソシエ）。上原公子元国立市長による記念講演
**7月**１日　協同会館アソシエの開館５周年を記念する集会。ヘイトスピーチ反対行動の中核組織「のりこえねっと」代表の辛淑玉さんらの特別講演。
**8月**20日「憲法シンポジウム・時局講演会」を開催。
**9月**９日　武委員長あてに、日本相撲協会から、「勧進元」推挙の表彰状が手渡された。
**10月**27日　東日本大震災を転機とした「現代」を問う勉強会Ⅱが、協同会館アソシエで開催。
**11月**２日　東京御茶ノ水の明治大学で「新たな協働の発見―ソウル宣言プレ・フォーラム」開催。武委員長が、組合総研代表理事として関西の労使共同による産業政策の報告を行なう。

## 全日建中央～周辺産業関係

**1月**15日「第11回近畿圧送労使セミナー」（協同会館アソシエ）開催。
　16日　２０１４近畿生コン関連団体新年互礼会。５１０名が結集。
　20日　近畿地区生コン関連19団体支援による南三陸町共同食堂オープン。地域コミュニティ再生の足がかりに
**2月**14日　第10回経営者セミナー。「国際協同組合の現状と展望」「ソウル宣言の会の趣旨」など
**5月**23日　近圧協が日本建築学会近畿支部から「ポンプ圧送研究会及び圧送評価などフィールドワーク」など10年間の取り組みに対して、感謝状が授与された。
**7月**26日　和歌山県連合会の協力で和歌山の歴史遺産・高野山と、地元の誇りである我が国の医聖「華岡青洲」の記念館を訪れた。
　31日　グリーンコンクリート研究センタースーパーアドバイザー・小野紘一京都大学名誉教授が死去。10月15日、協同会館アソシエで偲ぶ会が催された。
**8月**２日　トラック産業懇話会・近畿第３回総会（道頓堀ホテル）、近畿の関連35社のトラック運送事業経営者と産業労働者の共同参加で開催。

## 国内外の情勢

**1月**22日　タイ、首都バンコクと近郊に非常事態宣言を発令
**3月**１日　中国昆明駅前で無差別殺傷事件発生、29人が死亡、１４０人以上負傷
　８日　マレーシア航空機370便（乗客乗員２３９人）がタイ湾付近で消息を絶つ
**4月**１日　消費税増税実施（５％から８％に）
　16日　韓国珍島沖で旅客船「セウォル号」が沈没、死者２９４人の海難事故
**5月**14日　ベトナムで、南沙諸島の石油採掘を巡り中国への反対デモで死者発生
**7月**３日　習近平中国国家主席、韓国を初訪問。朴槿恵大統領共同声明で、北朝鮮による「朝鮮半島での核兵器開発に断固として反対する」と明記
　17日　ウクライナ・ドネツク近郊でマレーシア航空機が撃墜され、乗員乗客２９８名全員死亡
**8月**１日　イスラエルとハマスが72時間の停戦に合意をした
**9月**18日　スコットランドでイギリスからの独立を問う住民投票が実施される。結果は「否決」
　28日～12月15日　香港で雨傘革命（反政府デモ）。
**11月**３日　９・11テロ事件で崩壊したニューヨーク・ワールドトレードセンターの跡地に高さ約５４１ｍの「１ワールドトレードセンター」（１ＷＴＣ）が完成

# 関生支部歴代役員名簿（敬称略）

## 【一九九一年度】

［執行委員長］
武　建一

［副委員長］
吉田　伸
宮脇　紀
中岸昭治
谷岡　洋
池田良太郎

［書記長］
奥薗健児

［財政部長］
垣沼陽輔

［執行委員］
武　洋一
金谷猷三
辻本武史
井上　昭
田村有文
村上省一
土田久幸
塩原一夫
沢田沢正
結城　久
上西哲治
福井　浩
木水一雄
小路健太郎
平木明男
白岩健治
大橋邦夫
森下明彦
大川真司
松井秀雄
高　英男
岸蔭哲夫

［会計監査］
牛尾征雄
中川義昌

## 【一九九二年度】

［執行委員長］
武　建一

［副委員長］
吉田　伸
宮脇　紀
中岸昭治
谷岡　洋
池田良太郎

［書記長］
奥薗健児

［財政部長］
垣沼陽輔

［執行委員］
武　洋一
金谷猷三
辻本武史
井上　昭
田村有文
土田久幸
沢田沢正
結城　久
上西哲治
福井　浩
小路健太郎
大橋邦夫
松井秀雄
高　英男
岸蔭哲夫
川村賢市
楠本秀身
高　英三
藤中健二
今中良樹
梅野幸治
桜井政美
片山好史
辻本佳弘

［会計監査］
牛尾征雄
中川義昌

## 【一九九三年度】

［執行委員長］
武　建一

［副委員長］
吉田　伸
宮脇　紀
中岸昭治
谷岡　洋
池田良太郎

［書記長］
奥薗健児
［書記次長］
土方克彦
［財政部長］
垣沼陽輔
［執行委員］
川村賢市
武　洋一
金谷猷三
辻本武史
井上　昭
田村有文
楠本秀身
高　英三
土田久幸
沢田沢正
結城　久
上西哲治
福井　浩
藤中健二
小路健太郎
大橋邦夫
松井秀雄
岸蔭哲夫
辻本佳弘
梅野幸治
桜井政美
片山好史
村上晃弘
政木孝行
小笠原政男
［会計監査］
牛尾征雄
中川義昌

## 【一九九四年度】

［執行委員長］
武　建一
［副委員長］
吉田　伸
宮脇　紀
川村賢市
［書記長］
奥薗健児
［書記次長］
山本洋司
［財政部長］
垣沼陽輔
［執行委員］
武　洋一
金谷猷三
辻本武史
田村有文
結城　久
桜井政美
片山好史
政木孝行
小笠原政男
西岡日出男
木下政信
竹松祐次
七牟礼時男
［会計監査］
牛尾征雄
長濱能英

## 【一九九五年度】

［執行委員長］
武　建一
［副委員長］
吉田　伸
宮脇　紀
川村賢市
［書記長］
奥薗健児
［書記次長］
山本洋司
［財政部長］
垣沼陽輔
［執行委員］
武　洋一
金谷猷三
辻本武史
結城　久
桜井政美
片山好史
政木孝行
西岡日出男
木下正信
竹松祐次
七牟礼時夫
松野健二
前田信幸
［会計監査］
中川義昌
長濱能英

## 【一九九六年度】

［執行委員長］
武　建一
［副委員長］
吉田　伸
宮脇　紀

川村賢市

［書記長］
奥薗健児

［財政部長］
垣沼陽輔

［執行委員］
武　洋一
金谷猷三
辻本武史
結城　久
桜井政美
片山好史
木下正信
竹松祐次
七牟礼時夫
前田信幸
前川久男
岸陰哲夫
江竜芳雄
井上健治

［会計監査］
中川義昌
長濱能英

## 【一九九七年度】

［執行委員長］
武　建一

［副委員長］
吉田　伸
宮脇　紀
川村賢市

［書記長］
奥薗健児

［財政部長］
垣沼陽輔

［執行委員］
武　洋一
金谷猷三
辻本武史
結城　久
桜井政美
片山好史
木下正信
竹松祐次
前川久男
前田信幸
井上健治
小路健太郎
政木孝行
増田幸伸
錦戸憲二
西阪弘美
河野正一郎
日高　透

［会計監査］
中川義昌
長濱能英

## 【一九九八年度】

［執行委員長］
武　建一

［副委員長］
吉田　伸
宮脇　紀
川村賢市

［書記長］
奥薗健児

［財政部長］
武　洋一

［執行委員］
金谷猷三
辻本武史
結城　久
桜井政美
片山好史
木下正信
竹松祐次
前川久男
小路健太郎
政木孝行
増田幸伸
錦戸憲二
西阪弘美
日高　透
田村有文
松野健二
戸田進吾
久野真一郎

［会計監査］
池田忠己
長濱能英

## 【一九九九年度】

［執行委員長］
武　建一

［副委員長］
吉田　伸
宮脇　紀
川村賢市
前川久男

［書記長］
奥薗健児

[書記次長・財政部長]
武　洋一
[執行委員]
金谷猷三
辻本武史
結城　久
桜井政美
片山好史
木下正信
竹松祐次
小路健太郎
政木孝行
増田幸伸
錦戸憲二
西阪弘美
田村有文
松野健二
戸田進吾
久野真一郎
川崎秀徳
馬野松太郎
[会計監査]
池田忠己
長濱能英

## 【二〇〇〇年度】

[執行委員長]
武　建一
[副委員長]
奥薗健児
川村賢市
前川久男
政木孝行
[書記長]
武　洋一
[書記次長・財政部長]
錦戸憲二
[執行委員]
金谷猷三
辻本武史
結城　久
桜井政美
片山好史
竹松祐次
小路健太郎
増田幸伸
田村有文
戸田進吾
川崎秀徳
馬野松太郎
高　英弘
高　英男
松本美智雄
柳　充
武谷新吾
石川堅二
木下仁志
[会計監査]
中川義昌
長濱能英
[顧　問]
吉田　伸

## 【二〇〇一年度】

[執行委員長]
武　建一
[副委員長]
政木孝行
錦戸憲二
竹松祐次
高　英男
[書記長]
武　洋一
[書記次長]
木村秀一
[財政部長]
錦戸憲二
[執行委員]
金谷猷三
辻本武史
結城　久
桜井政美
片山好史
小路健太郎
増田幸信
戸田進吾
川崎秀徳
馬野松太郎
松本美智男
柳　充
武谷新吾
石川賢二
木下仁志
森脇　隆
中北好昭
西山直洋
[会計監査]
長濱能英
坂田冬樹

## 【二〇〇二年度】

[執行委員長]
武　建一

［副委員長］
政木孝行
錦戸憲二
竹松祐次
高　英男

［書記長］
武　洋一

［書記次長］
木村秀一

［財政部長］
錦戸憲二

［執行委員］
辻本武史
結城　久
桜井政美
片山好史
小路健太郎
戸田進悟
川崎秀徳
馬野松太郎
柳　充
武谷新吾
木下仁志
森脇　隆
中北好昭
西山直洋
坂田冬樹
園田　勝
深田利夫
吉本志津也
富永和夫

［会計監査］
長濱能英
池田忠己

## 【二〇〇三年度】

［執行委員長］
武　建一

［副委員長］
政木孝行
竹松祐次
高　英男
柳　充

［書記長］
武　洋一

［書記次長］
木村秀一

［財政部長］
錦戸憲二

［執行委員］
辻本武史
桜井政美
片山好史
小路健太郎
川崎秀徳
馬野松太郎
武谷新吾
森脇　隆
中北好昭
西山直洋
坂田冬樹
園田　勝
深田利夫
富永和夫
七牟礼時夫
福嶋　聡
中原克弥
松浦明人

［会計監査］
長濱能英
池田忠己

## 【二〇〇四年度】

［執行委員長］
武　建一

［副委員長］
高　英男
柳　充

［書記長］
武　洋一
錦戸憲二

［財政部長］（兼務）
武　洋一

［執行委員］
辻本武史
桜井政美
片山好史
小路健太郎
川崎秀徳
武谷新吾
森脇　隆
中北好昭
西山直洋
坂田冬樹
深田利夫
富永和夫
七牟礼時夫
福嶋　聡
中原克弥
松浦明人
湯川裕司
稲葉　忍

［会計監査］
長濱能英

池田忠己

【二〇〇五年度】
［執行委員長］
武　建一
［副委員長］
高　英男
柳　充
武　洋一
小路健太郎
［書記長］
錦戸憲二
［財政部長］
武　洋一
［執行委員］
辻本武史
片山好史
川崎秀徳
武谷新吾
森脇　隆
中北好昭
西山直洋
坂田冬樹
深田利夫
富永和夫
七牟礼時夫
福嶋　聡
中原克弥
松浦明人
湯川裕司
稲葉　忍
城野正浩
中村正晴
石丸光彦
中尾　遵
笠井　誠
［会計監査］
長濱能英
池田忠己

【二〇〇六年度】
［執行委員長］
武　建一
［副委員長］
高　英男
柳　充
武　洋一
小路健太郎
［書記長］
錦戸憲二
［財政部長］
武　洋一
［執行委員］
辻本武史
片山好史
川崎秀徳
武谷新吾
中北好昭
西山直洋
坂田冬樹
深田利夫
富永和夫
七牟礼時夫
福嶋　聡
中原克弥
松浦明人
湯川裕司
稲葉　忍
城野正浩
中村正晴
石丸光彦
中尾　遵
笠井　誠
野尻康浩
常沢　透
［会計監査］
長濱能英
池田忠己

【二〇〇七年度】
［執行委員長］
武　建一
［副委員長］
高　英男
柳　充
武　洋一
小路健太郎
［書記長］
錦戸憲二
［財政部長］
武　洋一
［執行委員］
辻本武史
片山好史
武谷新吾
中北好昭
西山直洋
坂田冬樹
富永和夫
七牟礼時夫
福嶋　聡
中原克弥
松浦明人
湯川裕司
城野正浩

石丸光彦
笠井　誠
常澤　透
野尻康浩
松村憲一
石原聡士
近藤祐輔

［会計監査］
長濱能英
池田忠己

## 【二〇〇八年度】

［執行委員長］
武　建一

［副委員長］
高　英男
柳　充
武　洋一
小路健太郎

［書記長］
錦戸憲二

［財政部長］
武　洋一

［執行委員］
辻本武史
片山好史
武谷新吾
中北好昭
西山直洋
坂田冬樹
富永和夫
七牟礼時夫
福嶋　聡
中原克弥
松浦明人
湯川裕司
城野正浩
石丸光彦
笠井　誠
常澤　透
野尻康浩
松村憲一
中村正晴
皆川千秋
岡本英丈

［会計監査］
長濱能英
池田忠己

## 【二〇〇九年度】

［執行委員長］
武　建一

［副委員長］
高　英男
柳　充
武　洋一
小路健太郎

［書記長］
錦戸憲二

［書記次長］
北浦教子

［財政部長］（兼務）
武　洋一

［執行委員］
片山好史
武谷新吾
中北好昭
西山直洋
坂田冬樹
富永和夫
七牟礼時夫
福嶋　聡
中原克弥
松浦明人
湯川裕司
城野正浩
常澤　透
野尻康浩
松村憲一
中村正晴
皆川千秋
岡本英丈
表みゆき
矢部晶子
平山正行
安井雅啓
杉原正美
中村良美

［会計監査］
長濱能英
池田忠己

## 【二〇一〇年度】

［執行委員長］
武　建一

［副委員長］
高　英男
柳　充
武　洋一
小路健太郎

［書記長］
錦戸憲二

［財政部長］（兼務）
武　洋一

［執行委員］
片山好史
武谷新吾
中北好昭
西山直洋
坂田冬樹
七牟礼時夫
福嶋　聡
中原克弥
湯川裕司
城野正浩
常澤　透
野尻康浩
松村憲一
中村正晴
皆川千秋
表みゆき
矢部晶子
平山正行
安井雅啓
杉原正美
中村良美
竹友勝弘
水本　稔
田中勝浩
弘田孝明

［会計監査］
松尾龍一
長濱能英
池田忠己

## 【二〇一一年度】

［執行委員長］
武　建一
［副委員長］
高　英男
柳　充
小路健太郎
［書記長］
武　洋一
［財政部長］
小路健太郎
［執行委員］
武谷新吾
西山直洋
坂田冬樹
七牟礼時夫
福嶋　聡
中原克弥
湯川裕司
城野正浩
常澤　透
松村憲一
中村正晴
皆川千秋
表みゆき
矢部晶子
平山正行
安井雅啓
竹友勝弘
水本　稔
弘田孝明
松尾龍一
元座　毅
長濱能英
峰岸華子
杉岡　剛
大原　明
細野直也
［会計監査］
池田忠己
桜井政美

## 【二〇一二年度】

［執行委員長］
武　建一
［副委員長］
高　英男
柳　充
中原克弥
［書記長］
武　洋一
［財政部長］
小路健太郎
［執行委員］
武谷新吾
西山直洋
坂田冬樹
七牟礼時夫
福嶋　聡
湯川裕司
城野正浩
常澤　透
松村憲一
中村正晴
表みゆき
矢部晶子
平山正行
安井雅啓
竹友勝弘
弘田孝明
松尾龍一
元座　毅
長濱能英

峰岸華子
大原　明
細野直也
萱原成樹
北浦教子
倉本寛章

［会計監査］
池田忠己
桜井政美

【二〇一三年度】

［執行委員長］
武　建一

［副委員長］
高　英男
柳　充
中原克弥

［書記長］
武　洋一

［財政部長］
小路健太郎

［執行委員］
武谷新吾
西山直洋
坂田冬樹
七牟礼時夫
福嶋　聡
湯川裕司
城野正浩
常澤　透
松村憲一
矢部晶子
平山正行
安井雅啓
竹友勝弘
松尾龍一
元座　毅
峰岸華子
大原　明
細野直也
萱原成樹
北浦教子
池上健士
岡田将幸
荒木香人
小熊忠利

［会計監査］
桜井政美
中村正晴

【二〇一四年度】

［執行委員長］
武　建一

［副委員長］
高　英男
柳　充
中原克弥
坂田冬樹
湯川裕司

［書記長］
武　洋一

［書記次長］
武谷新吾

［財政部長］
小路健太郎

［執行委員］
西山直洋
七牟礼時夫
福嶋　聡
城野正浩
松村憲一
矢部晶子
平山正行
安井雅啓
竹友勝弘
松尾龍一
元座　毅
大原　明
細野直也
萱原成樹
北浦教子
池上健士
岡田将幸
荒木香人
小熊忠利
椿野勇紀
松尾紘輔

［会計監査］
桜井政美
中村正晴

【二〇一五年度】

［執行委員長］
武　建一

［副委員長］
柳　充
中原克弥
坂田冬樹
湯川裕司

［書記長］
武　洋一

[書記次長]
武谷新吾

[財政部長]
小路健太郎

[執行委員]
西山直洋
七牟礼時夫
福嶋　聡
城野正浩
松村憲一
矢部晶子
平山正行
安井雅啓
松尾龍一
元座　毅
大原　明
細野直也
萱原成樹
北浦教子
荒木香人
椿野勇紀
松尾紘輔
川崎秀徳
西川龍太
森崎賀功

[会計監査]
桜井政美
中村正晴

13
自動車パレード

# 編集後記

一九六五年一〇月一七日、大阪・兵庫・和歌山の五分会一八三名が闘いの狼煙を挙げた。それが、セメントメーカーや日本の経営者団体である日経連から「資本主義の根幹にかかわる運動」と、最も恐れられることになる関西地区生コン支部の誕生でした。

関生支部は、闘いの中から企業別労働組合の限界を克服し、新たに個人加盟の産業別労働組合を選択しました。

関生支部は、結成直後から資本・権力や暴力団との熾烈な攻撃にさらされながらも、「他人の痛みを己の痛み」を合い言葉に、敵の攻撃を反面教師とし、「嵐が若木を鍛える」が如く逞しいほどに成長し、生コン関連の中小企業と労働組合が共生・協同をキーワードとする共同戦線（協同組合化と集団交渉）を構築し、セメント独占・ゼネコン・大手商社の収奪や無秩序な資本投資を規制するという、企業の枠を超え資本主義の根幹を覆す運動を展開してきました。

この関生型労働運動が関西から愛知・静岡・東京へと拡大し、日本の経営者団体の中枢である日経連をも脅かし、資本と権力が一体となった数々の弾圧や二人の仲間が殺害される事件や委員長への殺人未遂、強要・恐喝・威力業務妨害などがデッチ上げられ、多くの仲間が逮捕・起訴されながらも、関生支部の中小企業運動の地平を脈々と築いてきました。

この五〇年の激しい闘いをして、日経連会長・大槻文平に「関生型運動に箱根の山を超えさせるな」

て戴きました。
と言わしめた関生型労働運動を一冊の小誌に纏めることは困難を承知ですが、及ぶ限りの力で作成させ
この「50年誌」を発行するにあたり、各界・各位から多大な援助とご協力を賜りましたことに心より
お礼申し上げます。
特に、編纂委員会のメンバーとして、執筆・資料収集・編集作業にご苦労をおかけしました生田あい様、
宍戸正人様、社会評論社様スタッフの皆様には改めましてお礼を申し上げます。
終わりに、この年誌が関西地区生コン支部の次の一〇〇年に向け、新たな運動発展をめざす教材とす
ることは当然ですが、おこがましくも、この「50年誌」が日本労働運動再生へのヒントとして活用され
ることを心から願っています。

「関西地区生コン支部50年誌」編纂委員会

武　洋一

関西地区生コン支部労働運動50年——その闘いの軌跡

——共生・協同を求めて1965～2015——


2015年10月17日　初版第1刷発行

発　行：全日本建設運輸連帯労働組合関西地区生コン支部
〒550-0021　大阪市西区川口2-4-28
電話：06(6583)5546　e-mail：web@rentai-union.com

編　集：「関西地区生コン支部50年誌」編纂委員会

発　売：株式会社 社会評論社
〒113-0033　東京都文京区本郷2-3-10
電話：03(3814)3861　fax：03(3818)2808

カバー・口絵デザイン：右澤康之

印刷・製本：倉敷印刷株式会社

# 関西地区生コン支部
# これまでの年誌一覧

**ソリダリティー**
関生支部25年のあゆみ
1989年11月17日発行

**流転の道を選ばず**
——関生支部闘争史［１］
1981年3月20日発行

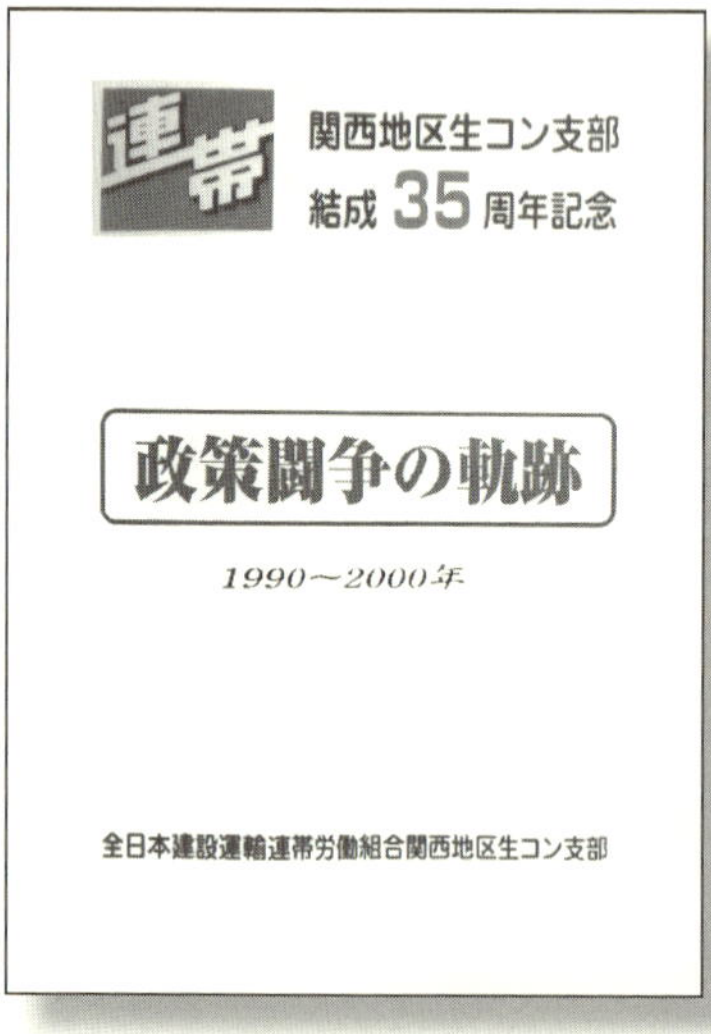


関西地区生コン支部結成35周年記念
**政策闘争の軌跡**
1990～2000年
2000年10月17日発行

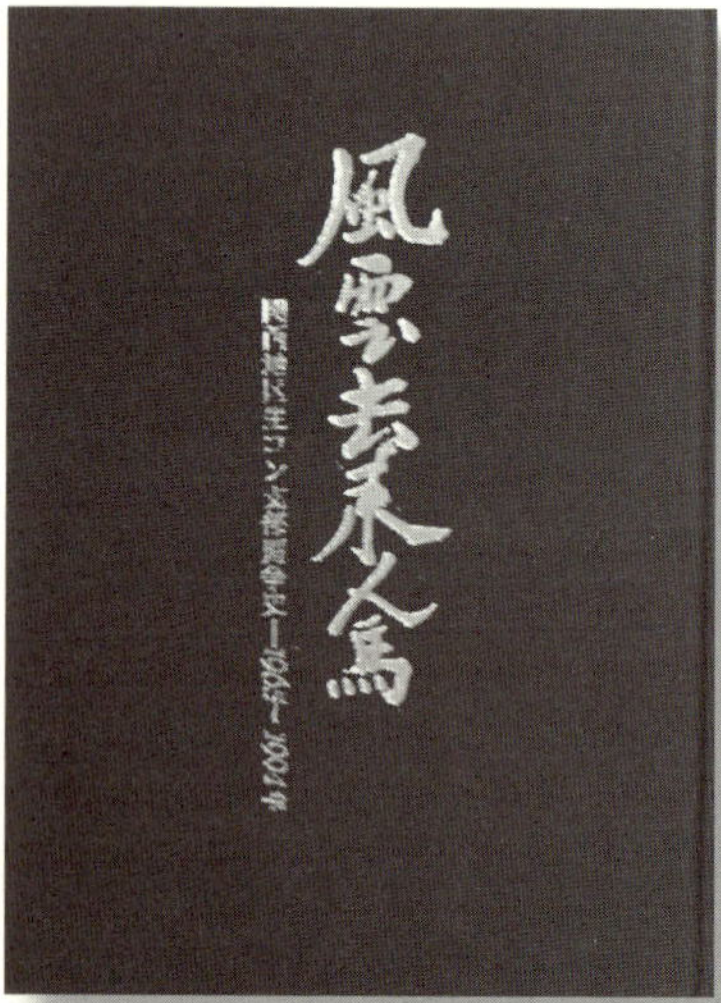


**風雲去来人馬**
関西地区生コン支部闘争史
——1965年～1994年
1994年11月7日発行